外汇实务

——从入门到精通

[澳] 史蒂夫·安东尼 / 著
余 方 李斯民 / 译

大连出版社

图书在版编目(CIP)数据

外汇实务:从入门到精通 /(澳)安东尼著;余方,李斯民译. —大连:大连出版社,2011.5
(专业投资者系列)
书名原文:Foreign Exchange in Practice
ISBN 978-7-5505-0100-3

Ⅰ.①外… Ⅱ.①安… ②余… ③李… Ⅲ.①外汇-基本知识 Ⅳ.①F830.73

中国版本图书馆 CIP 数据核字(2011)第 062732 号

辽宁省版权局著作权合同登记号:图字 06-2010-392 号

Foreign Exchange in Practice,3rd Edition by Steve Anthony
ISBN 1-4039-0174-0

出 版 人:刘明辉
策划编辑:毕华书　　责任编辑:毕华书　李菁毓
封面设计:张　金　　版式设计:刘振奎
责任校对:刘丽君　李玉芝　　责任印制:史凌玲

幅面尺寸:170mm×240mm　　印　张:22.75
字　数:453 千字
出版时间:2011 年 5 月第 1 版　　印刷时间:2011 年 5 月第 1 次印刷
定　价:40.00 元　　书　号:ISBN 978-7-5505-0100-3

出版发行者:大连出版社(地址:大连市西岗区长白街 12 号 邮编:116011)
电话:(0411)83621349/83621075　网址:http://www.dlmpm.com　电子信箱:bhs@dlmpm.com
印 刷 者:大连美跃彩色印刷有限公司　　经销者:各地新华书店

如有印装质量问题,请与我社营销部联系
购书热线电话:(0411)83621349/83621075

译者的话
Preface

《外汇实务》一书的作者史蒂夫·安东尼具有多年的金融市场实务经验。他曾经担任花旗银行澳大利亚分行的司库。1996年,他自己经营了一家公司,主要从事对金融市场参与者的培训业务。本书最初是作为花旗银行证券交易培训课程的教材,同时也是作为花旗银行客户和员工强化培训班的教材所使用的。本书编写的目的是提高外汇交易市场参与者的市场交易技能。本书作者具有丰富的实务经验,了解外汇交易实务的具体情况,因此,本书具有以下特点:

一、概念清晰,简明扼要。外汇交易涉及大量的经济学、金融学、金融工程学等学科的理论以及与之相关的数学方程式,作者在论述基本概念和理论时,用通俗易懂的语言进行简单的描述,使得无论是初学者,还是研究人员都可从中获益。

二、体系合理,由浅入深。本书首先从外汇交易中最基本的概念入手,有些概念在国内教科书中也难以寻觅,如被标价货币和标价货币等。书中,从外汇即期交易入手,再介绍远期、期货及期权等复杂的外汇交易,使读者有一个循序渐进的掌握过程。

三、以实例为主,实用性强。本书每章的体例都是以简单论述基本概念或原理为开端,然后,以大量的范例或实例进行说明。每章结束后,还配有练习题,书后有练习题答案。通过对练习题的解答,读者可以测试自己是否理解、掌握了该章的内容。

四、内容较新。在介绍复杂产品时,书中涉及大量新的内容,特别是金融数学、利率掉期、期权定价,以及期权衍生品和风险价值的应用软件,同时,本书还对奇异期权(exotic options)进行了讨论。应该说,本书内容覆盖了最新衍生工具的基本形态。实例中的利率、汇率基本上采用了作者写作时的水平,并反映最新汇率和欧元的使用情况。本书的不足之外在于,写作时间较早,实例中还出现德国马克等货币。另外,金融衍生品发展速度很快,在书中不可能涉及所有具体品种。尽管如此,与国内出版的有关外汇交易方面的专著相比,至少在译者所看到的专著或教科书中，本书不失为一本概念清晰、通俗易懂的好书。本书适合于高等院校、金融从业人员和对外汇交易感兴趣的大众读者阅读。

全书共14章，20万字左右。李斯民翻译了第1章至第8章，余方翻译了其他章节、练习题答案、附录、术语等，并对全书进行校对。因译者水平有限，难免出现差错，敬请同行专家和读者批评指正。

译者

2010年4月25日

前 言
Preface

《外汇实务》一书是为外汇交易市场的参与者编写的。书中着重讲解了外汇交易中的一些概念及其在日常交易中的应用。正文中穿插了大量实例,每章末尾还针对正文内容设有练习题,供读者测试自己是否理解、掌握了本章的内容。练习题答案附于书后。

本书的第一版是作为花旗银行证券交易培训课程教材而编写的。该交易培训课程的主要内容是以模拟交易策略为基础的外汇市场业务。书中的一些例子涉及证券交易策略中使用的虚拟货币(fictitious currencies)。贯穿于全书的主题是利率与汇率之间的相互关系。利率和外汇市场是密切相关、无法分离的。利率变动会导致汇率变动,反之亦然。远期汇率和货币期权的定价取决于两种货币的利率。因此,书中大量的篇幅用来阐述利率问题,特别是在第 2 章和第 4 章中,对利率问题进行了深入的讲解。

贯穿于全书的另外两个主题是:套利交易必然形成均衡定价;当两种货币汇率具有均等价值时,必然出现损益平衡的利率。

史蒂夫·安东尼

第三版前言

Preface to the Third Edition

本书的第一版于1989年出版,第二版于1997年出版。在第三版中,对前两版所使用的例子中的利率进行了更新,还增加了大量新的内容,如金融数学、利率互换,并增加了对奇异期权(exotic options)的讨论。更新后的例子采用了本书写作时的利率水平,并补充了欧元开始流通的情况。

史蒂夫·安东尼

悉尼

2002年6月

目录
Contents

1 汇率 Exchange Rates

本章介绍了有关汇率、因汇率变动产生的损益以及实物商品定价方面的基本惯例。显然,特定的商品要用特定的货币来标明价格。由于被标价的商品和用来标价的商品都是货币,因而有时可能会引起外汇牌价的混乱。为了避免可能发生的混乱,可以将货币区分为被标价货币(the commodity currency)和标价货币(the terms currency)。

定义

汇率是指用一种货币来表示另一种货币的价格。

汇率:

£1=US$1.4500

€1=US$0.8560

US$1=¥124.50

(£:英镑; €:欧元; US$:美元; ¥:日元。后同。)

"率"这个字的含义是"比率",即一个数除以另一个数的计算结果,用简单的数学形式可表示为:

$$\frac{US\$1.4500}{£1}=\frac{US\$1\ 450\ 000}{£1\ 000\ 000}=1.4500$$

被标价货币和标价货币

每个外汇牌价都由两种货币构成。作为分母的货币是被标价货币,称为被标价货币或标的货币(base currency)。汇率的报价方式是,用一种货币的若干可变数量单位来表示另一种货币的固定数量单位(通常为1个单位)。作为分子的货币称为标价货币。

在外汇牌价£1 = US$1.4500中,被标价的商品是1英镑,该牌价表示1英镑等于1.4500美元。其中,英镑是被标价货币;美元是标价货币。外汇牌价经常表示为£/US$1.4500。按照市场惯例,被标价货币列示在标价货币之前。如果采用ISO货币表示法,该外汇牌价则应写成GBP/USD 1.4500。完整的《ISO 4217货币代码表》(ISO 4217 Currency List)可以上网查询,网址:http://www.xe.net/gen/iso4217.htm。

在外汇牌价 US$1 =¥124.50 中,美元是被标价货币,日元是标价货币。美元是用日元标价的。

需要注意的是,在上述的两个例子中,用美元为英镑和欧元标价时,美元是标价货币;但用日元为美元标价时,美元则是被标价货币。究竟使用哪一种货币作为被标价货币,并没有固定的惯例。

英镑成为世界主要货币以来,对英镑的牌价一般都将英镑作为被标价货币。随着美国经济地位的提高,现在大多数的外汇牌价一般都将美元作为被标价货币。但是,一些原英联邦国家(如澳大利亚、新西兰等)的货币牌价仍然沿用过去的惯例。欧元也常被作为被标价货币。

判断哪种货币是被标价货币的黄金法则是,被标价货币是外汇牌价中单位为"1"的货币。

相互汇率

如果1个苹果的价格是20美分,那么也可以将苹果的价格表示为1美元5个苹果。同样,我们可以换一种方式,采用倒数的方法来表示汇率的标价。

【例1-1】 将外汇牌价 US$1 =¥124.50 转换成以日元为被标价货币、美元为标价货币的外汇牌价。

	被标价货币		标价货币
原牌价	US$1	=	¥124.50
相互汇率	¥1	=	US$1/124.50
即	¥1	=	US$0.008032

价格变动

如果商品价格上升,就要用更多单位的标价货币来表示它的价值。如果商品价格下降,表示其价值的标价货币单位也相应减少。商品价值的上升等于标价货币价值的降低;商品价值的下降等于标价货币价值的上升。

外汇汇率的价格标价法和数量标价法

如果在表示汇率时,外币作为被标价货币,本币作为标价货币,这种标价方法称为外汇汇率价格价标法（a price quotation）①。使用价格标价法时，外币是用本币来标价的。

如果在表示汇率时，外币作为标价货币，本币作为被标价货币，这种标价方法称为外汇汇率数量标价法（a volume quotation）②。使用数量标价法时，本币是用外币来标价的。

US$1 =¥124.50 这一外汇牌价，对日本来说是价格标价法，但对美国而言，则是数量标价法。标价货币价格的上涨相当于价格表示单位数量的减少；标价货币价格的下跌相当于价格表示单位数量的增加。参见范例 1-1。

范例 1-1　相互汇率关系

原汇率	被标价货币价格上涨	被标价货币价格下跌
US$1 =¥124.50	US$1 =¥124.60	US$1 =¥124.40
相互汇率	标价货币价格下跌	标价货币价格上涨
¥1 = US$0.008032	¥1 = US$0.008026	¥1 = US$0.008039

汇率上升反映被标价货币价值的提高，汇率下跌反映被标价货币价值的降低。

汇率上升或下跌与被标价货币价值提高或降低之间存在正相关关系（见图1-1）。汇率上升或下跌与标价货币价值提高或降低之间存在负相关关系（见图1-2）。卖出一定数量的被标价货币而得到的标价货币的收入，或者买入一定数量的被标价货币而支付的标价货币的成本，与汇率的变动成正比关系。但如果用被标价货币对卖出一定数量标价货币的卖出收入进行计价，两者之间存在互反关系。

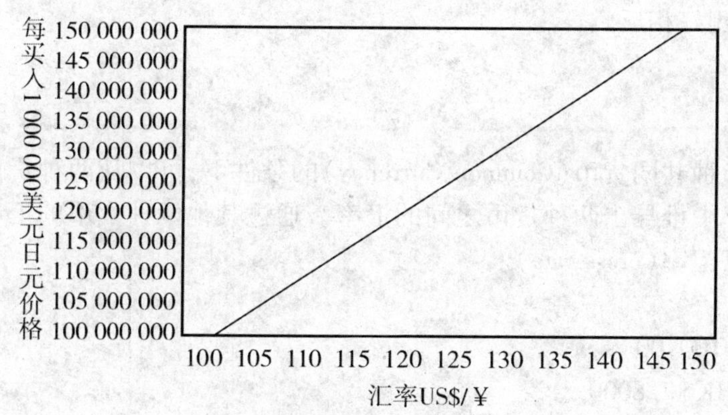

图 1-1　正相关关系

①又称为外汇汇率的直接标价法（direct quotation）——译者注。

②又称为外汇汇率的间接标价法（indirect quotation）——译者注。

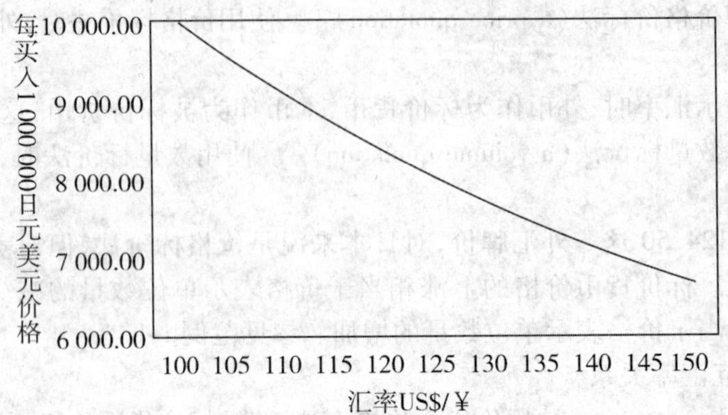

图 1-2　负相关关系

正相关关系的数学表达式为：$y = ax$，其中，y 是被标价货币，x 是标价货币，a 是汇率。负相关关系的数学表达式为：$y = x/b$，其中，y 是被标价货币，x 是标价货币，b 是汇率。据此可知，$b = 1/a$，也就是说，负相关关系是正相关关系的倒数。

与互反关系相比，采用正相关关系进行计算时，相对易于理解。例如，价格低的时候买入被标价货币，价格高的时候卖出，即“低买高卖”，就会产生利润。在以后各章阐述相关概念时，通常将外汇买卖中的被标价货币作为常量，标价货币作为变量，始终采用正相关关系。在某些情况下，需要用被标价货币单位对标价货币进行计价，在这种情况下，适用互反关系。在互反关系下，必须“高买低卖”才能获利，这与直觉刚好相反。

交叉汇率

在存在一种共同货币（Common Currency）的条件下，可以从两种货币对这个共同货币的汇率中推导出两种货币之间的汇率。通过其他两种货币的汇率推导出的汇率称为交叉汇率（cross rate）。

【例 1-2】

US$1 = ¥100.00

US$1 = HK$7.8000

港元对日元的汇率是多少？计算如下：

US$1 = ¥100.00 = HK$7.8000

$$\text{HK\$}1 = \frac{100.00}{7.8000} = ¥12.82$$

【例1-3】

US$1 = ¥100.00

£1 = US$1.5000

英镑对日元的汇率是多少？计算如下：

£1 = ¥100.00 × 1.5000 = ¥150.00

链式法则

【例1-3】中的交叉汇率是通过两种货币汇率相乘(100 × 1.5 = 150)计算出来的。【例1-2】中的交叉汇率是通过一种货币的汇率除以另一种货币的汇率(100/7.8 = 12.82)计算出来的。

从数学的角度来说，交叉汇率是通过联立方程求解计算得出的。但究竟用乘法还是用除法来求交叉汇率呢？链式法则提供了一个十分简单的判定方法。

1. 从需要回答的问题入手，多少单位的标价货币等于1个单位的被标价货币？

2. 第二个问题，多少单位的被标价货币等于1个单位的共同货币？

3. 第三个问题，1个单位的共同货币等于多少标价货币？

如果正确地完成了前三步，第三个问题的答案将以标价货币结束。

4. 将等式右边的数相乘，并除以等式左边的数。

【例1-2】和【例1-3】都是对链式法则的应用。

【例1-2】链式法则应用

¥? = HK$1

HK$7.8000 = US$1

US$1 = ¥100.00

$$\therefore \text{HK\$}1 = \frac{¥1 \times 1 \times 100.00}{7.8000 \times 1} = ¥12.82$$

【例1-3】链式法则应用

¥? = £1

£1 = US$1.5000

US$1 = ¥100.00

$$\therefore £1 = \frac{¥1 \times 1.5000 \times 100.00}{1 \times 1} = ¥150.00$$

【例1-4】

A$1 = US$0.5420

US$1 = SF1.2320

澳大利亚元兑换瑞士法郎的交叉汇率是多少？

应用链式法则：

$$SF? = A\$1$$
$$A\$1 = US\$0.5420$$
$$\therefore US\$1 = SF1.2320$$
$$即\ A\$1 = \frac{SF1 \times 0.5420 \times 1.2320}{1 \times 1}$$
$$A\$1 = SF0.6677$$

【例 1-5】

$$NZ\$1 = US\$0.4370$$
$$£1 = US\$1.4500$$

使用链式法则计算英镑对新西兰元的交叉汇率是多少?

$$£? = NZ\$1$$
$$NZ\$1 = US\$0.4370$$
$$US\$1.4500 = £1$$
$$\therefore NZ\$ = \frac{£1 \times 0.4370 \times 1}{1 \times 1.4500}$$
$$即\ NZ\$ = £0.3014$$

基点

外汇牌价小数点后应当采用多少位数字,是可以任意确定的,如:

€1 = US$0.8450

US$1 = ¥122.50

A$ = US$0.5420

在具体的汇率标价中,小数点后的最后一位数通常被称为基点(point)或点(pip)。

在€1 = US$0.8450 和 A$1 = US$0.5420 的汇率标价中,一个基点是指US$0.0001或1/100 的美分。在 US$1 = ¥122.50 的汇率标价中,一个基点是指¥0.01或1 日元的1/100。

需要注意的是,基点并不是等值的。在上述例子中,US$0.0001≠¥0.01。

因为 US$1 = ¥122.50,所以,US$0.0001 = ¥122.50/10 000 = ¥0.01225。也就是说,美元1 个基点的价值远远大于日元1 个基点的价值。

计算汇兑损益

按不同的汇率买卖货币会产生汇兑损益。汇兑损益是以其他货币单位数的差额计算的。因此,以被标价货币为常数,还是以标价货币为常数,在计算汇兑损益时的方法是不同的。以货币单位表示的汇兑损益不是常数。

【例1-6】 如果以£1 = US$1.4450的汇率买入1 000 000英镑,然后以£1 = US$1.4451卖出,则利润为:

美元利润 = 卖出英镑的收入 - 买入英镑的成本

= 1 000 000 × 1.4451 - 1 000 000 × 1.4450

= 1 000 000 × (1.4451 - 1.4450)

= 1 000 000 × 0.0001

= US$100

该笔1 000 000英镑的交易有1个基点的利润,其利润为100美元。

【例1-7】 如果以£1 = US$1.4451的汇率买入1 000 000美元,然后以£1 = US$1.4450卖出,则利润为:

英镑利润 = 卖出美元的收入 - 买入美元的成本

$$= \frac{1\ 000\ 000}{1.4450} - \frac{1\ 000\ 000}{1.4451}$$

= 692 041.52 - 691 993.63

= £47.89

该笔1 000 000美元的交易有1个基点的利润,其利润等于47.89英镑。

注意:如果以交叉汇率交易,反应较高的汇率买入,然后以较低的汇率卖出,以此来取得利润。

实现和未实现损益

汇兑损益可能已实现,也可能未实现。如果买卖双方都完成了交易,就是已实现损益;如果只有一方完成交易,则是未实现损益。

【例1-8】 如果以£1 = US$1.4450的汇率买入1 000 000英镑,并且可能以£1 = US$1.4435卖出,计算该笔交易的未实现损益:

未实现利润 = 卖出英镑的潜在收入 - 买入英镑的成本

= 1 000 000 × 1.4435 - 1 000 000 × 1.4450

= 1 443 500 - 1 445 000

= -US$1 500

未实现利润为负值,即亏损。

未实现亏损为 15 个基点或 1 500 美元。在外汇买入之后买入的外汇未卖出之前,损益尚未实现。未实现损益的大小将随汇率变动而变动。

【例 1-9】 如果汇率从£1 = US$1.4450 上升到£1 = US$1.4460,卖出 1 000 000 英镑,计算该笔交易的实现损益:

实现利润 = 卖出英镑的收入 - 买入英镑的成本

= 1 000 000 × 1.4460 - 1 000 000 × 1.4450

= 1 000 000 × (1.4460 - 1.4450)

= 1 000 000 × 0.0010

= US$1 000

一旦损益实现,该外汇交易的损益就不再随汇率的变化而变化。

汇率制度的历史

在不同的历史时期,决定汇率的方法也不同。固定汇率制(fixed exchange rate system)是指汇率保持不变。浮动汇率制(floating exchange rate system)是指汇率随供求关系而变动。在不同的时期,使用了各种不同版本的固定汇率制和浮动汇率制。

固定汇率的优点是,人们能够准确地知道汇率是多少;而其缺点在于,为了把汇率控制在固定的水平上,可能需要对外汇和(或)货币市场进行大量的干预。这样做可能造成经济的扭曲,当这种扭曲达到一定程度,不可避免地要进行汇率调整(通常是货币贬值)。如果进行汇率调整,往往使货币出现大幅贬值,对金融形成严重的冲击。浮动汇率的优点是,由市场自行决定汇率水平;而其缺点在于,市场决定的汇率水平可能不符合人们的愿望。

在金本位制(the Gold Standard)下,汇率与黄金价格挂钩。最初,1 英镑等于 1 磅黄金。在布雷顿森林体系(the Bretton Woods system)下,1 盎司黄金的价值固定在 35 美元,美元与黄金挂钩,其他货币确定一个兑换美元的“比价”,如 1 澳大利亚镑(A£1)等于 3.224 美元。布雷顿森林体系于 1947 年开始实行,1971 年崩溃。在各国中央银行持有的储备中包括外汇和大量的黄金。各国中央银行承诺用其储备的美元或黄金买卖本国货币,以使各国的汇率保持与美元固定的比价水平。但在极个别的情况下,比价也会改变。如 1949 年,澳大利亚镑(与英镑等值)兑换黄金和美元的比价贬值了近 30%,跌至 A£1 = US$2.224。1967 年,英镑贬值了近 14.3%,但是,在 1966 年已改为十进制的澳大利亚元并没有随之贬值。

1971 年下半年,布雷顿森林体系崩溃,主要货币重新实行浮动汇率机制。这决定澳大利亚元将与美元挂钩,而不是与英镑挂钩。1972 年 12 月至 1973 年 2 月、1973 年 9 月,澳大利亚元对美元的汇率相继进行了调整。1974 年 9 月,澳大利亚元与美元脱钩，改为与按贸易份额决定权重的一篮子货币挂钩。1976 年 11 月，澳大利亚元参照按贸易权重一篮子货币的汇率贬值了近 17.5%，此后澳大利亚元只进行经常性的小幅调整，而不再进行偶然的大幅调整。

每天上午，澳大利亚储备银行根据纽约外汇市场的收盘汇率和当时仍属保密信息的贸易权重指数，计算出当天的中间汇率。

1983 年，澳大利亚元开始实行浮动汇率，澳大利亚政府解除了对于汇率的控制。

从 1979 年开始，大多数欧洲国家加入了欧洲汇率机制（the European Rate Mechanism，ERM），该机制又称为蛇形浮动汇率制。根据这种机制，加入该机制的货币相互之间的汇率波动幅度保持在 2.5% 以内，但对其他货币的汇率可以自由波动，特别是对美元的汇率。同布雷顿森林体系一样，这种机制经常进行汇率的调整。

1999 年 1 月 1 日，欧元成为奥地利、比利时、丹麦、西班牙、芬兰、法国、爱尔兰、意大利、卢森堡、荷兰和葡萄牙等 11 个欧洲国家的法定货币。2000 年 6 月，希腊加入了欧元区。

练习题

1.1　相互汇率

已知下列汇率：

€1 = US$0.8420

£1 = US$1.4565

NZ$1 = US$0.4250

（1）计算以欧元标价的对美元的相互汇率。

（2）计算以英镑标价的对美元的相互汇率。

（3）计算以新西兰元标价的对美元的相互汇率。

1.2　已知交叉汇率为：

US$1 = ¥123.25

£1 = US$1.4560

A$1 = US$0.5420

（1）计算以日元标价的对英镑的交叉汇率。

（2）计算以日元标价的对澳大利亚元的交叉汇率。

（3）计算以澳大利亚元标价的对英镑的交叉汇率。

1.3　计算损益

（1）如果以 Cl = US$1.4870（C，克朗）的汇率买入 8 540 000 克朗，然后，按

Cl = US$1.4675 的汇率卖出，计算以美元表示的实现损益金额。

(2)以 Rial1 = P0.5080(Rial，里亚尔，伊朗货币；P，比索，古巴货币——译者注)的汇率买入 17 283 945 比索，现在能够以 R1 = P0.5072 的汇率卖出，计算以比索表示的未实现损益金额。

1.4 实现利润

如果以 C1 = US$1.4510 的汇率买入 9 360 000 克朗，然后以 C1 = US$1.4620 的汇率卖出，计算该笔交易的损益。

1.5 未实现利润

如果以 US$1 = PHP47.2000 的汇率买入 20 000 000 菲律宾比索(Philippine pesos)，然后按 US$1 = PHP50.6000 的汇率卖出，计算该笔交易的未实现损益。

利　率
Interest Rates

本章介绍了表示利率的一些基本惯例。在实务中,利率是按不同的惯例来表示的。由于利率是用不同惯例计算的,利率之间的比较就可能存在混乱。实际利率作为在不同的惯例下对利率进行比较的手段,在本章也会加以介绍。此外,本章还将讨论远期利率和债券定价问题。

定义

利息(interest)是为使用货币支付的价格。利率(interest rate)是利息额与货币数量的比率。通常来说,利率以按年计算的百分数的形式表示(%/年)。

名义利率和实际利率

利率牌价有各种表示方法。为了在按不同惯例表示的两种利率之间进行同口径的比较,必须采用共同的惯例和相同的术语来表示利率。名义利率(nominal interest rate)是按照一个特定惯例表示的利率。如果是按照不同惯例表示的利率牌价则被称为实际利率(effective interest rate)。

基点

利率常常以真分数或小数表示,如 $8\frac{3}{4}$%/年,即 8.75%/年。当利率百分数精确到小数点后两位数字,小数点之后第 2 位数字的 1 个单位称为 1 个基点(a basis point)。利率也可以用十进制表示,即表示为 0.0875。在这种情况下,1 个基点指的是小数点后第 4 位的 1 个单位。一般来说,汇率的基点和利率的基点是不等值的。

天数计算惯例

平年每年为 365 天,闰年每年为 366 天。计算天数时,有些利率按 1 年 360 天计算,有些利率则按 1 年 365 天计算。为了把按每年 360 天计算的利率换算成按每年 365 天计算，必须乘以系数 365/360。

例如，假定 3 个月期欧洲美元的年利率为 8.25%（天数惯例为 1 年 360 天），那么，按 1 年 365 天计算的实际利率为：

$$8.25 \times 365/360 = 0.0836 = 8.36\%$$

同样，按每年 365 天计算的年利率，可以通过乘以系数 360/365 来换算成按每年 360 天计算的利率。

欧洲美元（Eurodollar）是指由在欧洲的银行持有的美元存款。因为欧洲美元存款首先是由伦敦的银行持有的，其利率一般称为 LIBOR，这是伦敦银行间隔夜拆借利率（London Inter Bank Offer Rate）的缩写。

单利

投资获得的利息额是已投资金额（称为本金）、利率和投资期限的函数。

$$I = P \times r \times t \tag{2.1}$$

其中：I 为利息额；P 为投资本金；r 为单利利率（年）；t 为时间期限（以年为单位）。

【例 2-1】 假设投资 100 美元，年单利利率为 8%（天数惯例为 365 天），期限为 30 天。

已知：$P = \text{US\$}100$

$r = 8\% = 0.08$

$t = 30/365$

故：$I = P \times r \times t$

$= \text{US\$}100 \times 0.08 \times 30/365$

$= \text{US\$}0.66$

到期时（maturity）（即投资期限结束时），投资者收到的利息加上投资本金为：

$$FV = P + I \tag{2.2}$$

其中，FV 为到期时收到的最终金额，或投资的未来值（future value of the investment）。

根据【例 2-1】已知，$P = \text{US\$}100$，且 $I = \text{US\$}0.66$，因此，30 天期限结束后，投资者将收到的最后金额为（见图 2-1）：

$FV = P + I$

$= \text{US\$}100 + \text{US\$}0.66$

$= \text{US\$}100.66$

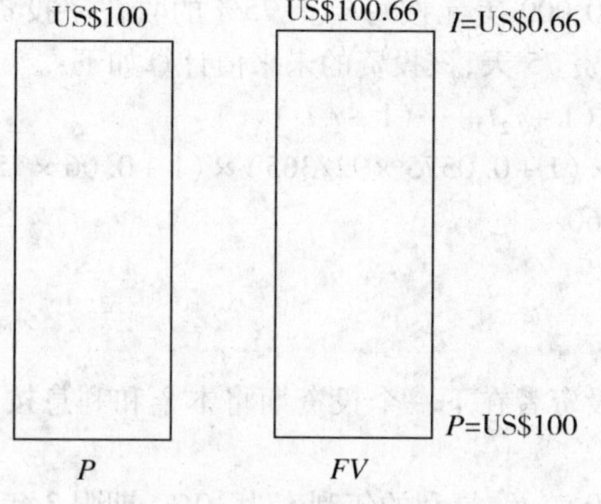

图 2-1　单利：$FV = P + I$

已知：$r = 0.08$，$t = 30/365$

代入公式，得：

$FV = P + I = P + Prt$

$$FV = P(1 + rt) \tag{2.3}$$

$FV = P(1 + rt) = \text{US\$}100 \times (1 + 0.08 \times 30/365)$

利率可以用本金的未来值连线的斜率来表示（见图 2-2）。

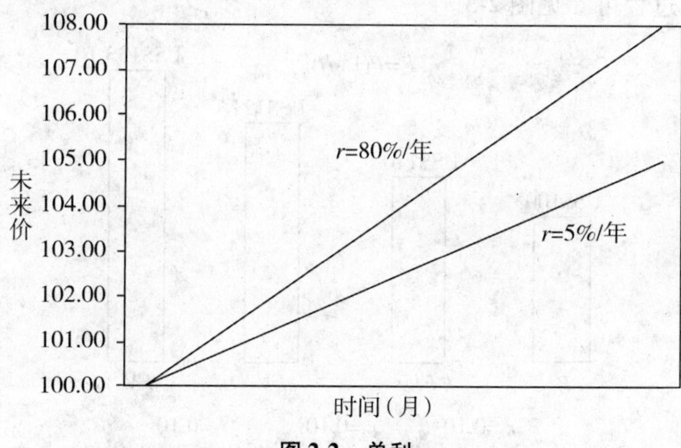

图 2-2　单利

可变利率

投资者可以将本利和重新进行下一期的投资，利率可能不同。有可能出现这样的情况：随着时间的变化，在计算投资未来值时，利率和时间期限都会变化，或者其中一项发生变化。

【例 2-2】 若将 1 000 000 美元按每年 5.75% 的收益率投资 92 天，然后，按每年 6.00% 的收益率再投资 75 天，该投资的未来值计算如下：

$$FV = P(1+r_1t_1)(1+r_2t_2)\cdots(1+r_nt_n)$$
$$= 1\ 000\ 000 \times (1+0.0575 \times 92/365) \times (1+0.06 \times 75/365)$$
$$= 1\ 027\ 000.60$$

复利

复利理论假设，投资者在下一个投资期将本金和利息按与前期相同的利率进行再投资。

【例 2-3】 本金为 100 美元，复利的年利率为 10%，期限 3 年。

第 1 年结束时的投资价值为：

$FV_1 = P(1+r_1t_1) = US\$100 \times (1+0.10) = US\$110$

第 2 年结束时，投资价值为：

$FV_2 = FV_1(1+r_2t_2) = US\$110 \times (1+0.10) = US\$121$

第 3 年结束时，投资价值为：

$FV_3 = FV_2(1+r_3t_3) = US\$121 \times (1+0.10) = US\$133.10$

上述计算过程可参见图 2-3。

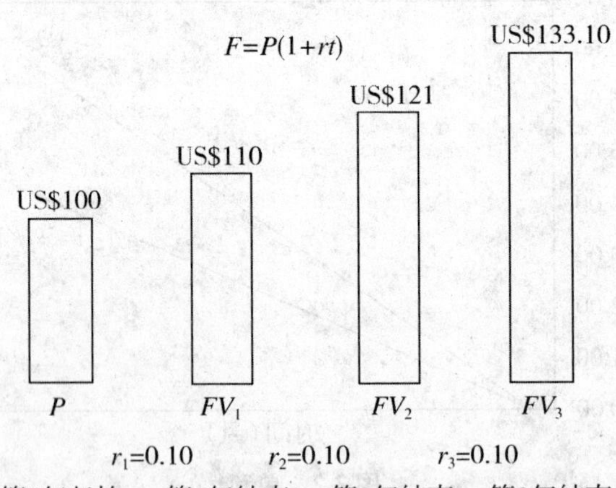

图 2-3 复利

假定每年按固定的年利率 10% 进行滚动投资，即：

$r_1 = r_2 = r_3 = 0.10 = r$

则：

$$FV_3 = FV_2(1+rt)$$
$$= FV_1(1+rt)(1+rt)$$

$$= P(1+rt)(1+rt)(1+rt)$$

$$= P(1+rt)^3$$

通用公式概括如下：

$$FV = P(1+rt)^n \tag{2.4}$$

其中：FV 为投资的未来值；P 为本金；rt 为每期复利率；n 为期数。

如果将 rt 写作 r/m 或 i，公式(2.4)变为：

$$FV = P\left(1+\frac{r}{m}\right)^n = P(1+i)^n \tag{2.5}$$

其中：m 为每年复利的支付频率；i 为定期利率。

注：

$i = r/m$

$n = mt$

半年期利率

利率的支付频率越高，复利的效果产生得越快。一般来说，利率分为半年期利率、季利率或月利率。

【例 2-4】 投资本金为 100 美元，半年期复利率为 5%，每半年付息一次，计算 2 年后的投资价值。

$P = \text{US\$}100$

$r = 0.05$

$m = 2$

$i = r/m = 0.05 \times 1/2 = 0.025$

$n = 2 \times 2 = 4$

$$FV = P(1+i)^n$$

$$= \text{US\$}100(1.025)^4$$

$$= \text{US\$}110.38$$

按季、月或其他期限进行复利的支付，直观地表示不同的时间值，实际上也表示了不同的复利支付频率。

m		t	
1	=	1	按年支付
2	=	1/2	每半年支付 1 次
4	=	1/4	按季支付
12	=	1/12	按月支付

浮动利率

实行复利计息时，在不同的时期可以采用不同的利率。

$$FV = P(1+i_1)^{n_1}(1+i_2)^{n_2}\cdots(1+i_n)^{n_z} \tag{2.6}$$

【例 2-5】 某投资者投资了 1 500 000 美元，期限为 3 年期，按浮动利率计息。第 1 年的年利率为 4.5%，单利计息；第 2 年的年利率为 5.5%，实行复利计息，每半年支付 1 次利息；第 3 年的年利率为 6.5%，仍为复利计息，按季支付利息。

如果将第 1 年和第 2 年所得利息继续进行投资，第 3 年结束时该投资的未来值是多少?

$$FV = 1\ 500\ 000 \times \left(1+\frac{0.045}{1}\right) \times \left(1+\frac{0.055}{2}\right)^2 \times \left(1+\frac{0.065}{4}\right)^4$$

$$= 1\ 765\ 116.79$$

等值利率

通过求出使投资 1 年后的未来值相等的利率，可以将每年支付 m_1 次利息的名义年复利率换算成每年支付 m_2 次利息的实际年复利率。设：

$$\text{if } i = r_{m_1}/m_1, \quad FV = \left(1+\frac{r_{m_1}}{m_1}\right)^{m_1}$$

$$\text{if } i = r_{m_2}/m_2, \quad FV = \left(1+\frac{r_{m_2}}{m_2}\right)^{m_2}$$

因此

$$\left(1+\frac{r_{m_1}}{m_1}\right)^{m_1} = \left(1+\frac{r_{m_2}}{m_2}\right)^{m_2} \tag{2.7}$$

【例 2-6】 将年利率为 5.5%、每半年支付 1 次的名义利息换算成按季支付利息的实际复利率。

$$\left(1+\frac{0.055}{2}\right)^2 = \left(1+\frac{r_4}{4}\right)^4$$

$$\sqrt[4]{1.055756} = 1+\frac{r_4}{4}$$

$$\therefore r_4 = 0.054627 = 5.46\%/\text{年}$$

指数代数式

应用下列公式计算时，同底数幂相乘或相除，底数不变，指数相加或相减：

$$x^a \times x^b = x^{a+b}$$

例如，$3^2 \times 3^3 = 3^{2+3}$

$$x^a \div x^b = x^{a-b}$$

例如，$3^5 \div 3^2 = 3^{5-2}$

对数

一个数的对数（logarithm）是与底数自乘相等的次数的指数。如：

$3^2 = 9$

故：$\log_3 9 = 2$

e 是一个与指数增长相关的特定数，其定义为：

$$e = \lim\left(1 + \frac{1}{m}\right)^m \text{ as } m \to \infty \approx 2.71828\cdots$$

参见图 2-4。

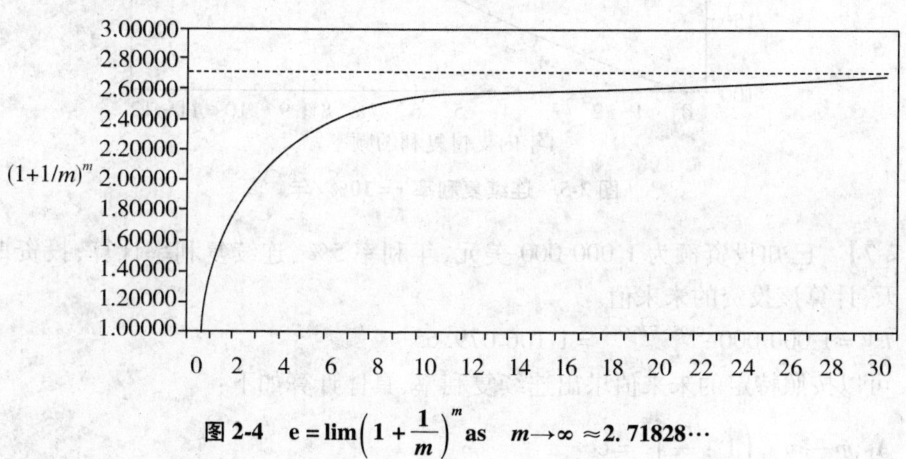

图 2-4　$e = \lim\left(1 + \frac{1}{m}\right)^m$ as $m \to \infty \approx 2.71828\cdots$

底数为 e 的对数称为自然对数，$\log_e$ 写作 ln。

连续复利率

利率可以是按季、按月、按日等支付利息的复利。极限情况是连续复利的利率，即

As $m\to\infty$, $\left(1+\dfrac{r_m}{m}\right)^{m}=\mathrm{e}^{r}$

关于 n 期后（谨记：$n=mt$），1 美元的未来值，可用下式求得：

As $m\to\infty$, $\left(1+\dfrac{r_m}{m}\right)^{mt}=\mathrm{e}^{rt}$

e^{rt}表示投资 1 美元，年利率为 $r\%$，连续复利计算，期限为 t 年的未来值，公式如下：

$$FV(X)=X\mathrm{e}^{rt} \tag{2.8}$$

可以将 r 理解为一个连续的复利率（见图 2-5）。连续复利率不是用于市场实际操作，而是在推导公式时用于简化数学计算，如将其用于为期权定价。

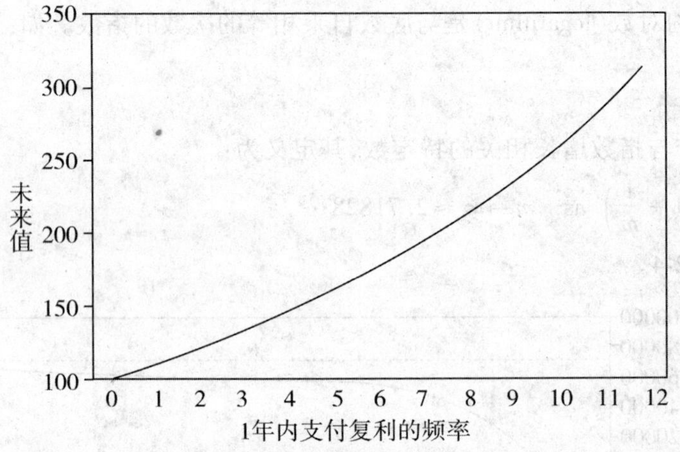

图 2-5　连续复利率 r = 10%/年

【例 2-7】　已知投资额为 1 000 000 美元，年利率 5%，连续复利率计算，投资期限 736 天，计算该投资的未来值。

$FV=1\ 000\ 000\mathrm{e}^{0.05\times736/365}=1\ 106\ 079.65$

可以按照特定的未来值求出连续复利率，具体计算如下：

As $m\to\infty$, $\left(1+\dfrac{r_m}{m}\right)^{m}=\mathrm{e}^{r}$

等式两边取对数后为：

$$r=\ln\left(1+\frac{r_m}{m}\right)\times m \tag{2.9}$$

上述公式求出的 r，就是 1 年后产生的与非连续复利率（或单利率，即 $m=1$）的未来值相等的连续复利率。

【例 2-8】　已知某项投资的年利率为 6.5%，复利计息，每半年支付一次利息，计算与该投资实际收益率相等的连续复利率。

FV(半年利率) = FV(连续复利率)

$$\left(1+\frac{0.065}{2}\right)^2 = e^r$$

$$r = 2\times\ln\left(1+\frac{0.065}{2}\right) = 0.0640$$

$$= 6.4\%/\text{年(连续复利率)}$$

远期利率

远期利率(forward interest rate)是指隐含在给定的即期利率中从未来的某一日期到另一日期的利率水平。

【例 2-9】 若1个月期的利率按年利率计算为6%,6个月期的利率按年利率计算为7%,计算期限为从现在起的1个月至6个月的远期利率。

在描述远期利率时,必须标明期限的起始日期和结束日期。可以用$r_{1,6}$表示从1个月到6个月的远期利率,因此,$r_{0,1}$表示1个月期(从当日起)的利率,$r_{0,6}$表示6个月期的利率。

若投资为1 000 000美元,则1个月期的未来值为:

$$FV_1 = PV(1+r_{0,1}\times 1/12)$$
$$= 1\,000\,000\times(1+0.06\times 1/12)$$
$$= 1\,005\,000$$

若投资为1 000 000美元,6个月期的未来值为:

$$FV_6 = PV(1+r_{0,6}\times 6/12)$$
$$= 1\,000\,000\times(1+0.07\times 6/12)$$
$$= 1\,035\,000$$

参见图2-6。

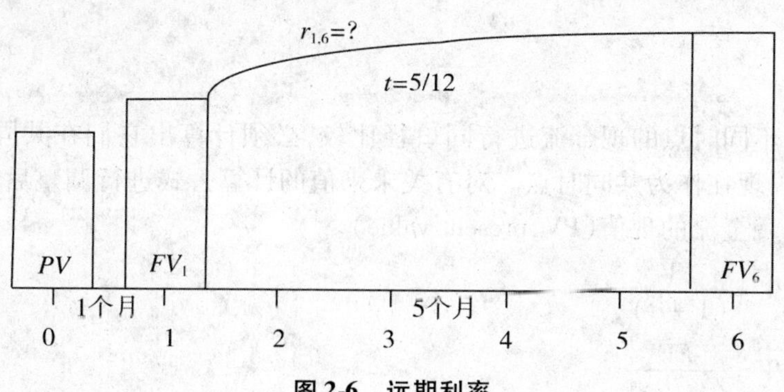

图 2-6 远期利率

这个远期利率是指在 5 个月内使 1 005 000 美元递增到 1 035 000 美元的利率,即

$$1\ 005\ 00 \times (1 + r_{1,6} \times 5/12) = 1\ 035\ 000$$

$$r_{1,6} = \left(\frac{1\ 035\ 000}{1\ 005\ 000} - 1\right) \times \frac{12}{5}$$

$$= 0.071642 = 7.16\%/年$$

一般来说,通过求解使 t_1 的未来值增加到 t_2 的未来值的利率,可以计算出 t_1 到 t_2 期间的远期利率。单利率、复利率或连续复利率的远期利率都可以计算,公式如下:

单利率 $FV_1(1 + rt) = FV_2$

复利率 $FV_1\left(1 + \frac{r}{m}\right)^n = FV_2$ (2.10)

连续复利率 $FV_1 e^{rt} = FV_2$

【例 2-10】 若 2 年期的年利率是 4.5%(半年复利),3 年期的年利率是 5.0%(半年复利),计算从现在起的 2 年到从现在起的 3 年期间的远期利率(以季度复利表示)。

$$\left(1 + \frac{r_2}{2}\right)^{2\times2}\left(1 + \frac{r}{4}\right)^{1\times4} = \left(1 + \frac{r_3}{2}\right)^{3\times2}$$

$$PV_{2年} = \left(1 + \frac{0.045}{2}\right)^{2\times2} = 1.093083$$

$$PV_{3年} = \left(1 + \frac{0.05}{2}\right)^{3\times2} = 1.159693$$

$$\therefore \left(1 + \frac{r}{4}\right)^{1\times4} = \frac{1.159693}{1.093083}$$

$$\therefore r = 0.0596 = 5.96\%/年$$

如何利用远期利率对利率风险进行套期保值,将在第 4 章进行讨论。

现值

为了对不同时点的现金流进行同口径比较,必须计算出它们在共同时点上的等价值,如以现在作为共同时点。对有关未来值的计算公式进行调整后,就可以用来计算未来现金流的现值(PV,present value)。

单利:$PV = \frac{FV}{(1 + rt)}$ (2.11)

复利:$PV = \frac{FV}{(1 + i)^n}$ (2.12)

连续复利:$PV = FVe^{-rt}$ (2.13)

公式(2.13)中的 e^{-rt}项表示,用年利率 $r\%$、连续复利对 t 年期1 美元进行贴现后的现值。

【例 2-11】 已知投资额为 800 000 美元,年利率为 6.5%,半年复利,期限为 780 天,计算该现金流的现值。

$FV = \text{US\$}800\ 000$

$i = 0.065 \times 1/2 = 0.0325$

$n = 2 \times 780/365 = 4.273973$

$$\therefore PV = \frac{\text{US\$}800\ 000}{(1.0325)^{4.273973}}$$

$$= \text{US\$}697\ 789.21$$

贴现系数

贴现系数(discount factor)是指与未来值相乘时等于现值的数,该数小于1。

$$df = \frac{PV}{FV} \tag{2.14}$$

单利时的贴现系数: $df = \dfrac{1}{1 + rt}$

复利时的贴现系数: $df = \dfrac{1}{(1 + r/m)^n}$

连续复利时的贴现系数: $df = e^{-rt}$

如果需要将一系列的未来现金流贴现为现值,贴现系数尤为实用。

债券

一般来说,资金是通过货币市场或资本市场借入的。在货币市场中,典型的放贷人是银行,大部分贷款的期限都在 1 年之内。在资本市场,发行人通过向投资者卖出债券来借入资金。一般说来,债券的发行是由高信用评级的政府或公司作为债券发行人,债券期限(借入资金的期限)从 1 个月至 30 年不等。

债券(bond)是一种长期债务的有价证券。按通俗的说法,债券就是借据(IOU)。发行人承诺到期时按债券的面值还本付息。在整个债券有效期内,发行人通常也同意定期向投资人支付一定数量的利息,这种在有效期内支付的利息称为息票(coupons)。如果息票的年利率为7%,每半年支付 1 次,则面值为 100 美元的债券的息票表示 3.5 美元的现金流(见图 2-7)。

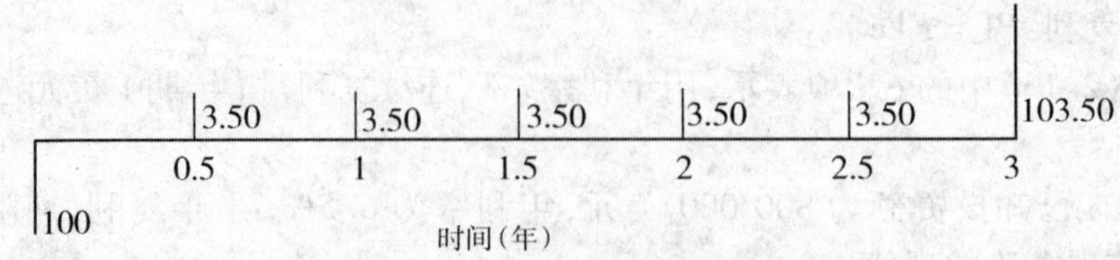

图 2-7　投资者买入债券的现金流

零息票债券（zero coupon bond）是指所有息票都为零的债券（见图2-8）。

图 2-8　零息票债券现金流

【例 2-12】　若债券的年收益率是 6%，面值 100 美元，期限 3 年，零息票债券的现值是多少？

$$PV = \frac{FV}{(1+i)^n} = \frac{100}{(1+0.06/2)^6} = 100 \times 0.837484 = 83.75$$

净现值

某种融资工具的净现值（Net Present Value，NPV）是指每笔现金流现值的总和。

$$NPV = \sum_{j=1}^{n} PV(cf_j) \tag{2.15}$$

式中的“$\sum$”（西格马符号）表示“总和”。

【例 2-13】　贴现系数以到期年收益率 6% 计算，3 年期，每 6 个月产生 3.5 美元现金流，净现值的计算如下：

t	现金流	现贴系数	*PV*
0.5	3.50	0.970874	3.40
1.0	3.50	0.942596	3.30
1.5	3.50	0.915142	3.20
2.0	3.50	0.888487	3.11
2.5	3.50	0.862609	3.02
3.0	3.50	0.837484	2.93
		净现值	18.96

债券价格

零息票债券的价格就是息票净现值与到期支付现值之和。

某债券面值为100美元，期限3年，每半年支付息票3.5美元，该债券的净现值为：83.75 + 18.96 = 102.70美元。

正常情况下，零息票债券价格的计算公式如下：

$$P=\frac{C}{(1+i)}+\frac{C}{(1+i)^2}+\cdots+\frac{C}{(1+i)^n}+\frac{FV}{(1+i)^n}$$

$$P=\sum_{j=1}^{n}\frac{C}{(1+i)^j}+\frac{FV}{(1+i)^n} \tag{2.16}$$

练习题

2.1　单利及未来值

(1)已知投资额为2 000澳大利亚元，年单利利率6.75%，期限3个月(92/365)，计算利息收入。

(2)计算2.1(1)中投资额的未来值。

2.2　复利

若投资1 000美元，年利率为10%，半年复利计算，期限100年，计算该投资的未来值。

2.3　等值利率

年利率为4.80%，半年复利，计算按月复利计算的等值利率。

2.4　远期利率

若6个月期的年利率为4.50%，9个月期的年利率为4.25%，期限从6个月(180/360)转变为9个月(270/360)，计算远期利率。

2.5　现值

假定按季复利的年利率为5.25%，本金为10 000 000美元，期限3年，计算该投资现金流的现值。

2.6　债券价格

若某债券的到期年收益率为5.75%，面值为100美元，每半年按年利率5.5%支付一次息票，期限5年，计算该债券的价格。

2.7　远期复利利率

若4年期的利率为5.50%/年，4年6个月期的利率为5.60%/年，远期利率的计算期限从现在起4年变为从现在起4年6个月。若这两种利率都是每半年复利一次，用连续复利的概念表示该远期利率。

现金流和交割日
Cash Flows and Value Dates

本章介绍了现金流和定价日(value dates)的概念。T型账户是说明现金流的一种简单形式。本章还介绍了关于定价日的惯例和净现金流、外汇净头寸的概念。

现金流的说明

货币市场和外汇交易都涉及现金流。为了完整地定义与金融交易有关的现金流,必须做如下说明:

1. 现金流的流向;
2. 现金流的货币;
3. 现金流的数量;
4. 现金流的时间。

正现金流和负现金流

从交易的另一方收到的现金称为现金流入(inflow of cash),也称为正现金流(positive cash flow)。向交易的另一方支付的现金称为现金流出(outflow of cash),也称为负现金流(negative cash flow)。参见表3-1。

表3-1　商业银行正负现金流

流入(+)	流出(-)
收到客户存款	客户提取存款
收到客户偿还的贷款	向客户发放贷款
买入某种货币	卖出某种货币
卖出债券	买入债券

T型账户

T型账户(T-accounts)是说明与金融交易有关的现金流的一种简单形式。

货币市场交易包括一种货币在不同时间的正现金流和负现金流。参见范例3-1。

范例 3-1　货币市场交易表现的现金流

吸收存款 1 000 000 英镑,年利率 4% ,3 个月期。

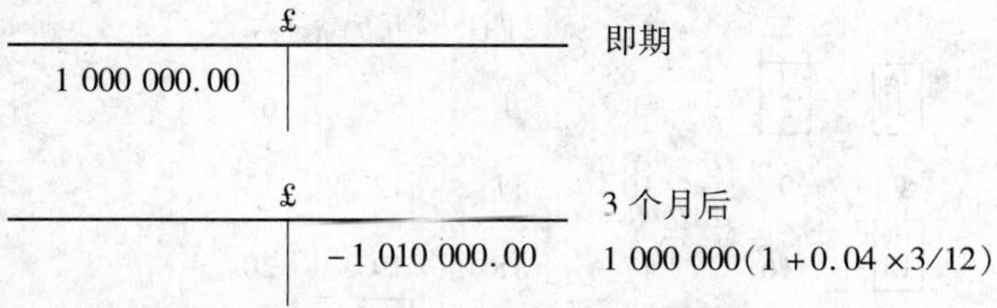

发放贷款 1 500 000 美元,年利率 3% ,1 个月期。

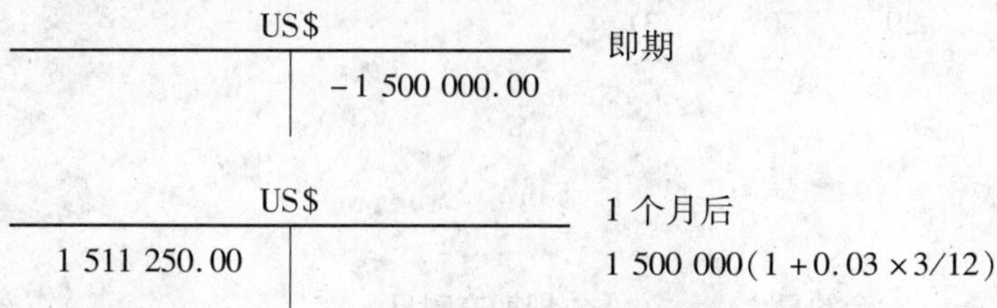

范例中未来日期的金额表示还本付息的金额。

外汇交易包括不同货币在同一时间的正现金流和负现金流,参见范例 3-2。

范例 3-2　外汇交易表现的现金流

用美元买入 1 000 000 英镑,汇率 1.4450。

£		即期	US$	
1 000 000.00		1.4450		-1 445 000.00

即期交割日

签订某个交易合约的日期称为合约日(contract date)。现金流发生的日期称为交割日(value dates)。

在国际交易中,合约日与交割日之间通常允许有两个工作日,以便合约双方有时间向可能处于不同时区国家的银行账户支付款项。即期交割(Spot value)是指从合约日起的两个工作日之内完成的支付。如果发生现金流的某个国家或两个国家都是节假日,则即期交割日顺延到下一个工作日。参见范例 3-3。

范例 3-3 即期交割日

一月						
日	一	二	三	四	五	六
	JA 1	J 2	3	4	5	6
7	8	9	10	11	12	13
14	H 15	16	17	18	19	20
21	22	23	24	25	A 26	27
28	29	30	31			

J 日本假日

H 香港假日

A 澳大利亚假日

即期交易	合约日	即期交割日
用欧元买入美元	1 月 8 日星期一	1 月 10 日星期三
用美元兑换英镑	1 月 4 日星期四	1 月 8 日星期一
用港元买入美元	1 月 11 日星期四	1 月 16 日星期四
用日元买入澳大利亚元	1 月 24 日星期三	1 月 29 日星期一
用英镑兑换欧元	1 月 17 日星期三	1 月 19 日星期五

节假日可能使即期交割日期顺延 4 天、5 天或 6 天。例如,如果圣诞节从星期一开始,节礼日在星期二,那么,在 12 月 22 日星期五的交易,其即期交割将顺延到 12 月 28 日星期四,顺延了 6 天时间。

加拿大元交易的即期交割,从交易日算起,只有 1 个工作日。

银行往来账户

银行一般都拥有其交易的每种货币的外汇账户。例如,某家英国的银行在日本的分支机构(如果有分支机构)拥有日元账户,如果没有分支机构,就会请另一家银行作为它的代理行(correspondent bank)。银行将外汇账户作为银行的往来(nostro,意思是“我们的”)账户。

远期交割日

如果与交易有关的现金流的发生日期不是现在,而是在更远的未来,这就称为远期交割(forward value)。一般说来,交易将在从现在起的某一整数月到期。例如,如果借入 1 000 000 英镑，3 个月期，就会有一笔即期的英镑收入，并在 3 个月后还本付息。如果到期日是周末或公共假日，又没有要求延期到月末，就顺延到下一个工作日偿还。如果是要求延期到月末，远期交割日期将是每月结束前的最后一个有效工作日。参见范例 3-4。

范例 3-4　远期定价日

一月						
星期日	星期一	星期二	星期三	星期四	星期五	星期六
	JA 1	J 2	3	4	5	6
7	8	9	10	11	12	13
14	H 15	16	17	18	19	20
21	22	23	24	25	A 26	27
28	29	30	31			

二月						
星期日	星期一	星期二	星期三	星期四	星期五	星期六
				1	2	3
4	5	6	7	8	9	10
11	12	13	14	15	16	17
18	19	20	UK 21	UK 22	23	24
25	26	27	28			

1 个月期的远期交易

合约日	即期交割日	1 个月期的远期交割日
1 月 3 日	1 月 5 日	2 月 5 日
1 月 5 日	1 月 9 日	2 月 9 日
1 月 8 日	1 月 10 日	2 月 12 日
1 月 18 日	1 月 22 日	2 月 23 日
1 月 25 日	1 月 29 日	2 月 28 日

注：UK 为英国假日。J、A、H 同范例 3-3。

短交割日

有时，必须进行在即期交割日之前到期和发生现金流的交易。按照定义，即期交割日之前只有两个符合条件的工作日：当日（tod）和次日（tom）。这两天称为短交割日（short dates）。产生现金流日期与合约日期相同的交易称为当日交割（value today）交易。同样，在合约日期次日产生现金流的交易称为次日交割（value tomorrow）交易。

现金流净头寸

如果利率的变化带来利润或损失，我们就说产生了头寸（position）。在交割日，如果现金流入和流出不相等或者不匹配，就存在一个现金流净头寸（net cash flow position）。每个交割日有各自具体的现金流净头寸。

现金流净头寸 = 现金流入 − 现金流出　　(3.1)

正现金流头寸表明,在相关交割日现金流入大于现金流出,剩余的现金可用于投资。若利率上升,收益率将更高;利率下降,收益率将降低。

负现金流净头寸表明,在相关交割日现金流出大于现金流入,如果没有多余的现金流,保证金账户将透支。现金不足就需要融资。若利率上升,融资成本会上升;若利率下降,融资成本则会降低。

负现金流净头寸也说明流动性状况(liquidity position)。存在这样一种风险,即如果不能借到足够的资金,在这种情形下,保证金账户必定出现透支。如果发生透支,可能涉及金融处罚和非金融处罚。表 3-2 归纳了现金流净头寸的情况。

表 3-2　　现金流净头寸

现金流入	现金流出	头寸	
+300	-200	+100	**正现金流头寸** 利率上升,可能产生收入; 利率下降,可能产生损失
+200	-350	-150	**负现金流头寸** 利率下降,可能产生收入; 利率上升,可能产生损失
+100	-100	0	**轧平现金流头寸** 利率变化不产生收入或损失

若在一个特定的交割日,现金流入等于现金流出,那么现金流净头寸为零,这种情形称为轧平现金流头寸(square cashflow position)。利率变化不会影响到净损益。

外汇净头寸

外汇买卖会产生汇率变动的风险敞口。买入外汇形成资产,这种外汇头寸称为外汇多头(long)。如果外汇升值将产生汇兑收入,外汇贬值则将产生汇兑损失。

卖出外汇形成负债。这种外汇头寸称为外汇空头(short)。如果外汇贬值将产生汇兑收入,外汇升值则产生汇兑损失。

买入的外汇大于卖出的同种外汇的余额称为外汇净头寸(net exchange position)。每种外汇有各自的外汇净头寸。

外汇净头寸 = 买入的外汇 - 卖出的外汇　　(3.2)

外汇多头表示外汇净头寸为正值。假定以外汇作为被标价货币进行汇率报价,则汇率上升产生汇兑收益,汇率下降产生汇兑损失。

外汇空头表示外汇净头寸为负值。假定以外汇作为被标价货币,则汇率上升将产生汇兑损失,汇率下降产生汇兑收益。

若买入的外汇数量等于卖出的该种外汇的数量，那么外汇净头寸为零，这称为轧平外汇头寸(square exchange position)。在轧平外汇头寸的情形下，汇率的变动不会影响汇兑损益。

外汇净头寸的产生或轧平是在签订外汇买卖合约时，而不是在产生相关现金流时发生的。举例说明，如果今天签订了一份用日元买入 1 000 000 美元的现汇合约，汇率为 US$1 = ¥124.50，在即期交割日到来前，尽管买方尚未收到美元，也未付出日元，但是，买方立即成为了美元多头和日元空头。同样，远期外汇买卖也会立即产生或轧平外汇净头寸。表 3-3 归纳了外汇净头寸的情况。

表 3-3　　外汇净头寸

买入外汇	卖出外汇	外汇净头寸	
+40	-30	+10	**外汇多头** 利率上升，可能产生收益； 利率下降，可能产生损失
+20	-40	-20	**外汇空头** 利率下降，可能产生收益； 利率上升，可能产生损失
+10	-10	0	**轧平外汇头寸** 利率变化不产生损益

外汇净头寸和现金流净头寸的区别

对外汇净头寸和现金流净头寸之间的区别进行辨别是十分重要的。货币市场的交易只产生现金流净头寸，不会产生外汇净头寸。仅仅是借入或贷出外汇不产生外汇净头寸，只有买卖某种外汇才会产生外汇净头寸。借入 3 个月期的瑞士法郎会在现在产生瑞士法郎的正现金流，并在 3 个月后产生瑞士法郎负现金流，但不会产生汇率的风险敞口。除非卖出瑞士法郎(将产生外汇净头寸)，否则到期时可以用瑞士法郎来偿还贷款，因此，交易者将承担汇率变化的结果，但与汇兑损益无关。

外汇交易既产生现金流净头寸，也产生外汇净头寸。现金流错配可以通过货币市场交易或外汇交易进行调整。但是，外汇净头寸只能通过外汇交易进行调整。

【例 3-1】　假定某公司的本币为美元，2 月 1 日有几笔交易生效，考虑该公司的现金流和外汇净头寸。

交易 1：买入外汇现汇(范例 3-5)

范例 3-5　用美元买入 2 000 000 英镑，汇率£1 = $1.4450，2 月 3 日交割。

£		2月3日	US$		从2月1日
2 000 000.00		1.4450		-2 890 000.00	起多头
		现金流			外汇净头寸

交易2:卖出外汇现汇(范例3-6)

范例3-6 卖出1 000 000英镑,兑换1 445 000美元,汇率£1 =$1.4450,2月3日为交割日。

£		2月3日	US$		从2月1日
	-1 000 000.00	1.4450	1 445 000.00		起空头
		现金流			£1 000 000
					外汇净头寸

交易3:借入本币(范例3-7)

范例3-7 借入100 000美元,年利率3%,期限从2月1日到3月1日(28天)。

现金流

US$		
1 000 000.00		2月1日

US$		
	-1 002 333.33	3月1日 1 000 000 × (1 +0.03 ×28/360)

交易4:贷出本币(范例3-8)

范例3-8 贷出2 000 000美元,年利率3.5%,期限从2月1日到4月1日(59天)。

现金流

US$		
	-2 000 000.00	2月1日

US$		
2 011 472.22		4月1日 2 000 000 × (1 +0.035 ×59/360)

交易5:借入外汇(范例3-9)

范例3-9 借入2 500 000英镑,年利率4%,期限从2月3日到2月17日(14天)。

外汇净头寸只是未来必须支付的利息(FOTPI)。

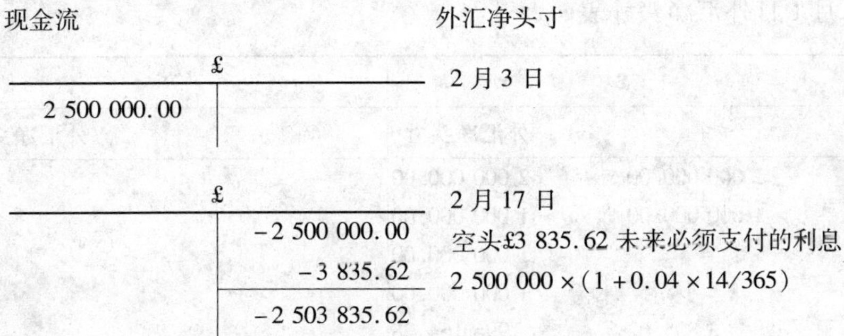

交易6：贷出外汇（范例3-10）

范例3-10 贷出1 500 000英镑，年利率4.1%，期限从2月3日到10日（7天）。

外汇净头寸只是未来收到的利息（FOTRI）。

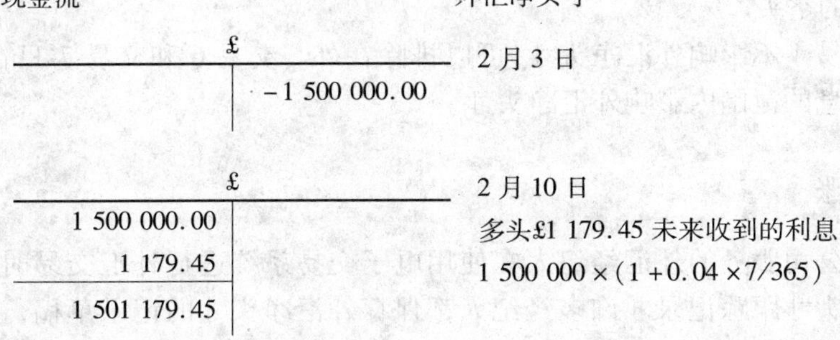

交易7：交叉汇率（范例3-11）

范例3-11 用日元买入1 000 000英镑，汇率£1 = ¥176.29，2月3日交割。

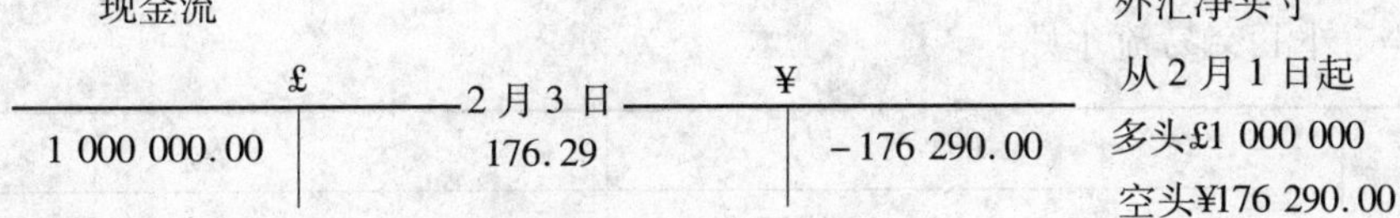

外汇净头寸表

每种外汇的连续交易都可以按顺序记录外汇净头寸。可以采用范例3-12的方式记录当日发生的外汇交易头寸。下表假定在首笔外汇交易之前已轧平外汇头寸。

范例 3-12 2 月 1 日外汇净头寸表

	£		¥	
		外汇净头寸		外汇净头寸
交易 1	2 000 000.00	2 000 000.00		
交易 2	-1 000 000.00	1 000 000.00		
交易 3		1 000 000.00		
交易 4		1 000 000.00		
交易 5	-3 835.62	996 164.38		
交易 6	1 179.45	997 343.83		
交易 7	1 000 000.00	**1 997 343.83**	-176 290 000	**-176 290 000**

在【例 3-1】中,7 次交易之后,外汇净头寸是 1 997 343.83 英镑的多头和 176 290 000 日元的空头。

交易 3 和交易 4 不影响外汇净头寸,可以排除在外。交易 6 和交易 7 只在未来支付和收到利息的范围内影响外汇净头寸。

外汇交易流水账

为大银行或公司服务的外汇经纪人在使用电子交易系统进行外汇交易时,都有自己的外汇净头寸跟踪记录。许多经纪人都保存外汇净头寸的记录草稿,这种草稿称为外汇交易流水账(blotter)(范例 3-13)。至关重要的是,经纪人自始至终要知道自己的外汇净头寸是多少,至少知道大约是多少。通常,外汇净头寸的金额大约以 10 万为单位。

范例 3-13 外汇交易流水账

	£		¥	
		外汇净头寸		外汇净头寸
交易 1	2.000	2.000		
交易 2	-1.000	1.000		
交易 7	1.000	**2.000**	-176.290	**-176.290**

交易 5 和交易 6 是未来支付和收到的利息科目,由于金额很小,也没有包括在流水账中。

每天交易结束后,应将外汇交易流水账汇总录入外汇净头寸总表,并进行核对。现在,大多数银行都有计算机实时显示系统,可以准确地显示现金流和外汇净头寸,重要的是,一旦完成一笔外汇交易,经纪人应尽可能快地输入交易结果。

对于经纪人来说，最重要的一项交易原则是随时掌握自己有多少外汇净头寸。

净现值法

外汇净头寸(net exchange position)更准确的定义是指外汇现金流的净现值。

有时，未来现金流的现值是指未来现金流现值的代尔他值(delta)。它表示到未来日期按外币面值累计必须买入或卖出的外币金额。如果时间足够长或利率足够高，那么，代尔他值可能远远小于未来值。

在第 6 章介绍完外汇的远期交易后，将更详细地分析净现值法的好处，参见【例 6-8】和【例 6-9】。

在大量的交易组合中采用净现值法时，需要采用相当复杂的计算方法，以便将未来现金流连续地折算为现值。

练习题

3.1　远期利率交易的现金流表示法。

若借入 2 000 000 美元，期限从 1 个月到 6 个月，远期利率 $r_{1,6}$ 为年利率 5%，用现金流表示法表示这笔交易的现金流。

3.2　若以美元买入 2 000 000 欧元，远期汇率为€ 1 = US$0.8560。用远期汇率交易的现金流表示法表示这笔交易的现金流。

3.3　外汇净头寸表

编制外汇净头寸表。假定首笔交易之前的头寸已被轧平，某交易员完成以下 5 笔交易，本币为美元：

1. 借入 7 000 000 欧元，4 个月期，年利率 4.00%；
2. 卖出 7 000 000 欧元现汇，汇率为€ 1 = US$0.8500；
3. 买入 500 000 000 日元现汇，汇率为 US$1 = ¥123.00；
4. 将 200 000 000 日元兑换成欧元，汇率为€ 1 = ¥104.50；
5. 买入 4 000 000 欧元 1 个月期的远期外汇，汇率为€ 1 = US$0.8470。

3.4　现金流表示法，远期投资

若投资 1 000 000 美元，期限为 3 个月到 9 个月，远期利率 $r_{3,9}$ 为年利率 3.5%，用现金流表示法表示这笔交易的现金流。

3.5　现金流表示法，远期外汇交易

若卖出 4 000 000 000 日元，买入欧元，交割日为 11 月 3 日，直接汇率为€1 = ¥103.60，用现金流表示法表示这笔交易的现金流。

收益率曲线和货币市场的错开配置
Yield Curves and Gapping in the Money Market

本章将介绍收益率曲线(yield curve)的概念,并对影响收益率曲线形状和位置变化的因素进行分析。在货币市场进行错开配置(gapping in the money market)可以从预期的利率变动中产生利润。

收益率曲线

在任何时点,不同的期限应该适用不同的利率。例如,1个月的利率可能是4.0%/年,两个月的利率是4.2%/年,3个月的利率是4.4%/年,4个月的利率是4.6%/年,等等。

期限(月)	利率(%/年)
1	4.0
2	4.2
3	4.4
4	4.6
5	4.8
6	5.0

设横轴表示期限,纵轴表示收益率变化,所取得的曲线称为收益率曲线(见图4-1)。

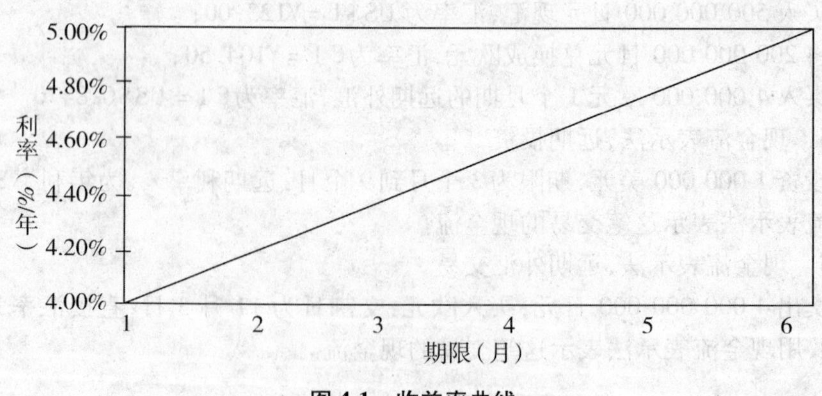

图4-1　收益率曲线

标准收益率曲线

在正常情况下,期限越长,收益率越高;期限越短,收益率越低。因此,标准收益率曲线(normal yield curve)略微向右上方倾斜。图 4-1 显示的收益率曲线是标准收益率曲线的例证。就收益率曲线而言,没有必要将一条直线考虑为标准收益曲线。

平直收益率曲线

如果所有期限的收益率都相同,则收益率曲线是一条水平直线。这样的收益率曲线称为平直收益率曲线(flat yield curve)(见图 4-2)。

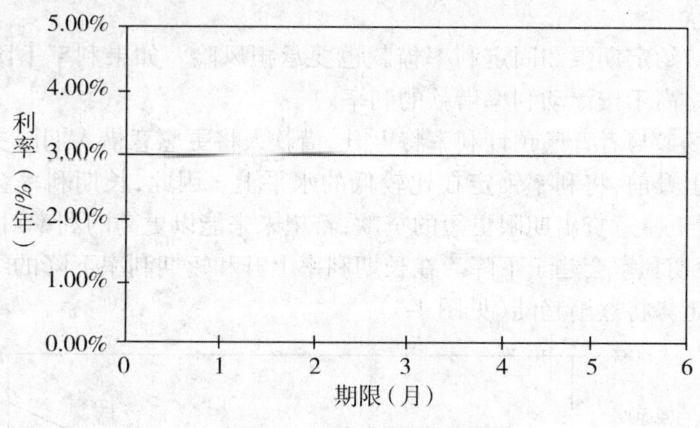

图 4-2　平直收益率曲线

产生标准收益率曲线的原因

1. 货币的时间价值

通常,在投资到期时支付利息。如果投资期限较短,投资者可以较快地获得利息。然后,投资者可自由选择,将本金与利息一起进行下一个期限的重新投资或展期投资,以获取复利。因此,一般需要以更高的收益率吸引投资者进行期限更长的投资。

2. 信用风险

将资金拆借给借款人后,投资者承担着借款人到期不愿或无法偿还本金和利息的风险。贷款期限越长,风险越大,因此,对于提供期限较长的贷款,投资者通常会要求获得更高的收益率。

3. 流动性偏好

由于在约定期限内将贷款发放给了借款人,在贷款到期之前,投资者放弃了该笔款项的使用权。为了补偿投资者的流动性缺失,贷款期限越长,投资者要求的收益率就越高。

4. 利率风险

利率是随着时间而变动的。如果按固定利率贷款给借款人，投资者要承担利率可能上升的风险。如果利率上升了，投资者的投资收益将低于应获取的收益。为了补偿其承担的风险，投资的期限越长，投资者需要的收益率越高。

利率预期的影响

除了上述影响标准收益率曲线的因素外，市场利率预期的变化也会影响收益率曲线的形状。

借款人按约定期限和固定利率借款也要承担风险。如果利率下降了，借款人付息的利率将高于按浮动利率借款的利率。

如果市场参与者普遍预计利率将上升，借款人将更愿意借入期限更长的贷款，以便在利率上升前，将利率锁定在比较低的水平上。因此，长期利率会趋于上升。同时，投资者更愿意贷出期限更短的贷款，希望未来能以更高的利率对投资进行展期。因此，短期利率会趋于下降。在长期利率上升和短期利率下降的综合影响下，收益率曲线走势将逐渐趋陡（见图 4-3）。

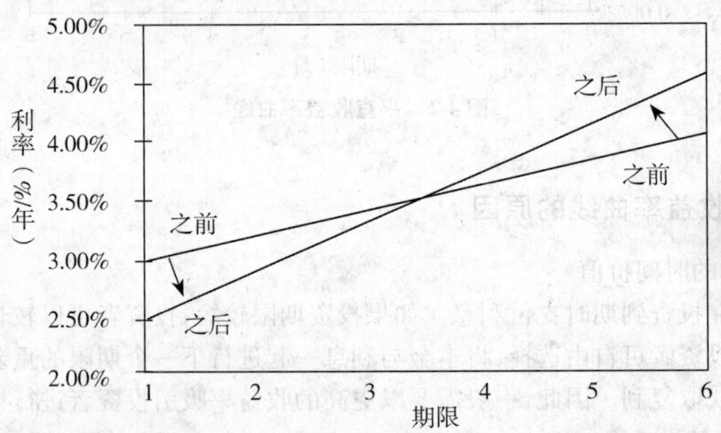

图 4-3　市场预计利率上升，导致收益率曲线更陡峭

相反，如果市场参与者普遍预计利率将下降，借款人预计未来可以按更低的利率进行借款展期，就更愿意借入短期贷款。因此，短期利率趋于上升。同时，投资人将更愿意贷出长期贷款，以便在利率下降之前锁定相对较高的收益率。因此，长期利率趋于下降。在短期利率上升和长期利率下降的综合影响下，收益率曲线将变得更加平直。如果预期利率下降幅度太大，超过了形成标准曲线的因素，那么，收益率曲线将向右下方倾斜。这样的收益率曲线称为反向收益率曲线（inverse yield curve）（见图 4-4）。

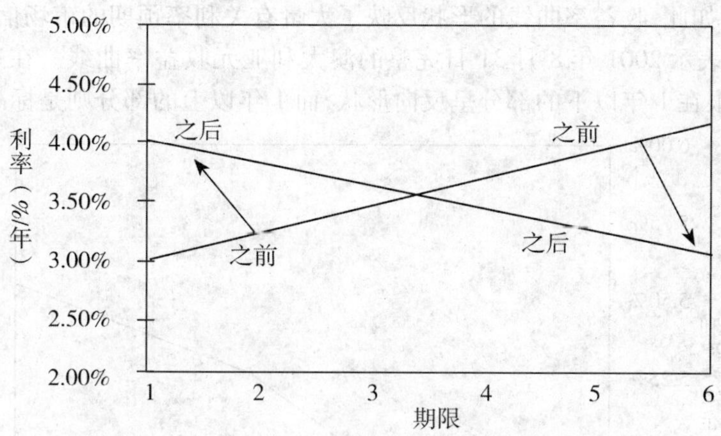

图 4-4　市场预计利率下降，产生反向收益率曲线

收益率曲线的形状表明市场预计利率发生的变化情况。

如果收益率曲线比标准收益率曲线更加陡峭（也就是说，更加正向的），市场参与者普遍预计利率将上升；如果收益率曲线是反向的，市场参与者普遍预计利率将下降（见图 4-5）。的确，如果市场曲线是平直的，市场肯定普遍预计利率将小幅下降，因为如果没有利率预期的影响，收益率曲线将呈现标准的形状。

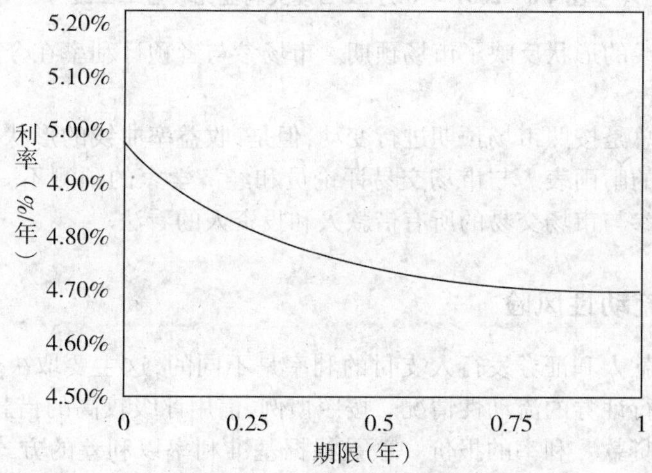

图 4-5　反向收益率曲线：

2001 年 8 月 31 日，澳大利亚元收益率曲线

实际收益率曲线

实际上，收益率曲线的斜率并不总是一成不变的。对未来利率的市场预期是许多借款人和投资人的看法综合影响的结果，对于不同的期限，他们的预期是不同的。正因为如此,收益率曲线的形状反映了大量有关利率预期的市场信息。

图 4-6 表示 2001 年 8 月 31 日完整的澳大利亚元收益率曲线。在这个收益率曲线中,期限在 1 年以下的部分呈反向形状,而 1 年以上的部分则是标准形状。

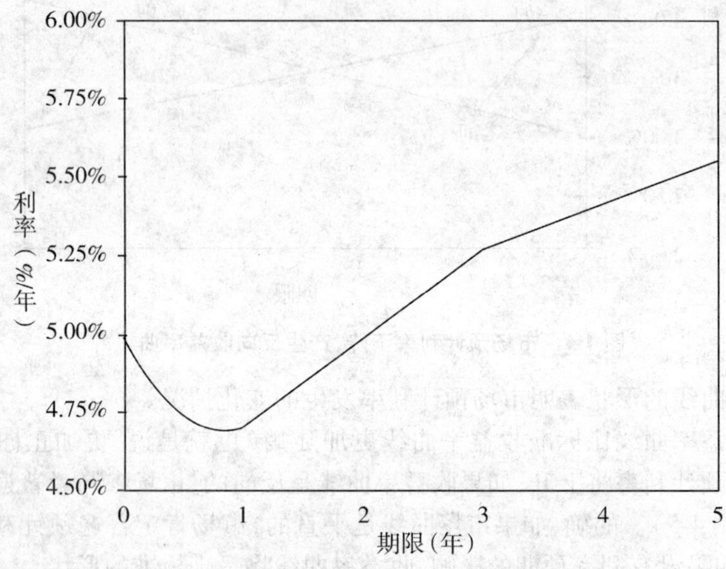

图 4-6　2001 年 8 月 31 日澳大利亚元收益率曲线

收益率曲线的形状反映了市场预期。市场参与者预计利率在今后 4 个季度将下降,然后上升。

利率并不总是按照市场预期进行变动,但是,收益率曲线的形状是反映利率可能发生的变化的晴雨表。与市场交易评论员和经济学家的预测不一样,收益率曲线反映了当时参与市场交易的所有借款人和投资人的看法。

信用利差和流动性风险

不同的借款人和证券发行人支付的利率是不同的,这主要取决于其各自的信用评级和所发行证券的流动性情况。按照惯例,信用评级较高的借款人,能够以较低的利率借到贷款。利率的报价一般是根据基准利率以利差的方式进行的,如货币市场中以 LIBOR 为基准利率,在资本市场中通常以政府债券的收益率作为基准收益率。如果小公司可以按以 LIBOR 加 0.5% 的年利率向银行借款,那么,大公司借款的年利率则可能为 LIBOR 加 0.1% 。图 4-7 表示债券收益率如何随发行人信用评级的不同而变化。

债券发行人的信用评级越低,利差越高,而且利差随着期限的延伸而拉宽。

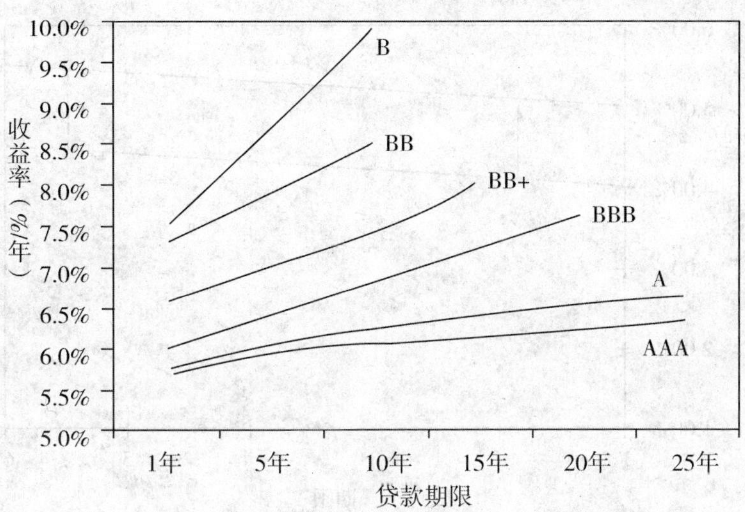

图 4-7　信用评级不同的债券发行人的收益率曲线

收益率曲线的变动

对收益率曲线的平行移动和旋转进行区分是很容易的。收益率曲线的平移表示,在整个期限内,利率的上升或下降幅度都是均等的,收益率曲线的斜率不变,仅仅是曲线整体上下移动。

收益率曲线的平行移动

表 4-1 的资料是用于形成图 4-8 的数据。

表 4-1　　收益率曲线的平行移动

期限(月)	平移前的利率(%/年)	平移后的利率(%/年)	利率上升(%/年)
1	4.0	5.0	+1.0
2	4.1	5.1	+1.0
3	4.2	5.2	+1.0
4	4.3	5.3	+1.0
5	4.4	5.4	+1.0
6	4.5	5.5	+1.0

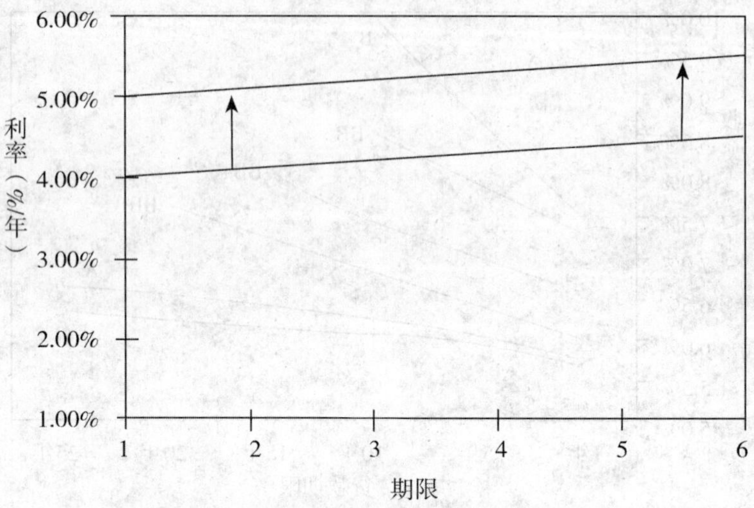

图 4-8　收益率曲线的平行移动

收益率的旋转反映利率按比例上升或下降从而导致的收益率曲线斜率的变化。收益率曲线将变得更加陡峭,或更加平直。图 4-3 就是收益率曲线旋转的一个例子。

收益率曲线的旋转

实际上,收益率曲线的变动是包括平行移动和旋转的各种组合。收益率曲线的形状和位置随时间的变化而改变。表 4-2 和图 4-9 表示在 2000 年 12 月 29 日至 2001 年 12 月 31 日期间美元收益率曲线的变动情况。

表 4-2　2000 年 12 月 29 日和 2001 年 12 月 31 日美元收益率曲线的移动

期限(月)	旋转前的利率(%/年)	旋转后的利率(%/年)	利率上升(%/年)
1	3.0	2.5	-0.5
2	3.2	2.9	-0.3
3	3.4	3.3	-0.1
4	3.6	3.7	+0.1
5	3.8	4.1	+0.3
6	4.0	4.5	+0.5

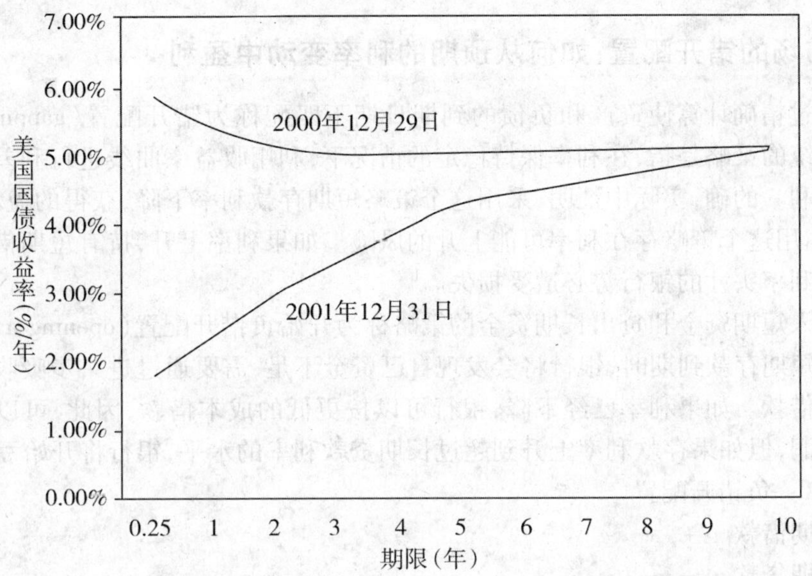

图 4-9　2000 年 12 月 29 日和 2001 年 12 月 31 日美元收益率曲线的移动

传统的银行策略:利用收益率曲线进行利差交易

传统的做法是银行通过吸收短期存款借入资金,然后发放长期住房贷款。

当收益率曲线固定不变时,银行完成了有利可图的交易。银行以年利率 3% 借入资金,然后以年利率 7% 贷出资金,从中可以获得年利率 4% 的较大利差。利用标准收益率曲线形状进行的金融交易,称为"利用收益率曲线进行利差交易"(riding the yield curve)。

上世纪 70 年代中期,为了应对石油价格暴涨引发的通货膨胀的冲击,利率急剧攀升。银行突然发现,他们必须按很高的利率支付利息,如年利率 10%,才能吸收到短期存款,同时抵押贷款的固定利率却已锁定在年收益率 7%,贷款到期的期限可能还有好几年。当收益率曲线相对稳定时,由于存款利率急剧上升,历来提供丰厚收益的抵押贷款突然出现亏损。

银行很快意识到,为了继续保持其在货币市场业务盈利的状况,他们不能再仅仅利用收益率曲线进行利差交易。在利率可能大幅上升或下降的情况下,必须进行积极的利率管理才能保证其盈利性。

货币市场的错开配置:如何从预期的利率变动中盈利

经过精确计算使资产和负债的到期日期不匹配称为错开配置(gapping)。银行业传统的策略是指,在利率保持稳定的情况下,利用收益率曲线进行利差交易就可以盈利。的确,实际中证明,采用这个策略短期存款利率下降,获得的盈利更多。但是,运用这个策略存在利率可能上升的风险。如果利率上升,持有短期借款和长期贷款利率头寸的银行势必遭受损失。

借入短期资金和贷出长期资金的策略称为开始负错开配置(opening a negative gap)。短期存款到期时,银行将会发现自己资金不足,需要通过进一步吸收存款再次得到借款。如果利率已经下降,银行可以按更低的成本借款,因此,可以获取更多的利润,但如果存款利率上升到超过长期贷款利率的水平,银行将开始亏损。

范例 4-1 负错开配置

短期借款 + +

长期贷款 − − − − − − − −

利用预期利率下降的策略

与之相反的策略是进行长期借款和短期贷款,这称为开始正错开配置(positive gap)。此种策略下,在短期贷款到期时,银行将发现自己有剩余资金可以重新投资。如果收益率提高,银行利润将增加,但是,如果收益率下降,银行利润就会减少。如果收益率下降到低于借入的长期借款利率,银行将发生亏损。

范例 4-2 正错开配置

短期贷款 − −

长期借款 + + + + + +

利用预期利率上升的策略

开始负错开配置

【例 4-1】 为便于理解,假定从 1 个月到 6 个月期限的美元利率都是年利率 3%,收益率曲线是平直的。

期限(月)	利率(%/年)
1	3.0
2	3.0
3	3.0
4	3.0
5	3.0
6	3.0

某银行预计利率将下降,因此,通过借入 1 个月期的 1 000 000 美元,贷出 6 个

月期的 1 000 000 美元,该银行开始负错开配置。

第一个月,银行收支相抵,不盈不亏。以年利率 3%(2 500 美元)支付存款利息,同时按年利率 3% 从贷款中收取利息(2 500 美元)。

在开始错开配置的同时,该银行有一个现金流净头寸。如果利率上升,在余下的 5 个月必须按更高的利率支付存款利息,因此该银行将出现损失。如果利率下降,由于在余下的 5 个月可以按更低的利率支付存款利息,因此该银行可获得更多的利润。

通过借入 1 个月期的 1 000 000 美元,同时贷出 6 个月期的 1 000 000 美元,该银行开始的负错开配置等价于 1 002 500 美元的远期,期限从第 1 个月的期末到第 6 个月,远期利率为 $r_{1,6}$。

范例 4-3 开始负错开配置

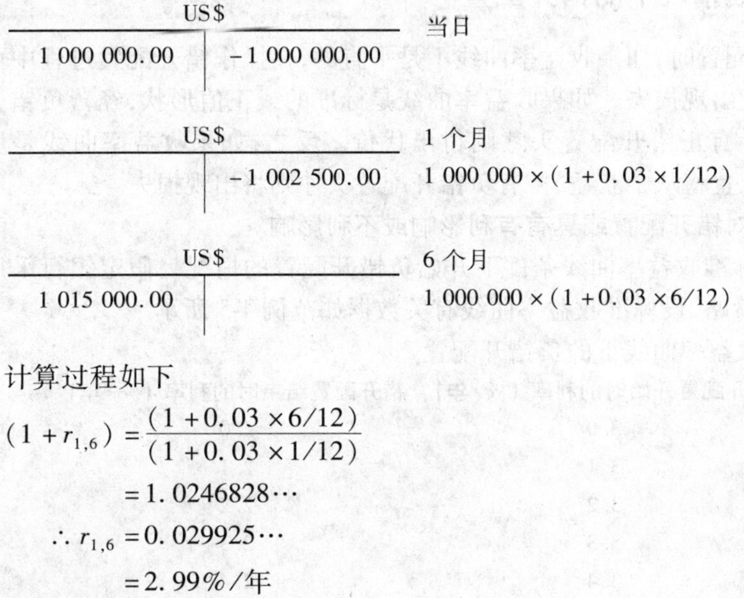

计算过程如下

$$(1+r_{1,6}) = \frac{(1+0.03\times6/12)}{(1+0.03\times1/12)}$$

$$= 1.0246828\cdots$$

$$\therefore r_{1,6} = 0.029925\cdots$$

$$= 2.99\%/\text{年}$$

结束负错开配置

假定该银行实现了预期,1 个月后收益率曲线按年利率向下移动了 1%,因此,各种期限的利率都从年利率 3% 下降到 2%。那么,在余下的 5 个月里,银行可以通过借入 1 002 500 美元结束原来的错开配置。

1 个月后(范例 4-4),通过结束错开配置,银行实现利润 4 145.83 美元,消除了现金流净头寸。此后利率的升降都不会影响银行损益。

范例 4-4 平直的收益率曲线向下平行移动后结束负错开配置。

US$		
1 002 500.00	-1 002 500.00	当日
1 002 500.00	**1 002 500.00**	

US$		
1 015 000.00	**-1 010 854.17**	5 个月 1 002 500 × (1 + 0.02 × 5/12)
	4 145.83	收益
1 015 000.00	**1 015 000.00**	

标准收益率曲线情况下的错开配置

在开始错开配置时,如果收益率曲线不是平直的,在操作错开配置过程中可能出现盈利,也可能出现损失。如果收益率曲线是标准的或正值形状,经营负错开配置将从中获益,持有正错开配置头寸则付出代价。反之,如果收益率曲线是反向的,操作正错开配置将从中获益,持有负错开配置头寸则将出现损失。

收益率曲线对错开配置或具有有利影响或不利影响。

【例 4-2】 考虑标准收益率曲线条件下开始负错开配置的情况。假定银行采用与【例 4-1】相同的策略,设标准收益率曲线有关数据如范例 4-5 所示。

范例 4-5 标准收益率曲线下的负错开配置

期限(月)	错开配置开始时的利率(%/年)	错开配置结束时的利率(%/年)
1	**3.0**	2.0
2	3.1	2.1
3	3.2	2.2
4	3.3	2.3
5	3.4	**2.4**
6	**3.5**	2.5

按照与【例 4-1】相同的策略,银行开始进行负错开配置,即借入1 000 000 美元,期限为 1 个月,利率为 3.0%/年,同时贷出 1 000 000 美元,期限 6 个月,利率为 3.5%/年。

开始负错开配置等价于远期贷款,即贷出 1 002 500 美元, 期限从第 1 个月期末到第 6 个月,远期利率为 3.59%/年。计算过程如下:

$$(1 + r_{1,6} \times 5/12) = \frac{(1 + 0.035 \times 6/12)}{(1 + 0.03 \times 1/12)}$$

$$r_{1,6} = 0.035910$$

$$= 3.59\%/\text{年}$$

范例 4-6　标准曲线下开始负错开配置

US$		
1 000 000.00	−1 000 000.00	当日

US$		
		1 个月
	−1 002 500.00	1 000 000 × (1 + 0.03 × 1/12)

US$		
		6 个月
1 017 500.00		1 000 000 × (1 + 0.035 × 6/12)

错开配置开始时，银行通过借款利率和贷款利率之间的利差赚取了 50 个基点的盈利。这反映了在正收益率曲线下经营负错开配置得到的利润。结束错开配置之前，银行持有利率头寸。如果利率上升，在余下的 5 个月，银行必须以更高的利率获得借款。经营这种错开配置产生的利润称为正持仓状况(positive carry)，这将减少利率上升造成的不利影响，或者扩大利率下降造成的有利影响。

假定 1 个月之后，就像范例 4-5 描述的那样，年利率下降了 1%，银行通过借入 1 002 500 美元，期限 5 个月，年利率 2.4%(范例 4-7)，就可以结束这个错开配置。

范例 4-7　标准收益率曲线平行移动后结束负错开配置口

US$		
		当日
1 002 500.00	−1 002 500.00	
1 002 500.00	**1 002 500.00**	

US$		
		5 个月
1 017 500.00	**−1 012 525.00**	1 002 500 × (1 + 0.024 × 5/12)
	4 975.00	利润
1 017 500.00	**1 017 500.00**	

通过结束这个错开配置，银行实现利润 4 975.00 美元，并消除了现金流净头寸。以后，无论利率上升或下降，都不会进一步影响银行的损益。【例 4-1】中实现的利润 4 145.83 美元和【例 4-2】中实现的利润 4 975.00 美元之间的差额就是正持仓状况的收益。

开始正错开配置

对利率持有上升预期的银行,将更愿意开始正错开配置。

【例 4-3】 假定初始收益率曲线与【例 4-2】相同,银行预计收益率上升。此时,银行可以借入 1 000 000 美元,期限 6 个月,年利率 3.5%,同时,贷出1 000 000 美元,期限 1 个月,年利率 3.0%(范例 4-8)。为了在标准收益率曲线条件下使正错开配置能够盈利,利率上升幅度必须大于收益率曲线的斜率。

范例 4-8 标准收益率曲线下开始正错开配置

US$		
1 000 000.00	−1 000 000.00	当日

US$		
1 002 500.00		1 个月 1 000 000 × (1 + 0.03 × 1/12)

US$		
	−1 017 500.00	6 个月 1 000 000 × (1 + 0.035 × 6/12)

银行通过借入 6 个月期的 1 000 000 美元,同时贷出 1 个月期的 1 000 000 美元,开始的这个正错开配置等价于借入 1 002 500 美元的远期,期限从第 1 个月期末到第 6 个月,远期年利率 3.59%。计算过程如下:

$$(1 + r_{1,6} \times 5/12) = \frac{(1 + 0.035 \times 6/12)}{(1 + 0.03 \times 1/12)}$$

$$r_{1,6} = 3.59\%/\text{年}$$

在开始这个错开配置时,银行支付借款利率和贷款利率之间的利差0.5%/年。这就是在正收益率曲线下持有正错开配置头寸的成本。持有这个错开配置而产生的成本称为负持仓状况(negative carry),这将减少利率上升的有利影响,增加利率下降的不利影响。

结束正错开配置

假定 1 个月后年利率上升了 1%,如范例 4-9 所示,银行可以通过贷出 1 002 500 美元,期限 5 个月,年利率 4.4%,结束这个错开配置。

通过结束这个错开配置,银行消除了它的现金流正头寸,并实现利润 3 379.17 美元。从范例 4-10 的计算结果来看,需要注意的是,这个利润小于采用负错开配置策略时,从各期限利率等幅下降中获得的 4 975.00 美元利润(范例 4-7)。这两者之间的差额说明，标准收益率曲线的作用有利于负错开配置，但不利于正错开配置。

范例 4-9　标准收益率曲线平行移动后结束正错开配置

期限(月)	错开配置开始时的利率(%/年)	1 个月后错开配置结束时的利率(%/年)
	3.0	4.0
2	3.1	4.1
3	3.2	4.2
4	3.3	4.3
5	3.4	**4.4**
6	**3.5**	4.5

范例 4-10　结束具有负持仓状况的正错开配置

US$		
1 002 500.00	**-1 002 500.00**	当日
1 002 500.00	**1 002 500.00**	

US$		
1 020 879.17	-1 017 500.00	5 个月 1 002 500 × (1 + 0.024 × 5/12)
	3 379.17	利润
1 020 879.17	**1 020 879.17**	

损益平衡利率

在开始错开配置时，可以计算损益平衡利率(break-even interest rate)，用字母表示为 b，此时，错开配置产生零损益。假定标准收益率曲线如【例 4-2】所示，开始错开配置 1 个月后，5 个月的损益平衡利率是：

1. 假定在负错开配置情况下，有如下关系：

6 个月收取的利息 = 6 个月支付的利息

$$(1\,000\,000 \times 0.03 \times 1/12) + (1\,002\,500 \times b \times 5/12) = 1\,000\,000 \times 0.035 \times 6/12$$

$$2\,500 + 417\,708.33 \times b = 17\,500$$

$$b = \frac{17\,500 - 2\,500}{417\,708.33}$$

$$= 0.035910$$

$$= 3.59\%/\text{年}$$

也就是说,在负错开配置开始亏损之前,5 个月的利率最高可以上升到年利率 3.59%。

损益平衡利率等于开始负错开配置时的远期利率。

2. 假定在正错开配置情况下,有如下关系:

6 个月收取的利息 =6 个月支付的利息

$$1\,000\,000 \times 0.035 \times 6/12 = (1\,000\,000 \times 0.03 \times 1/12) + (1\,002\,500 \times b \times 5/12)$$

$$b = 3.59\%/\text{年}$$

也就是说,在正错开配置开始盈利之前,5 个月的利率必须上升到年利率 3.59%。这个计算结果再次说明,损益平衡利率等于初始的远期利率。

需要注意的是,无论是正错开配置还是负错开配置,损益平衡利率的计算结果都是相同的。损益平衡利率是收益率曲线形状(shape)的函数,并不取决于错开配置是正的还是负的。

错开配置的提前结束

可以不在期限短的业务到期日对错开配置进行平仓。通过在货币市场做一笔反向交易,就可以在期限短的交易到期之前结束错开配置。

【例 4-4】 对于【例 4-1】开始的错开配置,为了在错开配置开始的 1 星期之后结束这个错配,必须发放期限为 3 个星期的贷款,同时借入期限为 5.75 个月的借款。为了求得这个错开配置在远期发生的损益(即开始错开配置日期起的 6 个月),期限为 3 个星期贷款的未来价值刚好抵销初始时借入的 1 个月期借款的未来价值,即 1 002 500.00 美元。期限为 5.75 个月的借款金额也应该刚好抵销期限为 3 个星期的贷款金额。

假如在开始错开配置后的 1 个星期,期限为 3 个星期的利率为2.5%/年,5.75 个月期的利率为 2.7%/年,即收益率曲线向下移动了,但是,期限短的利率下降幅度大于期限长的利率下降幅度。范例 4-11 中的现金流显示,结束错开配置会产生远期利润 1 114.35 美元。

另一种可以选择的结束错开配置方法是,以远期利率 2.73%/年借入 1 002 500 美元,期限从 0.75 月期期末到 5.75 月。远期利率的计算过程如下:

$$(1 + r_{0.75,5.75} \times 5/12) = \frac{(1 + 0.027 \times 5.75/12)}{(1 + 0.025 \times 0.75/12)}$$

$$\therefore r_{0.75,5.75} = 0.027257\cdots$$

$$= 2.73\%/\text{年}$$

范例 4-11　提前结束负错开配置

开始错配后 1 周:

US$		
1 000 936. 04	**-1 000 936. 04**	当日 1 002 500/(1 +0. 025 ×0. 75/12)
1 000 936. 04	**1 000 936. 04**	

US$		
1 002 500. 00	-1 002 500. 00	0. 75 月
1 002 500. 00	**1 002 500. 00**	

US$		
1 015 000. 00	**-1 013 885. 65** **1 114. 35**	5. 75 月 1 000 936. 04 × (1 +0. 027 ×5. 75/12) 利润
1 015 000. 00	**1 015 000. 00**	

错开配置的展期

要在期限短的借贷到期后对错开配置进行展期,只需要通过货币市场对期限短的借贷进行展期。例如,要对【例 4-1】开始的负错开配置展期一个月,只需简单地将初始的 1 个月期借款展期 1 个月,同时还需要增加 1 个月的利息支出。如果预计下个月利率将下降,这个策略是合适的。假如计划在错开配置中期限长的借贷到期日实现利润,就有必要对初始借款进行展期,以便将从第 1 个月起收到的利息变成投资本金。

设开始错开配置的 1 个月后,5 个月期的利率为 2. 7%/年,若对错开配置的期限进行展期,银行只需要将借款 1 002 500 美元,按年利率 2. 7% 增加 1 个月的期限即可(范例 4-12)。

范例 4-12　错开配置的展期

开始错开配置后的 1 个月:

US$		
1 002 500. 00	-1 002 500. 00	当日
1 002 500. 00	**1 002 500. 00**	

US$		
	-1 004 755. 63	1 个月 1 002 500 × (1 +0. 027 ×1/12)

US$		5 个月
1 015 000.00		

练习题

4.1 错开配置:在标准收益率曲线下,预期美元收益率曲线向上移动。目前,美元收益率曲线如下:

1 个月 5.00%

2 个月 5.25%

3 个月 5.50%

预计利率将上升。

(1)如何在货币市场上进行 2 笔交易,以开始一个 3 个月期对 1 个月期的正错开配置?

假定这个错开配置开始时的本金为 1 000 000 美元,1 个月后利率上升了,收益率曲线如下:

1 个月 6.00%

2 个月 6.25%

3 个月 6.50%

(2)为了结束这个错开配置,应当如何在货币市场上进行交易?

(3)通过开始和结束这个错开配置,将产生多少损益?

4.2 错开配置:在反向收益率曲线下,预期收益率曲线向下移动。目前,美元收益率曲线是反向的,预期从现在起的 1 个月,收益率曲线将比目前水平低 50 个基点,具体数据如下:

期限(月)	目前利率(%/年)	预期利率(%/年)
1	4.0	3.5
2	3.5	3.0
3	3.0	2.5

为了开始一个负错开配置的头寸,某公司借入 10 000 000 美元,期限 1 个月,同时贷出 10 000 000 美元,期限 3 个月。

(1)已知 1 个月后,需要借入 2 个月期的 10 000 000 美元,才能做到损益平衡,求损益平衡利率。

(2)假定收益率曲线按预期进行移动,求结束错开配置时实现的损益。

4.3 错开配置:在标准收益率曲线下,预期收益率曲线旋转

目前,克朗的收益率曲线是标准的,预期该曲线将变得更加陡峭,拐点在 6 个

月,具体数据如下:

月数	当前利率	从现在起 3 个月后的预期利率
3	5.0%	4.5%
6	5.5%	5.5%
9	6.0%	6.5%
12	6.5%	7.5%

预计可能采取以下两种错开配置的策略:

(1)借入 1 000 000 克朗,期限 3 个月,同时贷出 1 000 000 克朗,期限 6 个月。

(2)借入 1 000 000 克朗,期限 3 个月,同时贷出 1 000 000 克朗,期限 12 个月。

假定利率按预期变动,在 3 个月后结束错开配置,证明哪种策略将获得更多的盈利。

4.4　错开配置:求准确的天数

某公司于 7 月 1 日借入 10 000 000 美元,期限 3 个月,浮动年利率为 3.75%(按每年 360 天计算);该笔债务将在 10 月 1 日到期(92 天)。公司还有一笔 10 000 000 美元的存款,将在 1 月 3 日到期(186 天),年利率也是 3.75%。

(1)该公司开始的错开配置是正的,还是负的?

(2)公司希望 10 月 1 日时,3 个月期的利率比现在高还是低?

(3)如果从 10 月 1 日起,公司将浮动利率借款按固定年利率 3.75% 展期 94 天,请计算损益。

4.5　错开配置:标准收益率曲线——预期利率将下降

目前,美元收益率曲线的数据如下:

1 个月　5.00%

2 个月　5.25%

3 个月　5.50%

预期利率将下降。

(1)为开始一个 3 个月对 1 个月的错开配置,应该在货币市场上进行两笔怎样的交易?

(2)假定开始错开配置的本金是 10 000 000 美元,1 个月后,利率下降,收益率曲线的数据如下:

1 个月　4.75%

2 个月　5.00%

3 个月　5.25%

应在货币市场进行怎样的交易才能结束这个错开配置?

(3)通过开始和结束这个错开配置,将产生多少损益?

买入价和卖出价
Bid and offer Rates

本章将介绍买入价和卖出价的概念。由于在进行买入价和卖出价报价时存在买卖两个交易方和两种价格,对于外汇汇率来说,还存在两种货币,因此,容易产生混淆。通过造市和相机套利,交易者可以利用买入价和卖出价之间的差价获得盈利。

报价银行和询价银行

按照惯例,在银行间市场,银行采用双向报价方式。在价格行情中有两个交易方:报价银行和询价银行。报价银行(quoting bank)是指挂出牌价准备卖出外汇或拆出资金的银行,询价银行(calling bank)是指向报价银行询价准备买入外汇或拆入资金的银行。对于报价银行报出的价格,如果询价银行接受,双方就成交;如果询价银行不接受,就不会成交。

定价者和价格接受者

当银行向客户报出利率或汇率时,显然,客户不是要借款就是要贷款,不是买入货币就是卖出货币,因此,银行单方面报出价格就足够了。但是,有时,客户需要双向报价方式。更常用的说法是将报价银行称为定价者(price maker),交易的另一方称为价格接受者(price taker)。

采用双向报价的方式,先报出的价格称为买入价(bid rate),后报出的价格称为卖出价(offer rate)。

货币市场上的拆入利率和拆出利率

在货币市场上,拆入利率是指报价银行愿意拆入资金的利率;拆出利率是指报价银行愿意拆放资金的利率。

某银行报价,3 个月期美元的拆借年利率为 3.00%/3.25%,即拆入利率为 3.00%/年,拆出利率为 3.25%/年。完整的意思是,报价银行愿意借入美元,3 个月期,年利率为 3.00%;愿意拆出美元,3 个月期,年利率为 3.25%。

价格接受者是报价银行的交易对方。如果定价者借入资金,价格接受者则贷出资金;如果定价者贷出资金,价格接受者则借入资金。

如果价格接受者希望从报价银行借入美元,它必须按年利率3.25%的拆出利率(即贷款利率)借款;如果价格接受者希望贷出美元给报价银行,它必须按年利率3.00%的拆入利率(即借款利率)发放贷款。拆入利率还可以定义为价格接受者可以贷出资金的利率。同样,拆出利率也可以定义为价格接受者可以借入资金的利率。参见范例5-1。

范例5-1　货币市场上的拆入利率和拆出利率:3个月期的美元

	拆入利率	拆出利率
牌价	年利率3.00%	年利率3.25%
定价者	借款	贷款
价格接受者	贷款	借款

外汇市场上的买入价和卖出价

在外汇市场上,买入价(bid rate)是指报价银行愿意买入被标价货币的汇率。

卖出价(offer rate)是指报价银行愿意卖出被标价货币的汇率。

某银行的现汇报价是€1 = US$0.8410/0.8415。买入价是0.8410,卖出价是0.8415。其完整的含义是,报价银行愿意按€1 = US$0.8410的汇率买入欧元,按€1 = US$0.8415的汇率卖出欧元。

价格接受者是报价银行的交易对方。如果定价者买入欧元,则价格接受者卖出欧元;如果定价者卖出欧元,则价格接受者买入欧元。

如果价格接受者希望从报价银行买入欧元,它必须按报价银行的卖出价(即卖出货币的汇率)0.8415买入欧元;如果价格接受者希望卖出欧元给定价者,它必须按定价者的买入价(即买入货币的汇率)0.8410卖出欧元。买入价还可以定义为,价格接受者可以卖出被标价货币的汇率;同样,卖出价也可以定义为,价格接受者可以买入被标价货币的汇率。参见范例5-2。

范例5-2　外汇市场上的买入汇率和卖出汇率:被标价货币,现汇€/US$

	买入价	卖出价
牌价€1 = US$	0.8410	0.8415
定价者	买入欧元	卖出欧元
价格接受者	卖出欧元	买入欧元

在€1 = US$0.8410/0.8415的外汇牌价中,欧元是被标价货币,美元是标价货币。如果某银行买入被标价货币,就是卖出标价货币;如果卖出被标价货币,就是买入标价货币。

买入价还可以定义为,定价者愿意卖出标价货币的汇率,或价格接受者可以买入标价货币的汇率。卖出价也还可以定义为,定价者愿意买入标价货币的汇率,或价格接受者可以卖出标价货币的汇率。参见范例5-3。

范例5-3 外汇市场上的买入价和卖出价:标价货币,现汇€/US$

	买入价	卖出价
牌价€1 = US$	0.8410	0.8415
定价者	卖出美元	买入美元
价格接受者	买入美元	卖出美元

为了避免产生混乱,遵从以被标价货币为主的惯例。当人们提出一个关于标价货币的问题,就应将其转换成关于被标价货币的问题。这是人们自己在头脑中进行的转换。例如,如果是这样的提问:报价银行按什么汇率买入美元?就应将问题转换为:报价银行按什么汇率卖出欧元?

答案是,1欧元的卖出价为0.8415美元。

【例5-1】 某银行的牌价 US$1 = ¥125.50 125.60

询问汇率:	回答:
1. 报价银行买入美元的汇率是多少?	报价银行的买入价是125.50。
2. 报价银行卖出美元的汇率是多少?	报价银行的卖出价是125.60。
3. 询价银行能够按什么汇率买入美元?	报价银行的卖出价是125.60。
4. 询价银行能够按什么汇率卖出美元?	报价银行的买入价是125.50。
5. 报价银行买入日元的汇率是多少?转换成:报价银行卖出美元的汇率是多少?	报价银行的卖出价是125.60。
6. 报价银行卖出日元的价格是多少?转换成:报价银行买入美元的汇率是多少?	报价银行的买入价是125.50。
7. 价格接受者能按什么价格买入日元?转换成:价格接受者能按什么汇率卖出美元?	定价者的买入价是125.50。

8. 价格接受者能按什么汇率卖出日元？转换成：价格接受者能按什么汇率买入美元？

定价者的卖出价是 125.60。

买卖价差

买入价与卖出价之间的差额称为买卖价差(bid offer spread)。

借款利率低于贷款利率，或只要买入价稍低于卖出价，通过低买高卖被标价货币，报价银行就可以从中获取利润。

【例 5-2】

	买入价	卖出价
货币市场 3 个月期美元利率	3.00%/年	3.25%/年
外汇市场汇率€ 1 = US$	0.8415	0.8410

如果报价银行按买入价和卖出价进行金额相等的交易，在不获得现金流净头寸或外汇净头寸的情况下，就可以“锁定”利润①。

如果报价银行借入 1 000 000 美元，3 个月期，年利率 3.00%，同时贷出 1 000 000 美元，3 个月期，年利率 3.25%，将获得多少利润？

范例 5-4 说明报价银行将获得的现金流。

范例 5-4　货币市场的现金流。

US$		
		当天
1 000 000.00		3.00%
	-1 000 000.00	3.25%
1 000 000.00	1 000 000.00	

US$		
		3 个月后
	-1 007 500.00	1 000 000 × (1 + 0.03 × 3/12)
1 008 125.00		1 000 000 × (1 + 0.0325 × 3/12)
	625.00	利润
1 008 125.00	1 008 125.00	

如果报价银行以 0.8410 美元的汇率买入 1 000 000 欧元，同时以 0.8415 美元的汇率卖出 1 000 000 欧元，将获得多少利润？

---

①这种说法不准确，因为产生的利润会产生(小的)现金流净头寸，并且，如果利润是以外币为计价单位，还会产生(小的)外汇净头寸。

范例 5-5 说明报价银行将获得的现金流和外汇净头寸。

范例 5-5 外汇市场现金流。

€		
		现汇
1 000 000.00		0.8410
	-1 000 000.00	0.8415
1 000 000.00	1 000 000.00	利润收益

US$		
		外汇净头寸
	-841 000.00	轧平
841 500.00		
	500.00	
841 500.00	841 500.00	

利润收益 = 500 美元

如果报价银行扩大价差，无论是压低买入价还是提高卖出价，只要可以成交，都可以获得更多的利润。例如，如果报价是 3.00/3.50，则可以从每 1 000 000 美元中获得 1 250 美元的利润；如果报价是€ 1 = US $0.8410/0.8420，则可以从每 1 000 000 欧元中获得 1 000 美元的利润。

但是，买卖价差越大，价格对客户和询价银行的吸引力越小。报价价差窄的银行的营业额将大于报价价差宽的银行。参见范例 5-6。

范例 5-6 买卖价差：€ 1 = US$

		买入价	卖出价	
A 银行	主动性报价	0.8411	0.8414	价差窄，高营业额
B 银行	无竞争力的报价	0.8405	0.8420	价差宽，低营业额

价格接受者更愿意优先与 A 银行交易，而不是与 B 银行交易，因为想购买欧元的询价银行和客户愿意以较低的卖出价买入欧元。因为 A 银行的卖出价是 0.8414 美元，比 B 银行的卖出价 0.8420 美元低，所以想购买欧元的价格接受者将与 A 银行交易。

同样，愿意卖出欧元的客户和询价银行想要以较高的买入价卖出，因为 A 银行的买入价是 0.8411 美元，高于 B 银行的买入价 0.8405 美元，想卖出欧元的价格接受者将与 A 银行交易。在报价银行更渴望做成交易时，他们就会收窄买卖价差；在他们不热心成交时，就会放宽买卖价差。

价差的收窄不是影响价格接受者与报价银行交易决策的唯一因素。进行外汇交易时还需要获得信用额度，即使 A 银行的价格更有竞争性，但由于没有与 A 银行交易的信用额度，客户和询价银行只能与 B 银行交易。报价速度也是与哪家银行成交的一个重要的决定性因素。由于报价速度慢，在等待报价时包含着汇率可能发生不利于价格接受者的变动风险。

经纪人

经纪人通过收集各家银行的价格，将买卖双方撮合到一起。经纪人从中选择最高的买入价和最低的卖出价，并结合两方面的情况确定使询价银行最能接受的双向价格。如范例 5-7 所示，如果各家银行报出不同的价格，经纪人价格会定在 €1 = US$0.8411/0.8414。正因为如此，询价银行发现，向经纪人询价比向所有银行分别询价更方便、更快捷。

范例 5-7　经纪人的汇率

	买入价		卖出价
	€1	–	US$
A 银行	0.8409		0.8414
B 银行	0.8410		0.8415
C 银行	0.8411		0.8416
经纪人价格	0.8411		0.8414

经纪人因其所提供的服务而收取的费用称为经纪人佣金（brokerage）。

电子交易系统

近几年，电子交易已成为银行间市场交易员之间进行通讯的主要方式。交易员可以利用电子交易系统，如路透社 2000（Reuters 2000）系统可以使经纪人之间以电子方式进行报价、交易，而不再依靠电话和传真。同样，电子经纪系统（EBS）和路透社 2000 等电子经纪系统已代替喊价经纪人（voice brokers）成为一种非常流行的交易方式。电子交易系统有许多优势，如可以打印交易完成的记录，并将交易成果自动传送到后台，从而降低发生错误的风险，节省了时间和成本。

外汇交易的基本信息会显示在电子交易显示屏上。图 5-1 是电子经纪系统显示屏的一个例子，上面显示，定价日为 1999 年 1 月 7 日，美元对日元现汇的经纪人价格为 122.05/08。交易员只需简单地点击相应的按键就可以拍板成交。信用额度和结算指令等详细情况可以与电子经纪系统链接显示在电子交易显示屏上。因此，交易的执行、确认、结算和控制信用额度等都可以自动生成。

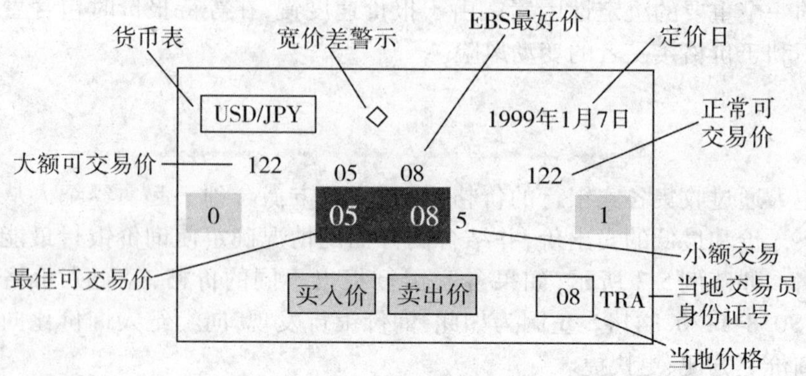

图5-1 电子交易显示屏

市场术语

交易员相互交谈时,更愿意使用市场术语。常用的市场术语举例如下:

- "是我的了"(Mine)或"我接受"(I take):我按照你的卖出价买入被标价货币。
- "是你的了"(Yours):我按照你的买入价将被标价货币卖给你。
- "取消"(Off):我撤销报价,因为你考虑的时间太长了。
- "你的风险"(Your risk):我保留修改报价的权利,因为你考虑的时间太长了。
- "现在是多少?"(How now?):请给我一个最新报价。

引导价格走势

货币市场和外汇市场都是动态的市场,价格变化反映了供需的变化。报价银行通过改变报价,以反映其借贷或买卖意愿的变化。

范例5-8中,银行将拆借利率的报价从年利率3.00/3.25%提高到3.10/3.35%,使得报价银行拆入利率对潜在的贷款人更有吸引力,但对潜在的借款人来说,拆出利率吸引力降低。

范例5-8 提高利率

以前的利率(%/年) 3.00 3.25

现在的利率(%/年) 3.10 3.35

引导利率上升,或导向右边的利率

在范例5-9中,通过将利率报价从年利率3.00/3.25%调低到年利率2.90/3.15%,报价银行降低了拆入利率对潜在贷款人的吸引力,增加了拆出利率对潜在借款人的吸引力。

范例 5-9　利率下降

以前的利率(%/年)	3.00	3.25
现在的利率(%/年)	2.90	3.15

引导利率下降,或导向左边的利率

在范例 5-10 中,报价银行通过将汇率报价从 0.8410/0.8415 提高到 0.8412/0.8417,使得报价银行的买入价对潜在的欧元卖出者更具吸引力,降低了卖出价对潜在的欧元买入者吸引力。

范例 5-10　提高汇率

以前的汇率€ 1 = US$	0.8410	0.8415
现在的汇率€ 1 = US$	0.8412	0.8417

引导汇率上升,或导向右边的汇率

在范例 5-11 中,报价银行通过将汇率报价从 0.8410/0.8415 降低到 0.8407/0.8412,降低了买入价对潜在的欧元卖出者的吸引力,但卖出价对潜在的欧元买入者更加具有吸引力。

范例 5-11　降低汇率

以前的汇率€ 1 = US$	0.8410	0.8415
现在的汇率€ 1 = US$	0.8407	0.8412

引导汇率上升,或导向左边的汇率

按市场汇率抵补现汇头寸

【例 5-3】　如果某银行的汇率报价为€ 1 = US$0.8410/0.8415,客户询价后按 0.8410 的汇率卖给银行 1 000 000 欧元,银行持有 1 000 000 欧元的多头(841 000 美元的空头)。如果该银行向另一家银行卖出欧元,轧平头寸,第一家银行将发现它必须按第二家银行的买入价卖出欧元。假定第二家银行的买入价也是 0.8410 美元,刚好第一家银行将轧平头寸而没有任何损益。

为了按照自己的报价从与客户的交易中获利,报价银行应降低买入价,或提高卖出价。

如果市场普遍报价是€ 1 = US$0.8410/0.8415,一个希望在买入价上找机会的银行可能会向客户报价€ 1 = US$0.8409/0.8414。如果按照 0.8409 美元的汇率(该银行的买入价)从客户手里买入 1 000 000 美元,同时,按照 0.8410 美元的汇率(另一家银行的买入价)卖出 1 000 000 美元,则该银行将锁定 1 个基点或 100 美元的收益。①

同样,一个希望在卖出价上寻找机会的银行可能会向客户报价 1 = US$ 0.8411/0.8416。如果该银行按照 0.8416 美元的汇率(该银行的卖出价)向其客户卖出 1 000 000 美元,同时,按照 0.8415 美元的汇率(另一家银行的卖出价)从另一家银行买入 1 000 000 美元,则该银行将锁定 1 个基点或 100 美元的收益。②

按自己的价格抵补现汇头寸:触发交易指令

银行一般更愿意按照自己的价格交易,而不是按其他银行的买入价或卖出价交易。实际上,报价银行很少能够同时按买入价和卖出价两方面的报价完成相同金额的交易。一旦银行按买入价或卖出价成交了,就会产生现金流净头寸,在外汇交易情况下,就产生外汇净头寸。如果市场价格波动方向与该银行的报价相反,该银行就会发现,无法按照报价的买入价或卖出价成交,无法通过买卖价差交易来获利。

【例 5-4】 某银行的汇率报价为€ 1 = US$0.8410/0.8415。按其买入价,一笔买入 2 000 000 欧元的交易成交了,也就是说,该银行按照 0.8410 美元的汇率买入 2 000 000 欧元。该银行持有外汇多头净头寸 2 000 000 欧元(空头头寸 1 682 000 美元)。为了轧平外汇净头寸,该银行必须卖出 2 000 000 欧元。如果市场汇率上升,该银行将盈利;但是,如果汇率下降,就会产生损失。例如,如果银行普遍的外汇报价为 0.8400/0.8405,那么,希望卖出欧元的银行的最高卖出价为 0.8405 美元。该银行只有将卖出价降到 0.8405 美元才能卖出欧元,如果其运气足够好,在这个价格上与一位欧元买入者成交了。在这种最理想的情况下,它将锁定 5 个基点或 1 000 美元的损失 。如果该银行与买入价为 0.8400 美元的另一家银行成交,就被迫按照 0.8400 美元的汇率卖出欧元,这将出现 10 个基点或 2 000 美元的更大损失。③

对于已经按 0.8410 美元买入的 2 000 000 欧元,该银行可能降低报价,比如说 0.8407/0.8412,如果市场普遍报价仍然是 0.8410/0.8415,那么,该报价是一个有吸引力的卖出价和无吸引力的买入价。该银行可能发生的下一笔交易将是以 0.8412 美元的汇率卖出欧元,而不是以 0.8407 的汇率再买入欧元。如果该银行以 0.8412 美元的汇率卖出 2 000 000 欧元,将获得 2 个基点或 400 美元的收益,并将

①收益 = 1 000 000 × (0.8410 - 0.8409) = US$100

②收益 = 1 000 000 × (0.8416 - 0.8415) = US$100

③损失 = 2 000 000 × (0.8410 - 0.8405) = US$1 000

轧平外汇净头寸。①

将价格引导到希望轧平头寸的交易方的惯例。这种做法称为订单交易(jobbing),参见范例 5-12。

范例 5-12　触发交易汇率

最初报价	€1 = US$	0.8410	0.8415
下一个报价	€1 = US$	0.8407	0.8412

引导价格下降,促使潜在的买入者以 0.8412 美元的汇率买入欧元

做市

一些银行希望通过进行大量的交易,以获得丰厚的收益,因此,这些银行采用按窄的买卖价差进行交易的策略,这种策略称为做市(market making)。

做市的一个额外好处是银行可以获得更多的市场信息。如果银行采取持有头寸的策略,了解市场正在进行的交易是非常重要的。

银行并不总是愿意按照他们自己的报价进行交易。如果由于存在市场偏好,价格在某一方向快速变动,一旦银行按市场价格进行交易,轧平头寸,银行就会获得更加丰厚的收益。

例如,某一新闻报道了有关欧元的负面消息,所有市场参与者可能都预期欧元汇率将下跌。如果银行按 0.8410 美元的汇率持有 2 000 000 美元多头,银行将倾向于降低报价,并且随着不确定性增加而拉宽价差。在此类市场行情下,银行不愿意等待并希望按其卖出价成交。可能有许多人急于卖出欧元,而没有人急于买入,因此,对于银行来说,等待按自己的卖出价卖出欧元的幻想是愚蠢的。银行将采取谨慎行动,按另一家银行的买入价进行交易,轧平头寸,同时相应调低自己的报价。这样做可能使银行遭受损失,但现在遭受小的损失比被套住并在以后遭受更大的损失要好得多。

套利

套利(Arbitrage)是指利用价格差异进行交易,以锁定无风险收益。如果两家银行报出的买卖价格中一家银行的买入价比另一家银行的卖出价高,套利机会就出现了。

①利润 = 2 000 000 × (0.8412 − 0.8410) = US$400

【例 5-5】

银行 A 报价€1 = US$　0.8410　**0.8415**

银行 B 报价€1 = US$　**0.8417**　0.8422

由于 B 银行的买入价 0.8417 美元比 A 银行的卖出价 0.8415 美元高，套利者可以从 A 银行按 0.8415 美元买入欧元，同时按 0.8417 美元卖给 B 银行，获得 2 个基点的收益，并且没有外汇净头寸。一旦银行意识到存在套利机会，其中一方或双方将迅速调整报价，因此，套利机会很快就消失了。

交叉汇率

利用买入价和卖出价计算交叉汇率包括两个步骤：

1. 确定交叉汇率；

2. 运用链式法则。

【例 5-6】

已知：　US$1 = ¥125.50　125.60

　　　　€1 = US$0.8410　0.8415

(a)某日本进口商要用日元买入欧元，以日元标价的交叉汇率是多少？假定银行报价含有 1 个基点的收益。

步骤 1：日本进口商需要买入欧元、卖出日元，现金流如图 5-2 所示。如果银行与进口商交易，银行是卖出欧元和买入日元。换句话说，银行向客户报卖出价。为了在市场上抵补外汇头寸，银行需要以 0.8415 美元的汇率买入欧元、卖出美元，并以 1 美元对 125.60 日元的汇率买入美元、卖出日元。

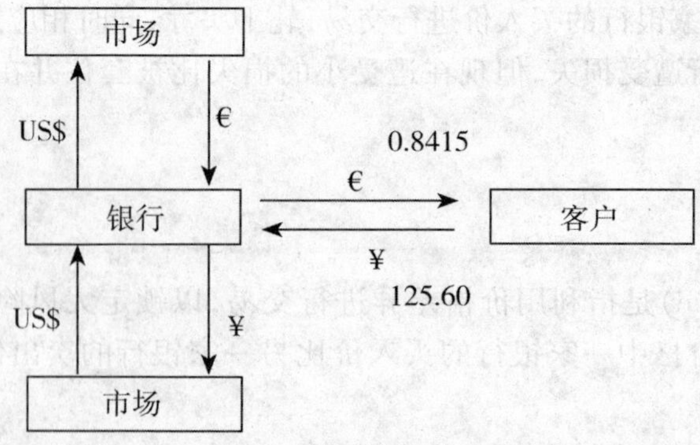

图 5-2　交叉汇率交易的流程示意图：卖出价

步骤 2：运用链式法则

¥? = €1

€1 = US\$0.8415

US\$1 = ¥125.60

$$\therefore €1 = \frac{1 \times 0.8415 \times 125.60}{1 \times 1} = ¥105.69$$

这是市场上以日元标价的欧元卖出价。为了获得 1 个基点的收益,银行应向客户报价 105.70 日元,也就是说,银行的卖出价比市场的卖出价高 1 个基点。

(b)某日本出口商需要卖出欧元兑换日元,在银行报价将获得 2 个基点收益的条件下,交叉汇率是多少?用日元作为标价货币表示交叉汇率。

步骤 1:日本出口商需要卖出欧元、买入日元。现金流如图 5-3 所示。为了抵补头寸,银行需要以 0.8410 美元的汇率卖出欧元、买入美元,并以 125.50 日元的汇率卖出美元、买入日元。

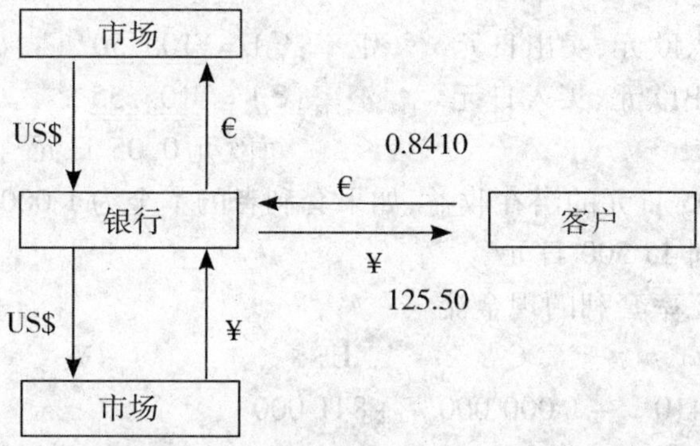

图 5-3　交叉汇率交易的流程示意图:买入价

步骤 2:运用链式法则:

¥? = €1

€1 = US\$0.8410

US\$1 = ¥125.50

$$\therefore €1 = \frac{1 \times 0.8410 \times 125.50}{1 \times 1} = ¥105.55$$

这是市场上以日元标价的欧元买入价。为了获取 2 个基点的收益,银行应向客户报价 1 欧元对 105.53 日元,也就是说,银行的买入价比市场买入价低 2 个基点。

交叉汇率套利

【例 5-7】 在【例 5-6】中,A 银行的报价如下:

US$1 = ¥125.50　　125.60

€1 = US$0.8410　0.8415

根据【例 5-6】的计算结果,欧元兑美元的交叉汇率为:

€1 = ¥105.55　　105.69

B 银行的报价如下:

€1 = ¥105.40　　105.50

是否存在套利机会?

由于 B 银行的卖出价比 A 银行的买入价低,所以存在套利机会。为进行套利,需做如下交易:

从 B 银行买入欧元、卖出日元	汇率:€1 = ¥105.50
从 A 银行卖出欧元、买入日元	汇率:€1 = ¥105.55
收益	每欧元 0.05 日元

每欧元有 0.05 日元的潜在收益,如果套利者的本金为 1 000 000 美元,此次交易中套利者将获利 45 500 日元。

范例 5-13 交叉汇率套利的现金流

	汇率	€	US$	¥
A 银行	0.8410	-1 000 000	+841 000	
A 银行	125.50		-841 000	+105 545 500
B 银行	105.50	+1 000 000		-105 500 000
		0	0	+ 45 500

每欧元 0.05 日元和 45 500 日元之间出现差异是计算过程中四舍五入造成的。

练习题

5.1 买卖汇率

某银行报价£1 = US$1.4020/1.4025。

(1)该银行将以什么汇率买入美元?

(2)客户能够以什么汇率卖出英镑?

(3)客户能够以什么汇率卖出美元?

5.2 买卖汇率

A 银行向 B 银行询问买入美元和卖出日元的汇率。B 银行报价 US$1 =

¥125.40/125.50。A银行能够以什么汇率卖出日元？

5.3　买卖汇率和汇差

某客户持有克朗，询问银行克朗兑换美元的汇率。银行报价 Cl = US$1.4935/1.4945。

(1)若客户买入1 000 000克朗，将花费多少美元？

(2)若客户卖出1 000克朗，将收到多少美元？

(3)若买卖价差是10个基点，买卖1 000 000克朗的汇差是多少美元？

(4)客户买入1 000 000美元，将花费多少克朗？

(5)若客户卖出1 000 000美元，将收到多少克朗？

(6)若买卖价差是10个基点，买卖1 000 000美元的汇差是多少克朗？

5.4　拆借利率

某银行报价，美元的隔夜拆借利率为4.25/4.50%/年。

(1)客户能够按什么利率借入美元？

(2)客户能够按什么利率进行美元投资？

5.5　拆借利率和利差

某银行报价，法郎7天期的拆借利率为4.50/4.75%/年。每年按365天计算。

(1)若某客户借入1 000 000法郎，期限为7天，计算到期利息。

(2)若某客户投资1 000 000法郎，期限为7天，计算到期利息。

(3)计算拆借利差为25个基点的法郎值。

5.6　经纪人

经纪人分别从3家银行查询的美元对日元汇率如下：

A银行　US$1 = ¥125.60　125.65

B银行　US$1 = ¥125.62　125.67

C银行　US$1 = ¥125.63　125.68

经纪人报价的汇率是多少？

5.7　触发汇率

某银行的汇率报价 Fl = US$1.2130/1.2140。客户询价后，以该银行的买入汇率1.2130美元卖出10 000 000法郎。银行愿意轧平头寸（如有可能获取一定收益）。1分钟后，如果另一家银行询问汇率，在下列汇率中，哪个汇率应该是第一家银行的报价？

汇率1　Fl = US$1.2125　1.2135

汇率2　Fl = US$1.2130　1.2140

汇率3　Fl = US$1.2135　1.2145

5.8 套利交易

A 银行报价　NZ$1 = US$0.4220　0.4225

B 银行报价　NZ$1 = US$0.4226　0.4231

是否存在套利机会？以本金 10 000 000 新西兰元进行套利，能获取多少收益？

5.9 交叉汇率

已知：US$1 = S$1.7050　1.7060

€1 = US$0.8490　0.8500

新加坡某出口商想要卖出欧元、买入新加坡元，根据上述资料，以新加坡元标价的欧元损益平衡汇率是多少？

5.10 交叉汇率

已知：US$1 = M$3.8010　3.8030

£1 = US$1.4470　1.4480

为了在损益平衡汇率的两个方面产生 10 个基点的汇差，以马来西亚货币林吉特为标价货币，某银行以英镑兑换林吉特应报出的买入汇率和卖出汇率是多少？

5.11 询价银行

某银行向其他 4 家银行询问美元兑换瑞士法郎的汇率。

A 银行　US$1 = SF1.2430　1.2433

B 银行　US$1 = SF1.2430　1.2432

C 银行　US$1 = SF1.2431　1.2433

D 银行　US$1 = SF1.2430　1.2433

若该银行希望卖出瑞士法郎，应与哪一家银行按什么汇率进行交易？

5.12 交叉汇率

已知：US$1 = ¥104.50　104.60

€1 = US$0.8550　0.8555

日本某进口商想要买入欧元、卖出日元，以日元标价的欧元的损益平衡汇率是多少？

5.13 交叉汇率

某客户询价，想卖出澳大利亚元、买入港元，若要保证 1 个点的收益，银行应将澳大利亚元对港元汇率的报价定在多少？

已知：US$1 = HK$7.7360　7.7370

A$1 = US$0.5240　0.5245

6 远期汇率
Forward Exchange Rates

本章将介绍远期汇率的概念。通过即期汇率和两种货币的利率可以计算远期汇率。本章还将涉及短价格日和长期汇率。

如果1年期美元的年利率为5%,则从现在起的1年,100美元的未来价值是105美元。由此可知,如果黄金的现价为300美元,那么1年期黄金的远期价格为315美元。因为黄金的远期价格高于现价15美元(或5%),可以说,黄金的远期升水是15美元(或5%)。

由于汇率涉及两种货币,因此也涉及两种利率,除此之外,远期汇率的确定方式与远期黄金价格的确定方式是一样的①。

定义

远期汇率(forward exchange rate)是指,当日卖出一种货币、兑换成另一种货币,但在未来约定日期进行实际交割的约定汇率。

例如,在今年9月2日,按远期汇率US$1 =¥118.51卖出1 000 000美元,将其兑换为118 510 000日元,该笔交易到明年3月4日进行交割。也就是说,在今年9月2日约定汇率,6个月后,在明年的3月4日兑换货币。

远期汇率的计算

与即期汇率不同,远期汇率主要反映两种货币的利率差异。

【例6-1】 如果即期汇率是US$1 =¥120,6个月期美元和日元的年利率分别是3.00%和0.50%,求6个月远期汇率。

到6个月结束时:

1 000 000美元的价值为:

1 000 000×(1 +0.03 ×6/12) = US$1 015 000

120 000 000日元的价值为:

---

①实际上,黄金的利率并不等于零,因此,远期黄金价格是黄金利率、黄金现价和美元利率的函数。

$120\ 000\ 000 \times (1 + 0.005 \times 6/12) = ¥120\ 300\ 000$

因此,6 个月远期汇率如下:

US$1 015 000 = ¥120 300 000

$$US\$1 = ¥\frac{120\ 300\ 000}{1\ 015\ 000} = ¥118.52$$

【例 6-2】 在实际操作中,计算远期汇率必须以准确的天数为依据,而不能用大概的月数。有效的准确天数是,从本年 9 月 4 日(即期价格)到下年 3 月 4 日(6 个月远期价格)的 6 个月期是 181 天。9 月 2 日的市场汇率为:

即期汇率 US$1 = ¥	120.00
美元利率(%/年)	3.00 (181/360)
日元利率(%/年)	0.50 (181/360)

按即期汇率计算 US$1 000 000 = ¥120 000 000

如果投资 1 000 000 美元,期限为 181 天,年利率 3.0%,该投资的累计未来价值应为 1 015 083.33 美元。计算过程如下:

未来价值 = 本金 + 利息

$= US\$1\ 000\ 000 + 1\ 000\ 000 \times 0.03 \times 181/360$

$= US\$1\ 000\ 000 + 15\ 083.33$

$= US\$1\ 015\ 083.33$

同样,如果投资 120 000 000 日元,期限 181 天,年利率 0.50%,该投资的累计未来价值应为 120 310 667 日元。计算过程如下:

未来价值 = 本金 + 利息

$= ¥120\ 000\ 000 + 120\ 000\ 000 \times 0.005 \times 181/360$

$= ¥120\ 000\ 000 + 301\ 667$

$= ¥120\ 301\ 667$

市场远期汇率是指交易者当天约定,下年 3 月 4 日美元兑换日元的汇率。因为他们愿意按即期汇率将 1 000 000 美元兑换为 120 000 000 日元,由此可知,他们愿意按两种货币相应的远期价格进行兑换。

下年 3 月 4 日　US$1 015 083.33 = ¥120 301 667

$$US\$1 = ¥\frac{120\ 301\ 667}{1\ 015\ 083.33}$$

$$US\$1 = ¥118.51$$

远期汇率的计算公式为:

$$远期汇率 = \frac{标价货币的未来价值}{被标价货币的未来价值} \tag{6.1}$$

远期汇差的计算

即期汇率与远期汇率之间的差额称为远期汇差(forward margin)。

远期汇差 = 远期汇率 - 即期汇率　　(6.2)

在【例 6-1】中:

远期汇差 = 118.52 - 120.00

= -1.48

在【例 6-2】中:

远期汇差 = 118.51 - 120.00

= -1.49

如果远期汇差是正值,可以说,被标价货币是远期升水(forward premium),也就是远期汇率高于即期汇率。如果远期汇差是负值,可以说,被标价货币是远期贴水(forward discount)。

远期贴水

在【例 6-1】和【例 6-2】中,远期汇差是负数,表示被标价货币(美元)按远期贴水与标价货币(日元)进行兑换。也就是说,在用日元标价时,美元的远期价格低于美元的现价。这反映了美元利率高于日元利率的实际情况。

高利率货币与低利率货币兑换时产生远期贴水。

【例 6-3】

即期汇率　€ 1 = 　US$0.9000

6 个月期美元利率(%/年)　3.50 (184/360)

6 个月期欧元利率(%/年)　2.50 (184/360)

按照即期汇率€ 1 000 000 = 　US$900 000

6 个月(184 天)后,1 000 000 欧元的未来价值累计为 1 012 777.78 欧元。计算过程如下:

远期价值 = 本金 + 利息

= € 1 000 000 + 1 000 000 × 0.025 × 184/360

= € 1 000 000 + 12 777.78

= € 1 012 777.78

同样,900 000 美元的未来价值累计为 916 000.00 美元。计算过程如下:

远期价值 = 本金 + 利息

= US$900 000 + 900 000 × 0.035 × 184/360

$$= US\$900\ 000 + 16\ 100.00$$
$$= US\$916\ 100.00$$

因此，

$$\text{远期汇率} = \frac{\text{标价货币的未来价值}}{\text{被标价货币的未来价值}}$$
$$= \frac{US\$916\ 100\ 00}{€1\ 012\ 777.78}$$
$$€1 = US\$0.9045$$
$$\text{远期汇率} = \text{远期汇率}$$
$$= 0.9045 - 0.9000$$
$$= +0.0045$$

远期升水

在【例 6-3】中，远期汇差是正数，表明被标价货币（欧元）与标价货币（美元）兑换时产生远期升水，也就是说，欧元的远期价格要高于用美元标价的欧元的现价，这反映了欧元的利率低于美元利率的事实。

低利率货币与高利率货币兑换时产生远期升水。

如果某种货币是远期升水，那么，与之兑换的另一种货币就是远期贴水。欧元兑换美元是远期升水，从中可推断出美元兑换欧元是远期贴水。

补偿理论

在远期汇率协议的即期价格日期和远期价格日期之间，交易的一方持有高收益率的货币，另一方持有低收益率的货币。实际上，就高利率货币持有者愿意并预计对低利率货币持有者的补偿程度而言，远期汇率与即期汇率是不同的。

远期汇率的计算公式

远期汇率通用公式可以扩展为下述公式：

$$f = \frac{s(1 + r_T t)}{(1 + r_C t)} \tag{6.3}$$

其中：f——远期汇率；s——即期汇率；r_T——标价货币利率；r_C——被标价货币利率；t——时间期限。

远期汇率计算公式［公式（6.3）］的推导

按照定义，远期汇率是标价货币未来价值对被标价货币未来价值的比率。

$$f=\frac{FV_T}{FV_C}$$

同样，按照定义，即期汇率是标价货币现值对被标价货币现值的比率。

$$s=\frac{PV_{\mathrm{T}}}{PV_{\mathrm{C}}}$$

$$FV=PV(1+rt)$$

$$f=\frac{FV_{\mathrm{T}}}{FV_{\mathrm{C}}}=\frac{PV_T(1+r_{\mathrm{T}}t)}{PV_C(1+r_{\mathrm{C}}t)}=\frac{s(1+r_{\mathrm{T}}t)}{(1+r_{\mathrm{C}}t)}$$

如果时间期限按天数计算，$t=d/dpy$，其中：d——天数；dpy——每年的天数。

因此，

$$f=\frac{s(1+r_{\mathrm{T}}d/dpy_T)}{(1+r_{\mathrm{C}}d/dpy_{\mathrm{C}})} \tag{6.4}$$

转换为一般形式，$t=p/ppy$，其中：p——时期；:ppy——每年的时期数。

例如，若以季为期，则 $ppy=4$；若以月份为期，$ppy=12$；若以周为期，$ppy=52$；以此类推。

价格预期的作用

许多人认为，远期汇率只是市场对某个未来日期的即期汇率的预期。一般来说，这是不正确的。远期汇率不同于即期汇率只是在于利息的差异。如果远期汇率不由公式(6.1)决定，那么，套汇者就能够利用这种价格上的差异。因此，如果能够借入和贷出两种货币，远期价格就只是即期汇率和两种利率的机械函数。

在【例6-2】中，远期均衡汇率是 US$1 = ¥118.51。如果某投资者预期3月4日前即期汇率将下降到 US$1 = ¥118.51 以下，准备以 US$1 = ¥118.00 的远期汇率（即低于均衡汇率51个基点）用美元兑换日元，他会寻找愿意买入美元的套汇者。套汇者会直接按3月4日的价格买入美元，然后通过组合式交易，按3月4日的价格卖出美元，即按 US$1 = ¥120.00 的汇率卖出美元现汇（9月4日价格），按年利率3.00%借入美元和按年利率0.50%贷出日元。

组合式交易卖出美元的收入	US$1	= ¥118.51
直接买入美元的成本	US$1	= ¥118.00
套汇收益		= ¥0.51/US$1

除非采用外汇管制等办法人为地限制这类组合式交易，否则，在远期汇率变动到均衡汇率之前，套汇者将继续进行上述交易。

相反，市场上大多数的商品期货价格基本上是价格预期的函数，不存在人们可以借入和贷出商品的流动性市场，因此，上述套汇过程不可能发生。例如，在1995

年年中,1 年期铜的期货价格大约为每吨 2 200 美元,当时的现货(即期)价格大约是每吨 3 200 美元。生产商知道许多新的铜矿将在年内投产,因此,世界上铜的供给将大幅增长,但不是在短期内不会有大的变动。因此,铜的 1 年期期货价格远低于现货价格。①

有些商品,特别是黄金,确实有具有流动性的利率市场。对于这些商品来说,同大多数汇率一样,套汇过程可以确保远期价格只反映即期汇率与两种货币利率之间的关系,与价格预期无关。

买入汇率与卖出汇率

在外汇和货币市场的实际操作中,都是用买入汇率(买入汇率又称买入价格)和卖出汇率(卖出汇率又称卖出价格)进行报价。在计算远期汇率时,需要将双方的因素都考虑进去。将【例 6-2】扩展,以包含买入汇率和卖出汇率,具体如下:

【例 6-4】

即期汇率	US$1 = ¥120.00	120.05	
6 个月期美元利率(%/年)	2.90	3.00	(181/360)
6 个月期日元利率(%/年)	0.50	0.60	(181/360)

求远期买入汇率和卖出汇率。

远期买入汇率

远期买入汇率(forward bid rate)是指,报价银行在买入被标价货币远期时愿意采用的汇率。买入美元远期的现金流程图如范例 6-1 所示。

范例 6-1 现金流程图:买入美元远期

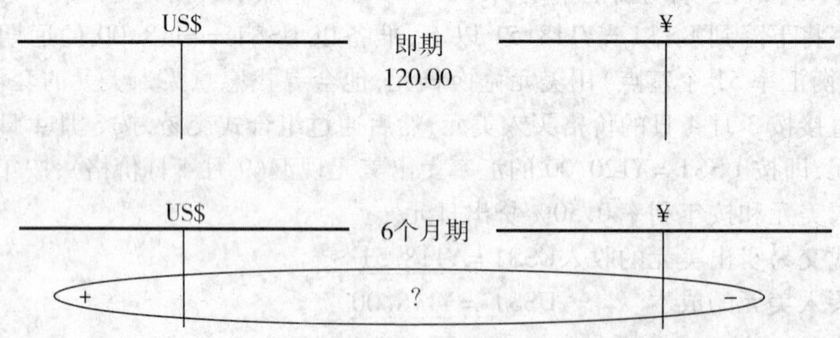

如果买入美元远期,银行将产生外汇净头寸,成为美元多头。通过以市场买入

①商品市场上的远期升水称为期货溢价(contango),远期贴水称为现货溢价(backwardation)。

汇率 US$1 = ¥120.00 卖出美元现汇，银行可以轧平外汇净头寸。

如范例 6-2 所示，利用现汇市场轧平外汇净头寸，将使银行现金流头寸错配。

范例 6-2　现金流程图：卖出美元现汇抵补买入美元远期

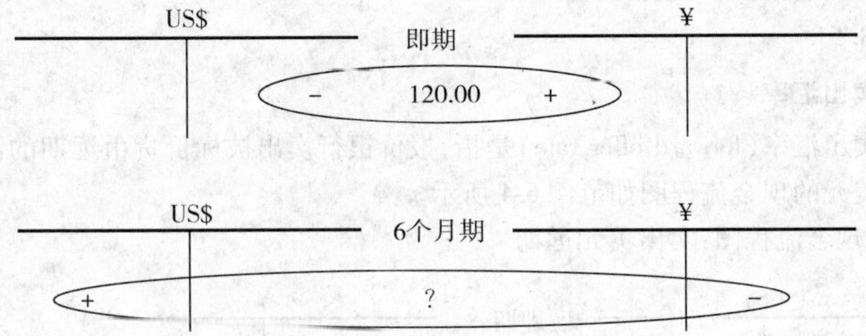

可以在通过货币市场的两笔交易来匹配现金流（范例 6-3）：

1. 以货币市场拆出利率 3.00%/年借入美元，6 个月期。

2. 以货币市场拆入利率 0.50%/年贷出日元，6 个月期。

范例 6-3　现金流程图：通过货币市场拆借交易抵补错配的现金流。

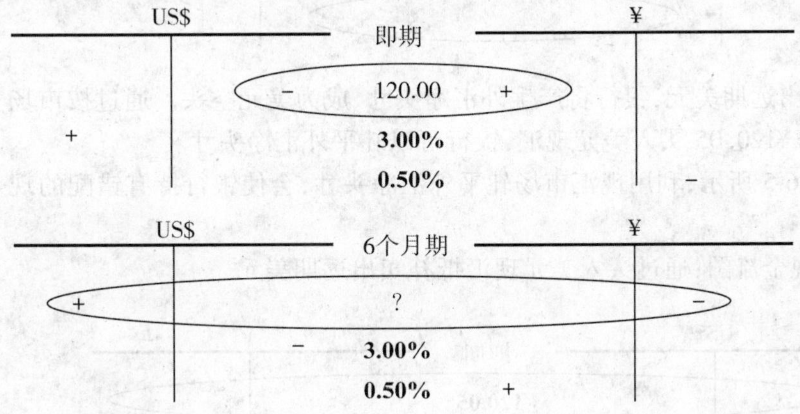

$s = 120.00$

$r_T = 0.50\%$/年

$r_C = 3.00\%$/年

$t = 181/360$

$$f = \frac{s(1 + r_T t)}{(1 + r_C t)}$$

$$= \frac{120.00 \times (1 + 0.005 \times 181/360)}{(1 + 0.03 \times 181/360)}$$

$$= 118.51$$

远期卖出汇率

远期卖出汇率(forward offer rate)是指,报价银行卖出被标价货币远期的汇率。卖出远期美元的现金流程图如范例6-4所示。

范例6-4 现金流程图:卖出美元远期

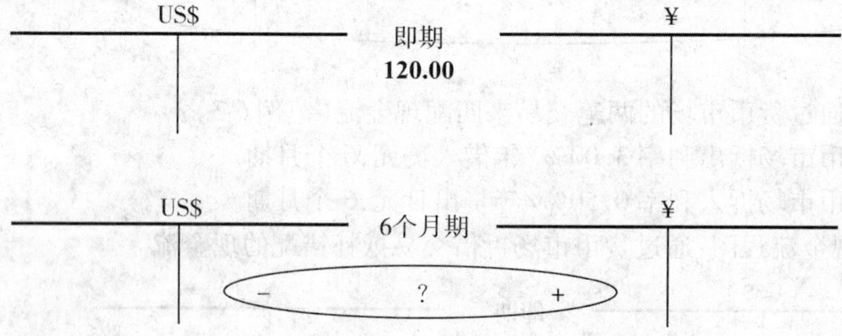

如果卖出远期美元,银行将产生外汇净头寸,成为美元空头。通过按市场卖出汇率US$1 =¥120.05买入美元现汇,银行可以轧平外汇净头寸。

如范例6-5所示,利用现汇市场轧平外汇净头寸,会使银行持有错配的现金流头寸。

范例6-5 现金流图:通过买入美元现汇抵补卖出远期美元

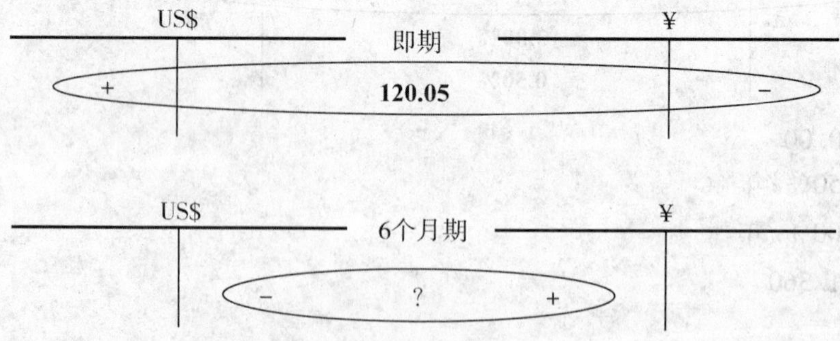

通过在货币市场进行的两笔交易(范例6-6),可以使现金流匹配:

1. 按市场拆出年利率0.60%,借入6个月期的日元。

2. 按市场拆入年利率2.90%,贷出6个月期的美元。

范例 6-6　现金流图：通过货币市场抵补错配的现金流

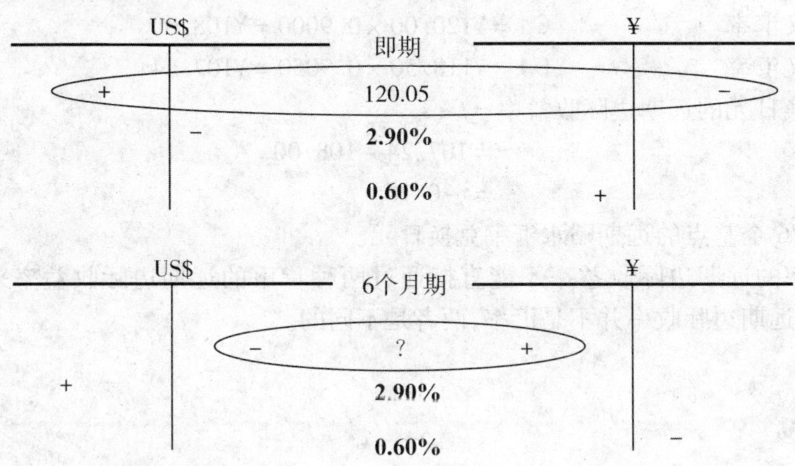

$s = 100.05$

$r_T = 0.60\%/年$

$r_C = 2.9\%/年$

$t = 181/360$

$$\therefore f = \frac{120.05 \times (1 + 0.006 \times 181/360)}{(1 + 0.029 \times 181/360)}$$

$= 118.68$

市场远期汇率的买入和卖出牌价如下：

US$1 = ¥118.51　118.68

如果银行希望通过向客户报出某个远期买入汇率和远期卖出汇率，以确认只要有客户成交就有 1 个基点的收益，那么，银行应通过降低买入汇率 1 个基点和提高卖出汇率 1 个基点拉宽汇差来实现其目的。

远期损益平衡汇率	118.51	118.68
边际收益率	−0.01	+0.01
客户汇率	118.50	118.69

远期交叉汇率

某种货币的远期交叉汇率可以通过交叉计算两种货币的远期汇率求出。

【例 6-5】

即期汇率	US$1 = ¥120.00	和	€1 = US$0.9000
6 个月远期边际收益率	−1.50		+0.0050

6 个月远期汇率　　　　US$1 = ¥118.50　　　€1 = US$0.9050

即期交叉汇率　　　　　€1 = ¥120.00 × 0.9000 = ¥108.00

远期交叉汇率　　　　　€1 = ¥118.50 × 0.9050 = ¥107.24

欧元兑换日元的远期边际收益率 $= f - s$

$= 107.24 - 108.00$

$= -0.76$

欧元以 76 个基点的远期贴水汇率兑换日元。

交叉汇率的远期边际收益率不能直接通过两种货币的远期边际收益率来求得,这是由于远期边际收率并不是汇率,两者是不同的。

外汇期货

外汇期货(Currency futures)是指通过期货交易所交易的远期外汇合约。外汇期货使用统一的概念和统一的定价计算方法,为了便于按统一要求进行交易,外汇期货除了规定标准数量以外,还规定了具体的到期日(通常每季结算一次,在季度结算日按主要汇率进行净结算)。

典型的非美元外汇期货合约都有自己的面值(如每笔德国马克期货合约的面值是 125 000 德国马克)。一般用非美元货币标价(如德国马克 6 个月期货合约标价为 0.6660,意思是 DM1 = US$0.6660,但在柜台市场通常标价为 1.5011,意思是 US$1 = DM1.5011)。在世界最大的外汇期货交易中心芝加哥商品交易所,外汇期货合约在 3 月、6 月、9 月、12 月的第三个星期三进行交易结算。

为了防止信用风险,交易所要求交易者开立保证金存款账户,如果外汇期货合约交易赔钱了,则要求其补足保证金。

长期外汇

如果利息的计算期限超过 1 年,通常使用复利公式来计算利息。因此,在长期的远期汇率计算中需要计算复利的利率。长期的远期汇率计算公式如下:

$$f = \frac{S(1+i_T)^n}{(1+i_C)^n} \tag{6.5}$$

【例 6-6】

即期汇率　　　　　　　　£1 =　A$2.7000

3 年期澳大利亚元利率(%/年)　　5.5(半年零息票)

3 年期英镑利率(%/年)　　　　4.5(半年零息票)

$$f = 2.7000 \times \frac{(1+0.055/2)^{2\times 3}}{(1+0.045/2)^{2\times 3}}$$

长期外汇计算公式［公式(6.3)］的推导

$$f = \frac{FV_T}{FV_C}$$

$$FV_T = PV_T(1+i_T)^n$$

$$FV_C = PV_C(1+i_C)^n$$

$$\therefore f = \frac{PV_T(1+i_T)^n}{PV_C(1+i_C)^n}$$

$$= s\,\frac{(1+i_T)^n}{(1+i_C)^n}$$

将【例 6-6】进行扩充，加入买入汇率和卖出汇率：

	买入汇率（拆入利率）	卖出汇率（拆出利率）
即期汇率£1 = A $	2.7000	2.7005
3 年期澳大利亚元利率(%/年)	5.50	5.60(半年零息票)
3 年期英镑利率(%/年)	4.50	4.60(半年零息票)

$$借款利率 = 2.7000 \times \frac{(1+0.055/2)^6}{(1+0.046/2)^2} = 2.7720$$

$$贷款利率 = 2.7005 \times \frac{(1+0.056/2)^6}{(1+0.045/2)^6} = 2.7888$$

需要注意的是，长期汇率的买卖汇差非常大(如在例 6-6 中是 168 个基点)，对于报价银行来说，这并非暴利，只不过是反映在长期中两种货币利率的买卖汇差。

零息票贴现系数

公式(2.12)是用复利率计算现值的一个计算公式。如果用相同的利率将每一笔未来现金流贴现为现值，计算出一系列未来现金流的净现值，这意味着收益率曲线是平直的。但是，在实际中收益率曲线几乎没有平直的。在操作过程中，一般假定，本金加利息总是以相同的收益率进行再投资，再投资的收益率不是与零息票债券一起发生的，因为这种债券只在到期时才产生现金流。

零息票贴现系数(zero coupon discount factors)是适用于零息票债券的贴现系数。使用零息票贴现系数不需要进行再投资的假设。在未来发生现金流的任何日期的零息票贴现系数都可以计算出来。

使用相关的贴现系数可以对所有的未来现金流进行贴现。

【例 6-7】 计算下列平价收益率曲线的零息票贴现系数。如果某债券的息票利率等于其到期收益率,其面值是 100 美元,价格也应是 100 美元,这种债券称为平价债券(par bond)。平价收益率曲线(par curve)是指由平价债券形成的收益率曲线。为简单起见,假定在每年的年末支付全部息票。

1 年期　5.00%/年

2 年期　5.25%/年

3 年期　5.50%/年

4 年期　5.75%/年

5 年期　6.00%/年

假定每种债券的面值为 1 美元。

1 年期债券是零息票债券,只有在到期时才产生现金流,具体如下:

$FV = 1.00 + 0.05 = 1.05$

$PV = 1.00$

用公式(2.14)可以计算出贴现系数。1 年后到期时产生的现金流的零息票贴现系数如下:

$$df_1 = \frac{1.00}{1.05} = 0.952381$$

2 年期债券在第 1 年年底发生的现金流为 0.0525 美元;第 2 年年底的现金流为 1.0525 美元。对第 1 年产生的现金流,可以用 df_1 计算出现值,计算如下:

$PV(0.0525) = 0.0525 \times 0.952381 = 0.05000$

用现在 0.0500 美元的现金流替代第 1 年产生的 0.0525 美元现金流,可以将 2 年期平价债券转转换为 2 年期零息票债券。2 年期零息票债券的贴现系数计算如下:

$FV = 1.00 + 0.0525 = 1.0525$

$PV = 1.00 - 0.0500 = 0.9500$

$$\therefore df_2 = \frac{0.9500}{1.0525} = 0.902613$$

同样,通过用 0.952381 的贴现系数对第 1 年年底产生的 0.055 美元现金流进行贴现,用 0.902613 的贴现系数对第 2 年年底产生的 0.055 美元现金流进行贴现,也可以将 3 年期平价债券转换成 3 年期零息票债券。

$0.055 \times 0.952381 = 0.052381$

$0.055 \times 0.902613 = 0.049644$

3 年期零息票债券的贴现系数计算如下:

$$FV = 1.00 + 0.055 = 1.055$$

$$PV = 1.00 - 0.052381 - 0.049644$$
$$= 0.897975$$

$$\therefore df_3 = \frac{0.897975}{1.055} = 0.85116$$

以此类推：

$df_4 = 0.798483$

$df_5 = 0.745020$

因此，零息票贴现系数的计算公式为：

$$df_n = \frac{1 - (c/m)\sum_{j=1}^{n-1} df_j}{1 + (c/m)} \tag{6.6}$$

净现值的核算

第 3 章曾指出，对外汇净头寸更为合适的定义是外汇现金流的净现值（net present value，NPV）。对于交易期到期日与即期相差数月的交易，面值（即未来值）与现值之间可能有很大的差额，所以，用净现值进行核算的好处也是非常明显的。

【例 6-8】　2001 年 12 月 5 日，星期三，交易员完成了以下几笔交易：

美元金额	日元金额	汇率	到期日	天数
+1 000 000	-1 234 000 000	123.40	2001 年 12 月 7 日	0
-2 000 000	+243 100 000	121.55	2002 年 6 月 7 日	181
-5 000 000	+596 700 000	119.34	2002 年 12 月 9 日	367

为了计算日元外汇净头寸的净现值，必须计算未来日元金额的现值。如果 6 个月期和 1 年期日元年利率分别是 0.80% 和 0.95%。

日元金额面值	现值	
-1 234 000 000	$\frac{-1\ 234\ 000\ 000}{1}$	= -1 234 000 000
+234 100 000	$\frac{234\ 100\ 000}{1 + 0.008 \times 181/360}$	= + 242 126 115
+596 700 000	$\frac{596\ 700\ 000}{1 + 0.0095 \times 367/360}$	= + 590 976 556
外汇净头寸		= -¥400 897 329

通过买入即期交割的 400 897 329 日元，可以将外汇净头寸减少到零（轧平）。

汇率中另一种货币的净现值称为对应值（counter value）。在这个例子中，对应值是用 400 897 329 日元兑换成美元的净现值。如果 6 个月期和 1 年期美元的年利率分别为 4.50% 和 4.60%，则对应值如下：

美元金额面值	现值	
+10 000 000	+10 000 000	= +10 000 000
−2 000 000	$\frac{-2\ 000\ 000}{1+0.045\times181/360}$	= −1 955 751.13
−5 000 000	$\frac{-5\ 000\ 000}{1+0.046\times367/360}$	= −4 776 030.69
对应值		= US$3 268 218.18

按即期汇率兑换的外汇净头寸称为平仓值(close out value)。如果现在美元的即期汇率是124.50日元,则平仓值等于:

平仓值=400 897 329÷124.50=US$3 220 058.87

对应值与平仓值之间的差额称为按市值计价(marked-to-market)。这是用净现值法计算未实现的损益。

按市值计价收益=对应值−平仓值

=US$3 268 218.18−3 220 058.87

=US$48 159.31

只有即期交易影响现金流净头寸,但所有即期和远期外汇交易都影响外汇净头寸。

【例6-9】 某交易者以轧平头寸开始交易,按即期汇率US$1=¥120.00完成了下列几笔交易:

货币买入	货币卖出	汇率	价格日
US$1 000 000	¥117 350 000	117.35	1年
US$4 000 000	¥455 040 000	113.76	2年
¥319 860 000	US$3 000 000	106.62	3年
¥101 320 000	US$1 000 000	101.32	4年

用净现值法计算外汇净头寸。

交易	日元现金流	年	日元利率	日元净现值
A	−117 350 000	1	0.50%	−116 765 443
B	−455 040 000	2	0.80%	−447 831 588
C	319 860 000	3	1.00%	+310 429 912
D	101 320 000	4	1.20%	98 585 367
合计	144 690 000			**−157 581 751**

交易	美元现金流	年	美元利率	美元净现值
A	+1 000 000	1	2.75%	+973 057
B	+4 000 000	2	3.50%	+3 731 834
C	−3 000 000	3	5.00%	−2 586 891
D	−1 000 000	4	5.50%	−804 906
合计	+1 000 000			**+1 313 094**

值得注意的是，外汇净头寸的净现值及其对应值可能分别大于各自的面值。这可能是因为计算净现值时进行了正负数的相抵。

	净现值头寸	重新估值	损益
日元	-157 581 751	+157 581 751	**0**
美元	+1 313 094	-1 313 181	**-87**
即期有效汇率	120.00	120.01	

在重新估值时，汇率进行了四舍五入，小数点后面只保留 2 位数，因此，87 美元是由于四舍五入引起的微小差额。

假定进行了 4 笔同样的交易，只有 C 交易是以 US $1 = ¥106.67 的汇率卖出 3 000 000 美元，这意味着 C 交易获得了 5 个基点的收益。除了 C 交易获得的收益外，各笔交易的现金流和净现值同前述数据。

交易	日元现金流	年	日元利率	日元净现值
A	-117 350 000	1	0.50%	-116 765 443
B	-455 040 000	2	0.80%	-447 831 588
C	**+320 010 000**	**3**	**1.00%**	**+310 575 490**
D	+101 320 000	4	1.20%	+98 585 367
合计	151 060 000			-157 436 174

交易	美元现金流	年	美元利率	美元净现值
A	+1 000 000	1	2.75%	+973 057
B	+4 000 000	2	3.50%	+3 731 834
C	-3 000 000	3	5.00%	-2 586 891
D	-1 000 000	4	5.50%	-804 906
合计	+1 000 000			**+1 313 094**

	现值净头寸	重新估值	损益
日元	-157 436 174	+157 436 174	**0**
美元	+1 313 094	-1 311 968	**1 126**
即期有效汇率	119.90	120.00	

注：即期有效汇率 $= \dfrac{\text{日元净现值头寸}}{\text{美元净现值对应值}}$

按净现值法，交易员已从 1 313 094 美元净多头头寸中获得了 1 126 美元或 10 个基点的收益，这等于从现在到 3 年的价格计算，3 000 000 美元可以获得 5 个基点的收益。

短交割日

有时候,必须进行即期价格日之前到期的外汇交易。这就需要计算当日价格或次日价格的汇率。短交割日到期的汇率与远期汇率的计算方法是一样的,但是,由于合约是在即期之前到期,所以短价格日的计算公式与公式(6.3)有所不同。

$$t=\frac{s(1+r_{C}d/dpy_{C})}{(1+r_{T}d/dpy_{T})} \tag{6.7}$$

其中 t 为当日交割(tod)或次日交割(tom)汇率。

【例 6-10】

即期汇率(8 月 3 日价格)US$1 =¥　124.50　124.55

隔夜美元利率(%/年)　3.00　3.10 (1/360)

隔夜日元利率(%/年)　0.20　0.30 (1/360)

计算次日交割的买入汇率,即报价银行愿意按次日交割(8 月 2 日)买入美元的汇率。

范例 6-7　现金流图:按次日交割用日元买入美元

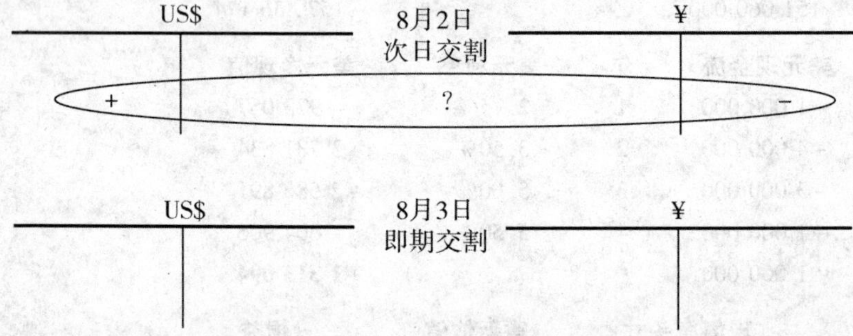

如果银行按次日交割买入美元,将产生外汇净头寸,成为美元多头。银行可以按市场买入汇率 US$1 =¥124.50 卖出美元现汇来轧平头寸。

利用现汇市场抵补外汇净头寸,会使银行现金流头寸出现错配,如范例 6-8 所示。

范例 6-8　现金流图:卖出美元现汇抵补次日买入美元

US$　8月2日　¥
次日交割
\+　?　–

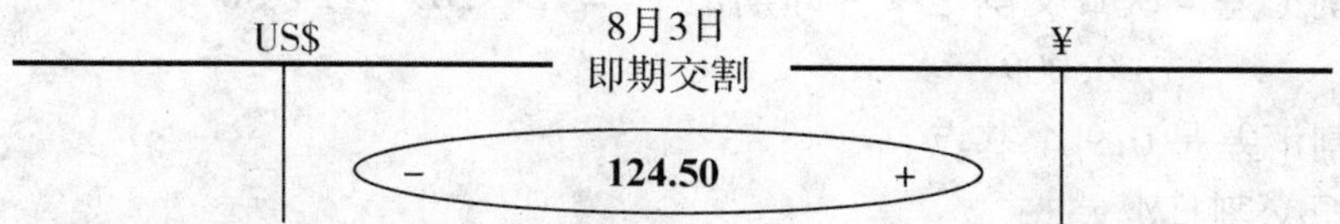

通过在货币市场进行以下两笔交易，可以使银行的现金流匹配（范例6-9）：

1. 以市场拆入利率3.00%/年拆出隔夜美元；

2. 以市场拆出利率0.30%/年拆入隔夜日元。

范例6-9 现金流图：通过货币市场的交易抵补错配的现金流

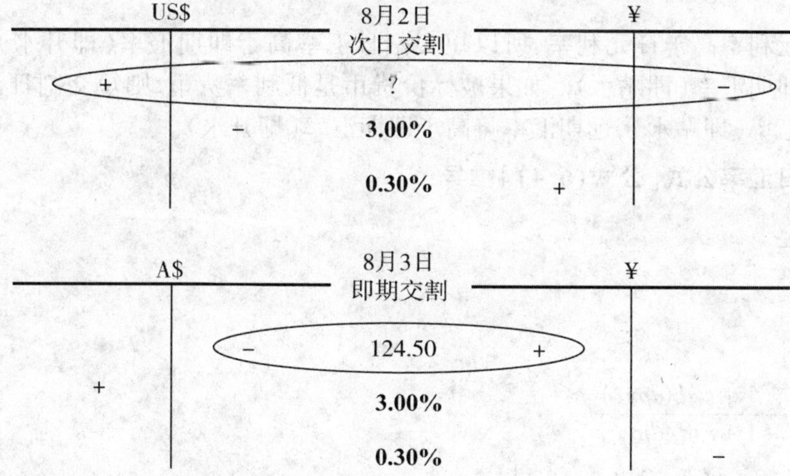

已知：

$s = 124.50$

$r_T = 0.30\%\,(1/360)$

$r_C = 6.00\%\,(1/360)$

将上述代入公式(6.6)

$$次日交割的汇率 = \frac{124.50 \times (1 + 0.03 \times 1/360)}{(1 + 0.003 \times 1/360)}$$

$$= 124.509$$

注：考虑到外汇金额的规模因素，一般做法是在短价格日汇率的报价中，小数点后增加1位数。

短交割日汇差

次日交割的汇率高于即期汇率，反映美元是远期贴水，因此，美元兑换日元时，在短交割日是升水。

次日交割汇差 = 次日交割汇率 - 即期汇率 = 124.509 - 124.50

= +0.009

次日交割汇差是0.9个基点。

范例 6-10 短交割日汇差

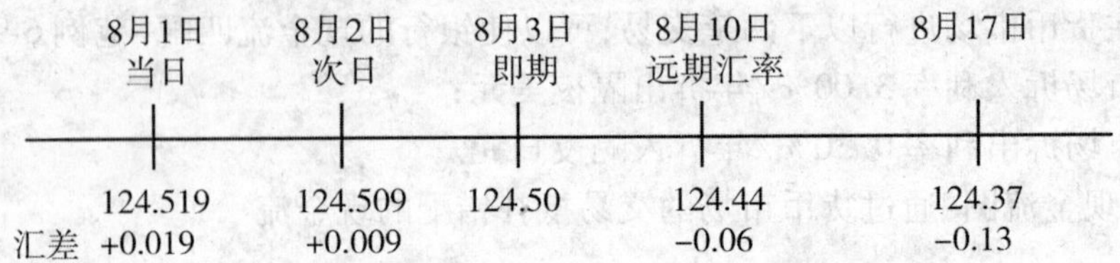

由于美元利率高于日元利率,所以短交割日汇率高于即期汇率(即升水),远期汇率低于即期汇率(即贴水)。如果被标价货币是低利率货币,则短交割日汇率将低于即期汇率(即贴水),远期汇率将高于即期汇率(即升水)。

短交割日汇率公式[公式(6.4)]推导:

$$t = \frac{PV_T}{PV_C}$$

$$s = \frac{FV_T}{FV_C}$$

$$= \frac{PV_T(1 + r_T d/dpy_T)}{PV_C(1 + r_C d/dpy_C)}$$

$$\therefore s = \frac{t(1 + r_T d/dpy_T)}{(1 + r_C d/dpy_C)}$$

$$\therefore t = \frac{s(1 + r_C d/dpy_C)}{(1 + r_T d/dpy_T)}$$

注:短交割日汇率公式中的系数是远期汇率公式中系数的倒数,因为对于短交割日交易来说,未来价值是即期价值,现值是当日交割或次日交割的价值。

练习题

6.1 远期汇率和远期汇差

即期汇率 £1 = US$1.5000

3个月期美元利率(%/年) 2.50(93/360)

3个月期英镑利率(%/年) 3.00(91/365)

(1)求英镑3个月的远期汇率,用美元标价。

(2)求3个月远期汇差。

6.2　远期汇率和远期汇差

即期汇率　　　　€1 = ¥107.00

7 个月期欧元利率(%/年)　3.50 (212/360)

7 个月期日元利率(%/年)　0.35 (212/360)

求 7 个月远期汇率和汇差。

6.3　远期买入汇率

即期汇率　　　€1 = US$0.8490　0.8500

5 个月期欧元利率(%/年)　3.00　3.10 (152/360)

5 个月期美元利率(%/年)　1.90　1.95 (152/360)

某客户希望买入 5 个月的远期美元。为了获得 2 个基点收益,银行的报价应是多少?

6.4　远期卖出汇率

假设已知条件与练习题 6.3 相同,如果客户想要卖出 5 个月的远期美元,银行希望从中获得 2 个基点收益,则银行向客户的报价应是多少?

6.5　远期外汇

即期汇率　　　A$1 = US$0.5100　0.5105

2 年期澳大利亚元利率(%/年)　5.00　5.20 (每半年计息)

2 年期美元利率(%/年)　4.50　4.70 (每半年计息)

求 2 年期损益平衡远期买入和卖出汇率。

6.6　短交割日

即期汇率　　€1 = US$0.8780　0.8785

美元隔夜利率(%/年)　2.25　2.375(3/360)

欧元隔夜利率(%/年)　0.25　3.375(3/360)

求次日交割的损益平衡买入和卖出汇率,小数点后保留 5 位数字。

6.7　净现值核算

某交易者完成了以下三笔交易:

美元金额	日元金额	汇率	期限
+10 000 000	−1 075 000 000	107.50	即期
−2 000 000	+210 610 000	105.30	6 个月
−5 000 000	+512 000 000	102.40	1 年

按净现值法计算交易者日元外汇净头寸和按市值计价的汇差损益,已知市价如下:

即期汇率 US$1/¥ 110.30

6 个月期美元利率(%/年) 4.20

6 个月期日元利率(%/年) 0.30

1 年期美元利率(%/年) 4.10

1 年期日元利率(%/年) 0.45

6.8 零息票贴现系数

求 1 年、2 年和 3 年期零息票贴现系数,已知平价收益率如下:

1 年 2.50%/年

2 年 2.40%/年

3 年 2.60%/年

6.9 短价格日

即期汇率	NZ$1 = US$0.3940	0.3950
新西兰元隔夜拆借利率(%/年)	4.00	4.15(1/365)
美元隔夜拆借利率(%/年)	2.00	2.15(1/360)

次日交割的买入和卖出完全汇率的报价。

6.10 长期外汇

即期汇率 US$1 = ¥127.00

2 年期美元拆借利率(%)	5.00	5.25
2 年期日元拆借利率(%)	1.75	2.00

每半年支付一次利息。

求 2 年期远期汇差损益平衡买入汇率和卖出汇率。

7

远期汇率的运用

Applications of Forward Exchange

远期汇率为外汇风险的套期保值提供了一个工具。本章将介绍进口商、出口商、借款者和投资者是如何运用远期汇率的。

外汇风险

外汇风险(Foreign exchange risk)是指由于汇率变化导致损失的风险。只要持有外汇净头寸,就存在外汇风险。

交易风险(Transaction risk)是指由于外汇收入或支出价值的变化而产生损失的风险。只要用外汇付款,就存在交易风险。例如,进口商从日本进口汽车,并同意向日本供应商支付日元,或者澳大利亚出口商出口商品时同意接受美元付款。由于承诺向供应商支付固定金额的外汇,进口商存在汇率风险。进口商用美元买入固定金额的日元时,美元对日元的汇率越低,按美元计价的成本就越高。一旦同意接受外汇付款,出口商就产生了汇率风险。澳大利亚元对美元的汇率越高,出口商收到固定金额美元收入兑换的澳大利亚元就越少。

外汇折算风险(Translation risk)是指由于外汇计价的资产或债务价值的变化导致损失的风险。外汇计价的资产或债务,其本币价值随着汇率的变动而变动。如果外汇对本币的汇率下跌,用外汇买入股票或债券的投资者按本币计算将出现损失。同样,如果外汇对本币的汇率上升,借入外汇的个人或公司偿还贷款时本币成本将增加。

由于会计准则一般要求对不同类型风险产生的损益进行不同的会计处理,因此,要对交易风险(收支方面)与折算风险(资产和债务方面)进行区分。在大多数国家,交易风险的损益必须反映在损益表中。但是,交易风险中的未实现损益一般在表外反映,也就是在准备金账户中核算,不计入当年损益。

或有风险(Contingent risk)是指可能发生或者可能不发生的风险。举例说明,某欧洲公司在日本投标一项合同,如果中标,该公司将有欧元兑换日元的风险,但如果该公司没有中标,就不存在外汇风险。

套期保值

如果知道要出现最坏的情况，应当对风险进行套期保值（hedged）或抵补（covered）。典型的套期保值是进行远期交易或买入期权以抵消风险。

【例 7-1】 某进口商有一笔应付款，在 3 个月后向日本供应商支付1 000 000 000 日元。该笔付款形成外汇净头寸，进口商是 1 000 000 000 日元兑换美元的空头。

若进口商不对外汇风险敞口进行套期保值，即进口商什么交易也不做，到期时按市场汇率买入 1 000 000 000 日元，如果美元对日元汇率下跌，用美元买入日元的购汇成本就会增加。

如果汇率是 US $1 = ¥100. 00，用美元买入 1 000 000 000 日元的成本是 10 000 000 美元。另一方面，如果汇率是 US $1 = ¥125. 00，买入1 000 000 000日元只需要 8 000 000 美元。图 7-1 中曲线的斜率反映了汇率风险的程度。

$$汇率风险 = \frac{美元成本的变化}{美元兑日元汇率的变动} = \frac{US\$2\ 000\ 000}{125.00 - 100.00} = US\$80\ 000$$

如果进口商预期美元对日元的汇率下跌，在汇率下跌之前，他可以通过在远期外汇市场买入日元，对外汇风险敞口进行套期保值。

市场汇率是：

即期汇率	US $1 =	¥127.00	127.05
3 个月远期汇差		−2.00	−1.90
3 个月远期汇率	US $1 =	¥125.00	125.15

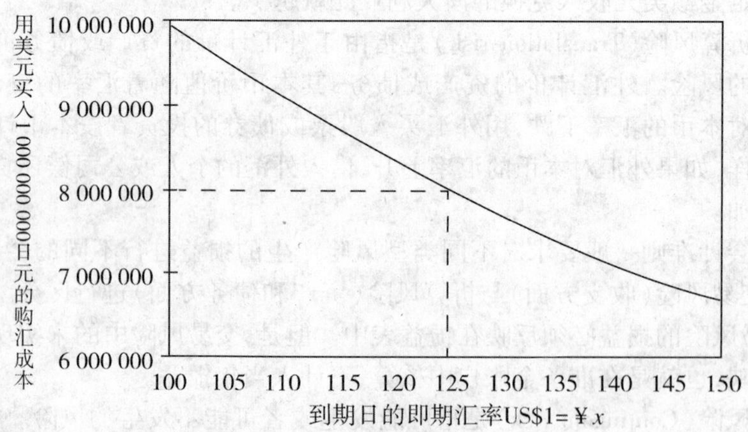

图 7-1 不对进口用汇进行套期保值

进口商可以通过按远期买入汇率 US\$1 = ¥125.00 买入 1 000 000 000 日元远期进行套期保值。

$$套期保值的美元成本 = \frac{1\ 000\ 000\ 000}{125.00} = US\$8\ 000\ 000$$

一旦套期保值后,进口商可以确切地知道,无论 3 个月后的即期汇率是多少,为支付进口价款而买入 1 000 000 000 日元的成本是 8 000 000 美元。通过套期保值,进口商消除了汇率波动风险。

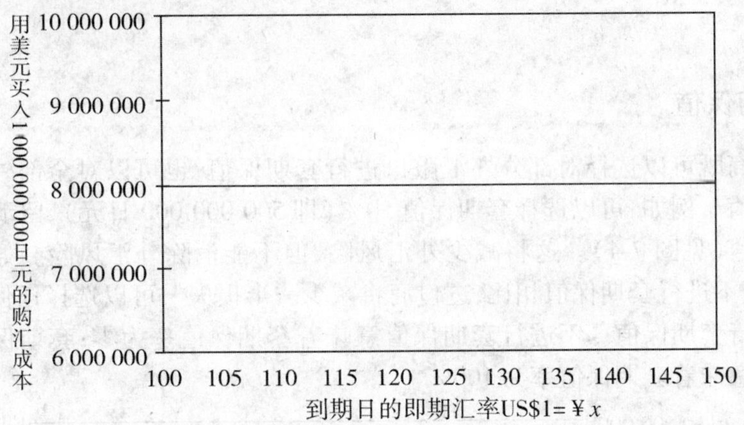

图 7-2　对进口用汇进行套期保值

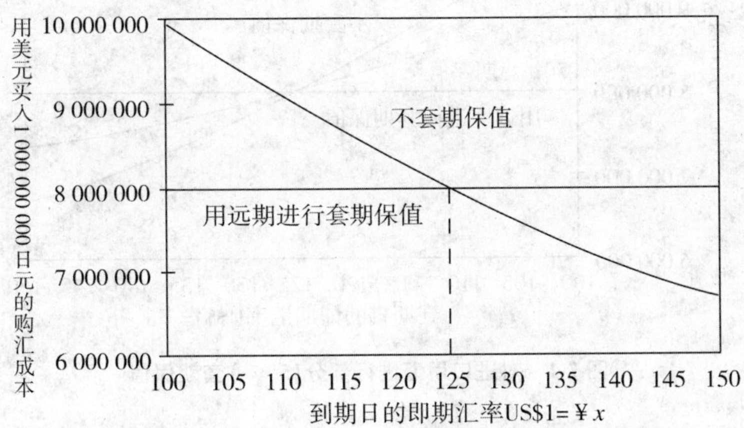

图 7-3　对进口用汇进行套期保值和不套期保值

远期汇率 US $1 = ¥125.00 表示套期保值与不套期保值之间的损益平衡汇率。① 如果到期时的即期汇率低于 125.00，对进口商来说，套期保值比不套期保值更有利。例如，如果到期日的即期汇率是 120.00，在套期保值情况下，进口商的购汇成本是 8 000 000 美元；在不进行套期保值情况下，购汇成本是 8 333 333.33 美元。相反，如果到期时的即期汇率高于 125.00，对进口商来说，不套期保值比套期保值更有利。例如，如果到期日的即期汇率是 130.00，在套期保值情况下，进口商的购汇成本是 8 000 000 美元；在不套期保值情况下，购汇成本是 7 692 307.69 美元。

部分套期保值

进口商既可以选择对部分外汇敞口进行套期保值，也可以对全部外汇敞口进行套期保值。例如，可以选择套期保值 50%（即 500 000 000 日元），留下另外 50% 不套期保值（见图 7-4）。这将减少外汇风险，但不能消除外汇风险。如果美元贬值，与完全不进行套期保值相比，进口商将减少一半损失。可以选择任何比例对外汇风险进行套期保值。不进行套期保值意味着套期保值率为零；套期保值或全部套期保值意味着套期保值率为 100%。

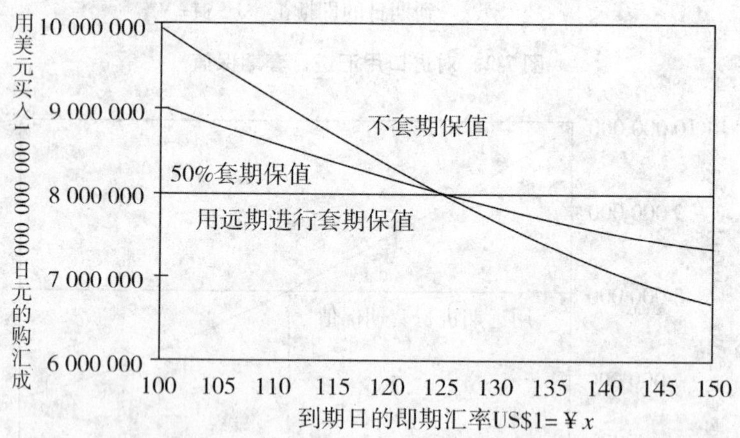

图 7-4　对进口用汇进行部分(50%)套期保值

①按照损益平衡汇率，套期保值成本 = 不套期保值成本，即

$$\frac{1\ 000\ 000\ 000}{f}=\frac{1\ 000\ 000\ 000}{b}$$ 其中：$b=f=125.00$

对出口应收款项进行套期保值

如果出口销售收入以外币计价,则出口商持有外汇净头寸。出口商可以通过卖出未来外汇收入远期对外汇净头寸进行套期保值。

【例 7-2】 法国某葡萄酒生产商向英国出口葡萄酒,2 个月后他将收到 2 000 000 英镑。法国出口商持有 2 000 000 英镑对欧元的多头。

如果英镑对欧元汇率上升,不套期保值的出口商销售葡萄酒时将收到更多的欧元;但是,如果英镑对欧元汇率下跌,不套期保值的出口商收到的欧元将减少(见图 7-5)。如果出口商预期英镑贬值,在汇率下降之前,他可以在外汇市场上卖出 2 000 000 英镑的远期,对外汇净头寸进行套期保值。

应该指出,图 7-1 中曲线向右下方倾斜,而图 7-5 中曲线向右上方倾斜,其原因不是由于图 7-1 涉及进口用汇,而图 7-5 涉及出口收汇。在图 7-5 中,汇率报价是正向关系,用标价货币表示外汇收入,收入曲线的斜率是正的;在图 7-1 中,汇率报价是反向关系,用被标价货币表示购汇成本,成本曲线的斜率是负的。如果【例 7-2】表示某英国的出口商计算将欧元兑换成英镑的收入,则图 7-5 中曲线同样是向右下方倾斜;如果【例 7-1】表示某日本进口商计算用日元买入美元的购汇成本,则图 7-1 中曲线将向右上方倾斜。

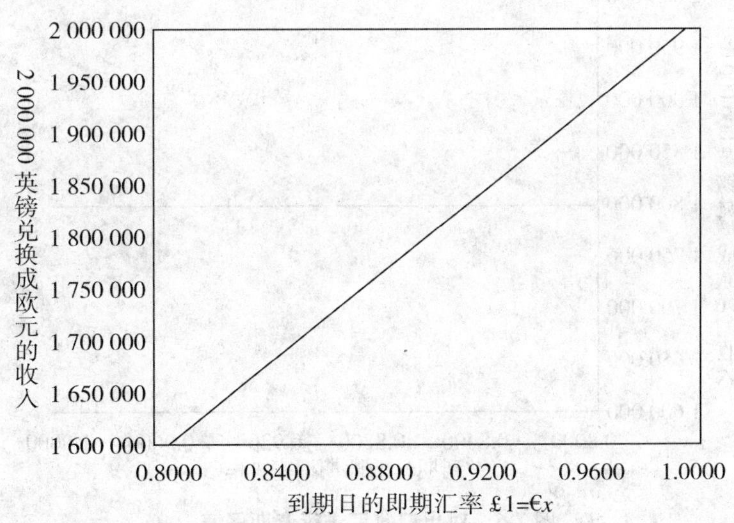

图 7-5　不对出口收汇进行套期保值

幸运的是,这种分析不受作图方式的影响。指出上述情况,只是为了避免部分读者发生混淆。

市场汇率如下：

即期汇率	£1 ≐	€0.8980	0.8990
2个月远期汇差		+0.0020	+0.0024
2个月远期汇率	£1 =	€0.9000	0.9014

按£1 = €0.9000的买入汇率，在市场上卖出2 000 000英镑远期，法国出口商可以进行套期保值。

套期保值后的收入 = 2 000 000 × 0.9000 = €1 800 000（见图7-6）

只要进行了套期保值，出口商就可以确切地知道，无论两个月后的即期汇率是多少，销售葡萄酒可以获得1 800 000欧元的收入。通过套期保值，出口商消除了汇率的风险敞口。图7-7是套期保值和不套期保值头寸的比较。

远期汇率£1 = €0.9000表示套期保值和不套期保值之间的损益平衡汇率。①如果到期时，即期汇率大于0.9000，对于出口商来说，不套期保值比套期保值更有利。例如，如果到期时的即期汇率是1.0000，在不套期保值情况下，出口商销售葡萄酒的收入是2 000 000欧元；在套期保值情况下，只有1 800 000欧元。相反，如果到期时的即期汇率低于0.9000，对于出口商来说，套期保值比不套期保值更有利。例如，若到期后的汇率是0.8000，在套期保值情况下，出口商将获得1 800 000欧元；在不套期保值情况下，只能获得1 600 000欧元。

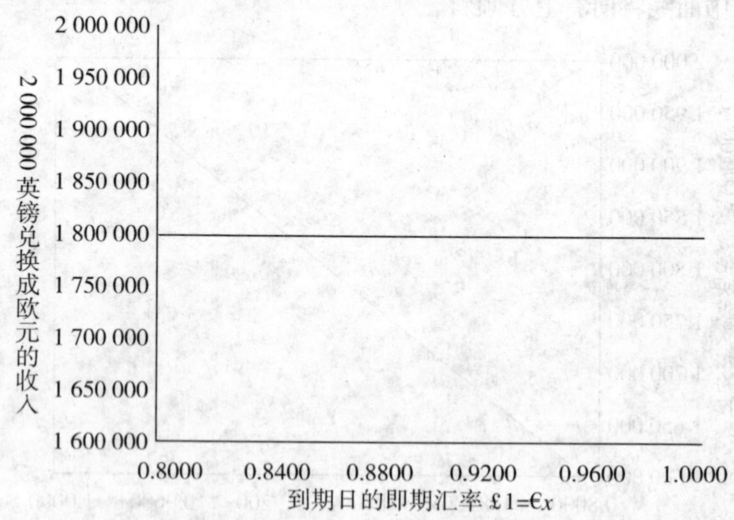

图7-6 对出口收汇进行套期保值

①按照损益平衡汇率，套期保值收入 = 不套期保值收入，即

$2\ 000\ 000 \times f = 2\ 000\ 000 \times b$

$\therefore b = f = 0.9000$

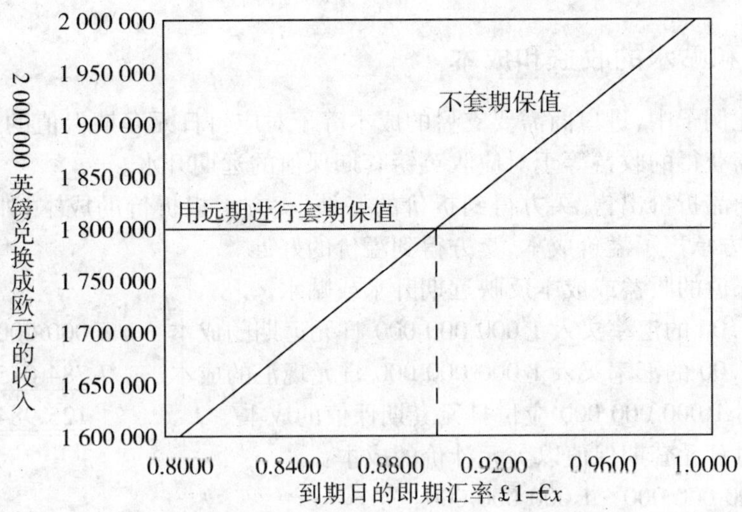

图 7-7　对出口收汇进行套期保值和不套期保值

实际汇率

实际汇率(effective exchange rate)是指两种货币金额折算的汇率。例如,如果 1 000 000 000 日元可以兑换为 8 000 000 美元,则实际汇率是 125.00。

可以用实际汇率作为 Y 轴画出上述数值的图。通常这样做有助于出口商或进口商设定自己的汇率目标,而不必设定美元金额目标。我们可以将图 7-3 重新画为图 7-8。需要注意的是,在这种情况下,计算单位由为了支付进口额用美元兑换外汇的购汇成本,变成为了支付进口额进行购汇的实际汇率,不套期保值的收益曲线也由从向下方倾斜变成向上方倾斜。

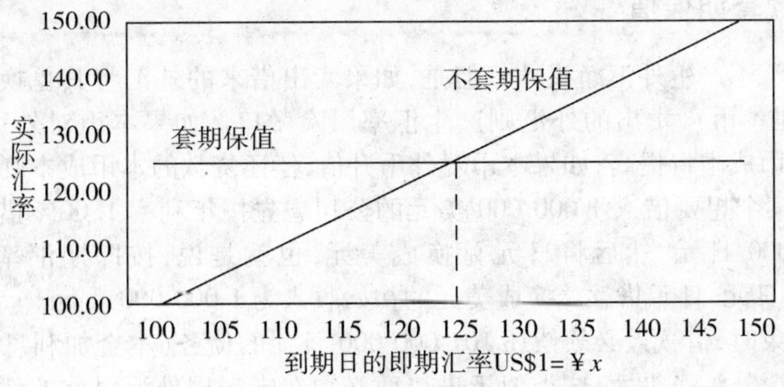

图 7-8　实际汇率

外汇升水和贴水的收益和成本

在上述例子中,进口商需要支付的成本等于对应付日元套期保值的远期贴水;法国出口商获得的收益等于对应收英镑套期保值的远期升水。

如果商品折价出售,买方得到折价的好处,卖方承担折价的成本;如果商品溢价出售,买方承担了溢价成本,卖方得到溢价的好处。

套期保值的收益或成本反映远期升水或贴水。

以 125.00 的汇率买入 1 000 000 000 日元远期的成本	8 000 000.00 美元
以 127.00 的汇率买入 1 000 000 000 日元现汇的成本	7 784 015.75 美元
所以对 1 000 000 000 应付日元套期保值的成本	125 984.25 美元

对应付日元套期保值以美元计价的成本:

$$= \frac{1\ 000\ 000\ 000}{125.00} - \frac{1\ 000\ 000\ 000}{127.00}$$

= US$125 984.25

以 0.9000 汇率卖出 2 000 000 英镑远期的收入	1 800 000 英镑
以 0.8980 汇率卖出 2 000 000 英镑现汇的收入	1 796 000 英镑
对 2 000 000 应收英镑套期保值的收益	4 000 英镑

应收英镑套期保值以欧元计价的收益:

$= 2\ 000\ 000 \times 0.9000 - 2\ 000\ 000 \times 0.8980$

$= 2\ 000\ 000 \times 0.0020$

= €4 000

当标价货币数额为常数时,不能按远期汇差直接确定套期保值的成本或收益,这是因为远期汇差不是汇率,而是汇率之间的差额。

对外汇借款套期保值

借入外汇不产生外汇净头寸。但是,如果卖出借来的外汇将其兑换成另一种货币(通常是本币),卖出的外汇则产生汇率风险敞口。如果本币对外币贬值,偿还贷款的本币成本将提高;如果本币对外币升值,偿还贷款的本币成本则降低。

【例 7-3】 某个想要借入 1 000 000 美元的公司想先按年利率 1.00% 借入 1 年期的 100 000 000 日元,然后将日元兑换成美元,也就是说,按即期汇率 US1 = ¥100.00 卖出日元,日元贷款兑换成美元的初始收入为 1 000 000 美元。

一年结束时,借款人必须偿还 101 000 000 日元的债务(本金加利息,图 7-9),这笔债务构成外汇净头寸,这类似于进口商必须在未来用外汇付款的债务。需要注意的是,外汇净头寸不仅仅是本金的数额,还包括未来支付的利息(FOTPI)。

如果借款人不进行套期保值，偿还日元贷款的美元成本将随着汇率的波动而增减。如果美元对日元的汇率走强，为偿还贷款需要用美元买入 101 000 000 日元的购汇成本将降低；同样，如果美元对日元汇率走弱，为偿还贷款用美元买入101 000 000 日元的购汇成本将上升。

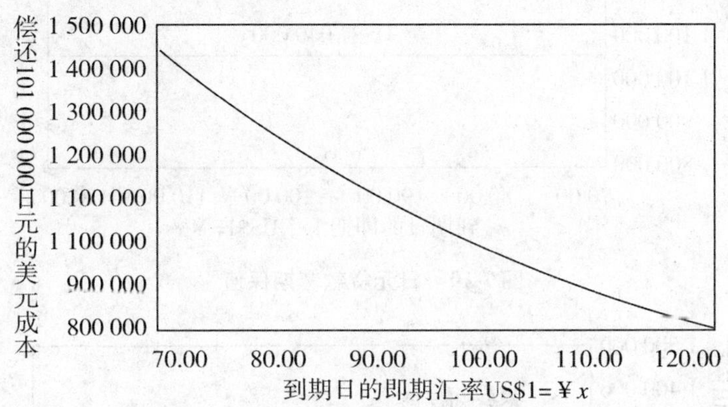

图 7-9　不套期保值日元借款

借入币值疲软的外汇，借款人获益；借入币值坚挺的外汇，借款人亏损。

通过买入 101 000 000 日元远期，借款人可以就美元对日元的贬值风险进行套期保值。如果选择美元借款利率是 4.00%/年（参见范例 7-1，图 7-10），需要用美元偿还的金额（本金加利息）则为 1 040 000 美元，1 年期的远期汇率为 US$1 = ¥97.12。借款人可以通过按 US$1 = ¥97.12 的远期汇率买入 101 000 000 日元进行套期保值。

$$套期保值后的美元成本 = \frac{101\ 000\ 000}{97.12} = US\$1\ 040\ 000$$

范例 7-1　日元贷款套期保值的现金流

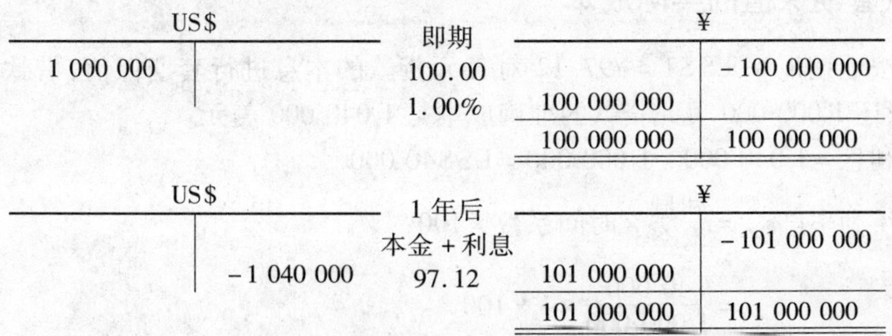

US$		即期	¥	
1 000 000		100.00		-100 000 000
		1.00%	100 000 000	
			100 000 000	100 000 000

US$		1年后	¥	
		本金+利息		-101 000 000
	-1 040 000	97.12	101 000 000	
			101 000 000	101 000 000

一旦套期保值，借款人知道，年底偿还日元贷款本息的购汇成本是1 040 000 美元。通过套期保值，借款人已消除了汇率变动的风险敞口。图 7-11 是对贷款进行套期保值和不套期保值的比较。

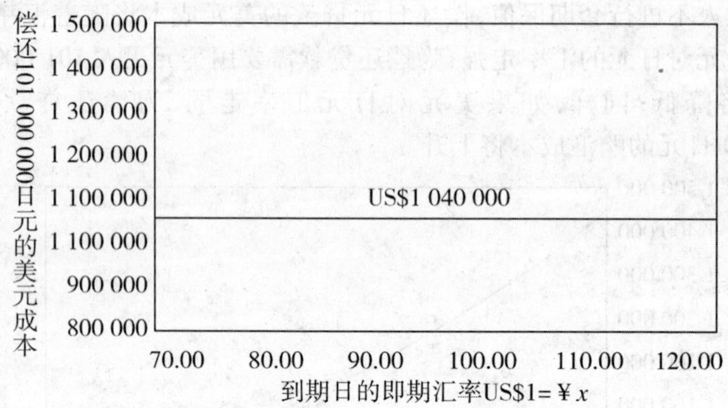

图 7-10　日元贷款套期保值

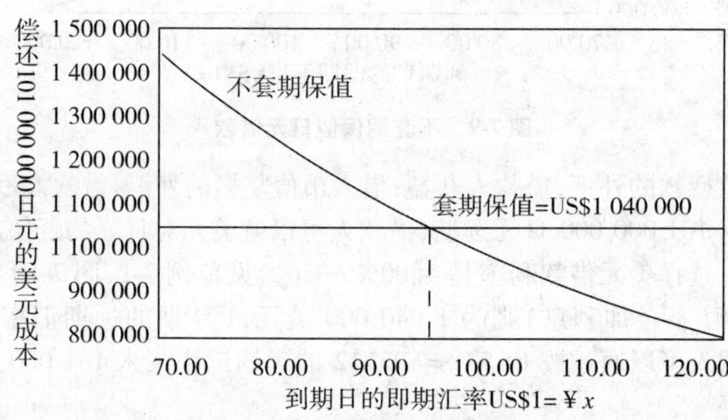

图 7-11　日元贷款套期保值

外汇借款套期保值的实际成本

通过按远期汇率 US$1 = ¥97.12 对日元贷款的本息进行套期保值，借款人可以知道，偿还 1 000 000 美元贷款的准确成本是 1 040 000 美元。

实际利息 = 1 040 000 − 1 000 000 = US$40 000

$$实际年利率(\%) = \frac{利息}{本金} \times 时间系数 \times 100$$

$$= \frac{40\ 000}{1\ 000\ 000} \times 1 \times 100$$

$$= 4.00\%/年$$

公式(6.3)提供了计算对全部外汇贷款进行套期保值的实际借款成本的代数工具。

$$f=\frac{s(1+r_{\mathrm{T}}t)}{(1+r_{\mathrm{C}}t)}$$

在【例 7-3】中：

$f\ =97.12$

$s\ =100.00$

$r_{\mathrm{T}}=0.01$

$r_C=?$

$t\ =1$

因此，

$$97.12=\frac{100.00\times(1+0.01\times1)}{(1+r_C\times1)}$$

$$\therefore\ (1+r_C\times1)=\frac{100.00}{97.12}(1.01)$$

$$=1.04$$

$$\therefore\ r_C=0.04=4.00\%/年$$

参见图 7-12。

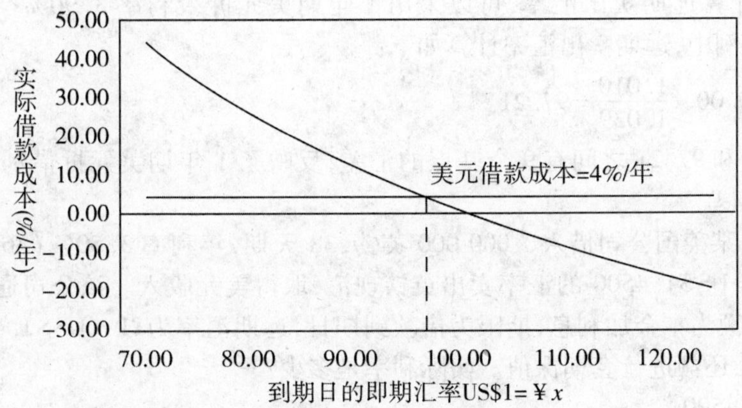

图 7-12　实际借款成本

损益平衡汇率

两种不同的策略求出的汇率相同，此汇率称为损益平衡汇率(break-even rate)。远期汇率 US$1 =¥97.12 表示无论是套期保值还是不套期保值，汇率损益都是平衡的。①从图示来看,套期保值与不套期保值两条线的相交点就是损益平衡汇率。

如果到期日的即期汇率低于97.12,对借款人来说,套期保值比不套期保值更有利。例如,如果到期日的即期汇率是95.00,在套期保值情况下,偿还借款本息的成本是1 040 000美元;在不套期保值情况下,偿还成本是1 063 157.89美元。相反,如果到期日的即期汇率高于97.12,对借款人来说,不套期保值比套期保值更加有利。例如,到期日的即期汇率是100.00,在套期保值的情况下,偿还成本仍然是1 040 000美元;在不套期保值情况下,偿还成本只需1 010 000美元。

实际上,适用于损益平衡汇率的买入和卖出汇率与远期汇率并不完全相等。

即期汇率 US$/¥	99.90/100.00
1年期美元利率(%/年)	3.90/4.00
1年期日元利率(%/年)	0.90/1.00

无论在什么情况下,为了计算套期保值和不套期保值借款策略的损益平衡汇率,都可以采用卖出汇率。一种情况是借款人以1.00%的年利率借入日元,然后以100.00的汇率卖出日元、买入美元。另一种选择是,以年利率4.00%直接借入美元。按照上述计算,利用这些利率、汇率计算的损益平衡汇率是97.12。

为了计算远期卖出汇率,可以采用1年期美元拆入利率3.90%/年(见第6章)。在本例中,远期卖出汇率计算如下:

$$f = 100.00 \times \frac{1.010}{1.039} = 97.21$$

97.12和97.21之间有9个基点的汇差,反映了1年期美元拆借利率之间10个基点的利差。

【例7-4】 某美国公司借入7 000 000英镑,38天期,年利率3.50%(365天/年),然后以£1 = US$1.4500的汇率卖出英镑现汇,取得美元收入。该公司通过买入英镑远期,金额为本金加利息,期限为借款到期日,远期汇率为£1 = US$1.4485,对英镑借款的偿还额进行套期保值。实际利率是多少?

$s = 1.4500$

$f = 1.4485$

$r_T = ?$

$r_C = 0.035$

$t_C = 38/365$

---

①按照损益平衡汇率,套期保值成本 = 不套期保值成本,即

$$\frac{101\ 000\ 000}{f} = \frac{101\ 000\ 000}{b} \qquad \therefore b = f = 97.12$$

$$t_T = 38/360$$

$$f = \frac{s(1 + r_T t_T)}{(1 + r_C t_C}$$

$$1.4485 = \frac{1.4500 \times (1 + r_T \times 38/360)}{(1 + 0.035 \times 38/365)}$$

$$r_T = 0.02468 = 2.5\%/\text{年}(\text{四舍五入})$$

已套期保值外汇借款的成本

已套期保值外汇贷款的实际利率与外汇名义利率之间的差额就是套期保值的成本或收益。仍以【例 7-3】为例：

套期保值的日元贷款实际利率(%/年)	4.00
日元贷款的名义利率(%/年)	1.00
∴ 套期保值成本(%/年)	3.00

在本例中，套期保值意味着按升水汇率买入日元远期(即按贴水汇率卖出美元远期)。因此，套期保值的决策就等价于在名义利率基础上加 3.00% 年利率的成本。这个成本反映了 288 个基点的远期汇差，也就是说，在本例中，288 个基点的汇差等价于 300 个基点的利差。

因为远期差价反映了两种货币之间的主要利差，完全套期保值的外汇借款的实际利率应当等于相同金额本币借款的利率。

完全套期保值的外汇贷款等价于本币贷款。

实际上，完全套期保值的外汇贷款的实际利率一般略高于本币借款利率。借入某种外汇意味着增加成本，如利息要扣缴所得税。套期保值可能要支付外汇买卖差价等。在某些情况下，与在国内货币市场上借入本币相比，对全部外汇借款进行套期保值所产生的本币流动性可能成本更低。本节关于处理抵补套利的内容将在第 8 章做进一步的分析。

不套期保值外汇借款的实际成本

仍以【例 7-3】为例，只有在买入日元本息的汇率已知的条件下，才能求出实际利率。如果借款人不进行套期保值，在到期日按市场即期汇率买入 101 000 000 日元，那么在到期之前，是不可能知道借款的实际成本的。但是，如果到期日的即期汇率可以换算为一个特定值，就可以求出实际利率。例如，如果借款人在到期日可以买入日元的即期汇率是 97.00，那么，借款实际成本就是年利率 4.12%。再次用下列关系式求出实际利率：

$$f=\frac{s(1+r_{T}t)}{1+r_{C}t}$$

其中，f代表未来的是即期汇率，而不是目前的远期汇率。求实际利率 r_C：

$$f=97.00$$
$$s=100.00$$
$$r_T=0.01$$
$$t=1$$

$$\therefore 97.00=100\times\frac{(1+0.01\times1)}{(1+r_C\times1)}$$

$$\therefore r_C=0.0412=4.12\%/年$$

如果f取不同的值，对于不进行套期保值的借款，可以求出在各种不同的未来即期汇率条件下的实际利率。

如果汇率下跌，不套期保值的借款人将发生损失。例如，在到期日即期汇率下跌到90.00，实际利率则上升到了12.22%/年。同样，如果汇率上升，不套期保值的借款人将获利。例如，在到期日时即期汇率上升到102.00，实际利率则下降到－0.98%/年。借款人的外汇收益将超过名义利息成本，所以，借款人最终的外汇还款额少于开始得到的外汇收入，从而享受到了负的实际利率。参见图7-13。

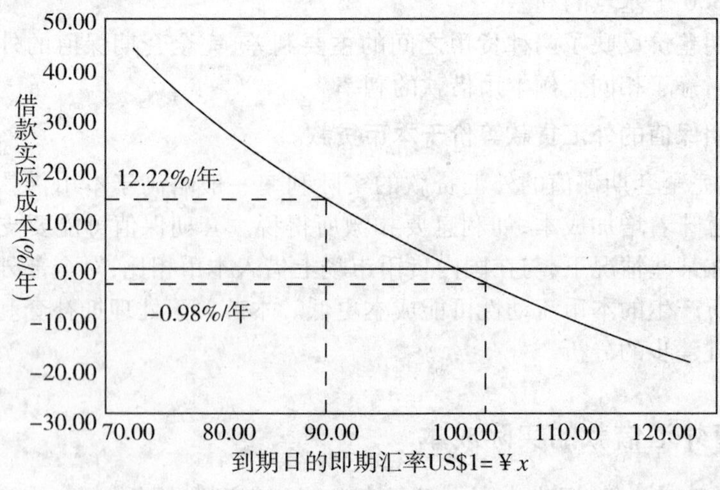

图7-13　借款的实际利率

借款人可以在贷款有效期内进行任何时段的套期保值。例如，如果预计汇率将上升，对前3个月可以不进行套期保值，然后对剩下的时间用9个月的远期汇率进行套期保值。

假设3个月后，即期汇率从100.00上升到103.00，这时，9个月的远期汇率

（与贷款到期日的汇率一致）是 101.00。借款人可以通过按 9 个月远期汇率 US$1 =¥101.00 买入 101 000 000 日元，正好对 1 000 000 美元进行套期保值。偿还贷款本息的美元成本将与借款时的外汇收入相同。换句话说，实际利率为零。

我们可以求出使借款实际成本为年利率 2.00% 的远期汇率（举例）（图 7-14）：

$s = 100.00$

$f = ?$

$r_T = 0.01$

$r_C = 0.02$

$t = 1$

再次应用公式（6.3），求得：

$$f = \frac{s(1 + r_T t)}{1 + r_C t}$$

$$= 100.00 \times \frac{(1 + 0.01 \times 1)}{(1 + 0.02 \times 1)}$$

$$= 99.02$$

验证结果为：

$$99.02 = \frac{100.00 \times (1 + 0.01 \times 1)}{(1 + r_C \times 1)}$$

$$= 2.00\% / 年$$

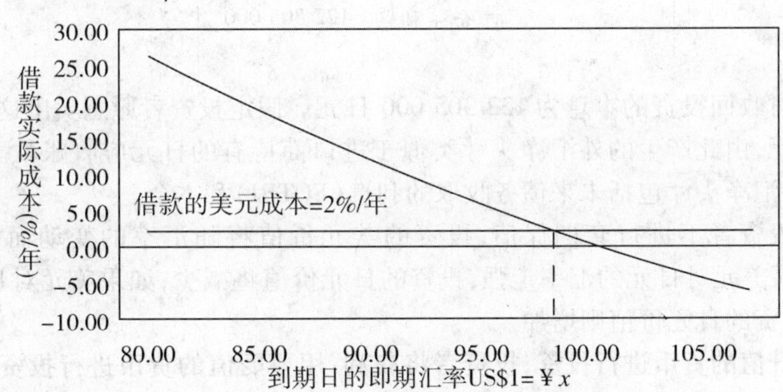

图 7-14　将借款成本锁定在年利率 2%

应该指出的是，借款人可能没有机会按远期汇率 99.02 买入日元。但是，借款人知道，如果远期汇率达到 99.02，那么，就可以将借款实际成本锁定在年利率 2.00% 的目标。

不套期保值的外汇投资

外汇投资本身不会产生外汇净头寸。但是,买入可以用于投资的外汇,肯定会产生汇率风险敞口。如果外币对本币的汇率上升,基于外币投资的本币收益率将提高;如果外币对本币的汇率下跌,本币收益率则下降。

【例 7-5】

即期汇率 US$/¥	99.90/100.00
6 个月期美元利率(%/年)	3.00/3.15 (180/360)
6 个月期日元利率(%/年)	0.50/0.60 (180/360)

某投资人用 1 000 000 美元进行投资。这 1 000 000 美元的投资可以按即期买入汇率 122.00 兑换成 122 000 000 日元,然后,将日元按拆入年利率 0.50% 进行投资,期限 180 天(范例 7-2)。

范例 7-2 不对日元投资进行套期保值的现金流

US$		即期	¥	
1 000 000	-1 000 000	122.00	122 000 000	
		0.50%		-122 000 000
1 000 000	-1 000 000		122 000 000	122 000 000

US$		6 个月期	¥	
		本金 + 利息	122 305 000	

到期时收回投资的本息为 122 305 000 日元。假定投资者愿意卖出这些日元,兑换成美元,由此产生的外汇净头寸类似于进口商持有的日元应收账款。需要注意的是,外汇净头寸包括未来债务收取的利息(FOTRI)和本金。

如果投资者不进行套期保值,投资的美元价值将随汇率的变动而波动(图 7-15),如果美元对日元的汇率走强,投资的日元价值将减少;如果美元对日元的汇率走弱,投资的日元价值则增加。

用要升值的货币进行投资,投资者将获利;用要贬值的货币进行投资,投资者将亏损。

如果预计美元对日元升值,投资者可以卖出 122 305 000 日元远期,对外汇风险敞口进行套期保值。按照【例 7-5】给出的市场信息,6 个月的远期汇率将是 US$1 =¥120.41/120.61。

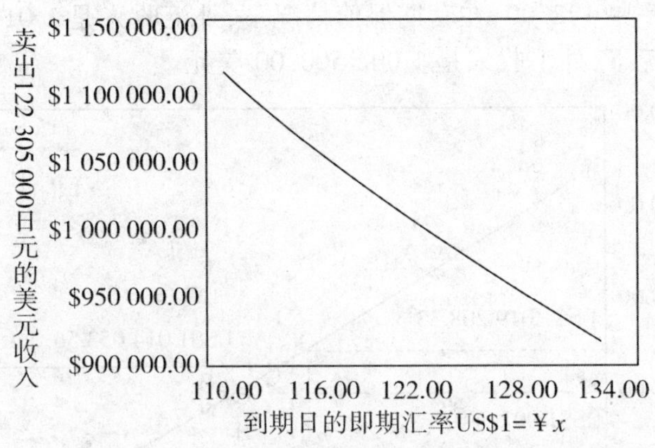

图 7-15　不对日元投资进行套期保值

投资者通过按 US$1 = ¥120.61 的远期汇率卖出 122 305 000 日元进行套期保值，套期保值后的美元收入计算如下（范例 7-3）：

$$\frac{122\ 305\ 000}{120.61} = \text{US\$1 014 053.56}$$

范例 7-3　日元投资套期保值的现金流

US$			¥	
1 000 000	−1 000 000	即期 122.00 0.50%	122 000 000	
				−122 000 000
1 000 000	−1 000 000		122 000 000	122 000 000
US$			**¥**	
		6 个月期 本金 + 利息	122 305 000	
1 014 053.56		**120.61**		−122 305 000
			122 305 000	**122 305 000**

只要做了套期保值，投资者就可以确定，6 个月结束时，投资者将从日元投资本息的兑换中收到 1 014 053.56 美元。通过套期保值，投资者消除了汇率变动的风险敞口。图 7-16 将日元投资套期保值和不套期保值的情况进行了比较。

远期汇率 US$1 = ¥120.61 是套期保值与不套期保值的损益平衡汇率①。如果到期日的即期汇率低于 120.61，对投资者来说，不套期保值比套期保值更有利。例如，如果到期日的即期汇率是 120.00，在不套期保值情况下，外汇收入是 1 019 208.33 美元；在套期保值情况下，外汇收入是 1 014 053.56 美元。另一方面，如果到期日的即期汇率高于 120.61，对投资者来说，套期保值比不套期保值更有利。例如，如果

①按损益平衡汇率，套期保值的外汇收入 = 不套期保值的外汇收入，即 $b = f = 120.61$。

到期日的即期汇率是 122.00，在套期保值情况下，外汇收入是 1 014 053.56 美元；在不套期保值情况下，外汇收入是 1 002 500.00 美元。

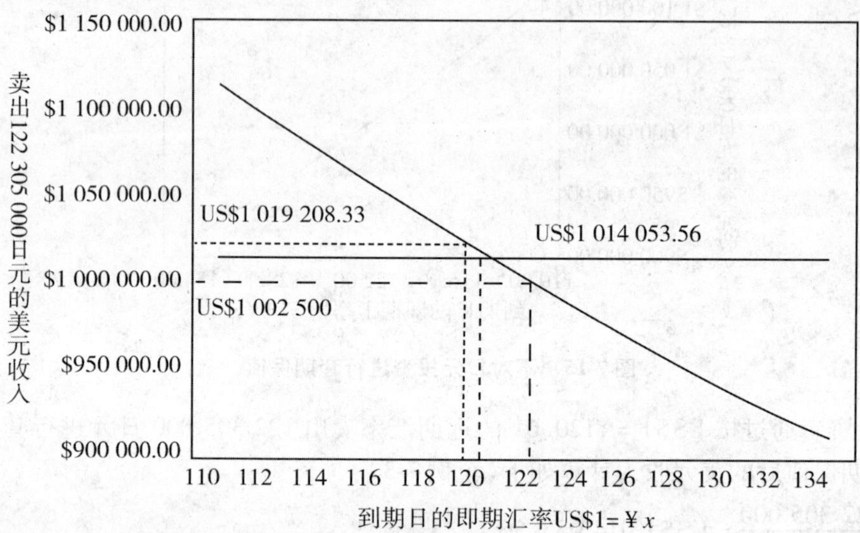

图 7-16　日元投资的套期保值与不套期保值的结果

套期保值外汇投资的实际收益率曲线

通过按远期汇率 US$1 =￥120.61 对日元本息进行套期保值，投资者准确地知道，初始投资 1 000 000 美元，投资期结束时将收回 1 014 053.56 美元。

获得的实际利息 = 1 014 053.56 − 1 000 000 = US$14 053.56

$$\text{实际收益率\%/年} = \frac{\text{利息}}{\text{本金}} \times \text{时间系数} \times 100$$

$$= \frac{14\ 053.56}{1\ 000\ 000} \times \frac{360}{180} \times 100$$

$$= 2.81\%/\text{年}$$

外汇投资的名义收益率与实际收益率之间的差额表示套期保值的收益或成本。继续以【例 7-5】为例。

日元套期保值的实际收益率(%/年)	2.81
日元名义收益率(%/年)	0.50
∴ 套期保值的收益率(%/年)	2.31

在本例中，套期保值意味着按远期升水价格卖出日元(即以远期贴水价格买入美元)。因此，套期保值的收益率等于日元套期保值实际收益率 2.81%/年基础上加上日元名义收益率。

因为远期汇差反映两种货币的主要利率之间的差异，所以外汇投资完全套期保值的实际收益率应等于本币收益率。因此，可以通过采用纯互换的交易来提高日元投资套期保值的实际收益率。套期保值的收益率将在第 8 章中介绍。

完全套期保值的外汇投资等价于本币投资。

实际上，完全套期保值的外汇投资实际边际收益率一般低于相应的本币收益率。这可能是因为外汇投资的利息要扣缴所得税，或者是因为套期保值需要支付额外的拆借利差。但是，有时候通过设计，可以使套期保值的外汇投资收益率高于通过在本地货币市场直接进行投资的收益率。

不套期保值外汇投资的实际收益率曲线

投资者可以在欧洲美元存款市场买入外币或进行投资，而不必进行套期保值。如果【例 7-4】中的投资者在到期前不进行套期保值，而是到期后卖出 122 305 000 日元现汇，在知道卖出日元的汇率之前，投资者并不知道其实际收益率。但是，可以计算到期时即期汇率不同值条件下的实际收益率。例如，如果到期时即期汇率为 118.00，则实际收益率为7.30%/年。再次应用如下关系式：

$$f=\frac{s(1+r_{\mathrm{T}}t)}{1+r_{\mathrm{C}}t}$$

$f=118.00$

$s=122.00$

$r_{\mathrm{T}}=0.005$

$t=180/360$

求 r_{C}

$118.00=122.00\times(1+0.005\times180/360)/(1+r_{\mathrm{C}}\times180/360)$

$\therefore r_{\mathrm{C}}=0.073=7.3\%$

由于日元对美元汇率走强，所以不套期保值的日元投资实际收益率高于日元直接投资的名义收益率。即期汇率从 122.00 降低到 118.00 所产生的外汇收益等同于年收益率提高了 6.80%。

日元投资的名义收益率(%/年)	0.50
外汇收益(%/年)	6.80
不套期保值日元的实际收益率(%/年)	7.30

通过为 f 取不同的值，就可以计算出在未来可能的不同即期汇率条件下不套期保值投资的实际收益率。

如果汇率下降，不套期保值的投资者将获利；如果汇率上升，不套期保值的投资者则损失。例如,如果到期时即期汇率为 122.00,则实际收益率为 11.50%/年。由于初始时的即期汇率不存在外汇损益,因此,不套期保值的日元投资的实际收益率等价于名义收益率。

一旦汇率高于 122.00,不套期保值的实际收益率将等于零。计算过程如下:

$s = 122.00$

$r_T = 0.005$

$r_C = 0$

$t = 180/360$

求解 f:

$$f = 122.00 \times \frac{(1 + 0.005 \times 180/360)}{(1 + 0 \times 180/360)} = 122.31$$

即期汇率从 122.00 上升到 122.31 给投资者带来的外汇损失刚好抵销了 0.50% 的名义年收益率。到期时,投资者重新收回本金,没有任何利息收入。如果到期时的即期汇率高于 122.31,收益率将是负值,也就是说,投资者不仅没有利息收入,而且还要损失一定的本金。例如,如果到期时即期汇率为 126.00,则实际收益率将是-5.87%/年(图 7-17),外汇损失大大高于 0.50% 的名义年收益率。这个结果验证了不对外汇投资进行套期保值的风险。

投资者可以在投资有效期的任何时间对投资进行套期保值。例如,如果预计远期汇率将下降,投资者可以对开始的时间段不进行套期保值,然后对剩下的时间段进行套期保值。

假定在【例 7-5】中投资者希望在投资期间获得 10% 的实际年收益率。若要对实际年收益率为 10% 的本息进行套期保值,投资者需要的远期汇率是多少?

$s = 122.00$

$f = ?$

$r_T = 0.005$

$r_C = 0.10$

$t = 180/360$

求解 f:

$$f = \frac{s(1 + r_T t)}{1 + r_C t}$$

$$= \frac{122.00 \times (1 + 0.005 \times 180/360)}{(1 + 0.10 \times 180/360)} = 116.48$$

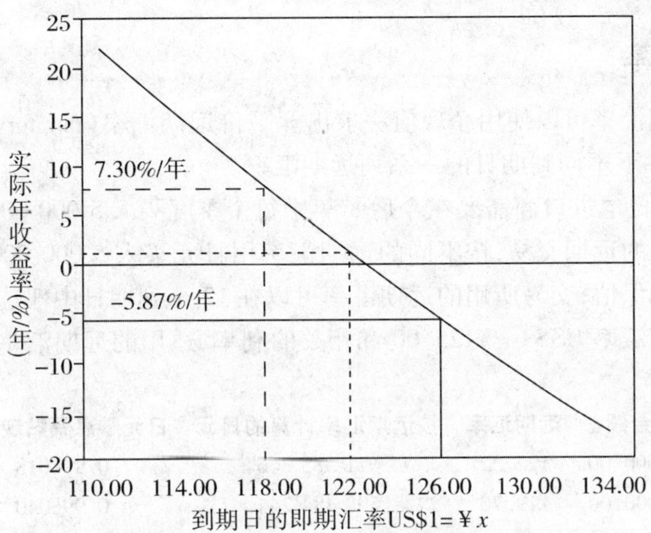

图 7-17　在到期时不同即期汇率条件下以日元投资进行套期保值的实际收益率

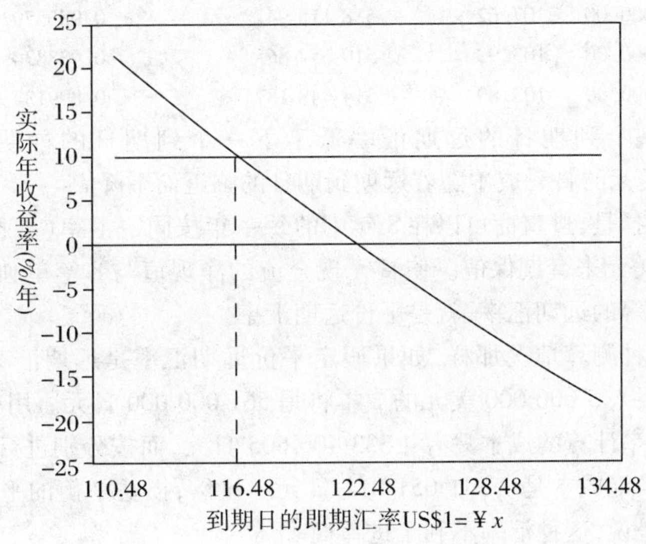

图 7-18　锁定 10% 的实际年收益率

当然，投资者可能永远没有机会按远期汇率 116.48 卖出日元。但是，投资者知道，如果远期汇率达到 116.48，就可以锁定投资期的实际收益率，即实现 10.00%/年的目标。

平价远期汇率

平价远期汇率可以使用净现值法求出。平价远期汇率(par forward)是指在相同(平均)汇率下不同到期日的一系列远期汇率。

【例 7-6】 某日本进口商需要在今后 8 年中每个季度买入 5 000 000 美元,他可以进行 8 笔单独的远期交易,按不同的远期汇率用日元买入 5 000 000 美元,对外汇风险进行套期保值,交易所用的远期汇率可以在 12 个到期日中任选一个。

根据即期汇率 US$1 = ¥125.00 和相关的利率,适用的远期汇率和零息票贴现系数如下:

年	美元金额	远期汇率	按远期汇率计算的日元	日元零息票贴现系数
1	5 000 000.00	122.32	611 585 366	0.994018
2	5 000 000.00	119.70	598 484 244	0.996040
3	5 000 000.00	116.80	583 981 190	0.990099
4	5 000 000.00	113.75	568 752 137	0.982226
5	5 000 000.00	110.58	552 910 694	0.970503
6	5 000 000.00	107.62	538 115 942	0.953579
7	5 000 000.00	103.93	519 657 865	0.938834
8	5 000 000.00	102.89	514 448 187	0.899134

由于上一个到期日的远期汇率低于下一个到期日的远期汇率,连续买入5 000 000 美元的日元成本随着远期到期日的临近而下降。

另一种选择是,进口商可以在 8 年中的每一年按同一汇率(平价远期汇率)买入 5 000 000 美元来套期保值。使日元现金流的净现值与 8 笔单独进行的远期交易的净现值相等的远期汇率,就是平价远期汇率。

正如第一种测算情况那样,如果假定平价远期汇率是远期汇率的平均值,即 112.20,每年买入 5 000 000 美元的成本将是 561 000 000 日元。用净现值法表示,按平价远期汇率计算的成本只有 4 333 406 605 日元,而按分别进行 8 次交易的远期汇率计算,换汇成本是 4 341 051 011 日元。显然,损益平衡的平价远期汇率肯定更高,也就是说,这种汇率不利于进口商。

$$\text{损益平衡的平价远期汇率} = 112.20 \times \frac{4\ 341\ 051\ 011}{4\ 333\ 406\ 605} = 112.40$$

年	美元	按远期汇率计算的日元	现值(远期)	按平价远期汇率计算的日元	现值(平价远期)
1	5 000 000.00	611 585 366	607 926 829	561 000 000	557 644 068
2	5 000 000.00	598 484 244	596 114 108	561 000 000	558 778 310
3	5 000 000.00	583 981 190	578 199 318	561 000 000	555 445 660
4	5 000 000.00	568 752 137	558 652 968	561 000 000	551 028 620
5	5 000 000.00	552 910 694	536 601 684	561 000 000	544 957 587
6	5 000 000.00	538 115 942	513 135 839	561 000 000	534 957 587
7	5 000 000.00	519 657 865	487 872 660	561 000 000	526 686 077
8	5 000 000.00	514 448 187	462 557 606	561 000 000	504 413 901
	40 000 000.00		4 341 051 011		4 333 406 605

按 112.40 的汇率,每年买入 5 000 000 美元的成本是 562 000 000 日元,按照平价远期汇率计算的净现值实际上等于按 8 次交易分别采用的远期汇率计算的净现值。

年	美元	按远期汇率计算的日元	现值(远期)	按平价远期汇率计算的日元	现值(平价远期)
1	5 000 000.00	611 585 366	607 926 829	562 000 000	558 638 086
2	5 000 000.00	598 484 244	596 114 108	562 000 000	559 774 350
3	5 000 000.00	583 981 190	578 199 318	562 000 000	556 435 759
4	5 000 000.00	568 752 137	558 652 968	562 000 000	552 010 846
5	5 000 000.00	552 910 694	536 601 684	562 000 000	545 422 886
6	5 000 000.00	538 115 942	513 135 839	562 000 000	535 911 166
7	5 000 000.00	519 657 865	487 872 660	562 000 000	527 624 911
8	5 000 000.00	514 448 187	462 557 606	562 000 000	505 313 034
	40 000 000.00		4 341 051 011		4 341 131 037

净现值之间的差额 30 026 日元(640.21 美元)是由于平价远期汇率小数点保留两位四舍五入造成的,表示银行利润。

按照平价远期汇率,进口商在前四年支付的日元比全部分别进行远期交易的少;后四年支付的日元比全部分别进行远期交易的多。例如,在年末,按平价远期汇率,进口商支付 562 000 000 日元,与此相对应,全部按远期汇率 US$1 =¥122.32 进行交易要支付 611 585 366 日元。实际上,是银行向进口商提供一笔表外贷款。平均汇率和平价远期汇率之间 20 个基点的差额可以看作是对银行扩大信贷的补偿。图 7-19 是说明平价远期汇率的例子。

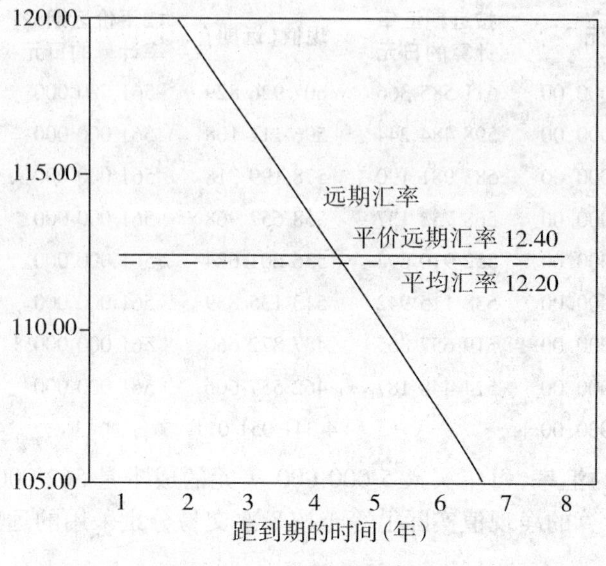

图 7-19 平价远期汇率

练习题

7.1 不对进口收汇进行套期保值

澳大利亚某进口商 3 个月后必须偿还 1 000 000 000 日元债务,如果预计到期时即期汇率是 A$1 = ¥65.20/65.30,求用澳大利亚元购买日元的换汇成本。

7.2 出口应收款的套期保值

新西兰某出口商 2 个月后应收到 4 560 000 美元。该出口商考虑,一种做法是不对剩余的时间进行套期保值,而在收到货款后按即期汇率卖出美元;另一种做法是通过卖出美元收入远期来套期保值。

即期汇率	NZ$1 =	US$0.4200	0.4205
2 个月期新西兰元利率(%/年)		3.75	3.85(62/365)
2 个月期美元利率(%/年)		2.65	2.75(62/360)

(1)计算出口商套期保值采用的远期汇率。

(2)若预计 2 个月后的即期汇率是 NZ$1 = US$0.4145/50,出口商是否应该对剩余的时间套期保值?

(3)计算套期保值和不套期保值之间的损益平衡汇率。

7.3 对出口收汇进行套期保值和不套期保值

印度尼西亚某出口商预计 5 个月后收到 4 000 000 美元货款。

即期汇率 USD/IDR　　10 200　10 400

5 个月期美元利率(%/年)　　2.50　2.60 (150/360)

5 个月期印度尼西亚卢比利率(%/年)　25.00　26.00 (150/360)

(1) 出口商可按什么汇率对美元应收款进行套期保值?

(2) 如果进行套期保值,出口商将兑换到多少卢比?

(3) 如果出口商选择不套期保值,且 5 个月结束时的即期汇率是10 600/10 700,出口商将收到多少卢比?

7.4　澳大利亚某出口商 1 年后将收到 5 000 000 美元。

即期汇率 A$1 = US$0.5720　0.5725

1 年期远期汇差　　50　　45

(1) 如果进行套期保值,澳大利亚元收入是多少?

(2) 如果 1 年后的即期汇率是 A$1 = US$0.5625/30,且进行套期保值,澳大利亚元收入将是多少?

(3) 对于出口商来说,是采取套期保值还是不套期保值,哪种方式更为有利?

7.5　对外汇借款不进行套期保值

某公司今后 9 个月需要 8 000 000 美元,考虑以下两种选择:

1. 在国内市场上借入美元,利率为 3.50%/年(272/360)。

2. 借入欧元,利息成本为 4.00%/年(272/360)。

(1) 若借款时的即期汇率是€1 = US$0.8650,偿还本金和利息时是€1 = US$0.8540,求借款的实际成本。

(2) 哪种选择的成本更低?

7.6　不对借款套期保值的损益平衡汇率

泰国某借款人必须在借入泰铢或美元之间做出选择,条件如下:

即期汇率　　US$1 = THB 35.7020　35.7030

3 个月期美元利率(%/年)　　3.10　　3.20 (90/360)

3 个月期泰铢利率(%/年)　　15.50　　15.75 (90/360)

计算直接借入泰铢与借入美元并不进行套期保值之间的损益平衡汇率。

7.7　不套期保值外汇投资

某基金经理持有 6 个月期的美元投资。

即期汇率

US$1 = ¥120.00

£1 = US$1.5000

基金经理考虑如下三种选择:

1. 按年利率 2.50% 直接投资美元。

2. 卖出美元买入日元,不套期保值,按日元年利率 0.50% 进行投资。

3. 卖出美元买入英镑,不套期保值,按英镑年利率 3.20% 进行投资。

(1)若到期时即期汇率为 US$1 = ¥120.00 和£1 = US$1.4850,计算在不套期保值情况下日元和英镑投资的实际收益率。

(2)哪种选择的投资收益率更高?

7.8 不套期保值投资的损益平衡汇率

即期汇率 US$1 = ¥116.50 116.60

6 个月期美元利率(%/年) 2.00 2.25(181/360)

6 个月期日元利率(%/年) 0.10 0.20(181/360)

某基金经理持有 6 个月期美元投资。

(1)若基金经理选择用美元买入日元,进行一笔离岸投资,未来损益平衡的即期汇率是多少?

(2)若日元投资到期时的即期汇率为 US$1 = ¥113.30/113.40,求实际收益率。

7.9 不套期保值的外汇投资

某货币市场经理考虑用马来西亚林吉特进行投资,以获得更高的收益率。目前,林吉特实行固定汇率制,即期汇率为 US$/M$3.8000。如果货币市场经理可以做一笔 3 个月期的林吉特存款,固定存款利率为8.50%/年。假定存款到期时已停止实行盯住汇率制,即期汇率为 4.0000/4.0100,以美元计价的实际收益率是多少?

7.10 平价远期汇率

澳大利亚某出口商在今后 3 年中每季度将收到 3 000 000 美元的收入,他可以分别进行 12 次远期外汇交易,按不同的远期汇率卖出 5 000 000 美元、买入澳大利亚元,以对外汇风险进行套期保值。

根据即期汇率 A$1 = US$0.5205 和相应利率,适用的远期汇率和零息票贴现系数如下:

年	远期汇率	美元现金流	澳大利亚元现金流	零息票贴现系数
0.25	0.5177	5 000 000.00	9 658 103.15	0.9895
0.50	0.5151	5 000 000.00	9 706 853.04	0.9792
0.70	0.5128	5 000 000.00	9 750 390.02	0.9688
1.00	0.5108	5 000 000.00	9 788 566.95	0.9586
1.25	0.5099	5 000 000.00	9 806 805.22	0.9476
1.50	0.5089	5 000 000.00	9 825 112.99	0.9370
1.75	0.5080	5 000 000.00	9 843 488.53	0.9266
2.00	0.5070	5 000 000.00	9 861 932.94	0.9163
2.25	0.5057	5 000 000.00	9 886 796.18	0.9051
2.50	0.5045	5 000 000.00	9 911 785.11	0.8918
2.75	0.5032	5 000 000.00	9 936 900.68	0.8806
3.00	0.5019	5 000 000.00	9 962 143.85	0.8673

求损益平衡的平价远期汇率。

8

掉 期
Swaps

本章将介绍货币掉期和利率掉期的概念。货币掉期为操控跨货币现金流但不产生外汇净头寸提供了一个有力的工具。掉期可用于外汇头寸展期、模拟性外币贷款或投资,也可用于利用套利机会和管理银行系统流动性。利率掉期为在固定和浮动利率之间转换利率风险敞口提供了一个工具。当涉及浮动利率时,也可以采用跨货币掉期。

定义

货币掉期(currency swap)是指同时进行一种货币对另一种货币金额相同但期限不同的买卖。货币掉期不产生外汇净头寸,但会产生一定时期现金流的错配。

一笔货币掉期等于货币市场上的两笔交易。

为了说明这一点,请考虑因某人以现汇方式用美元买入澳大利亚元,同时卖出3个月期的澳大利亚元兑换美元远期而产生的现金流(范例8-1)。

范例 8-1 货币掉期的现金流

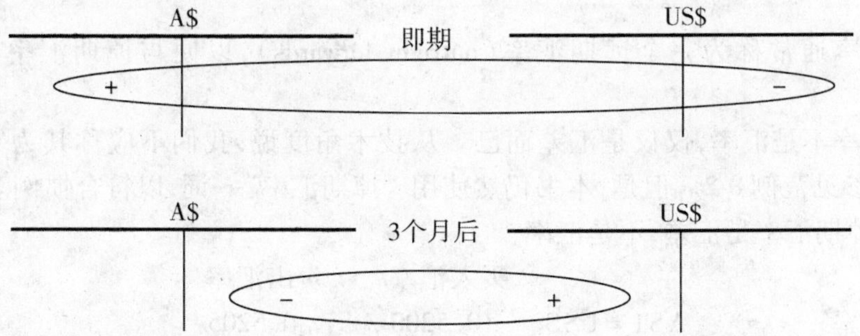

上述现金流等同于借入3个月期澳大利亚元和贷出3个月期美元。因此,掉期的定价一定会反映货币市场交易的适用利率。

这笔掉期中,第2笔交易现金流的流向与第1笔交易是相反的。因此,在货币市场交易条件下,货币掉期只会产生临时的现金流错配,不会产生外汇净头寸。

货币掉期的类型

1. 纯掉期(pure swap)是指,同时与相同的交易对手进行即期和远期交易的一种掉期。

2. 工程式掉期(engineered swap)是指,与不同的交易对手进行即期和远期外汇交易的一种掉期。

掉期汇率

掉期汇率(Swap rates)反映了远期汇率与即期汇率之间的差价(前文称之为远期汇差)。

掉期汇率 = 远期汇率 - 即期汇率 (8.1)

$$
\begin{aligned}
\text{掉期汇率} &= f - s \\
&= \frac{s(1 + r_{\mathrm{T}}t)}{1 + r_{\mathrm{C}}t} - s \\
&= s\left(\frac{1 + r_{\mathrm{T}}t}{1 + r_{\mathrm{C}}t} - \frac{1 + r_{\mathrm{C}}t}{1 + r_{\mathrm{C}}t}\right) \\
&= s\,\frac{(r_{\mathrm{T}} - r_{\mathrm{C}})t}{1 + r_{\mathrm{C}}t}
\end{aligned}
$$

完全远期汇率

远期汇率通常称为完全远期汇率(outright forwards),以便与掉期汇率区别开来。

掉期汇率不是汇率,仅仅是汇差而已。从技术角度说,我们不应称其为"率"(即比率),参见范例 8-2。但是,本书仍然使用"掉期汇率"一词,以符合惯例。

范例 8-2 掉期汇率是汇差,不是汇率

		买入汇率	卖出汇率
即期汇率	A$1 = US$	0.5200	0.5205
3 个月期掉期汇率		-0.0024	-0.0021
3 个月期远期汇率	A$1 = US$	0.5176	0.5184

掉期买入汇率(swap bid rate)是指,报价银行在掉期中愿意买入远期被标价货币的汇差(differential)。

在范例 8-2 中,掉期买入汇率为 -0.0024,表示澳大利亚元有 24 个基点的远期贴水。某银行报出 -0.0024 的掉期买入汇率,意思是说,该银行愿意按 24 个基

点的汇差卖出澳大利亚元现汇，同时买入3个月期的澳大利亚元远期。通过按0.5176的汇率买入澳大利亚元远期和按0.5200的汇率卖出澳大利亚元现汇，报价银行获得了24个基点远期贴水的收益。

掉期卖出汇率（swap offer rate）是指，报价银行在掉期中愿意卖出远期被标价货币的汇差。

在范例8-2中，掉期卖出汇率是-0.0021，表示澳大利亚元有21个基点的远期贴水。某银行报出-0.0021的掉期卖出汇率，意思是说该行愿意买入澳大利亚元现汇，并按21个基点的差价卖出3个月的澳大利亚元远期。通过按0.5205的汇率买入澳大利亚元现汇，并按0.5184的汇率卖出澳大利亚元远期，银行支付21个基点的远期贴水。

报价银行将报出买入和卖出掉期汇率，以便获得更高的收益和支付更少的成本。银行按更高的远期贴水（或掉期收益）买入被标价货币，按更低的远期贴水（或掉期成本）卖出被标价货币。

在汇率买卖牌价中，不必用符号标明掉期汇率是远期升水还是贴水。如果掉期买入汇率高于掉期卖出汇率，则被标价货币是远期贴水；反之，如果掉期买入汇率低于掉期卖出汇率（即像外汇牌价那样，买入汇率低于卖出汇率），那么，被标价货币是远期升水（范例8-3）。

范例8-3　掉期汇率反映远期升水和贴水:3个月期掉期汇率

A$是被标价货币，US$是标价货币

买入价	卖出价	
		A$是远期贴水
24	21	A$利率高于US$利率

£是被标价货币，US$是标价货币

买入价	卖出价	
		£是远期升水
10	11	£利率低于US$利率

确定掉期时的即期汇率

实际上，纯掉期所基于的即期汇率与即期买卖汇差的大小是否合理无关。这是一种由利息差额决定掉期收益或成本的掉期汇率。假定有这样一个掉期，报价银行卖出1 000 000澳大利亚元现汇，同时按24个基点的远期贴水买入3个月期1 000 000澳大利亚元的远期，这两笔交易所依据的即期买卖汇差略有扩大，即期汇率分别为0.5200和0.5210（范例8-4）。

无论该笔掉期所基于的即期汇率是多少，对于掉期的1 000 000澳大利亚元来说,24 个基点的远期贴水值 2 400 美元。由于可以多使用 1 000 美元三个月,所以,从边际收益方面看,报价银行更愿意按 0.5210 的汇率进行现汇交易。但是,增加的收益太小,可以忽略不计(假定投资 1 000 美元,3 个月期,年收益率 3.00%,则收益为 7.5 美元)。因此,实际上,掉期各方一般会对即期汇率相互之间达成协议。报价银行通常建议采用即期汇率,一般是交易当时的中间汇率。

纯掉期和工程式掉期

在纯掉期中,两笔交易都是按同样的即期汇率进行交易;在工程式掉期中,由于两笔交易是与不同交易方进行的,所以,一般按不同的即期汇率进行交易。因而,询价银行或客户通常会感到,纯掉期比工程式掉期更经济。

范例 8-4 采用微小即期汇差进行掉期的现金流

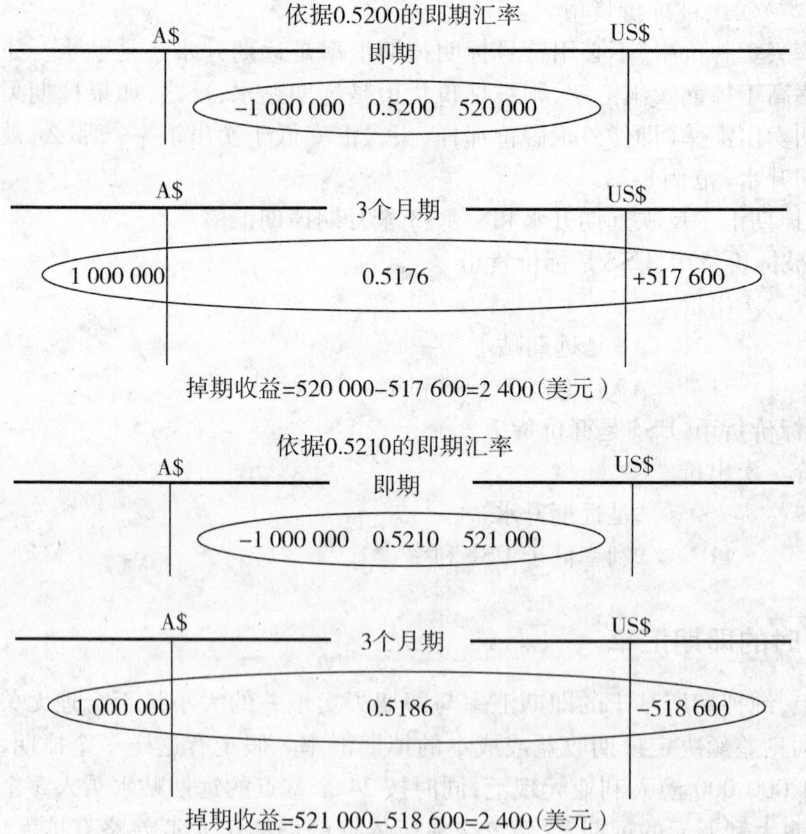

如果买卖汇差是 5 个基点(范例 8-5),因为客户必须支付即期买卖汇差,所以工程式掉期将使客户增加 5 个基点的成本。在纯掉期中,客户不必支付即期买卖

汇差。

范例 8-5　纯掉期和工程式掉期

		买入汇率	卖出汇率
即期汇率	A$1 = US$	0.5200	0.5205
3 个月期掉期		0.0024	0.0021
3 个月期远期汇率	A$1 = US$	0.5176	0.5184

某客户要买入 1 000 000 澳大利亚元现汇，并卖出 3 个月期 1 000 000 澳大利亚元的远期。

	纯掉期			工程式掉期
买入澳大利亚元现汇	0.5200	or	0.5205	0.5205
卖出澳大利亚元远期	0.5176		0.5181	0.5176
掉期成本	**0.0024**		**0.0024**	**0.0029**

短交割日掉期

其中一笔或两笔交易都为当日或次日交割的掉期称为短交割日掉期（short dated swaps）。从当日到下一个工作日的掉期称为隔夜掉期（overnight swap）；从次日到下一个工作日（即期交割日）的掉期称为次日交割掉期（tom/next swap）。通过将隔夜掉期汇率和次日掉期汇率相加，可以确定从当日到即期的掉期汇率。

通过加减短交割日掉期汇率的基点，可以确定（完全）当日汇率或次日汇率，其结果必然是“只要改变一方，就会改变另一方”。

因为适用于短交割日的完全汇率是现值而不是未来值的比率，所以，如果被标价货币远期汇率贴水，短交割日汇率必定是升水；如果被标价货币远期汇率升水，则在短交割日汇率必定是贴水。

短交割日掉期买入汇率（short dated swap bid rate）是指，在掉期交易中报价银行愿意在短交割日买入被标价货币的汇差。短交割日掉期卖出汇率（short dated swap offer rate）是指，在掉期交易中报价银行愿意在短交割日卖出被标价货币的汇差。

为了避免混淆，最好要记住报价银行总是这样报价，以便使买卖差价对自己有利。如果价格接受者要通过基点获得收益，将采用基点较小的报价；另一方面，如果价格接受者要按照基点支付成本，将采用基点较大的报价。

【例 8-1】

即期汇率　　US$1 =¥121.92　122.02

掉期汇率

隔夜掉期汇率(O/N)　　4.3　　4.1

次日掉期汇率(T/N)　　1.4　　1.3

1 周掉期汇率　　11.0　　10.0

当日是6月8日星期五,次日是6月11日星期一,即期汇率的交割日是6月12日星期二,1周远期汇率交割日是6月19日星期二。

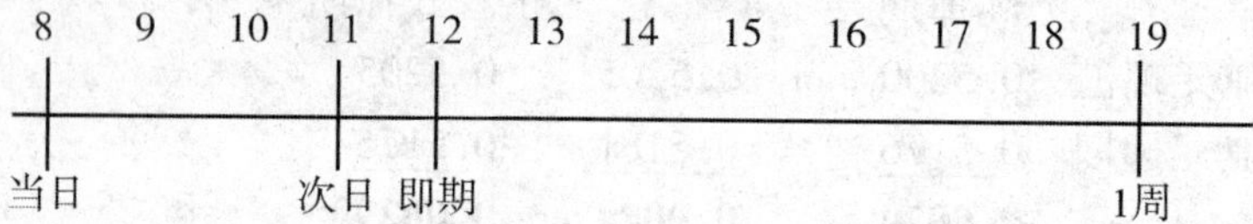

要确定客户按次日即6月11日的完全汇率卖出美元,必然要在即期买入汇率的基础上加1.3个基点。

次日交割的买入汇率 = 121.92 +0.013 =121.933

需要注意的是,银行报出的短交割日汇率常常增加一位小数点,以精确反映汇差。

因为美元远期汇率贴水,所以短交割日汇率必定升水。换句话说,短交割日掉期汇率的基点必须加上即期汇率(改变符号)。因此,次日交割的完全汇率高于即期汇率。如果客户以更高的汇率卖出被标价货币,则对客户有利,对报价银行不利。由此可知,相应的次日掉期汇率是1.3个基点,而不是1.4个基点。

要确定客户按当日即6月8日的完全汇率卖出美元,必然要在即期买入汇率上加1.3个基点和4.1个基点。

当日交割的汇率 =121.92 +0.013 +0.041 =121.975

可以做一笔掉期,其中每笔交易都按报价低的当日掉期汇率或次日掉期汇率进行。例如,某客户做一笔纯掉期,按当日掉期汇率卖出美元,按1周(6月19日)掉期汇率买入美元的远期。

6月8日与6月19日进行外汇掉期的汇率 =1.3 +4.1 +10.0 =15.4个基点

短交割日银行采用报价中与自己买卖行为相反的掉期汇率的原因是,当短交割日与远期交割日进行掉期时,所采用的掉期汇率基点同属于买方报价,或同属于卖方报价。在上例中,客户先收到低息货币,因此银行必须对其进行补偿。无论哪种情况下,银行都将给予客户基点较小的报价。

正如确定掉期汇率一样,确定即期汇率一般有一定的随机性。重要的是,短期和远期汇率之间的差额,或掉期汇率等于掉期基点数。如果按122.00的汇率进行交割当日的掉期交易，客户将按当日交割的汇率 122.00 卖出美元，同时按 121.846（122.00 - 0.154）的汇率买入 6 月 19 日交割的美元。

货币掉期的运用

货币掉期提供了一个有力的工具，既能操控不同货币的现金流，又不产生外汇净头寸。掉期的应用方法如下：

1. 抵补完全远期外汇头寸；
2. 对外汇头寸进行展期（包括历史汇率展期法）；
3. 模拟性外币贷款；
4. 模拟性外币投资；
5. 抵补性套利；
6. 管理银行系统流动性。

掉期也可用于开始和结束错开配置，这些内容将在第 9 章进行介绍。

抵补完全远期外汇头寸

通过分析轧平完全远期外汇头寸的不同方法，可以清楚地说明掉期汇率和利率之间的相互作用。

【例 8-2】 已知市场利率和汇率如下：

1 个月期澳大利亚元利率（%/年）	4.25	4.35（31/365）
1 个月期美元利率（%/年）	2.50	2.60（31/360）
即期汇率	A$1 = US$0.5120	0.5125
1 个月期掉期汇率	-0.0008	-0.0007
1 个月期完全远期汇率	A$1 = US$**0.5112**	0.5118

某客户在下午给银行打电话，询问卖出 1 个月期澳大利亚元的远期汇率。银行希望有 1 个基点的收益，因此报出的远期买入汇率是 A$1 = US$0.5111。客户同意进行交易，卖给银行 1 个月期的 10 000 000 澳大利亚元远期。现在，银行是 10 000 000 澳大利亚元多头，或者说是 5 111 000 美元空头，并且，对从现在起至 1 个月的现金流进行了错配（范例8-6）。

范例 8-6 完全远期外汇头寸:银行是 1 个月期 10 000 000 澳大利亚元远期的多头

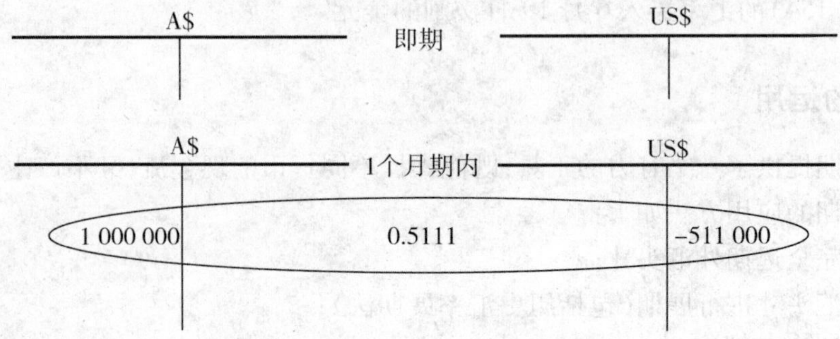

根据净现值法,银行的多头头寸为:10 000 000 ÷(1 + 0.043 × 31/365)= 9 963 612.34 澳大利亚元,空头头寸为:5 111 000 ÷(1 + 0.0255 × 31/360)= 5 099 801.69 美元。

为了轧平外汇净头寸和错配的现金流头寸,银行可以采取以下 3 种方法:

1. 可以进行数额一致的反向完全远期交易。
2. 可以通过货币市场交易抵补外汇净头寸现汇和轧平错配的现金流头寸。
3. 可以通过一笔反向掉期抵补外汇净头寸现汇和轧平错配的现金流头寸。

如果银行能够采用方法 1,需要卖出 1 个月期的 10 000 000 澳大利亚元远期。假定可以按市场买入汇率 0.5112 进行交易,银行将用 1 个基点的收益来轧平外汇净头寸(范例 8-7)。

范例 8-7 抵补远期外汇头寸

方法 1:反向远期交易。

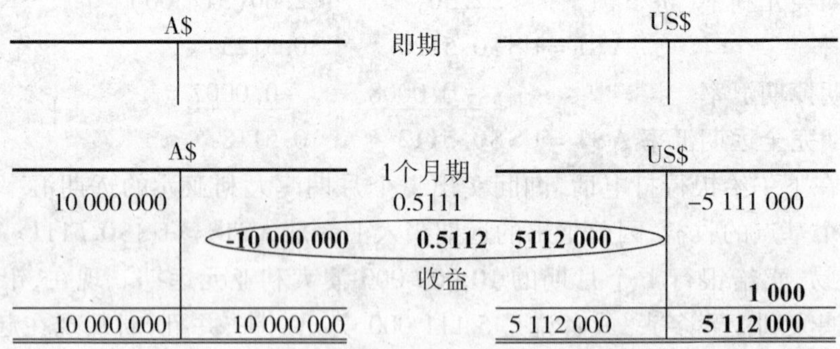

收益 = 1 000 美元(即 1 个基点)。按净现值法计算,收益为 997.81 美元。

除了获得收益以外,还可以轧平(square)外汇净头寸。

实际上,银行不会报出另一个完全远期汇率,因此,方法 1 是一种不切实际的选择。

方法 2:通过 2 笔货币市场交易,即银行在现汇市场按市场汇率 0.5120 买入现汇,抵补其外汇净头寸,同时抵补错配的现金流。

范例 8-8　在现汇市场抵补远期外汇头寸

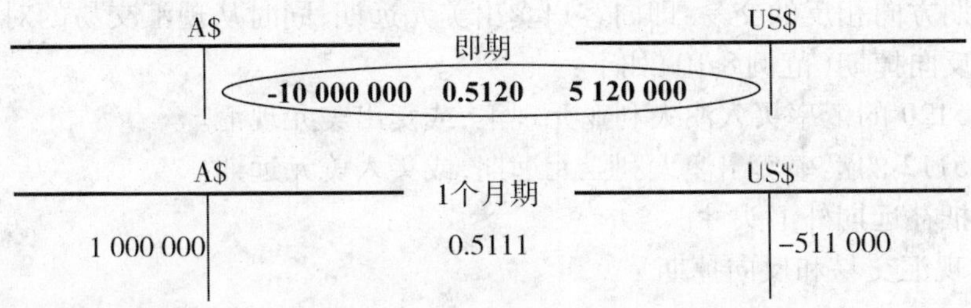

尽管外汇净头寸轧平了,但是,两种货币的现金流是错配的。

银行做了一笔工程式掉期,卖出澳大利亚元现汇和买入澳大利亚元远期。通过货币市场或掉期,可以抵补错配的现金流头寸。如果银行想要通过货币市场抵补远期外汇头寸,需要进行如下交易(范例 8-9):

1. 借入澳大利亚元,1 个月期,年利率 4.35%。

2. 贷出美元,1 个月期,年利率 2.50%。

范例 8-9　通过货币市场抵补错配的现金流头寸

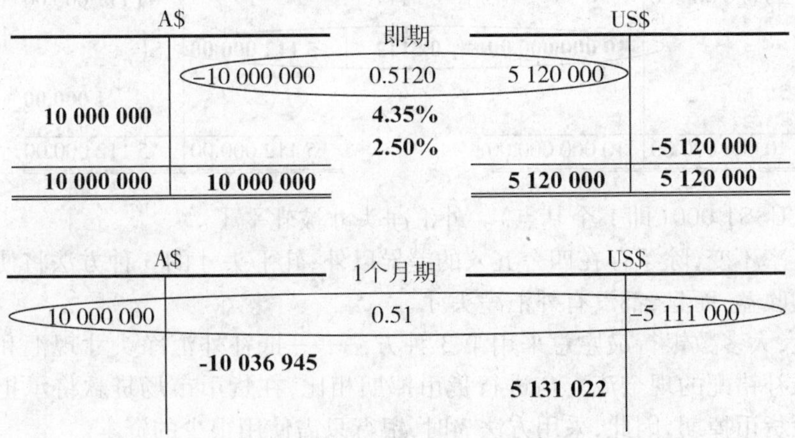

这将轧平按即期汇率交割的现金流头寸,并基本上轧平按 1 个月期远期汇率交割的现金流头寸。

为了实现美元收益,银行可以按 0.5112 的汇率买入 36 945 美元,在这种情况下,收益为:(5 131 022 – 5 111 000) – 36 945 × 0.5112 = 1 140 美元。由于四舍五入的误差,这个金额与范例 8-8 中的 1 000 美元略有差异。

为了实现澳大利亚元收益,银行可以按 0.5112 的汇率卖出(5 131 022 – 5 111 000)美元,收益为:(39 175 – 36 945) = 2 230 澳大利亚元。

注意:按照 0.5132 的汇率,2 230 澳大利亚元 = 1 140 美元,这笔收益将在 1 个月的到期日实现。

如果选择通过现汇和掉期交易来抵补远期外汇头寸,银行所需要的掉期是做与设计的掉期方向相反的交易,即向客户卖出美元远期,同时从现汇交易的对手方买入美元。反向掉期(范例8-10)如下:

1. 按0.5120的汇率买入澳大利亚元现汇,或卖出美元现汇。

2. 按0.5112的汇率卖出澳大利亚元远期,或买入美元远期。

范例8-10　抵补远期外汇头寸。

方法3:现汇交易和反向掉期

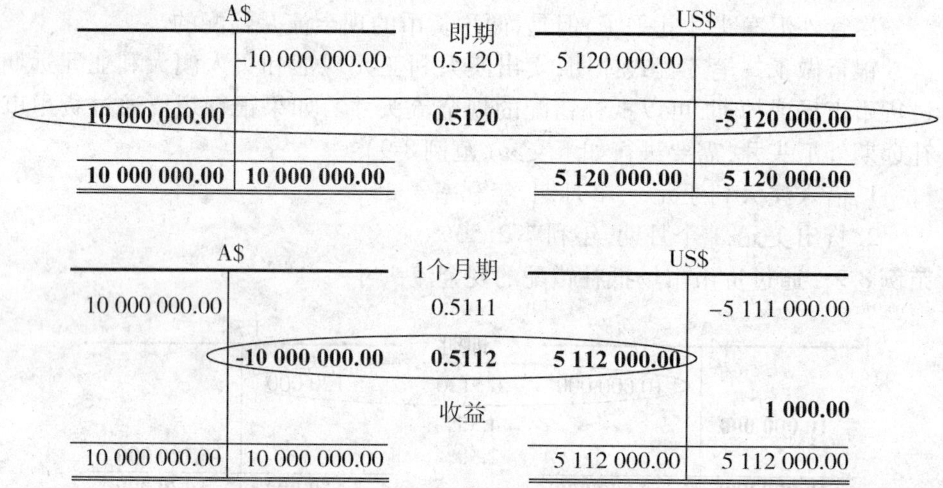

收益=US$1 000(即1个基点)。外汇净头寸被轧平了。

假定汇率不变,除了存在四舍五入的差异以外,轧平头寸的3种方法将使银行产生相同的收益,而且,都没有外汇净头寸。

实际上,大多数银行最愿意采用第3种方法——抵补外汇净头寸现汇和通过反向掉期抵补错配的现金流。与进行货币掉期相比,在货币市场贷款将承担更多的信用风险货币掉期,因此,采用方法3时,银行只需使用很少的资本。

外汇头寸展期

掉期可以用于延展或缩短外汇头寸的到期日期。掉期可以基于现行市场汇率,也可以基于历史汇率。

【例8-3】　3个月前,为了对预期的美元付款进行套期保值,某日本进口商买入了3个月期10 000 000美元的远期,完全汇率为120.00。起始远期合约的期限是2天,即当日即期交割日。由于船期延误了,进口商不必在未来1个月内支付美元。目前,银行间利率情况如下:

即期汇率	US$1 =	¥120.00	120.05
1 个月期美元利率(%/年)		3.00	3.10(30/360)
1 个月期日元利率(%/年)		0.20	0.25(30/360)
1 个月期掉期汇率		29	27

最初假定,即期汇率与初始完全远期汇率(120.00)刚好相同,在实际中,这种情况不太可能出现,但也不是完全不可能发生。

对于进口商来说,一种做法是交割美元,并将其投放到货币市场中 1 个月。进口商需要借入 1 个月期的日元以买入美元。假定进口商可以按年利率 0.25% 借入日元,并按年利率 3.00% 存入美元,由此而发生的现金流如范例 8-11 所示。

范例 8-11　通过货币市场交易对外汇头寸展期:进口商的现金流

US$		即期	¥	
10 000 000.00		120.00		1 200 000 000
	-10 000 000	**3.00%**		
		0.25%	**1 200 000 000**	
10 000 000	-10 000 000		1 200 000 000	1 200 000 000

US$		1个月期	¥	
10 025 000				**-1 200 250 000**

$$实际远期汇率=\frac{1\ 200\ 250\ 000}{10\ 025\ 000}=119.73$$

进口商的第二种做法是,通过掉期对外汇头寸展期。这需要卖出美元现汇和买入 1 个月期的美元远期。假定进口商按上述市场利率交易,纯掉期是基于 120.00 的即期汇率。那么,进口商将按 120.00 的汇率卖出美元现汇,并买入 1 个月期美元远期,汇率为:120.00 − 0.27 = 119.73。这种做法的现金流如范例 8-12 所示。

范例 8-12　通过市场掉期对外汇头寸展期:进口商的现金流

US$		即期	¥	
10 000 000		120.00		−1 200 000 000
	-10 000 000	**120.00**	**1 200 000 000**	
10 000 000	−10 000 000		1 200 000 000	1 200 000 000

US$		1个月期	¥	
10 000 000		**119.73**		**-1 197 300 000**

$$实际远期汇率 = \frac{1\ 197\ 300\ 000}{10\ 000\ 000} = 119.73$$

通过掉期对完全远期外汇头寸进行展期，其效果与通过在货币市场做两笔交易的效果是一样的，这两个方法都涉及一个新的实际远期汇率 US\$1 =¥119.73。

实际上，进口商也许不能按银行间市场的拆出利率进行借款。他必须按银行间拆出利率加上一个利差的水平来借款。这个利差取决于进口商的信用评级，比如说，可能是利率的基础上增加 50 个基点。如果加 50 个基点，进口商将按年利率 0.75%（即 0.25% +0.50%）借入 1 200 000 000 日元，但是，如果通过在掉期对头寸进行展期，进口商就可以利用银行间市场的借款利率。因此，一般来说，通过掉期进行展期比通过货币市场上做两笔交易进行展期更经济。

如果进口商必须以 0.75% 的利率借入日元，则现金流如范例 8-13 所示。利率增加 50 个基点相当于汇率损失 5 个基点，使实际远期汇率下降到 US\$1 =¥119.78。

范例 8-13 通过货币市场对外汇头寸展期：进口商现金流具有 50 个基点的信用利差

US$		即期	¥	
10 000 000		120.00		-1 200 000 000
	-10 000 000	**3.00%**		
		0.75%	**1 200 000 000**	
10 000 000	-10 000 000		1 200 000 000	1 200 000 000

US$		1个月期	¥	
10 025 000				**-1 200 750 000**

$$实际远期汇率 = \frac{1\ 200\ 750\ 000}{10\ 000\ 000} = 119.78$$

通过掉期对外汇头寸展期还有一个好处，这种交易不进入资产负债表，因此，承担的信贷风险更小。

如果当时的即期汇率与初始远期完全汇率不一致，问题将更为复杂。例如，假定在对外汇头寸展期时，即期汇率已下降到 US\$1 =¥110.00，市场利率掉期的现金流如范例 8-14 所示。

范例 8-14 通过按即期汇率 110.00 进行市场掉期对外汇头寸展期：进口商的现金流

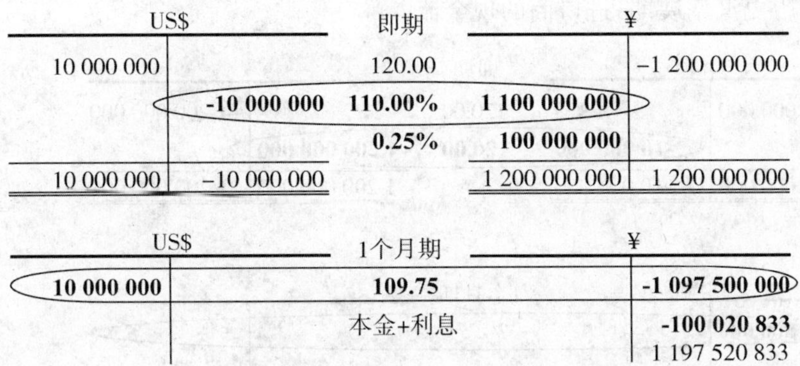

按 110.00 的汇率卖出 10 000 000 美元现汇，将产生 1 100 000 000 日元的收入。这个收入不足以偿还远期合约到期时按汇率 120.00 计算的 1 200 000 000 日元债务。对于 100 000 000 日元债务的差额，进口商需要用借款来清偿。假定借款利率为 0.25%，在新的远期日期到期时，日元债务合计为 1 197 520 833 日元，即 1 097 500 000 日元（10 000 000 美元，汇率为 109.75）加上 100 020 833 日元[100 000 000 × (1 + 0.0025 ×1/12)]。

注意，远期汇率 109.75 是即期汇率 110.00 和 1 个月期市场现行利率的函数。

$$实际远期汇率 = \frac{1\ 197\ 520\ 833}{10\ 000\ 000} = 119.75$$

在即期汇率下降到 110.00 情况下，实际远期汇率比即期汇率为 120.00 时低 2 个基点。这 2 个基点反映了弥补 100 000 000 日元现金差额而借款的一个月的利息成本。

如果外汇头寸展期时的即期汇率高于初始远期汇率，由于即期汇率的变动可能已经在投资和取得利息的初始到期日产生了正的现金流，所以，实际远期汇率将得到改善。

如果即期汇率变动幅度大，或远期合约展期时间长，而且产生现金流的货币是高利率，则即期汇率的变动将对实际远期汇率产生巨大的影响。

历史汇率展期

对进口商来说，第三种做法是采用历史汇率展期（范例 8-15）。如果掉期是基于等价于历史汇率的即期汇率，进口商在即期到期日就不会产生净现金流。

范例 8-15 历史汇率展期:进口商的现金流

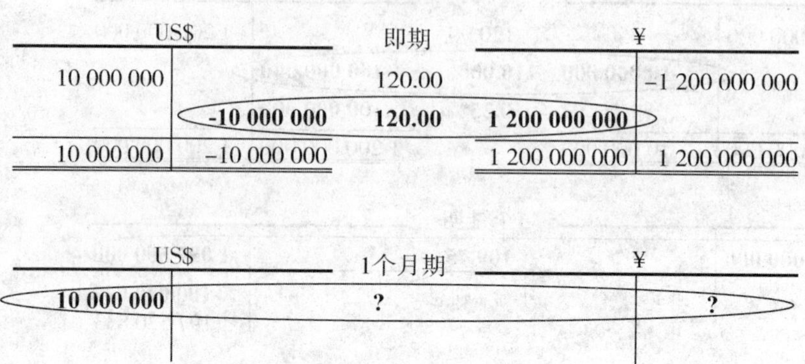

如何通过历史汇率展期来确定远期汇率呢?

如果在当时或展期时市场即期汇率为 110.00,1 个月期的掉期汇率为 -0.25,那么,简单地认为历史远期汇率是 120.00 - 0.25 = 119.75,是错误的。银行一般按历史汇率与其公司客户进行交易,但是,银行只在银行间市场按市场汇率进行交易。因此,银行会与进口商进行历史汇率掉期,与另一家银行进行市场汇率掉期。银行的现金流如范例 8-16 所示。

实际上,在即期交割日,银行将出现 100 000 000 日元的现金缺口。银行临时承担了进口商的损失。通过按年利率 0.25% 筹集资金弥补资金缺口,在最后的到期日,银行由此而产生 20 833 日元的边际成本,如范例 8-14 所示。在本例中,日元利率如此之低,以至于实际远期汇率 109.75 等于初始合约汇率加上合约签订时的市场掉期汇率。但通常来说,这种情形是不存在的。

如果进行掉期,使标价货币金额保持不变,这就需要考虑比例性问题。汇率为 110.00 时日元汇率 1 个基点的价值高于汇率为 120.00 时日元汇率 1 个基点的价值。

$$用于历史汇率展期的远期汇率 = \frac{1\ 200\ 000\ 000}{10\ 933\ 941 - 911\ 439} = 119.73$$

银行可以证明其观点是正确的。由于贷款展期 1 个月,银行承担了进口商的信用风险,因此,计算历史远期汇率时,应当计入进口商借款利率的因素,即3.10 + 0.50 = 3.60%/年。如果就是这种情况进行历史汇率展期,此时的远期汇率将等于通过市场汇率掉期的实际汇率。这会使本金加利息的金额等于 911 818 美元,因此,远期历史汇率为:1 200 000 000/(10 933 941 - 911 818) = 119.74。

范例8-16 日元金额不变条件下的历史汇率展期

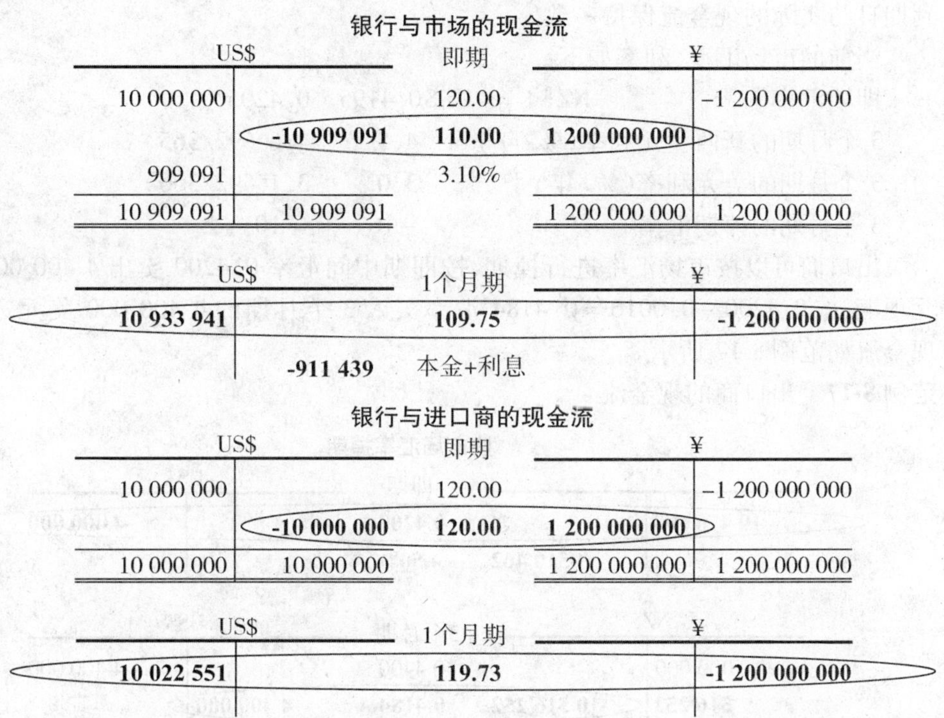

由于历史汇率展期可以用于隐瞒外汇交易损失,因此,许多国家的中央银行禁止采用历史汇率展期。在允许使用历史汇率展期的国家,在为客户延展套期保值但不必在展期到期日管理剩余现金流时,采用历史汇率展期仍不失为一个便利的方法。采用历史汇率展期的公司应当确保,按上述方法对历史汇率展期进行准确定价。避免不适当地采用历史汇率展期的一个有效方法就是,在进行按历史汇率展期交易之前,必须经管理层批准。

提前缩短期限掉期

掉期也可用于缩短外汇头寸的到期日。在延展到期日时,掉期可以基于现行汇率,或者基于历史汇率。用于缩短外汇合约期限的基于历史汇率的掉期,称为提前缩短期限掉期(early take-up)或提前交割的掉期(pre-delivery)。进行历史汇率展期时,对提前缩短期限掉期的交割,应当考虑由远期损益导致的融资成本或投资收益。

【例8-4】 3个月前,某新西兰出口商按0.4400的完全汇率卖出6个月期4 400 000美元的远期,以对未来的美元应收款进行套期保值。远期合约的有效期还有 3 个月,但是,进口商现在就收到 4 400 000 美元现汇,出口商想让远期合约的到期日与实际的现金流保持一致。

当前的市场汇率、利率如下:

即期汇率	NZ$1 = US$0.4195	0.4205
3 个月期的新西兰元利率(%/年)	4.5	4.6 (92/365)
3 个月期的美元利率(%/年)	3.0	3.1 (92/360)
3 个月期的掉期汇率	-16	-10

出口商可以按市场汇率进行掉期,按即期中间汇率 0.4200 卖出 4 400 000 美元现汇,按 0.4200 - 0.0016 = 0.4184 汇率买入 3 个月期的 4 400 000 美元远期。现金流如范例 8-17 所示。

范例 8-17 出口商的现金流

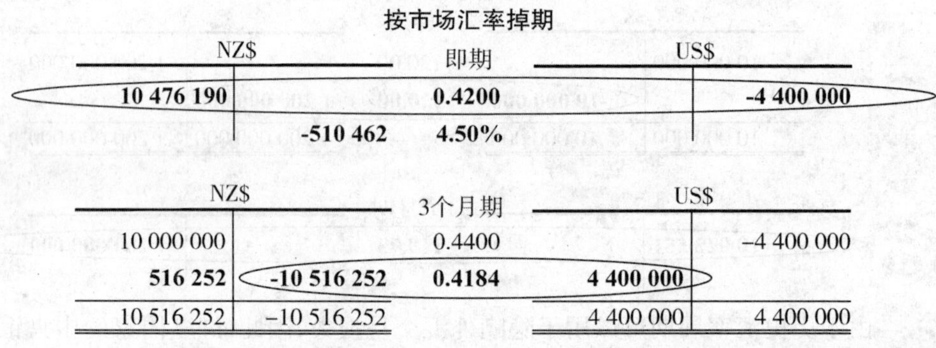

出口商已轧平 3 个月到期日的美元现金流,但是,在到期日还缺 516 252 新西兰元。她需要按年利率 4.50% 借入 510 462 新西兰元,期限 3 个月。

现值 = 516 252/(1 + 0.045 × 92/365) = 510 462

实际即期汇率 = 4 400 000.00/(10 476 190 - 510 462) = 0.4415

另一种做法是,出口商可以提前缩短期限(范例 8-18)。如果提前缩短期限,远期汇率可以确定为与初始远期汇率相同,以便在远期到期日不产生现金流。为了通过货币市场轧平远期现金流的利息成本或收益,需要通过调整历史远期汇率来确定即期汇率。提前缩短期限的即期汇率等于范例 8-17 中求出的实际即期汇率。

范例 8-18 提前缩短期限:出口商的现金流

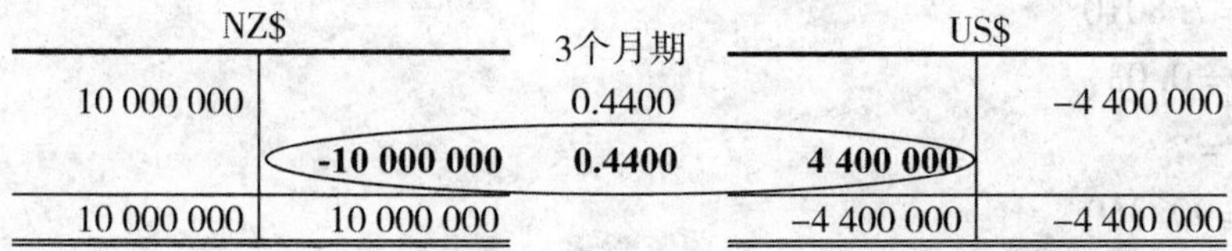

模拟性外币贷款

货币掉期提供了一个产生流动性的工具。借款人可能希望借入港币，3 个月期。也许借款人无法进入当地港币市场或欧洲港币市场。

假定他可以借入另一种货币，比如美元，然后进行美元与港币的掉期，通过此种方法获得所需港币。借入另一种货币并通过货币掉期获得某种货币的流动性称为模拟性贷款（simulated loan）（范例 8-19）。

范例 8-19　模拟性港币贷款

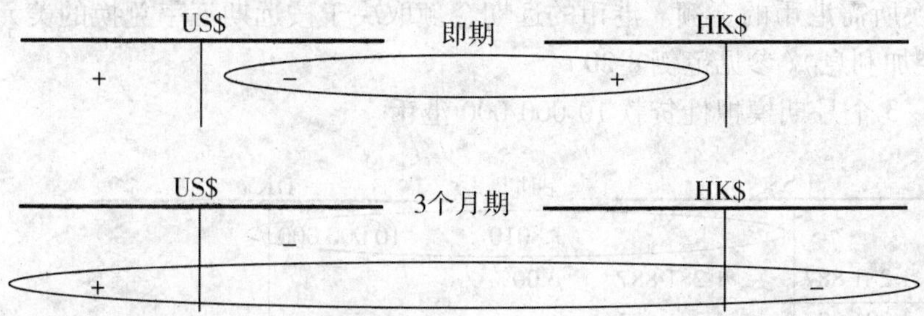

上述现金流等价于 3 个月期的港币借款，具体步骤如下：

第一步：借入 3 个月期的美元；

第二步：卖出美元，买入港币现汇。买入美元，卖出 3 个月港币的远期。

借款人借入美元，并将美元掉期成港币。

【例 8-5】

即期汇率	US$1 =	HK$7.8000	7.8020
3 个月期美元利率（%/年）		2.75	3.00（90/360）
3 个月掉期汇率		80	90

借款人通过模拟性贷款获得的 3 个月期港元的实际利率是多少？

为获得港元，借款人应采取以下步骤：

第一步：按年利率 3.00% 借入美元；

第二步：美元与港元进行 3 个月期的掉期。

也就是说，按 7.8010 的汇率（中间价）卖出美元现汇，按 7.8100（7.8010 + 0.0090）的远期汇率买入 3 个月美元远期。

$s = 7.8010$

$r_C = 0.03$

$r_T = ?$

$t = 90/360$

$f = 7.8100$

$$f = \frac{s(1 + r_T t)}{1 + r_C t}$$

$$\therefore 7.8100 = 7.8010 \times \frac{(1 + r_T \times 90/360)}{(1 + 0.03 \times 90/360)}$$

$\therefore r_T = 3.46\%/年$

这种形式港币借款的现金流是不匹配的。还款金额(本金加利息)肯定大于借款金额(只有本金)。因此,为了通过模拟性贷款取得港币,需要对港币差额进行掉期。港币现汇金额是所需港币本金的函数。美元贷款的本金金额取决于按即期汇率兑换所需港币的金额。港币的远期金额取决于按远期汇率兑换的美元远期金额(本金加利息)(参见范例 8-20)

范例 8-20 3 个月期模拟性贷款 10 000 000 港币

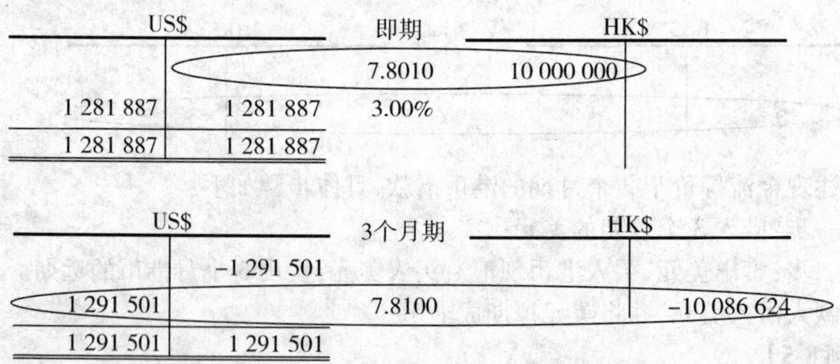

模拟性港币贷款的实际利率

$$= \frac{利息}{本金} \times 时间$$

$$= \frac{10\,086\,624 - 10\,000\,000}{10\,000\,000} \times \frac{360}{90}$$

$= 3.46\%/年$

通过模拟性贷款借入某种货币的实际成本,可能比通过货币市场直接借款的成本低。直接借入某种外币可能导致征收利息预扣税,这将增加实际利息成本。如果公司通过模拟性贷款获得外币,且模拟性贷款中涉及本币借款,也许能够免征利息预扣税。

在某些情况下,外汇管制完全可以防止非居民的外汇借款。如果存在掉期市场,可以使受外汇管制的货币重新产生流动性。

通过借入外币并将其掉期成本币,也可以筹集到本币资金。如果通过掉期取得本币的实际利息成本比国内融资成本低,或者国内融资渠道不畅,通过掉期取得本币借款将是一种合适的融资方式。

【例 8-6】　某借款人需要借入 3 个月期的欧元,考虑以下两种选择:

1. 直接借入欧元;
2. 先在国内借入美元,然后掉期成欧元。

即期汇率	€1 =	US$0. 8440	0. 8450
3 个月期欧元利率(%/年)		2. 50	2. 75(90/360)
3 个月期美元利率(%/年)		3. 00	3. 10 (90/360)
3 个月掉期汇率		95	81

选择 1:直接借入欧元,征收 10% 利息预扣税,因此:

直接借入欧元的实际成本 = 2. 75 × 1. 1 = 3. 025%/年

选择 2:按年利率 3. 10% 借入美元,按 0. 8445 的汇率卖出美元现汇,按 0. 8445 + 0. 0005 = 0. 8450 的汇率买入美元远期(基于即期中间汇率的掉期)。参见范例 8-21。

范例 8-21　模拟性欧元贷款的现金流

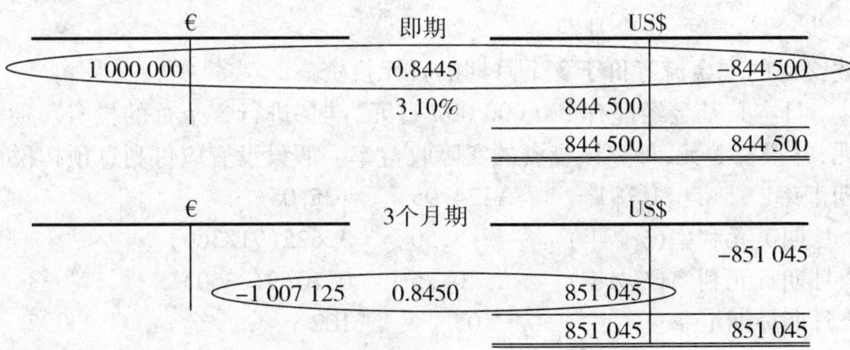

€	即期	US$	
1 000 000	0.8445		−844 500
	3.10%	844 500	
		844 500	844 500

€	3个月期	US$	
			−851 045
−1 007 125	0.8450	851 045	
		851 045	851 045

$$欧元实际利率 = \frac{1\ 007\ 125 - 1\ 000\ 000}{1\ 000\ 000} \times \frac{360}{90}$$

$$= 2.85\%/年$$

可以用公式(6. 3)计算欧元借款的实际利率:

$s = 0.8445$

$f = 0.8450$

$r_C = 0.031$

$t = 90/360$

$$f=\frac{s(1+r_{\mathrm{T}}t)}{1+r_{\mathrm{C}}t}$$

$$\therefore 0.8450=0.8445\times\frac{(1+r_{\mathrm{T}}\times 90/360)}{(1+0.031\times 90/360)}$$

$\therefore r_{\mathrm{T}}=2.85\%$/年

与选择 1 相比,选择 2 提供了更便宜的欧元融资工具,也就是说,本例的结论是,与直接借入欧元支付利息预扣税相比,通过模拟性贷款取得欧元的成本更低。

采用交叉汇率掉期可以取得浮动汇率外币贷款,这将在本章后半部分讨论。

模拟性外币投资

货币掉期提供了模拟性外币投资的工具。考虑某投资者想做 3 个月日元投资的情况,他可以通过国内日元货币市场直接存入银行,或者以欧洲日元存款的方式进行投资。该投资者还可以进行日元与美元掉期,在国内存款市场投资美元。通过掉期和本币投资,间接地用外币进行的投资,称为模拟性外币投资(simulated foreign currency investment)(参见范例 8-22)。

范例 8-22 模拟性投资

第一步:日元与美元掉期,3 个月期。

也就是说,买入美元,卖出日元现汇,同时卖出美元,买入日元的远期。

第二步:投资美元,3 个月期。

上述交易的现金流等价于 3 个月期的日元投资。

【例 8-7】 日本某基金经理有 100 000 000 日元,准备进行 3 个月的投资。通过掉期成美元,并投资美元,计算该投资的实际收益率。假设没有应付利息预扣税:

即期汇率	US$1 =	¥124.95	125.05
3 个月期美元利率(%/年)		3.50	3.625(91/360)
3 个月期日元利率(%/年)		0.25	0.50(91/360)
3 个月期掉期汇率		105	102

选择 1:通过货币市场直接投资日元。直接投资日元的实际收益率 =0.25%/年;

选择 2: 按 125.00 的汇率买入美元现汇,将日元与美元掉期,按 125.00 - 1.02 = 123.98 的汇率卖出美元远期,然后按年利率 3.50% 进行美元投资(范例 8-23)。

范例 8-23　模拟性日元投资

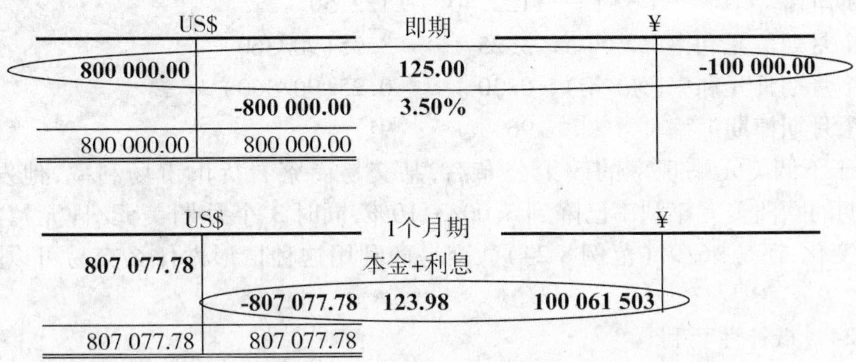

$$实际收益率 = \frac{100\ 061\ 503 - 100\ 000\ 000}{100\ 000\ 000} \times \frac{360}{91} = 0.24\%/年$$

求方程(6.3)中的 r_T：

$s = 125.00$

$f = 123.98$

$r_C = 0.035$

$t = 91/360$

$$f = \frac{s(1 + r_T t)}{1 + r_C t}$$

$$\therefore 123.98 = 125 \times \frac{(1 + r_T \times 91/360)}{(1 + 0.035 \times 90/360)}$$

$\therefore r_T = 024\%/年$

也就是说，模拟性日元投资的实际收益率是0.24%/年。选择1的收益率高于选择2。换句话说，在本例中，日元直接投资的收益率高于模拟性日元投资。

注意：结构更复杂，效果不一定更好。在【例8-5】中，通过掉期市场间接地借入欧元，成本会更低，因为这样做规避了利息预扣税。但是，除非存在某些人为的限制，如资本管制或征收预扣税，一般来说，采用“买卖汇(利)差最小”的结构将更加经济。

抵补性套利

如果掉期汇率与主要即期汇率和利率不一致，就可以通过利用市场上汇率、利率不一致的情况，从无风险组合交易中获利。

【例 8-8】

即期汇率	US$1 =	¥122.40	122.50
3 个月期美元利率(%/年)		3.25	3.35(90/360)
3 个月期日元利率(%/年)		0.20	0.25(90/360)
3 个月期掉期汇率		96	91

关于下调美元贴现率的政策公布后,某交易商察看货币市场利率,他发现,3 个月期的欧洲美元年利率已降到 3.00/3.10%,同时 3 个月期美元/日元掉期汇率没有变化,还是 96/91(范例 8-24)。交易商利用这种情形做什么交易可以立即获利呢?

范例 8-24 抵补性套利

	降息前		降息后	
	买入价	卖出价	买入价	卖出价
3 个月期美元利率(%/年)	3.25	3.35	3.00	3.10
3 个月期日元利率(%/年)	0.20	0.25	0.20	0.25
可利用汇率				
3 个月期掉期汇率	96	91	96	**91**
均衡汇率				
3 个月期掉期汇率	96	91	**88**	84

由于掉期汇率并没有发生变动以反映主要市场利率的变化,降息公告发布后的可利用掉期汇率低于包含了主要利率变动的均衡掉期汇率。在掉期市场,暂时可以按比市场更高的贴现率获得美元。因此,就出现了套利机会,可以按上述均衡掉期汇率买入美元远期,并通过货币市场进行抵补(范例 8-25)。

范例 8-25 通过货币市场的两笔交易进行抵补性套利

掉期市场操作:

1. 按即期汇率 122.45 卖出美元;
2. 按远期汇率 122.45 - 0.91 = 121.54 买入美元远期,收益为 91 个基点;

货币市场操作:

3. 借入 3 个月期美元,年利率 3.10%;成本为 86 个基点;
4. 按年利率 0.25% 贷出 3 个月期日元;净收益为 3 个基点。

US$		即期	¥	
	-1 000 000.00	**122.45**	**122 450 000**	
1 000 000.00		**3.10%**		
		0.20%		**-122 450 000**
1 000 000.00	-1 000 000.00		122 450 000	122 450 000

US$		1个月期	¥	
	-1 007 750.00		**122 511 225**	
1 007 750.00		**121.54**		**-122 481 935**
		收益		29 290
1 007 750.00	1 007 750.00		122 511 225	122 511 225

收益 = 122 511 225 - 122 481 935 = ¥29 290（即 3 个基点）

为了实现日元收益，必须进行金额不对等的掉期，即现汇交易金额为1 000 000 美元（本金），远期交易金额为 1 007 750 美元（本金加利息）。

可以预计，大多数掉期合约的定价者将立即调整掉期汇率，以反映市场现行利率的变化。如果这样，可以利用那些还没有调整价格的交易商的掉期汇率来进行套利。

	买入价	卖出价
未调整掉期汇率	99	**91**
已调整掉期汇率	**88**	84

由于买入价高于卖出价，所以存在套利机会。请记住，掉期汇率有差额，即 -0.88 > -0.91（参见范例 8-26）。

范例 8-26　掉期套利

掉期汇率未调整的掉期市场操作：

1. 按汇率 122.45 卖出美元现汇。

按汇率 122.45 - 0.91 = 121.54 买入美元远期，收益为 91 个基点。

掉期汇率已调整的掉期市场操作：

2. 按汇率 122.45 买入美元现汇。

按汇率 122.45 - 0.88 = 121.57 卖出美元远期，成本为 88 个基点；净收益为3 个基点。

假定进行上述组合交易的本金是 1 000 000 美元，则套利收益 = 1 000 000 × 0.03 = 30 000 日元（参见范例 8-27）。

范例 8-27　掉期套利

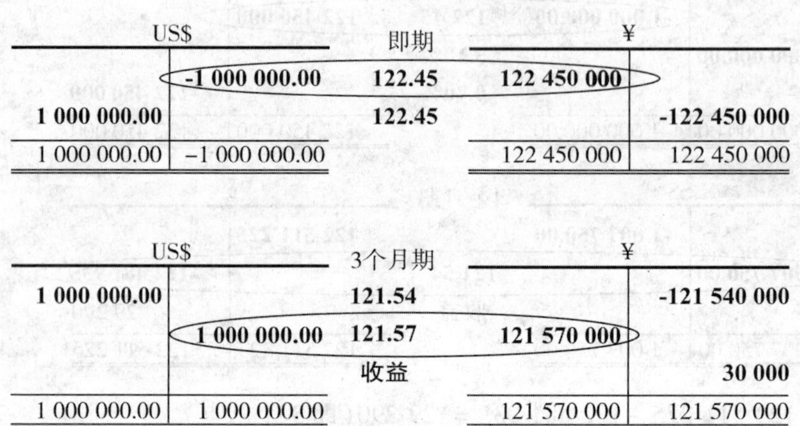

US$		即期	¥	
	-1 000 000.00	**122.45**	**122 450 000**	
1 000 000.00		**122.45**		**-122 450 000**
1 000 000.00	−1 000 000.00		122 450 000	122 450 000

US$		3个月期	¥	
1 000 000.00		**121.54**		**-121 540 000**
	1 000 000.00	**121.57**	**121 570 000**	
		收益		**30 000**
1 000 000.00	1 000 000.00		121 570 000	121 570 000

收益 = ¥30 000(即 3 个基点)

上述两例中货币市场交易和掉期计算的收益有微小差异,这是由于计算时四舍五入造成的。

因为抵补性套利不存在市场风险,所以获取收益的多少只是交易量的函数。如果套利交易的本金为 100 000 000 美元,则收益是 3 000 000 日元。市场汇率会很快调整到均衡水平,因此,套利机会存在的时间很短,实际上,可能只存在几秒钟。除非套利的两笔交易可以同时完成,否则,套利交易会出现市场风险。市场风险表现在,只要某种或更多的汇率发生变化,套利交易就会不再有利可图。那些试图大量操作的套利者可能会发现,兑换货币的买卖汇差扩大到对套利者不利的水平,或者使套利者无法完成套利掉期两笔交易中的所有数量,并且套利者将持有不利于其的头寸。

由于没有防止套利交易的监管规定,实际上,汇率将很快恢复到均衡水平。由于套利者会触发卖出价,或由于套利者借入美元、贷出日元,或是上述情况的某种组合,均衡的力量将推动美元利率上升和日元利率下降,总是要将掉期汇率推向 88/84 的水平。

当套利者借入美元时,甚至可能会使美元的利率上升。如果实现均衡的所有调整都是通过美元利率调整做到的,那么美元利率需要提高多少呢?

$s = 122.45$

$f = 121.54$

$r_C = ?$

$r_T = 0.20\%/年$

$t = 90/360$

求公式(6.3)中的 r_C:

市场卖出汇率 $r_C = 3.25\%$/年

汇率变动能否刚好使市场恢复到均衡水平,将取决于当时的市场状况。实际上,最可能进行调整的是掉期汇率。

中央银行掉期

中央银行可以采用货币掉期,在不产生外汇净头寸的条件下,对本币市场临时注入或收回流动性。通过报出比市场掉期汇率更好的卖出价,中央银行可以引导商业银行进行掉期交易,以对流动性产生其所期望的影响。

【例 8-9】 假定克朗国(Crownland)的中央银行希望为本币市场注入流动性,从居民手中买入外汇,以增加克朗国的货币供应。但是,直接卖出克朗会对汇率产生不良的效果。为了在不影响汇率的条件下注入流动性,中央银行鼓励商业银行从中央银行买入克朗现汇,并卖出克朗远期。

如果在市场上可以按 85 个基点的远期贴水买到克朗,但中央银行通过按 80 个基点的远期贴水买到克朗,这样,中央银行为商业银行提供了在市场上利用掉期汇率套利的机会(参见范例 8-28)。

范例 8-28 中央银行掉期

在市场条件下掉期的收益	85 个基点
与中央银行进行掉期的成本	80 个基点
通过中央银行掉期套利的收益	5 个基点

通过反向掉期或者利用货币市场 5 个基点的收益,商业银行可以对市场掉期头寸进行平仓。由于商业银行与其他市场参与者之间的交易并不影响货币供应(他们只是转让所有权),因此,中央银行将实现临时注入流动性的目标。

远期利率协议

远期利率一般作为金融衍生品进行交易,这种金融衍生品称为远期利率协议(Forward Rate Agreements,简称 RFAs)。远期利率协议在为起始于未来某个时间的时期锁定利率提供了一个工具。

$FRA_{3,9}$ 是指“从第 3 个月到第 9 个月”的远期利率协议,也就是说,是从现在起的 3 个月到从现在起的 9 个月的远期利率。

计算远期利率协议的结算额

远期利率协议到期时,借款人和银行根据远期利率协议的利率与到期日的参考利率之间的净差额进行结算。例如，如果远期利率协议的利率是3.45%/年，假定参考利率（如伦敦银行间同业拆借利率，以下简称LIBOR）是年利率4.00%，本金为10 000 000美元，期限是92天，结算的美元金额如下：

$$远期利率协议结算=\frac{10\ 000\ 000\times(0.04-0.0345)\times 92/360}{1+0.04\times 92/360}$$

$$=US\$13\ 913\ 93$$

由于借款人可以得到的借款年利率高于约定的远期利率55个基点，因此，银行需要向借款人支付13 913.39美元。如果不按LIBOR，而是按年利率3.00%付息，则借款人必须向银行支付的金额如下：

$$远期利率协议结算=\frac{10\ 000\ 000\times(0.0345-0.03)\times 92/360}{1+0.03\times 92/360}$$

$$=US\$11\ 412.50$$

远期收益率曲线

我们可以计算出从任一未来时间到以后任一时间的远期利率，如$FRA_{3,4}$，$FRA_{3,5}$，$FRA_{3,6}$，根据这些远期利率得到的曲线称为远期收益率曲线（forward yield curve）。

在图8-1中，较高的曲线表示从当日起的3个月以后的远期收益率曲线，较低的曲线表示当期（不含当日）收益率曲线。

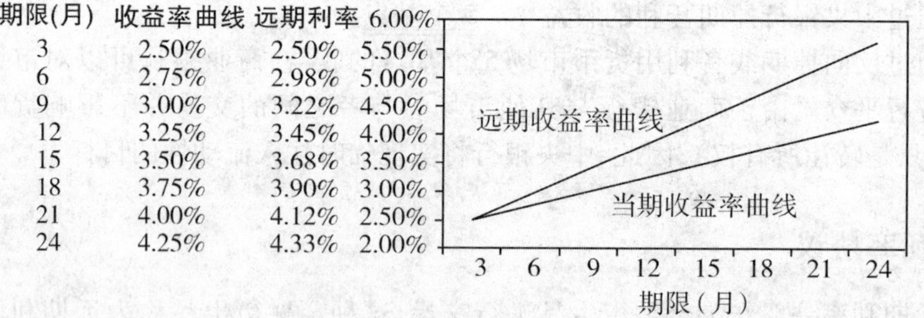

期限(月)	收益率曲线	远期利率
3	2.50%	2.50%
6	2.75%	2.98%
9	3.00%	3.22%
12	3.25%	3.45%
15	3.50%	3.68%
18	3.75%	3.90%
21	4.00%	4.12%
24	4.25%	4.33%

图8-1 远期收益率曲线

从每个未来日期（或不含）开始，都有一个远期收益率曲线。

例如，在上例中，当期收益率曲线是标准收益率曲线，因此，远期利率高于当期收益率。如果当期收益率曲线是反向的，则远期收益率曲线位于当期收益率曲线的下方。

利率掉期

利率掉期(interest rate swap)是指,交易双方同意在一定期限根据某个名义本金交换利率的一种协议。

实际上,利率掉期是按通用利率进行的远期利率协议。假若某公司有一个 3 年期债务工具,依照浮动利率(如 3 个月期 LIBOR)按季支付利息。如果利率上升,其借款成本将增加,因此,该公司承担着风险。公司可以进行这样的掉期,在 3 年中支付固定利率、收到 LIBOR(图 8-2)

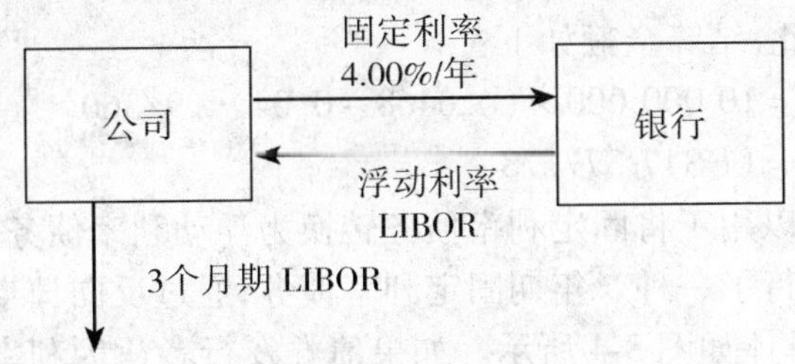

图 8-2　利率掉期

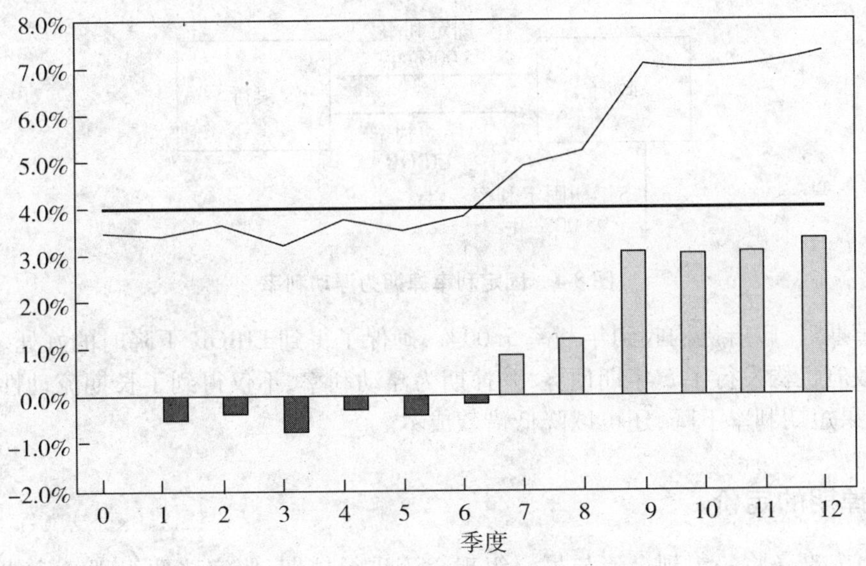

图 8-3　掉期结算

公司将浮动利率债务交换为固定利率债务。如果利率上升,它不必按高于固定年利率 4.00% 的固定掉期利率支付利息。

掉期是以名义本金为基础,常常是一家持有债务工具的公司与另一家银行进行交易。在每个结算日(上例是按季度结算一次),银行与公司按当时的浮动利率与固定掉期利率之间的利差进行净额清算。

如果 LIBOR 低于年利率 4.00%(如图 8-3 中的前 6 个季度),公司将向银行支付年利率 4.00% 与 LIBOR 之间的利差。例如,在第 1 个季度末,LIBOR 是年利率 3.48%,假定掉期的名义本金是 10 000 000 美元,结算金额如下:

掉期结算金额 = 10 000 000 × (0.04 − 0.0348) × 92/360

= US$13 288.89

另一方面,如果 LIBOR 高于年利率 4.00%(如图 8-3 中的其余季度),银行将向公司支付 LIBOR 与年利率 4.00% 之间的利差。例如,在第 7 个季度,LIBOR 是年利率 4.68%,因此,结算金额如下:

掉期结算金额 = 10 000 000 × (0.0468 − 0.04) × 9/360

= US$17 377.78

利率掉期也可以用于将固定利率债务转换为浮动利率债务。

某政府机构发行了一种 5 年期固定利率债券,通过反向掉期,可以将固定利率掉期为浮动利率,具体如图 8-4 所示。如果债券发行者认为利率将要下降,就可以做这种掉期。

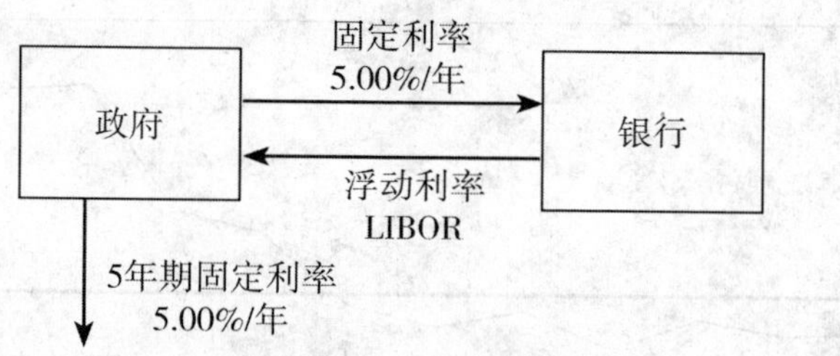

图 8-4 固定利率掉期为浮动利率

掉期后,政府机构收到年利率 5.00%,确保了得到 LIBOR 下降时的好处。

政府机构发行了 5 年期债券,并掉期为浮动利率,不仅得到了长期流动性的好处,如果短期利率下降,还可以降低借款成本。

利率掉期的定价

有人准备将一组现金流与另一组现金流进行掉期,假定这两组现金流的净现值相等,在固定利率与浮动利率的掉期中,(固定)掉期利率是使固定利率现金流的净现值与预期浮动利率现金流的净现值相等的利率。

通过计算起始于每个结算日和浮动利率方有效期的远期利率,可以确定掉期中浮动利率方的预期现金流。例如,要为一个 2 年期、按季付息的掉期定价,必须计算下列远期利率：$FRA_{0,3}$，$FRA_{3,6}$，$FRA_{6,9}$，$FRA_{9,12}$，$FRA_{12,15}$，$FRA_{15,18}$，$FRA_{18,21}$ 和 $FRA_{21,24}$（图 8-5）。这可以称为每 3 个月确定一次的远期利率系列。

这些远期利率表示预期的浮动利率。例如，预期 3 个月后的 3 个月远期利率为年利率 2.98%，6 个月后的 3 个月远期利率为年利率 3.45%，以此类推。

掉期中浮动利率方的预期现金流如下：

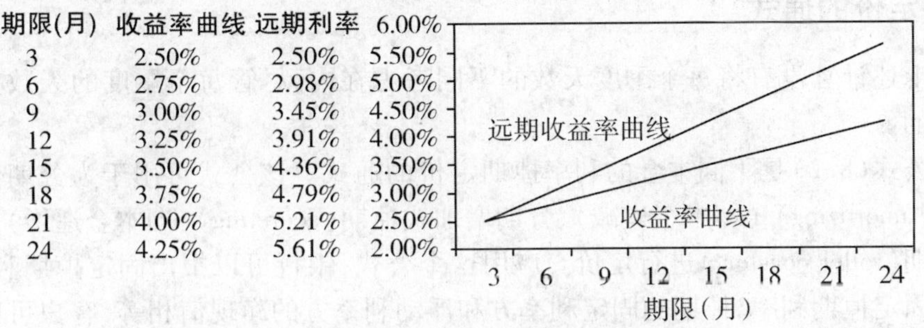

期限(月)	收益率曲线	远期利率
3	2.50%	2.50%
6	2.75%	2.98%
9	3.00%	3.45%
12	3.25%	3.91%
15	3.50%	4.36%
18	3.75%	4.79%
21	4.00%	5.21%
24	4.25%	5.61%

图 8-5　每 3 个月确定一次的远期利率曲线

从当日到现在起的 3 个月，已知掉期的第一笔交易的浮动利率为年利率 2.50%。如果掉期的名义本金是 1 000 000 美元，第一个结算日的现金流是 1 000 000 × 2.50% × 90/360 = 6 250 美元。

假定 3 个月后的 3 个月期利率是年利率 2.98%，第二个结算日（从现在起的 6 个月）预期的现金流是 1 000 000 × 2.98% × 92/360 = 7 615.56 美元，以此类推，如范例 8-29 所示。

范例 8-29　现值（浮动利率方的预期现金流）

期限（年）	收益率（%）	远期利率（%）	预期浮动利率方的利息	零息票贴现系数	预期（浮动利率）现值
0.25	2.50	2.50	6 250.00	0.993846	6 211.54
0.50	2.75	2.98	7 615.56	0.986523	7 512.92
0.75	3.00	3.22	8 139.44	0.978057	7 960.84
1.00	3.25	3.45	8 816.67	0.968476	8 538.73
1.25	3.50	3.68	9 200.00	0.957809	8 811.84
1.50	3.75	3.90	9 955.67	0.946089	9 429.35
1.75	4.00	4.12	10 414.44	0.933350	9 720.32
2.00	4.25	4.33	11 065.56	0.919630	10 176.21
			71 468.33	7.683779	68 361.75

掉期利率是能够得到固定利率现金流的净现值 68 361.75 美元的利率。

净现值（固定利率）= 名义本金 × 掉期利率 × 时间期限 × 零息票贴现系数之和
= 1 000 000 × 掉期利率/4 × 7.683779

$$\therefore \text{掉期利率} = \frac{68\ 361.75}{7.683779} \times \frac{4}{1\ 000\ 000} = 3.56\%/\text{年}$$

为了获得掉期利率曲线，应计算出每个期限的掉期利率，并绘制相应期限的掉期利率的曲线图。

掉期定价的通式

上述计算没有将每个季度天数的不同考虑在内，尽管每个季度的天数是非常接近的。

公式(8.2)是不同本金的利率掉期定价的通式。该公式可用于为分期偿还式掉期(amortizing)(即本金递减)、分期增加式掉期(accreting)(即本金递增)或展期式掉期(roller coaster)进行定价。应用这个公式，银行可以报出固定掉期利率，按照该固定掉期利率，掉期的固定利率方和浮动利率方的净现值相等，客户可以准确地匹配现金流。

$$\text{掉期利率} = \frac{\sum_{i=1}^{n} P_i f_i v_i}{\sum_{i=1}^{n} P_i v_i} \tag{8.2}$$

其中：P_i—— 期限 i 的名义本金；f_i—— 期限 i 的远期价格；v_i—— 期限 i 的贴现系数；n_i—— 掉期有效期内的期限数。

公式(8.2)的推导过程如下：

$$\text{NPV(掉期的固定利率方)} = \text{掉期价格} \times \sum_{i=1}^{n} P_i v_i$$

$$\text{NPV(掉期的浮动利率方)} = \sum_{i=1}^{n} P_i f_i v_i$$

$$\text{掉期价格} \times \sum_{i=1}^{n} P_i v_i = \sum_{i=1}^{n} P_i f_i v_i$$

$$\text{掉期价格} = \frac{\sum_{i=1}^{n} P_i f_i v_i}{\sum_{i=1}^{n} P_i v_i}$$

【例 8-10】 已知初始本金为 5 000 000 美元，分 5 个季度偿还本金，每季度偿还 1 000 000 美元，假定远期利率和零息票贴现系数如范例 8-29 所示，计算起始延期掉期(deferred start swap)的损益平衡掉期利率。

使用电子制表软件可以轻松地求解这个问题。掉期利率是远期利率的加权平均数，加权平均数考虑了不同的本金金额和贴现系数的影响。做第一次估计，假定掉期利率是年利率 3.90%。掉期利率的现值如范例 8-30 所示。

范例 8-30　起始延期分期偿还本金掉期

期限(年)	本金	远期利率	预期浮动利率的利息	零息票贴现系数	现值(浮动利息)	3.90% 现值(固定利息)	360 天
0.25		2.50%	0.00	0.993846	0.00	0	90
0.50		2.98%	0.00	0.986523	0.00	0	92
0.75		3.22%	0.00	0.978057	0.00	0	91
1.00	5 000 000	3.45%	44 083.33	0.968476	42 693.63	47 213	92
1.25	4 000 000	3.68%	36 800.00	0.957809	35 247.36	37 355	90
1.50	3 000 000	3.90%	29 900.00	0.946089	28 288.05	27 673	92
1.75	2 000 000	4.12%	20 828.89	0.933350	19 440.65	18 200	91
2.00	1 000 000	4.33%	11 065.56	0.919630	10 176.21	8 966	92
			142 677.78	7.683779	135 845.89	139 407.53	

由于固定利率方的净现值大于浮动利率方的净现值，所以，年利率 3.90% 估计得太高了。如果客户同意按年利率 3.90% 付息和收到浮动利率，那么，他将支付 139 407.53 美元，但是收到的一组现金流预计只有 135 845.89 美元。按相关净现值的比例调整掉期利率的估计值，可以很容易地确定损益平衡掉期利率。

$$均衡掉期利率 = 3.90\% \times \frac{135\ 845.89}{139\ 407.53} = 3.80\%/年$$

上述计算结果可以在范例 8-31 中得到验证，说明了当掉期利率为 3.80%/年时固定利率方的现金流。

范例 8-31　起始延期分期偿还本金掉期

期限(年)	本金	远期利率	预期浮动利率的利息	零息票贴现系数	现值(浮动利息)	3.80% 现值(固定利息)	360 天
0.25		2.50%	0.00	0.993846	0.00	0	90
0.50		2.98%	0.00	0.986523	0.00	0	92
0.75		3.22%	0.00	0.978057	0.00	0	91
1.00	5 000 000	3.45%	44 083.33	0.968476	42 693.63	46 003	92
1.25	4 000 000	3.68%	36 800.00	0.957809	35 247.36	36 397	90
1.50	3 000 000	3.90%	29 900.00	0.946089	28 288.05	26 964	92
1.75	2 000 000	4.12%	20 828.89	0.933350	19 440.65	17 734	91
2.00	1 000 000	4.33%	11 065.56	0.919630	10 176.21	8 736	92
			142 677.78	7.683779	135 845.89	135 832.97	

135 845.89 美元和 135 832.97 美元之间的微小差额是由于四舍五入造成的。

交叉货币掉期

一般来说,利率掉期是一组利息支付额与另一组利息支付额进行交换。如果两组利息支付额采用的是不同的货币,这种掉期称为交叉货币掉期(cross currency swaps)。

图 8-6 描述了一种交叉货币掉期的流程,某公司按浮动利率(LIBOR)将支付美元掉期为按固定年利率 4.00% 支付欧元。

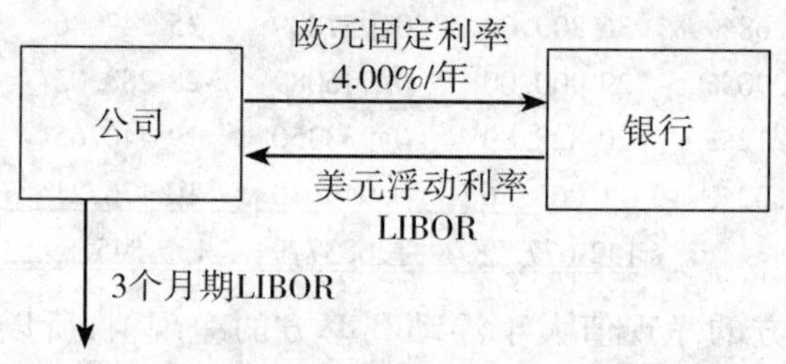

图 8-6　交叉货币掉期

交叉货币掉期可以是固定利率与浮动利率掉期、浮动利率与固定利率掉期、固定利率与固定利率(不同货币之间)掉期,或浮动利率与浮动利率掉期(称为基差掉期,basis swaps)。

交叉货币(利率)掉期的程序与货币掉期相同,且与货币掉期相比有其自己的优势,它可应用于多种到期日、掉期的一方或双方都可以是浮动利率方。

平价远期是固定利率与固定利率之间的交叉货币掉期。

不同的市场惯例

一般来说,利率掉期只涉及利息支付额的交换,也就是说,不交换本金。此外,利率掉期在每个结算日按收支扎抵后的净额进行结算。

典型的交叉货币掉期涉及全部资金流,包括在到期日交换本金。对利息额和在到期日交换的本金额进行兑换的汇率是掉期签约时的即期汇率。

例如,若图 8-6 的掉期本金数额是 10 000 000 美元,掉期签约时的即期汇率是 €1 = US$0.9000,那么,其涉及的现金流如范例 8-32 所示,假设 LIBOR 也如范例所示。

范例 8-32　交叉货币掉期的现金流

季末	360 天	起始的 LIBOR	美元利息支付额	欧元利息支付额
1	90	2.50%	$62 500.00	€111 111.11
2	92	2.64%	$67 466.67	€113 580.25
3	91	2.58%	$65 216.67	€112 345.68
4	92	3.20%	$81 777.78	€113 580.25
5	90	3.50%	$87 500.00	€111 111.11
6	92	3.75%	$85 833.33	€113 580.25
7	91	3.62%	$91 505.56	€112 345.68
8	92	3.80%	$97 111.11	€113 580.25
			$10 000 000.00	€11 111 111.11

到期日本金交换额：US$10 000 000/0.9000 = €1 111 111.11

按欧元固定利率支付的利息 = 11 111 111.11 × 0.04 × 本季天数/360

按浮动利率美元 LIBOR 支付的利息 = 10 000 000 × LIBOR × 本季天数/360

第一个季度有 90 天，因此，公司需要支付的欧元如下：

€11 111 111.11 × 0.04 × 90/360 = €111 111.11

每季按固定利率支付的欧元利息只是因每个季度天数的不同而有所差别。

收到的按浮动利率支付的美元利息金额随 LIBOR 和付息期间天数的变动而变动。

如果第一季度开始时美元 LIBOR 是年利率 2.50%，公司收到的美元如下：

US$10 000 000 × 0.025 × 90/360 = US$62 500.00

如果第二季度开始时美元 LIBOR 是年利率 2.64%，公司收到的美元如下：

US$10 000 000 × 0.0264 × 92/360 = US$67 466.67

以此类推。

练习题

8.1　用掉期利率计算完全远期汇率

即期汇率　US$1 =　　¥121.30　　121.35

1 年期掉期利率　　　　5.17　　5.01

(1) 客户能够买入日元的 1 年期远期完全汇率是多少？

(2) 在纯掉期交易中，客户买入美元 1 年远期和卖出美元现汇的收益或成本是多少？

(3) 如果进行工程式掉期，客户买入美元 1 年远期和卖出美元现汇，掉期汇率应是多少?

8.2 纯掉期和工程式掉期

即期汇率 US$1 = SF 1.2735 1.2740

1 个月掉期汇率 0.0030 0.0025

注:SF 塞内加尔非洲金融共同体法郎

(1)1 个月期完全买入汇率是多少?

(2)1 个月期完全卖出汇率是多少?

某客户希望买入美元现汇和卖出 1 个月美元远期。

(3)客户进行工程式掉期交易的收益或成本是多少?

(4)如果基于即期汇率 1.2740 进行纯掉期交易,其收益或成本是多少?

8.3 模拟性外币贷款

某公司需要借入新加坡元,期限 1 年。

即期汇率 US$1 = S$1.7500

1 年远期汇率 US$1 = S$1.7320

1 年期美元利率(%/年) 3.25

计算该公司通过掉期获得 1 年期新加坡元贷款的实际成本。

8.4 模拟性外币贷款

某美国公司要借入加拿大元,期限 6 个月。

即期汇率 US$1 = C$1.3540 1.3550

6 个月期美元利率(%) 5.50 5.75(180/360)

6 个月期加拿大元利率(%) 8.00 8.50(180/360)

6 个月期互换汇率 148 168

直接借入加拿大元,或者借入美元再掉期成加拿大元,哪种借款方式的成本更低?

8.5 模拟性外币投资

某基金经理持有欧元,要进行 3 个月的投资,经考虑可以作出以下两种选择:

1. 按年利率 3.5% 直接投资欧元;

2. 通过掉期将欧元换成美元,然后投资美元。

假定市场现行汇率、利率如下,该基金经理采用哪种选择实际收益率会更高?

即期汇率 €1 = US$0.8860

3 个月期美元利率(%/年) 3.00 3.25 (90/360)

3 个月期掉期汇率 11 10

用欧元直接投资获得的利息要缴纳 10% 的预扣所得税。

8.6 用掉期对完全远期汇率进行套期保值

5 个月期美元利率(%/年)		3.25	3.35	(153/360)
5 个月期日元利率(%/年)		0.20	0.30	(153/360)
即期汇率	US$1 =	¥123.40	123.50	
5 个月期掉期汇率		-1.63	-1.53	
5 个月期完全远期汇率	US$1 =	**¥121.77**	121.97	

某客户下午给银行打电话,询问卖出 5 个月美元远期的汇率。银行希望获得 2 个基点的收益,因此,报出的远期买入汇率为 US$1 =¥121.75。客户同意交易,卖给了银行 10 000 000 美元。于是,银行持有 10 000 000 美元的多头与 1 217 500 000 日元的空头,而且,在 5 个月后的到期日,现金流不匹配。

请用 T 型账户表示银行如何进行现汇交易和掉期才能对其外汇头寸进行套期保值。银行获得的收益是多少?

8.7　历史汇率展期

为了对预计的美元利息支付额进行套期保值,3 个月前,某日本进口商买入 3 个月 10 000 000 美元远期,完全汇率为 130.00 日元。初始远期合约到期日为 2 天,也就是即期交割日。由于货船延期,进口商不必在下个月支付美元利息。假定目前银行间市场的利率、汇率如下:

即期汇率	US$1 =	¥125.00	125.05
1 个月期美元利率(%)		3.15	3.25(30/360)
1 个月期日元利率(%)		0.20	0.25(30/360)
1 个月期掉期汇率		29	31

计算采用历史汇率进行展期的损益平衡的远期汇率。

8.8　短交割日掉期

即期汇率　　US$1 =¥123.56/123.61

今天是 5 月 24 日,星期五。即期交割日是 5 月 28 日,星期二。

掉期汇率如下:

O/N 隔夜掉期汇率	2.0/1.9
T/N 次日掉期汇率	0.4/0.3
S/W 周掉期汇率	7.0/6.0

24　25　26　27　28　29　30　31　1　2　3　4

当日交割　次日交割　即期交割　　　　1周交割

(1)客户在当日交割日(5 月 24 日)能够买入美元的完全汇率是多少?

(2)采用纯掉期时,当日交割日买入美元和卖出 6 月 4 日交割的美元,客户可能采用的掉期汇率是多少?

外汇掉期曲线与外汇市场的错开配置
The FX Swaps Curve and Gapping in the Foreign Exchange Market

本章将介绍外汇掉期曲线的概念。在外汇市场上进行错开配置提供了从反映利率差异的掉期汇率的预期变动中获利的一种工具。在错开敞口的同时，即期汇率的变动也会影响外汇错开配置的概率。

外汇掉期汇率曲线

掉期曲线（swaps curve）这个术语通常是指一组利率的掉期汇率。在任何时间点上，都存在一组货币掉期汇率，它适用于期限不同的一对特定货币。将货币掉期汇率对应的期限的点连成线，就可以得到外汇掉期汇率曲线（FX swaps curve）。

例如，根据即期汇率 US$1 =¥123.89，表 9-1 列出了 2002 年 5 月 21 日适用于美元对日元的外汇掉期汇率。将这些点连成线，就产生了外汇掉期汇率曲线，如图 9-1 所示。

负的掉期汇率表示，被标价货币对标价货币是远期贴水。正的掉期汇率表示，被标价货币对标价货币是远期升水。

外汇掉期汇率曲线的形状反映了两种货币收益率曲线之间的关系。如果两种货币的收益率曲线是平行的，说明形成外汇掉期汇率曲线的利差是一个常数，如图 9-2 所示。

表 9-1

期限	掉期汇率基点
当日/隔夜	+0.64
即期	0.00
1 周	-4.38
2 周	-9.20
3 周	-13.2
1 个月	-19.5
2 个月	-38.5

续表

期限	掉期汇率基点
3个月	-60.0
4个月	-79.5
5个月	-102
6个月	-127
7个月	-153
8个月	-179
9个月	-205
10个月	-231
11个月	-257
12个月	-283

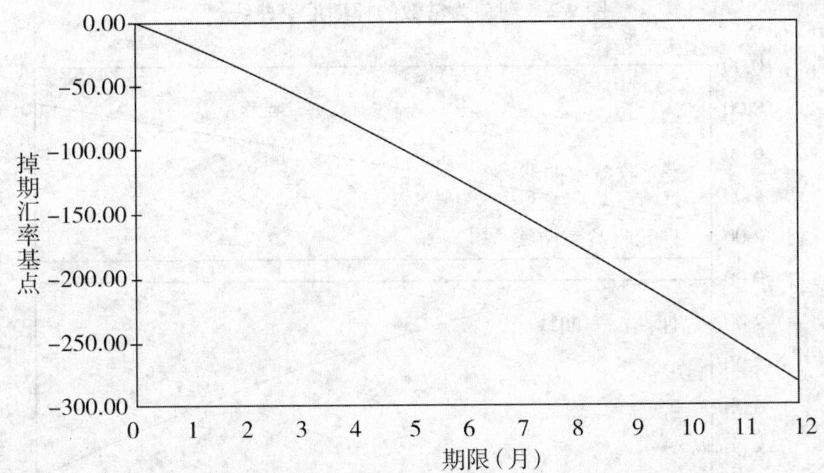

图9-1 2002年5月21日美元与日元掉期汇率曲线

如果两种货币的收益率曲线呈分叉形状,说明利差随着期限的加长而拉宽,外汇掉期汇率是一条向下弯曲的曲线(见图9-3)。

如果两种货币的收益率曲线呈相交形状,说明利差随着期限的加长而收窄,外汇掉期汇率是一条中间凸起的曲线(见图9-4)。

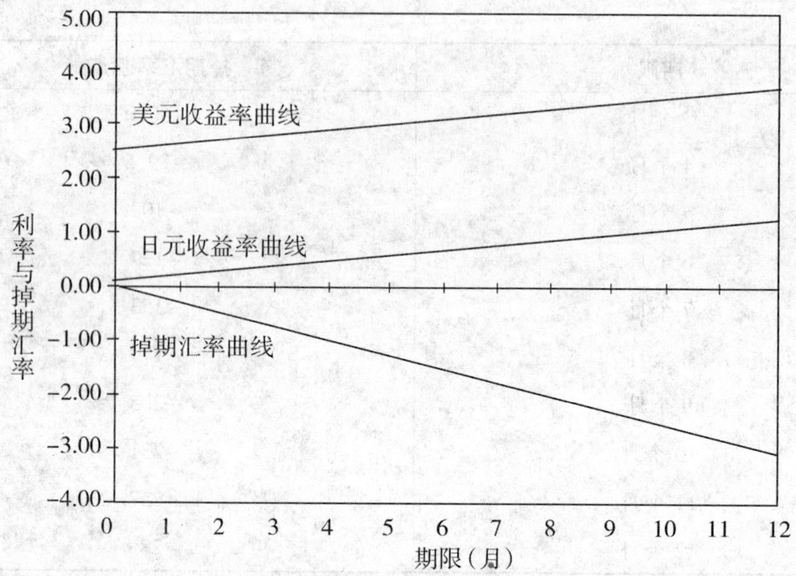

图 9-2　利差为常数的掉期汇率曲线

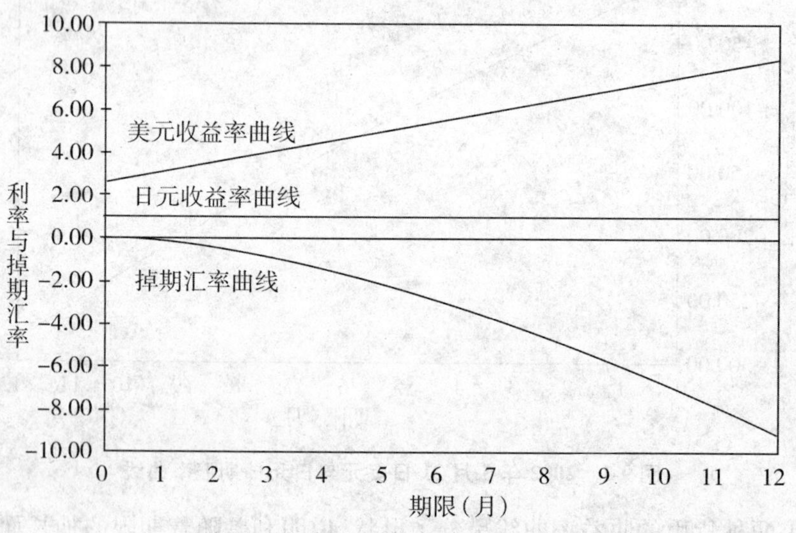

图 9-3　向下弯曲的掉期汇率曲线

两条收益率曲线直线相交,说明掉期汇率曲线的形状是随着时间的延伸,在直线相交点之前,掉期汇率为正值;之后为负值(见图 9-5)。

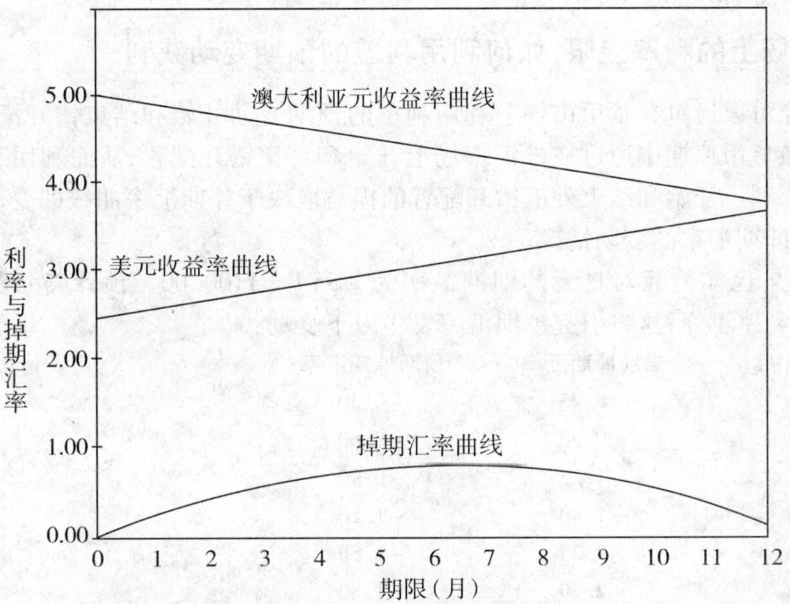

图 9-4　中间凸起的外汇掉期汇率曲线

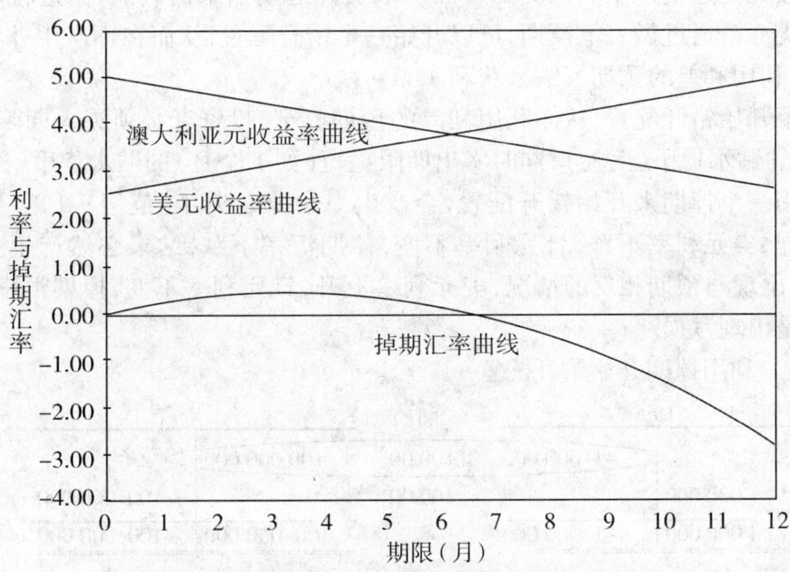

图 9-5　收益率曲线直线相交的掉期汇率曲线

外汇市场上的利率上限:如何利用利差的预期变动获利

正像可以通过在货币市场上利用利率的预期变动开始和结束错开配置一样,也可以在货币掉期中通过在外汇市场上开始和结束错开配置,从而利用利率的预期变动获利。开始和结束外汇错开配置的损益取决于掉期汇率曲线的变动及其形状,以及即期汇率的变动情况。

【例 9-1】 已知美元对日元的即期汇率为 US$1 = ¥100.00。预计美元利率将下跌,日元利率不变,这将引起掉期汇率发生以下变动:

期限(月)	当前掉期汇率	预期掉期汇率
1	**-0.45**	-0.30
2	-0.90	-0.60
3	-1.35	-0.90
4	-1.80	-1.20
5	-2.25	**-1.50**
6	**-2.70**	-1.80

在美元贴水减少之前,可以利用利差的预期下跌通过买入美元远期的掉期来获利。按完全远期汇率买入美元可以赚取美元远期贴水的利润,但这将产生一个外汇净头寸。通过做一笔掉期,可以开始一个错开配置,从而在不产生外汇净头寸情况下,利用利差的预期下跌来获利。

为了开始错开配置,从而利用利差的预期收窄,投资者必须买入期限更长(如 6 个月)的贴水货币(美元),同时卖出期限更短(如 1 个月)的贴水货币(美元)。

利用一个掉期来开始错开配置,会产生一个掉期头寸(范例 9-1)。如果像预期的那样,美元利率下跌,日元利率不变,掉期汇率下跌,结果必然产生利润。但是,如果出现与预期相反的情况,美元利率上升,日元利率不变,掉期汇率上升,结果必然是出现亏损。

范例 9-1 利用掉期开始错开配置

US$		即期	¥	
	-1 000 000	100.00	100 000 000	
1 000 000		100.00		-100 000 000
1 000 000	-1 000 000		100 000 000	100 000 000

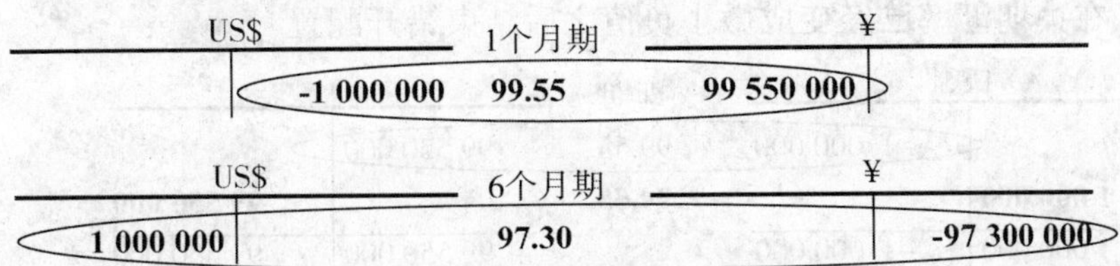

开始错开配置将产生 225 个基点的收益,也就是说,每 1 000 000 美元将产生 2 250 000 日元的收益。由于没有建立掉期头寸,因此,这还不是利润。如果掉期汇率下跌,将存在未实现利润。如果在掉期汇率下跌后,通过做一笔反向掉期来结束错开配置,那么,就可以实现这笔利润。

通过做一笔反向掉期,可以在任何时候结束错开配置。为了在 1 个月之后结束错开配置,必须买入 1 000 000 美元的即期,同时卖出 1 000 000 美元 5 个月期的远期,以使现金流的日期相适应。假设掉期汇率像预期那样下跌了,结束错开配置,实现利润。为简化起见,假设即期汇率下跌到初始时的 1 个月期汇率水平,即 US$1 = ¥99.55。

利差收窄:掉期汇率变成微小负值

	开始错开配置时		1 个月后结束错开配置时	
期限(月)	掉期汇率	汇率	掉期汇率	汇率
即期		100.00		**99.55**
1	**-0.45**	**99.55**	-0.30	99.25
2	-0.90	99.10	-0.60	98.95
3	-1.35	98.65	-0.90	98.65
4	-1.80	98.20	-1.20	98.35
5	-2.25	97.75	**-1.50**	**98.05**
6	**-2.70**	**97.30**	-1.80	97.75

结束错开配置时,需要按 99.55 日元的汇率买入 1 000 000 美元的现汇,同时按 98.05 日元的汇率卖出 1 000 000 美元的 5 个月远期,这将实现 750 000 日元的利润,如范例 9-2 所示。

范例 9-2 在掉期汇率已经变成微小负值之后结束错开配置

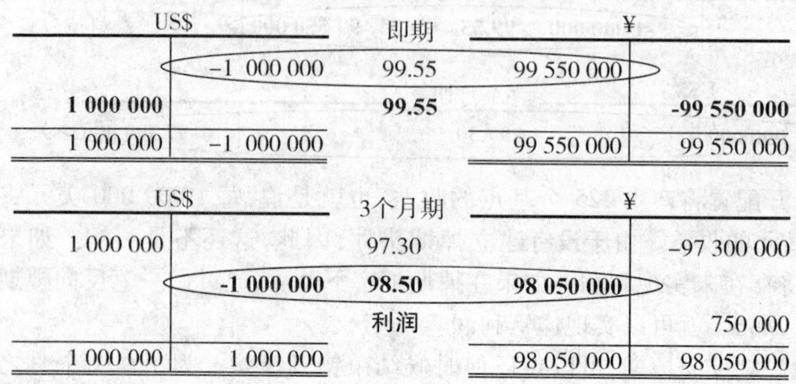

US$		即期	¥	
	-1 000 000	99.55	99 550 000	
1 000 000		**99.55**		**-99 550 000**
1 000 000	-1 000 000		99 550 000	99 550 000

US$		3个月期	¥	
1 000 000		97.30		-97 300 000
	-1 000 000	**98.50**	**98 050 000**	
		利润		750 000
1 000 000	1 000 000		98 050 000	98 050 000

考虑另外一种情况，如果出现与预期相反的情况，美元利率上升，而日元利率不变。利差会拉宽，掉期汇率的负值更大（即远期贴水变得更大）。如果用更高的掉期汇率结束错开配置，就会出现亏损。

利差拉宽：掉期汇率负值更大

期限（月）	开始错开配置时 掉期汇率	开始错开配置时 汇率	1个月后结束错开配置时 掉期汇率	1个月后结束错开配置时 汇率
即期		100.00		**99.55**
1	**-0.45**	**99.55**	-0.60	98.95
2	-0.90	99.10	-1.20	98.35
3	-1.35	98.65	-1.80	97.75
4	-1.80	98.20	-2.40	97.15
5	-2.25	97.75	**-3.00**	**96.55**
6	**-2.70**	**97.30**	-3.60	95.95

结束错开配置时，需要按 99.55 日元的汇率买入 1 000 000 美元的现汇，同时按 96.55 日元的汇率卖出 1 000 000 美元的 5 个月远期。这将产生 750 000 日元的亏损，如范例 9-3 所示。

范例 9-3 在掉期汇率负值扩大后结束错开配置

US$		即期	¥	
	-1 000 000	99.55	99 550 000	
1 000 000		**99.55**		**-99 550 000**
1 000 000	-1 000 000		99 550 000	99 550 000

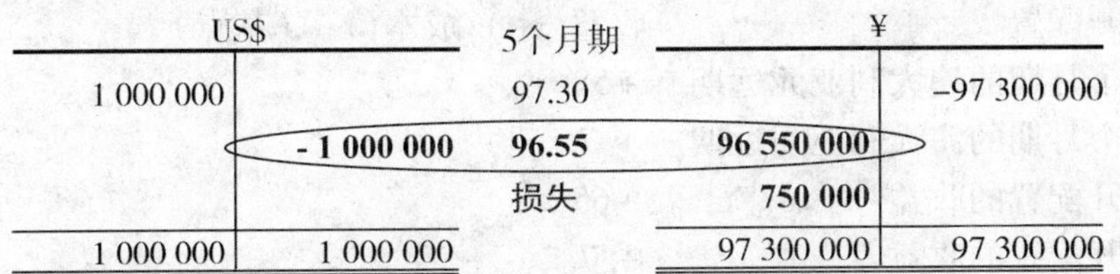

如果1个月后5个月期的掉期汇率贴水小于225个基点,错开配置将产生利润;如果1个月后5个月期的掉期汇率贴水大于225个基点,错开配置将出现亏损。

按掉期汇率曲线进行交易

掉期汇率曲线的形状会影响开始错开配置的吸引力。掉期汇率曲线越是非线性的,与开始错开配置相关的持仓收益越大。

例如,给定像范例9-4一样的掉期汇率曲线,交易者有动机开始错开配置,以赚取最大比例的收益。

范例9-4 收益率曲线直线相交条件下的非线性掉期汇率曲线

期限(月)	澳大利亚元利率	美元利率	掉期汇率
0	4.00%	2.00%	0.0000
1	3.80%	2.20%	0.0007
2	3.60%	2.40%	0.0010
3	3.40%	2.60%	0.0010
4	3.20%	2.80%	**0.0007**
5	3.00%	3.00%	0.0000
6	2.80%	3.20%	-0.0010
7	2.60%	3.40%	-0.0023
8	2.40%	3.60%	-0.0039
9	2.20%	3.80%	**-0.0058**

通过买入9个月期的澳大利亚元远期,同时卖出4个月期的澳大利亚元远期,可能赚取65个基点的远期贴水。如果1个月之后4个月期的掉期汇率仍然是+0.0007,错开配置结束时可以得到另外7个基点的收益。该错开配置总计将产生72个基点的利润。

开始错开配置	收益(+)/成本(-)(基点)
买入9个月期的澳大利亚元远期	+58
卖出4个月期的澳大利亚元远期	+ 7
开始错开配置的收益	+65
结束错开配置的收益	+ 7
错开配置的合计利润	+72

如果1个月之后4个月期的掉期汇率是0.0065(65个基点的贴水),错开配置损益平衡。如果4个月期的掉期汇率下跌超过72个基点(即期汇率变动的因素暂时先不考虑,下一节将讨论这个因素),错开配置将出现亏损。如果发生这种情况,4个月的利差必然发生了这样的变动:澳大利亚元利率从比美元利率高40个基点下降到其低440个基点。假设人们认为不可能发生这种结果,开始错开配置可以看作下了一个"好注"。

根据掉期汇率曲线的形状开始错开配置以利用正的持仓收益,可以被称为"按掉期汇率曲线进行交易"。

陡峭的收益率曲线直线相交,会产生U形或倒U形掉期汇率曲线,这种情况并不常见。但是,不太陡峭的非线性掉期汇率曲线却是常见的。

即期汇率变动的现金流含义

由于在错开配置每个结束点发生的现金流存在时间差,因此,在开始与结束错开配置之间即期汇率的变动可能对错开配置的获利能力产生重大影响。

考虑【例9-1】开始的错开配置。为了说明即期汇率变动的影响,假设在错开配置开始的当月,即期汇率从100.00日元上升到120.00日元,同时掉期汇率保持不变,与错开配置开始时相同。那么,可以认为,由于错开配置只产生了掉期汇率头寸,而不是外汇净头寸,因此,即期汇率的变动对错开配置的获利能力没有影响。

即期汇率上升但掉期汇率保持不变

	开始错开配置时		1个月后结束错开配置时	
期限(月)	掉期汇率	汇率	掉期汇率	汇率
即期		100.00		120.00
1	**-0.45**	**99.55**	-0.45	119.55
2	-0.90	99.10	-0.90	119.10
3	-1.35	98.65	-1.35	118.65
4	-1.80	98.20	-1.80	118.20
5	-2.25	97.75	**-2.25**	**117.75**
6	**-2.70**	**97.30**	-2.70	117.30

开始错开配置的收益 = 99.55 - 97.30 = 225 个点

结束错开配置的成本 = 120.00 - 117.75 = 225 个点

错开配置的损失　　　=　　　　　　　　0

但是，上述计算中没有考虑现金流的时间因素。结束错开配置涉及按 120.00 日元的汇率买入 1 000 000 美元现汇，同时按 117.75 日元的汇率卖出 1 000 000 美元 5 个月期的远期。这将产生如范例 9-5 所示的现金流。

范例 9-5　即期汇率变动后结束错井配置

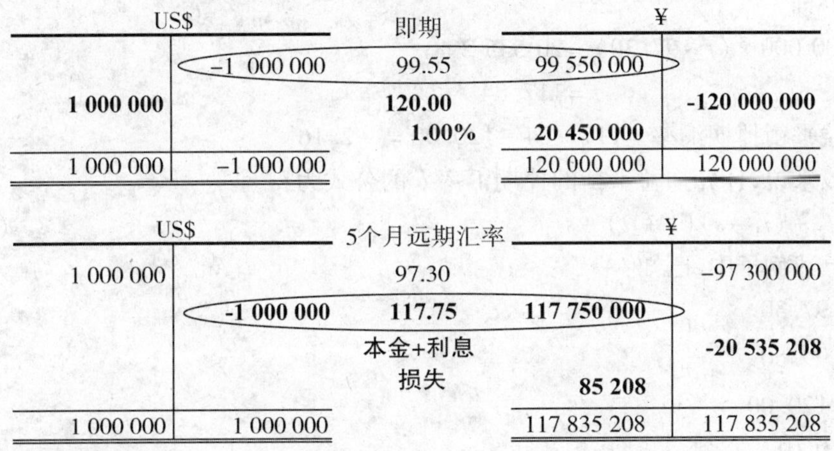

85 208 日元的损失表示，融资的利息成本为现金短缺 20 450 000 日元，期限为 5 个月，年利率为 1%①。

现金短缺是起始时 1 个月期远期汇率与结束错开配置时即期汇率之间汇差的直接结果。如果错配结束时的即期汇率高于 99.55 日元，将出现一个负的现金余额，这就需要按利息成本进行融资。另一方面，如果错配结束时的即期汇率低于 99.55 日元，将出现一个正的现金余额，而此部分余额可以进行获利的投资。如果外汇波动幅度非常大，或者错开配置的久期很长，即期汇率变动中利率因素对现金流可能有重大的影响。实际上，掉期汇率的变动对于损益的影响可能更大。

损益平衡掉期汇率

实际上，即期汇率和掉期汇率都是持续变动的。继续考虑上述例子，如果错开配置到期时（当接近到期日期时，掉期汇率变成即期汇率），即期汇率为 120.00 日

①20 450 000 × 0.01 × 5/12 = ¥85 208

元，损益平衡的掉期汇率是多少？

即期到期日的现金流 = 1 000 000 ×（99.55 − 120.00）

= ¥20 450 000

未来值（即期到期日的现金流）= 20 450 000 ×（1 + 0.01 × 5/12）

= ¥20 535 208

远期到期日的现金流 = 1 000 000 × (f − 97.30)

对于这个错开配置来说，要计算错开配置结束时损益平衡的远期掉期汇率，必须求出 f，即

1 000 000 × (f − 97.30) = 20 535 208

f = 117.84

损益平衡掉期汇率 = 117 − 84 − 120.00 = −2.16

一般来说，计算损益平衡的掉期汇率 b 的公式为：

$$b = f_2 + (f_1 - s)(1 + rt) - s \tag{9.1}$$

在上述例子中，已知：

$f_2 = 97.30$

$f_1 = 99.50$

$s = 120.00$

$r = 0.01$

$t = 5/12$

故：

$b = -2.16$

损益平衡的掉期汇率是指，为调整即期汇率变动而导致的利息成本或收益而开始错开配置时赚取或支付的掉期汇率基点。

在范例 9-5 中观察到的现金流：

美元	日元	汇率	
1 000 000	117 750 000	117.75	
	85 208	0.09	利息
1 000 000	117 835 208	117.84	

练习题

9.1 美元利率高于日元利率，因此，掉期汇率曲线是负的。下个月之后，预计美元利率将上升，日元利率不变，预计美元对日元的汇率将升值。

	现行汇率		预计汇率(从现在起的1个月)	
期限(月)	掉期汇率	汇率	掉期汇率	汇率
即期		123.00		125.00
1	-0.20	122.80	-025	124.75
2	-0.40	122.60	-0.50	124.50
3	-0.60	122.40	-0.75	124.25

(1)为了利用利率的预期波动,应当开始怎样的错开配置(3个月对1个月)?

(2)假设错开配置结束时,2个月期的日元利率为0.30%/年,如果利率发生了预计的波动,本金为1 000 000美元的错开配置将产生多少利润?

10

货币期权——定价
Currency Options-Pricing

本章将介绍货币期权的概念,分析影响货币期权价格的因素。期权的定价可以用二叉树模型直观地说明,也可以用封闭式的数学公式来确定期权的价格,如 Black-Scholes 模型的变形(variations of the Black-Scholes model)。

定义与概念

货币期权的概念与股票期权的概念基本上是相同的。

货币期权(currency option)是指,期权的买入者在约定期限以约定价格用一种货币向期权的卖出者买卖另一种货币的权利,但权利的买入者没有必须买卖的义务。

看涨期权和看跌期权

看涨期权(call)是一种买入货币的权利,但没有买入的义务。看跌期权(put)是一种卖出货币的权利,但没有卖出的义务。

每笔外汇交易都是买入一种货币,卖出另一种货币。因此,每份货币期权都既是看涨期权,又是看跌期权。一份用日元买入美元的期权是美元看涨期权,同时,又是日元看跌期权。在本书中,为了保持论述的一致性,只要没有专门说明,看涨期权都是指被标价货币的看涨期权,看跌期权都是指被标价货币的看跌期权。

期权交易方

期权交易都有两个交易方,即买入者和卖出者。期权的买入者(buyer)享有执行期权的权利和不执行期权的权利(使期权失效)。如果期权买入者选择执行期权,期权的卖出者(seller)必须履行按合约汇率卖出期权的义务。期权卖出者也称为期权写约人(writer)或让渡人(grantor)。

期权费

期权的价格称为期权费(option premium)。期权费由买入者向卖出者支付,以补偿卖出期权的风险。期权费一般在期权合约日以后的即期定价日进行支付。

定价术语

货币期权的履约价格(strike price)或履约汇率(strike rate)是指,如果买入者选择执行货币期权，执行货币期权时采用的汇率。

价内期权（in-the-money，ITM）是指，履约价格比市场现行价格更有利的期权。价外期权（out-of-the-money，OTM）是指，履约价格比市场现行价格更不利的期权。平价期权（at-the-money，ATM）是指，履约价格等于市场现行价格的期权。对于欧式期权来说，平价期权的履约价格就是远期汇率（范例 10-1）。

范例 10-1　看涨期权与看跌期权：平价、价内、价外期权矩阵

	看涨期权	看跌期权
履约价格 < 远期汇率	价内期权	价外期权
履约价格 = 远期汇率	平价期权	平价期权
履约价格 > 远期汇率	价外期权	价内期权

如果是价内期权，期权费就较高；如果是价外期权，期权费则较低。

期权期限

期权终止日期（expiration date）或到期日期（expiry date）是指买入者执行期权权利终止的日期。实际上，具体的失效时间（如失效日期为纽约时间下午 3 点）是买卖双方商定的。如果在到期日期执行期权，将在即期定价日发生现金流。

美式期权（American option）是指，可以在合约日期与到期日期之间的任何一天按即期价格执行的一种期权。欧式期权（European option）是指，从理论上讲，只能在到期日期按即期价格执行的一种期权。实际上，欧式期权的签出人允许买入者通知卖出者，买入者将在到期日期之前执行期权。如果在到期日期之前"执行"欧式期权，将在到期日期之后的即期定价日发生现金流（范例 10-2）。

范例 10-2　货币期权交割日期

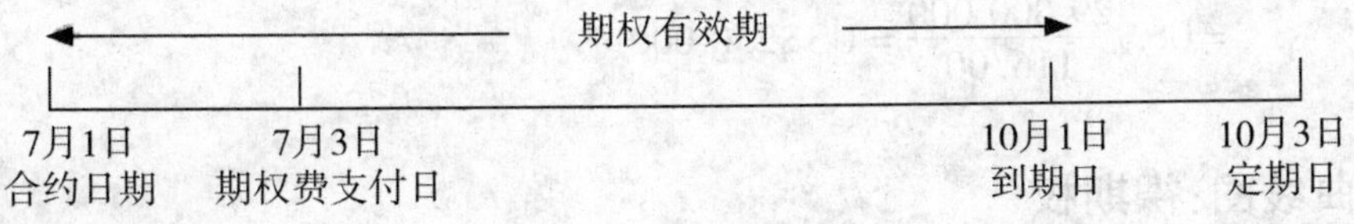

期权支付额

期权支付额（pay-out）是指期权到期时的价值。由于在期权到期时，如果不是价内期权，期权买入者可以选择不执行期权，因此，期权的最低支付额为零。设期权到期时的履约价格为 K，即期价格为 X，期权支付额计算公式为：

价内看涨期权的支付额 $= X - K$

价内看跌期权的支付额 $= K - X$

期权的来源

交易所期权（exchange-traded options）是指在特定的股票、期货交易所或商品交易所进行交易的期权合约。这类期权合约具有严格的定义，如标准金额、标准到

期日期和标准履约价格。场外(或柜台交易)期权(over-the-counter,简称 OTC)是指由银行或其他金融机构写约、不在公开交易所上市交易的期权。场外期权可以定制,以适应买方的特定需要。在本书中,此类期权称为场外期权(over-the-counter options)。

计算期权费

通常,期权费既可以用面值的单一百分比(a flat percentage of the face value)表示,也可以用交易的固定点数来表示。任何货币都可以用来表示期权费。期权费的金额既可以由履约价格的百分比来确定,也可以由点数来确定。

【例 10-1】 某个期权的定价模型显示,3 个月期的美元看涨期权/日元看跌期权的期权费可表示为 1.25%,或 145 个基点。

即期汇率 US$1 =¥116.00

履约价格 US$1 =¥115.00

计算期权面值为 20 000 000 美元的期权费(以美元表示)。

$$期权费 = US\$20\ 000\ 000 \times \frac{1.25}{100} = US\$250\ 000$$

期权费是预先支付的,因此,要用日元来表示期权费,需要按即期利率进行换算。

$$期权费 = US\$250\ 000 \times 116.00 = ¥29\ 000\ 000$$

另一种表示如下:

$$期权费 = 20\ 000\ 000 \times 1.45 = ¥29\ 000\ 000$$

$$= US\$\frac{29\ 000\ 000}{116.00} = US\$250\ 000$$

收益曲线图:裸期权

裸期权(naked option)是指,在没有任何外汇风险敞口条件下买卖的期权。

买入看涨期权

【例 10-2】 某人买入美元看涨期权/日元看跌期权,面值为 10 000 000 美元,履约价格为 110.00 日元,期限 3 个月,期权费 2.00%(统价)。如果即期汇率为 112.00 日元,3 个月期美元利率为 5%/年,到期时的汇率如下所示,计算包含未来价值的收益:

(a) 120.00

(b) 110.00

(c) 100.00

期权费 = 10 000 000 × 0.02 = US$200 000

未来价值(期权费) = 200 000 × (1 + 0.05 × 3/12) = US$202 500

期权买入者要支付期权费,并有权按 1 美元兑 110.00 日元的汇率,买入 10 000 000 美元,卖出 1 100 000 000 日元。

(1)如果到期时,汇率高于履约价格,美元看涨期权将处在价内状态,因此,期权持有者将执行期权,卖出 1 100 000 000 日元,买入 10 000 000 美元。如果到期时的汇率为 120.00 日元,期权持有者可以在外汇市场上买入 1 100 000 000 日元,同时卖出 9 166 666.67 美元。

期权收益 = 通过期权交易卖出 1 100 000 000 日元的收入 - 通过市场买入 1 100 000 000 日元的成本 - 未来价值(期权费)

= 10 000 000 - 9 166 667 - 202 500

= US$630 833

(2)如果到期时汇率等于履约价格,即 110.00 日元,美元看涨期权为平价状态。期权持有者将使期权失效,因为通过执行期权来买入美元,再按相同的汇率在市场上卖出美元,将无利可图。

期权收益 = - 未来价值(期权费) = - US$202 500

(3)如果到期时汇率低于履约价格,美元看涨期权将处于价外状态,因此,期权持有者将让期权失效。

期权收益 = - 未来价值(期权费) = - US$202 500

图 10-1 说明了买入看涨期权的典型收益曲线。

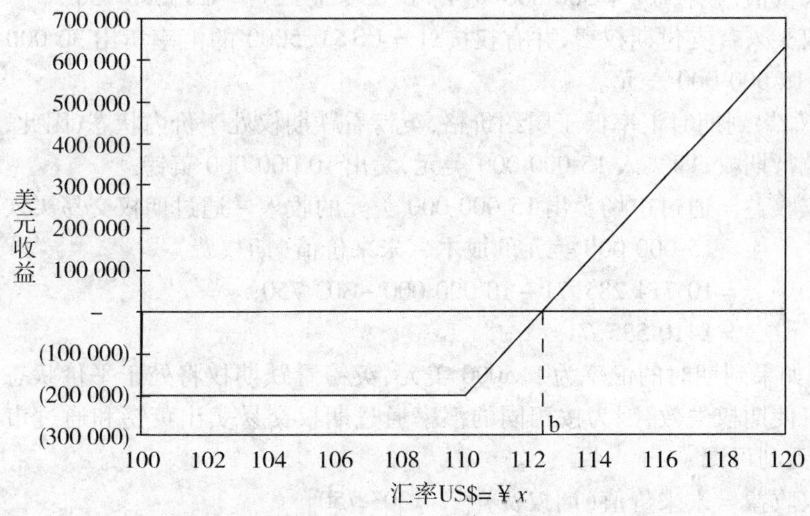

图 10-1　收益曲线:履约价格为 110.00 日元的买入美元看涨期权

损益平衡汇率 b 是使期权产生零收益的汇率。也就是说，执行期权的收益刚好抵销期权费。

通过期权交易卖出 1 100 000 000 日元的收入 - 通过市场买入 1 100 000 000 日元的成本 = 未来价值(期权费)

$$\therefore \frac{1\ 100\ 000\ 000}{110.00} - \frac{1\ 100\ 000\ 000}{b} = 202\ 500$$

$$\therefore 10\ 000\ 00 - \frac{1\ 100\ 000\ 000}{b} = 202\ 500$$

$$\therefore \frac{-1\ 100\ 000\ 000}{b} = 202\ 500 - 10\ 000\ 000$$

$$\therefore b = \frac{10\ 000\ 000}{10\ 000\ 000 - 202\ 500} = 112.27$$

买入看跌期权

【例 10-3】 某人卖出英镑看跌期权/美元看涨期权，面值为 10 000 000 英镑，履约价格 1.5000 美元，期限为 3 个月，期权费为 3.00%(单一价)。如果 3 个月期的英镑利率为 5%/年，到期时的汇率如下所示，计算包含未来价值的收益：

(a)1.4000

(b)1.5000

(c)1.6000

期权费 = 10 000 000 × 0.03 = £300 000

未来价值(期权费) = 300 000 × (1 + 0.05 × 3/12) = US$303 750

期权买入者支付期权费，并有权按£1 = US$1.5000 的汇率卖出 30 000 000 英镑，买入 15 000 000 美元。

(a)如果到期时汇率低于履约价格，英镑看跌期权处于价内状态，因此，期权持有者将执行期权，即买入 15 000 000 美元，卖出 10 000 000 英镑。

期权收益 = 通过市场卖出 15 000 000 美元的收入 - 通过期权交易买入 15 000 000 美元的成本 - 未来价值(期权费)

= 10 714 285.71 - 10 000 000 - 303 750

= £410 535.71

(b)如果到期时的汇率为 1.5000 美元，英镑看跌期权将处于平价状态。期权持有者将使期权失效，因为按相同的汇率通过期权交易卖出英镑和通过市场买入英镑，将无利可图。

期权收益 = 未来价值(期权费) = -£303 750

(c)如果到期时的汇率为 1.6000 美元，英镑看跌期权将处于价外状态，因此，期权持有者将使期权失效。

期权收益 = －未来价值(期权费) = －£303 750

图 10-2 说明了买入英镑看跌期权的收益曲线。图中的曲线形状是买入看跌期权的典型收益曲线。

损益平衡汇率 b 是使期权产生零收益的汇率。

通过市场卖出 15 000 000 美元的收入－通过期权交易买入 15 000 000 美元的成本 = 未来价值(期权费)

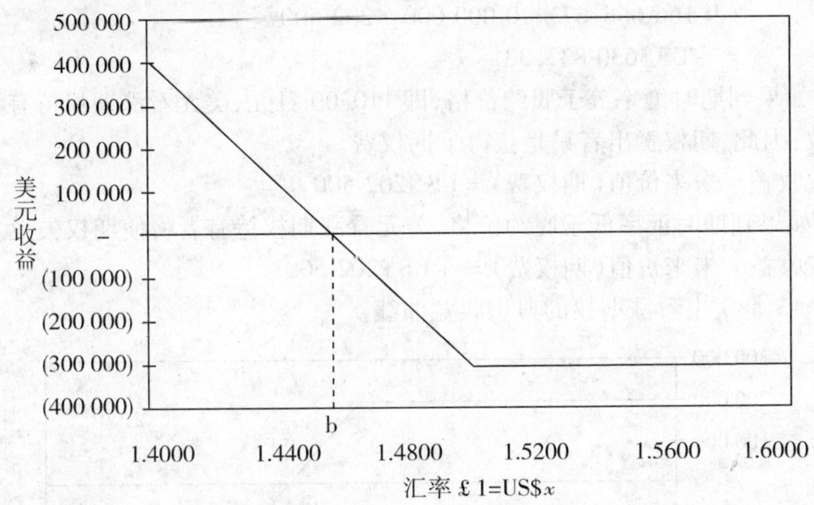

图 10-2 收益曲线:履约价格为 1.5000 美元的买入美元看涨期权

$$\therefore \frac{15\ 000\ 000}{b} - \frac{15\ 000\ 000}{1.5000} = 302\ 750$$

$$\therefore b = \frac{15\ 000\ 000}{10\ 000\ 000 + 303\ 750}$$

$$= 1.4558$$

【例 10-4】 某人卖出美元看涨期权/日元看跌期权,面值为 10 000 000 美元,履约价格为 110.00 日元,期限 3 个月,期权费 2.00%(单一价)。如果 3 个月期的美元利率为 5%/年,到期时的汇率如下所示,计算以未来价值表示的收益:

(a)120.00

(b)110.00

(c)100.00

与【例 10-1】一样,未来价值(期权费) = 202 500 美元,期权卖出者获得了期权费。

(a)如果到期时汇率高于履约价格,美元看涨期权将处于价内状态,因此,期权买入者将执行期权。如果执行了美元看涨期权,期权卖出者必须在市场上卖出

10 000 000 美元,收到 1 100 000 000 日元。为了轧平交易净头寸,期权卖出者必须在市场上卖出 1 100 000 000 日元。如果到期时市场汇率为 1 美元兑 120.00 日元,期权卖出者将通过期权交易买入 1 100 000 000 日元,并在市场上卖出1 100 000 000 日元收到 9 366 666.67 美元。

期权收益 = 通过市场卖出 1 100 000 000 日元的收入 - 通过期权交易买入 1 100 000 000 日元的成本 + 未来价值(期权费)

= 9 166 666.67 - 10 000 000 + 202 500

= - US$630 833.33

(b)如果到期时汇率等于履约价格,即 110.00 日元,美元看涨期权持有者将使期权失效,因此,期权卖出者只是获得了期权费。

期权收益 = 未来价值(期权费) = US$202 500

(c)如果到期时汇率低于履约价格,美元看涨期权持有者将使期权失效。

期权收益 = 未来价值(期权费) = + US$202 500

图 10-3 是卖出看涨期权的典型收益曲线。

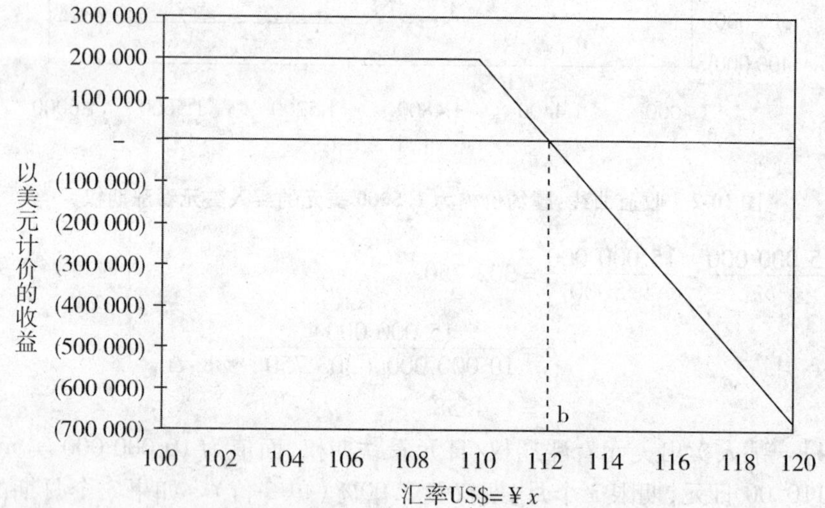

图 10-3 收益曲线图:履约价格为 1 美元对 110.00 日元的卖出美元看涨期权

损益平衡汇率 b 是使期权产生零收益的汇率。也就是说,收到贴水的未来值恰好足以抵销卖出期权的损失。

通过期权买入 1 100 000 000 日元的成本 - 通过市场卖出 1 100 000 000 日元的收入 = 未来价值(期权费)

$$\therefore \frac{1\ 100\ 000\ 000}{110.00} - \frac{1\ 100\ 000\ 000}{b} = 202\ 500$$

$$\therefore b = \frac{1\ 100\ 000\ 000}{10\ 000\ 000 - 202\ 500}$$

$$= 112.27$$

卖出看跌期权

【例 10-5】 某人卖出英镑看跌期权/美元看涨期权,面值为 10 000 000 英镑,履约价格为 1 英镑兑 1.5000 美元,期限为 3 个月,期权费为 3%(单一价)。如果 3 个月的英镑利率为 5%/年,到期时汇率如下所示,计算包含未来价值的收益:

(a) 1.4000

(b) 1.5000

(c) 1.6000

与【例 10-2】一样,未来价值(期权费)= £303 750:写约人收到该期权费。

(a)如果到期时汇率低于履约价格,英镑看跌期权将处于价内状态,期权买入者将执行期权。如期权被执行了,写约人必须买入 10 000 000 英镑,卖出 15 000 000 美元。为了轧平外汇净头寸,写约人必须在市场上买入 15 000 000 美元。如果到期时汇率为 1.4000 美元,写约人将通过期权卖出 15 000 000 美元,并在市场上买入 15 000 000 美元卖出 10 714 285.71 英镑。

期权收益 = 通过期权交易卖出 15 000 000 美元的收入 − 通过市场买入 15 000 000 美元的成本 − 未来价值(期权费)

$$= \frac{15\ 000\ 000}{1.5000} - \frac{15\ 000\ 000}{1.4000} + 303\ 750$$

$$= -£410\ 535.71$$

(b)如果到期时汇率等于履约价格 1.5000 美元,英镑看跌期权持有者将使期权失效,因此,写约人只能收到期权费。

期权收益 = 未来价值(期权费) = £313 750

(c)如果到期时汇率高于履约价格,英镑看跌期权将失效。

期权收益 = 未来价值(期权费) = £313 750

图 10-4 表示卖出看跌期权的典型收益曲线。

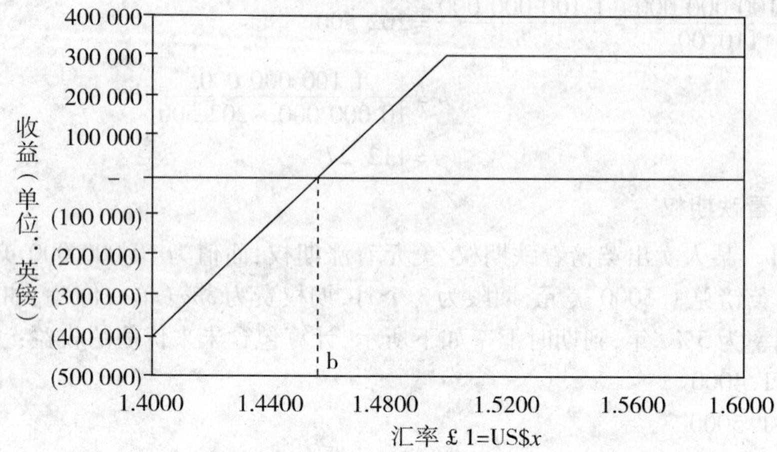

图 10-4　收益曲线图:履约价格为 1.5000 美元的卖出英镑看跌期权

b 是损益平衡汇率,在该点上,收到期权费的未来价值将刚好足以抵销卖出期权的损失。

买入美元的成本 - 卖出美元的收入 = 未来价值(期权费)

$$\therefore \frac{15\ 000\ 000}{b} - \frac{15\ 000\ 000}{1.5000} = 303\ 750$$

$$\therefore b = \frac{15\ 000\ 000}{10\ 000\ 000 + 303\ 750}$$

$$= 1.4558$$

期权定价

期权费是期权预计支付值的现值。

预计值

变量 X 的预计值(expected value)是指 X 可能取值的加权平均概率值。

$$E[X] = \frac{\sum_{i=1}^{n} p_i x_i}{\sum_{i=1}^{n} p_i}$$

当 $\sum_{i=1}^{n} p_i = 1$ 时,上述等式可以简化为:

$$E[X] = \sum_{i=1}^{n} p_i x_i \tag{10.1}$$

【例 10-6】　已知一笔美元看涨期权/日元看跌期权的掉期交易，期限 6 个月，履约价格为 100.00 日元，面值为 1 000 000 美元，计算期权费。

期权支付额是到期时即期汇率对履约价格的函数。例如，如果到期时即期汇率为 106.00 日元，则支付额为 6 000 000 日元。

期权支付额 = 1 000 000 ×（106.00 - 100.00）= ¥6 000 000

预计期权支付额取决于到期时即期汇率达到各种汇率水平的概率。可以用二叉树图来描述一系列可能的汇率。假设期权交易开始时的即期汇率为 100.00 日元，每个月汇率上下波动幅度的概率相等，如上升或下跌 3 日元，在 6 个月期权有效期内汇率变动的可能路径如范例 10-3 所示（相反方向）。

在第 1 个月结束时，即期汇率可能是 100 + 3 = 103 或 100 - 3 = 97。

第 2 个月结束时，即期汇率可能出现以下一种情况：

103 + 3 = 106　　概率 = 1/2 × 1/2 = 1/4

103 - 3 = 100　　概率 = 1/2 × 1/2 = 1/4

97 + 3 = 100　　概率 = 1/2 × 1/2 = 1/4

97 - 3 = 94　　概率 = 1/2 × 1/2 = 1/4

在第 2 个月，汇率为 100 的概率要大于汇率为 94 或 106 的概率。

范例 10-3　二叉树图

月底	0	1	2	3	4	5	6
							118
						115	
					112		112
				109		109	
			106		106		106
		103		103		103	
	100		100		100		100
		97		97		97	
			94		94		94
				91		91	
					88		88
						85	
							82

可能的汇率	路径数	概率
106	1	1/4
100	2	2/4 = 1/2
94	1	1/4
合计	4	4/4 = 1

以此类推。

如范例 10-3 所示,到第 6 个月结束时,将出现 7 种可能的汇率,以及反映实现这些汇率路径数的概率。汇率变动存在 64 种可能的路径(注:$2^6 = 64$)。其中 20 种路径的最终价格为 100。6 个月结束时,汇率为 118 的概率为 1/64(在 6 个月中,汇率每月连续上升)。同样,到期时汇率为 82 的概率也是 1/64(在 6 个月中,汇率每月连续下跌)。

可能的汇率	路径数	概率
118	1	1/64
112	6	6/64
106	15	15/64
100	20	20/64
94	15	15/64
88	6	6/64
82	1	1/64
合计	64	64/64 = 1

组合与概率

从 n 个试算数中求得 x 值的计算次数 $= C_n^x = \dfrac{n!}{x!(n-x)!}$

其中"n 的阶乘",$n! = 1 \times 2 \times 3 \times \cdots \times (n-1) \times n$。

从 0 至 6 个月汇率上升的路径数为:

$$C_6^0 = \frac{6 \times 5 \times 4 \times 3 \times 2 \times 1}{0! \times 6 \times 5 \times 4 \times 3 \times 2 \times 1} = 1 \text{ (注意:} 0! = 1\text{)}$$

从 1 至 6 个月汇率上升的路径数为:

$$C_6^1 = \frac{6 \times 5 \times 4 \times 3 \times 2 \times 1}{1 \times 5 \times 4 \times 3 \times 2 \times 1} = 6$$

从 2 至 6 个月汇率上升的路径数为:

$$C_6^2 = \frac{6 \times 5 \times 4 \times 3 \times 2 \times 1}{2 \times 1 \times 4 \times 3 \times 2 \times 1} = 15$$

从 3 至 6 个月汇率上升的路径数为:

$$C_6^3 = \frac{6 \times 5 \times 4 \times 3 \times 2 \times 1}{3 \times 2 \times 1 \times 3 \times 2 \times 1} = 20$$

以此类推。

若汇率上升月份的概率 = 1/2,则下跌月份的概率 = 1 - 1/2 = 1/2。

在 n 中的 x 汇率上升月份的概率

$$=\frac{\text{在 } n \text{ 中的 } x \text{ 汇率上升月份的路径数}C_n^x}{\text{汇率上升路径总数}\qquad 2^n}$$

如果 $x=2,n=6$,从 2 至 6 个月汇率上升的概率 = 15/64。

假设履约价格为 100,每种可能汇率的期权支付额为:

可能的汇率	期权支付额(日元)
118	18 000 000
112	12 000 000
106	6 000 000
100	0
94	0
88	0
82	0

若到期时汇率为 100 或更低,期权持有者将选择不执行期权,因此,支付额为零。

将按可能汇率计算的支付额与出现可能汇率的概率相乘,可以计算出预计的支付额。

可能的汇率	日元支付额	概率	预计支付额
118	18 000 000	1/64	281 250
112	12 000 000	6/64	1 175 000
106	6 000 000	15/64	1 486 250
100	0	20/64	0
94	0	15/64	0
88	0	6/64	0
82	0	1/64	0
合计		1	**2 812 500**

该期权的预计支付额为¥2 832 500 = US$28 125.00(即期汇率 US$1 =¥100.00)。

如果期权费在到期时支付,就应当以公允价值支付。实际上,期权费通常是预先支付的。期权费的公允价值是指到期时预计支付额的现值。若 6 个月的美元年利率为 5%,预先支付的期权费为:

$$\frac{\$28\ 125.00}{1+0.05\times 6/12}=\$27\ 439.02$$

概率分布

说明每种可能结果的概率分布称为概率分布函数或概率密度函数(probability distribution or probability density function)(见图10-5)。

如果期权履约价格不同,期权费也会不同。此种情况下,二叉树图和概率不会产生变化,但预计支付额将发生变化。

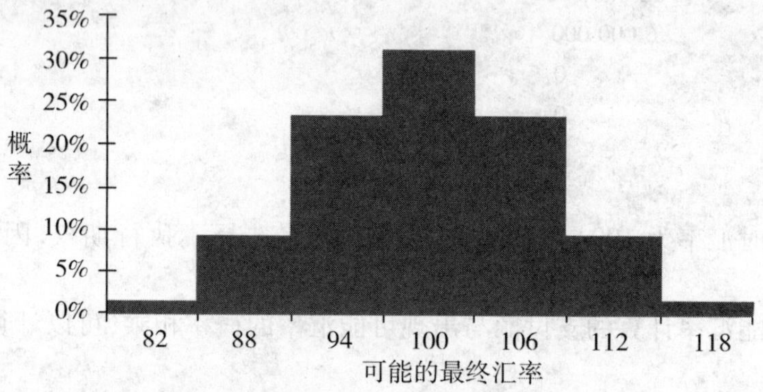

图10-5 概率密度函数

【例10-7】 若履约价格确定为105.00,则预计期权支付额将会下降到:

可能汇率	日元支付额	概率	预计支付额
118	13 000 000	1/64	203 125
112	7 000 000	6/64	656 250
106	1 000 000	15/64	234 375
100	0	20/64	0
94	0	15/64	0
88	0	6/64	0
82	0	1/64	0
合计		1	**1 093 750**

预计支付额为:¥1 093 750 = US$10 937.50

预先支付的期权费为:

$$\frac{\text{US\$10 937.50}}{(1+0.05\times6/12)}=\text{US\$10 670.73}$$

若汇率上下波动的幅度发生变化,期权费也将不同。

【例10-8】 如果汇率上下波动幅度为每月2日元,则二叉树图如范例10-4所示。

范例10-4 汇率上下波动幅度为2日元的二叉树图

月底	0	1	2	3	4	5	6
							112
						110	
					108		108
				106		106	
			104		104		104
		102		102		102	
	100		100		100		100
		98		98		98	
			96		96		96
				94		94	
					92		92
						90	
							88

履约价格为 100 日元的美元看涨期权预计支付额如下：

可能的汇率	日元支付额	概率	预计支付额
112	12 000 000	1/64	187 500
108	8 000 000	6/64	750 000
104	4 000 000	15/64	937 500
100	0	20/64	0
96	0	15/64	0
92	0	6/64	0
88	0	1/64	0
合计		1	**1 875 000**

预计支付额为:¥1 875 000 = US$18 750.00

预先支付的期权费为 18 292.68 美元。

汇率上下波动的幅度越小,意味着波动率较小。当汇率上下波动幅度为 2 日元时,可能汇率的差价就小于汇率波动幅度为 3 日元的差价。也就是说,汇率月度上下波动的幅度为 3 日元,表示汇率的年波动率为 10.4%;汇率月度上下波动的幅度为 2 日元时,汇率的年波动率为6.9%①。

总之,决定货币期权价格因素如下:

1. 与市场汇率相关的履约价格;

2. 距离到期的时间;

3. 预计波动率;

---

①参阅【例 10-10】,了解波动率的计算方法。

4. 利率。

期权履约价格与市场汇率之间的关系

根据范例 10-1，期权履约价格与市场汇率之间的关系将决定期权是否处于平价、价内或价外状态。一个处于价内状态的期权具有根据价内实际情况确定价值的性质，这称为内在价值(intrinsic value)。期权越是接近价内状态，其内在价值就越大。根据定义，价外期权没有内在价值，见图 10-6。

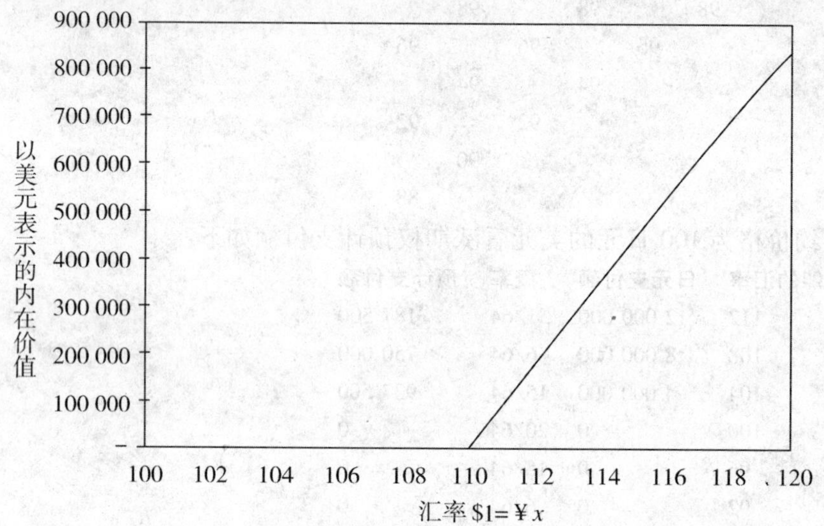

图 10-6　内在价值：履约价格为 110.00 日元的美元看涨期权

在期权有效期内，随着市场汇率接近履约价格，将使期权处于价内状态或价外状态，期权内在价值也会随之发生变化。例如，一只履约价格为 110.00 日元的美元看涨期权，当市场汇率为 115.00 日元时，其内在价值将高于汇率为 114.00 日元时的内在价值。期权面值为 10 000 000 美元，以日元表示的期权内在价值为：

汇率为 115.00 日元，内在价值 = 10 000 000 × (115.00 − 110.00)

= ¥40 000 000

汇率为 114.00 日元，内在价值 = 10 000 000 × (114.00 − 110.00)

= ¥30 000 000

如果市场汇率跌至低于 110.00 日元履约价格的水平，期权内在价值将跌至零，见图 10-7。

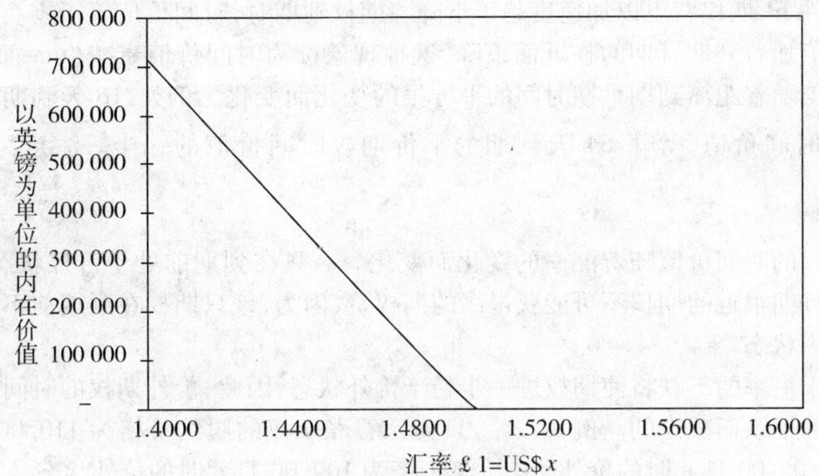

图 10-7　内在价值：履约价格为 1.5000 美元的英镑看跌期权

距到期的时间

没有到期的期权具有时间价值(time value)。由于期权在到期之前可能发生价内状态的变化，因此，未到期期权具有价值。距离到期时间越近，期权的时间价值就越低，见图 10-8。

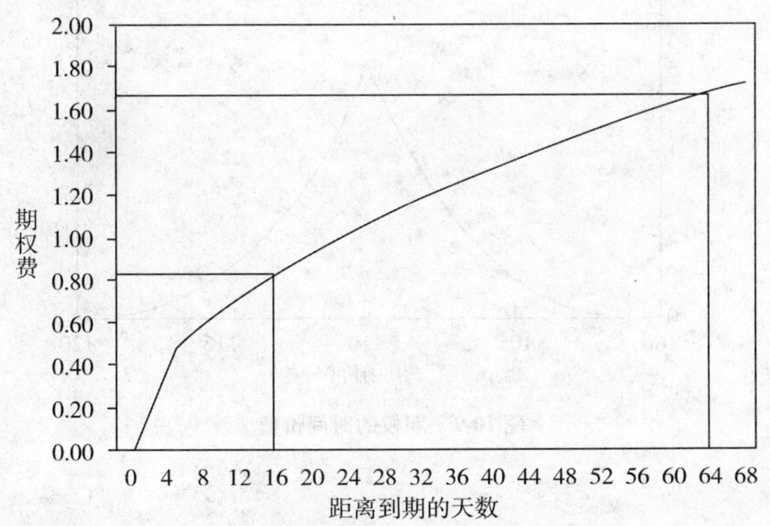

图 10-8　平价期权的时间价值衰减

随着期权接近于到期日期，期权的时间价值趋于下降；在履约价格约等于平价状态条件下,期权费也以加速度趋于下降。期权到期时,时间价值等于零。期权的时间价值随着到期日期的临近而下降,这种现象称为时间价值衰减(time decay)。时间价值随着距离到期日期时间的平方根的变化而变化。例如,16 天到期的平价期权的时间价值,等于 64 天到期的平价期权时间价值的一半。注意:$\sqrt{16} = \frac{1}{2}\sqrt{64}$。

期权的时间价值随着汇率的变化而变化。一只在到期前处于价外状态,且距离到期日期很近的期权不可能获得高的期权费,因为,该只期权在到期前不大可能处于价内状态。

由于汇率的下跌将使期权进一步趋于价外状态,因此,价外期权的时间价值是随汇率的下跌而减少的。例如,若一只美元看涨期权的履约价格为 110.00 日元,汇率为 105.00 日元时的价外状态大于汇率为 109.00 日元时的价外状态。

价内期权也有时间价值。由于在到期之前可能进一步趋于价内状态,因此,价内期权具有时间价值。

在到期日期之前,时间价值总是正值。在期权履约价格上,期权的时间价值达到了最大限度,因为在这一点时,期权的价内或价外的不确定性最大(见图 10-9)。

期权费等于期权的内在价值与时间价值之和(见图 10-10 和图 10-11)。

$$期权费 = 内在价值 + 时间价值 \tag{10.2}$$

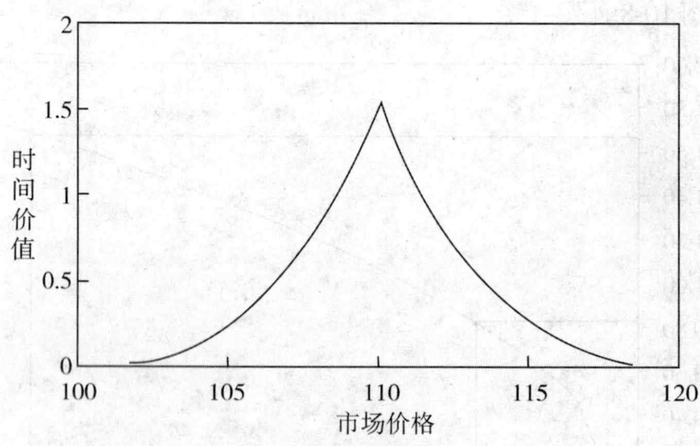

图 10-9　期权的时间价值

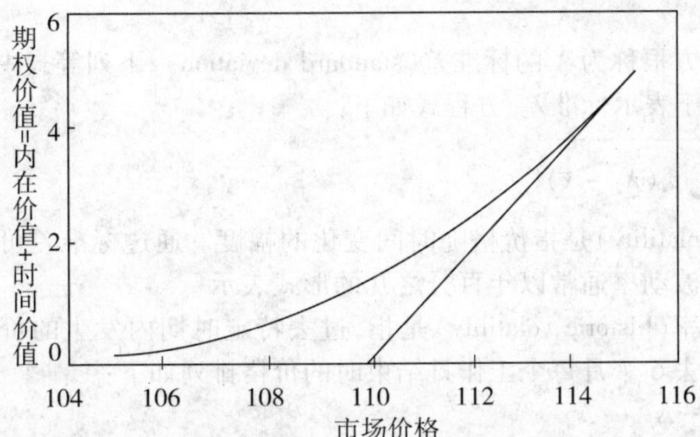

图 10-10　看涨期权的期权费 = 内在价值 + 时间价值

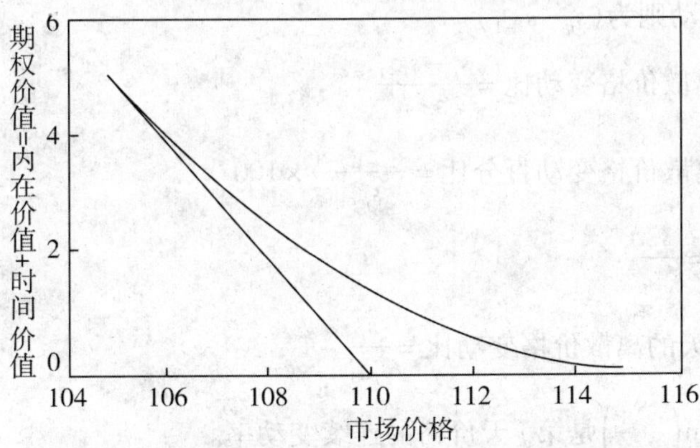

图 10-11　看跌期权的期权费 = 内在价值 + 时间价值

波动率

根据二叉树图模型，汇率上下波动幅度越大，期权费也就越高。一般来说，汇率的预期波动率越大，期权费将越高。汇率波动率越大，在到期前期权趋于价内状态的概率越大，因此，期权卖出者的风险越大，支付的期权费越高。

由于预期波动率由市场决定，因此，它通常是近期历史波动率和市场预期的函数。

统计学将离散随机变量的方差（variance）定义为 $\bar{x}$ 均值，方程式如下：

$$V[X] = E[(X - x)^2] = \sigma^2 = \sum_{i=1}^{n} p_i(X - \bar{x})^2 \tag{10.3}$$

方差是 X 均值的"离散"指标。从金融学上讲，方差是计算不确定性程度或风险程度的指标。

方差的平方根称为 X 的标准差(standard deviation),下列等式中的希腊字母西格玛,即 σ,用于表示标准差,方程式如下:

$$\sigma = \sqrt{\sum_{i=1}^{n} p_i (X_i - \bar{x})^2} \tag{10.4}$$

波动率(volatility)是指价格随时间变化的幅度。通过标准差可以计算出价格波动的幅度。波动率通常以年百分之几的形式表示。

历史波动率(historic volatility)是指,过去特定时期内发生的价格变动的离散程度。假设过去 6 个月每个工作日结束时的价格排列如下:

$s_1, s_2, s_3, \cdots, s_j, \cdots, s_n$

例如,若在观察期中有 126 个工作日,即 $n = 126$,第一天的当日价格变动为 $(s_2 - s_1)$,第二天为 $(s_3 - s_2)$,以此类推,直到最后一天为 $(s_n - s_{n-1})$。那么,在第 j 天,当日价格变动则为 $(s_j - s_{j-1})$。

第 j 天的离散价格变动比 $= \dfrac{s_j - s_{j-1}}{s_{j-1}}$

第 j 天的离散价格变动百分比 $= \dfrac{s_j - s_{j-1}}{s_{j-1}} \times 100$

相对价格 $= \dfrac{s_j}{s_{j-1}}$

因此,第 j 天的离散价格变动比 $= \dfrac{s_j}{s_{j-1}} - 1$

自然对数 $\ln\left(\dfrac{S_j}{S_{j-1}}\right)$ 是第 j 天价格的连续变动率。

例如,若 $S_1 = 10$, $S_2 = 11$,离散价格变动率 $= (11 - 10)/10 = 10.0\%$,价格的连续变动率 $= \ln(11/10) = 0.09531 = 9.531\%$。(注:单利的年利率 10.0% = 连续复利的年利率 9.531%)。

若 $(n+1)$ 为观察天数,n = 时期数,其中,S_j = 第 j 个时期结束时的价格。

令 $u_j = \ln\left(\dfrac{S_j}{S_{j-1}}\right) \quad j = 1, 2, \cdots, n$

等式两边取以 e 为底的指数函数,得:

$$e^{u_j} = \frac{S_j}{S_{j-1}}$$

因此,u_j 为第 j 个时期连续复利的增长率(rate of growth)。

根据下列公式一般可以求得 $u_j s$ 标准差的预测值:

$$\sigma = \sqrt{\frac{1}{n} \sum_{j=1}^{n} (u_j - \bar{u})^2}$$

这里，$\bar{u}=u_j s$ 的均值。

如果不同时间长度的变量值是自变量，即恒等分布的随机变量，那么，在时间长度 t 期间的波动率可以从年波动率中计算得出，方程式如下：

$$\sigma_t=\sigma_A\sqrt{t} \tag{10.5}$$

其中：σ_t——时间长度期间的波动率；σ_A——年波动率；t——时间（年）。

如果（年度）波动率为每年 30%，3 个月（$t=1/4$）的（时间长度）波动率为：

$$\sigma_t=10\sqrt{1/4}=10\%\times 1/2=5\%$$

且 2 年期（$t=2$）的波动率为：

$$\sigma_t=10\sqrt{2}=14.1\%$$

方程式（10.5）的推导过程

若当日价格变动是自变量，则：

$$\sigma_i^2\ln\frac{s_t}{s_0}=\sigma_1^2\ln\frac{s_1}{s_0}+\sigma_2^2\ln\frac{s_2}{s_1}+\sigma_3^2\ln\frac{s_3}{s_2}+\cdots+\sigma_n^2\ln\frac{s_t}{s_{t-1}}$$

若当日价格变动都是相同的变量，即 σ_A^2，则：

$$\sigma_t^2=\sigma_A^2\times t$$

【例 10-9】　根据过去 10 天的汇率，计算汇率的历史波动率。

天	价格（S_j）	S_j/S_{j-1}	$u_j=\ln(S_j/S_{j-1})$	$(u_j-\bar{u})^2$
0	100.0			
1	101.5	1.01500	0.01489	0.00020139
2	102.1	1.00591	0.00589	0.00002700
3	100.6	0.98531	−0.01480	0.00024019
4	100.2	0.99602	−0.00398	0.00002192
5	101.3	1.01098	0.01092	0.00010446
6	101.7	1.00395	0.00394	0.00001502
7	100.9	0.99213	−0.00790	0.00007387
8	100.0	0.99108	−0.00896	0.00009326
9	101.6	1.01600	0.01587	0.00023030
10	100.7	0.99114	−0.00890	0.00009207
			0.00698	0.00109499

$$\text{当日波动率}\ \sigma=\frac{1}{n}\sqrt{\sum_{j=1}^{n}(u_j-\bar{u})^2}=\frac{\sqrt{0.00109499}}{10}$$

$$=0.01046416=1.046\%$$

已知：每年有 252 个工作日，t = 1/252。

年波动率为：

$$\sigma=0.0146416\times\sqrt{252}=16.6\%/\text{年}$$

波动率越大,标准差越大。如果汇率的波动幅度变大,与汇率波动幅度缩小相比,即期汇率从110.00向115.00波动的概率就越大。相应地,时间价值越高,波动率越大,见图10-12。

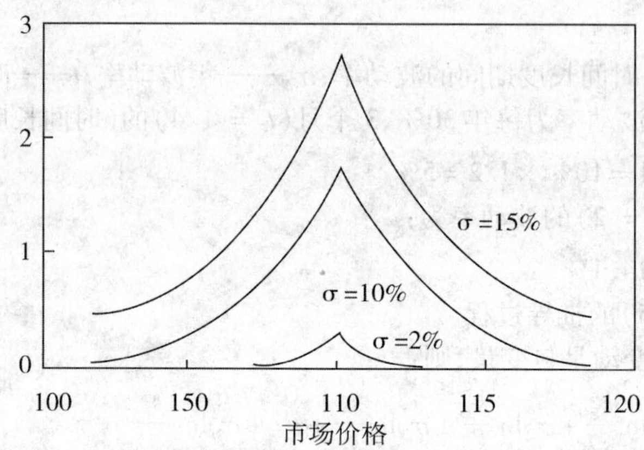

图10-12 时间价值是波动率的函数

【例10-10】 已知概率分布沿用例10-6的数据,计算(年度)波动率。

可能的汇率	$(x-\bar{x})$	$(x-\bar{x})^2$	概率(p)	$p(x-\bar{x})^2$
118	18	324	1/64	5.0625
112	12	144	6/64	13.500
106	6	36	15/64	8.4375
100	0	0	20/64	0
94	-6	36	15/64	8.4375
88	-12	144	6/64	13.500
82	-18	324	1/64	5.0625
		合计	64/64	54.000

$\therefore \sigma_t = \sqrt{54} = 7.348469$

以即期汇率的百分比表示 $= \dfrac{7.348469}{100} = 7.348469\%$

拆算为年利率:$\sigma_A = \dfrac{\sigma_t}{\sqrt{6/12}} = \dfrac{7.348469}{0.707107} = 10.4\%/年$

预计本身带有主观性,因此,不同的市场参与者的预计波动率很可能是不同的。实际上,在对期权定价时,波动率是一个非常重要的决定性因素,因此,在与其他交易者进行交易时,期权交易者实际上一般都报买卖价的波动率。

无风险利率

期权价格还取决于无风险利率。期权费是预先支付的，但在执行期权的交割日期之前，期权标的货币是不交割的，期权卖出者只能使用期权费。期权卖出者可以向下调整期权费，以反映其时间价值。为了修正期权的时间价值，对期权费进行贴现的利率称为"无风险"利率，如此称呼是因为假设在对期权费进行贴现时不存在信用风险。无风险利率的相对重要性在于它有助于延长期权的期限。

看跌期权与看涨期权的平价关系

看涨期权与看跌期权是密切相关的。如果某人以相同的履约价格、本金金额和期限买入美元看涨期权/日元看跌期权，卖出美元看跌期权/日元看涨期权，这就相当于他买入了美元对日元的远期，到期时他将得到与买入远期相同的利润。

【例 10-11】 某交易者买入了 6 个月的美元看涨期权/日元看跌期权，履约价格 US$1 = ¥110.00，同时，卖出了 6 个月的美元看跌期权/日元看涨期权，履约价格也是 US$1 = ¥110.00。两笔交易 6 个月结束时的支付额是相同的，这相当于他买入了直接汇率为 1 美元对 110.00 日元的美元远期，具体如下：

到期时的即期汇率	买入美元看涨期权的支付额	卖出美元看跌期权的支付额	净支付额
105.00	0	-5.00	-5.00
106.00	0	-4.00	-4.00
107.00	0	-3.00	-3.00
108.00	0	-2.00	-2.00
109.00	0	-1.00	-1.00
110.00	0	0	0
111.00	+1.00	0	+1.00
112.00	+2.00	0	+2.00
113.00	+3.00	0	+3.00
114.00	+4.00	0	+4.00
115.00	+5.00	0	+5.00

买入看涨期权和卖出看跌期权之间的关系等于多头远期，这称为看跌期权与看涨期权的平价关系(put-call parity)。

看跌期权与看涨期权平价关系方程式如下：

买入看涨期权 + 卖出看跌期权 = 买入远期 (10.6)[①]

据此推理,卖出看涨期权和买入看跌期权的结果与空头远期头寸的结果是相同的。

看跌期权与看涨期权套汇

看跌期权与看涨期权的平价关系说明,履约价格一定的条件下,看涨期权费与看跌期权费之间存在着独特的关系。如果看涨期权费和看跌期权费不符合看跌期权与看涨期权平价关系,就会出现套汇机会。

【例 10-12】

即期汇率 US$1 = ¥110.00

6 个月远期汇率 US$1 = ¥109.00

履约价格为 108.00 日元的 6 个月期权的期权费为:

美元看涨期权 2.00 日元

美元看跌期权 1.10 日元

通过买入履约汇率为 108 日元的美元看涨期权,卖出履约汇率为 108 日元的美元看跌期权,可以建立了一个美元对日元的美元多头头寸,实际汇率为 US$1 = ¥108.00。这个头寸可以用卖出远期汇率为 US$1 = ¥109.00 的 6 个月美元远期来抵补,同时可以获利 1 日元。净期权费为 0.90 日元(即买入美元看涨期权的费用 2.00 日元减去卖出美元看跌期权的收入 1.10 日元),这表示按 108.00 日元的汇率建立美元多头头寸的成本。1 日元收益与 0.90 日元净期权费之间的差额为 10 个基点,这就是套汇的利润。

看跌期权与看涨期权套汇

			期权费
买入履约汇率为 108 日元的美元看涨期权			-¥2.00
卖出履约汇率为 108 日元的美元看跌期权			+¥1.10
买入美元远期的履约汇率		108.00	-¥0.90
卖出美元远期的履约汇率	109.00		
平仓收益	¥1.00		
净期权费	-¥0.90		
利润	¥0.10		

更准确地讲,净期权费 0.90 日元的未来价值应当与 6 个月结束时产生的结算收益 1 日元进行比较。但是,如果 6 个月期的日元利率非常低,如年利率为 0.5%,

---

①只适用于欧式期权。

这两者之间的差额就微乎其微了。

看跌期权与看涨期权的平价关系可以重新写为如下方程式:

远期汇率 - 履约汇率 = 未来价(看涨期权费 - 看跌期权费)　　(10.7)

在看跌期权与看涨期权平价关系恢复之前,人们可以利用这个套汇机会。实际上,套汇的过程将确保看跌期权与看涨期权平价关系发挥作用。

根据无套利期权定价模型,平价期权的履约价格必定等于远期汇率。根据公式(10.5),对于平价期权来说,看涨期权费必定等于看跌期权费。

通过假设在期权有效期内即期汇率从当前水平向远期汇率的漂移(drifts),以期权到期时远期汇率的可能水平为中心,使用二叉树定价模型可以确定无套汇定价。这就是说,向上波动和向下波动的漂移数值是不同的。

再次用二叉树模型对 6 个月期的美元看涨期权/日元看跌期权进行定价,已知即期汇率为 US$1 = -¥100.00,6 个月的远期汇率为 US$1 = ¥99.00,其二叉树模型如范例 10-5 所示,这里,上下波动的范围为向远期汇率漂移的修正值 +/-3 日元。

$$月漂移值 = \frac{远期汇率 - 即期汇率}{月份数} = \frac{99.00 - 100.00}{6} = -¥0.17$$

1 个月向上波动的汇率 = 100.00 + 3.00 - 0.17 = 102.83(日元)

1 个月向下波动的汇率 = 100.00 - 3.00 - 0.17 = 96.83(日元)

总之,x 月向上波动的汇率 = $(x-1)$ 月汇率 + 向上因素 + 漂移值

x 月向下波动的汇率 = $(x-1)$ 月汇率 - 向下因素 + 漂移值

范例 10-5　以远期汇率$1 = ¥99.00 为中心进行波动的汇率二叉树

月末	0	1	2	3	4	5	6
							117.00
						114.17	
					111.33		111.00
				108.50		108.17	
			105.67		105.33		105.00
		102.83		102.50		102.17	
	100.00		99.67		99.33		**99.00**
		96.83		96.50		96.17	
			93.67		93.33		93.00
				90.50		90.17	
					87.33		87.00
						84.17	
							81.00

图中描述的内在价值在一定程度上适合于远期汇率优于履约价格的情况。

反向二叉树法

在【例 10-6】中的美元看涨期权的期权费可以用反向二叉树法进行定价。这种方法是先计算出在期权到期时执行期权按每种可能汇率收到的支付额,然后通过二叉树图进行倒算,确定期权起始时的预计价值。

范例 10-6 反向二叉树法

月末	0	1	2	3	4	5	6	可能的汇率
							180 000	118
						150 000		
					120 000		120 000	112
				90 000		90 000		
			63 750		60 000		60 000	106
		43 125		37 500		30 000		
	28 125		22 500		15 000		0	100
		13 125		7 500		0		
			3 750		0		0	94
				0		0		
					0		0	88
						0		
							0	82

如果在 6 个月结束时即期汇率为 118 日元,执行期权收到的支付额将为 180 000 日元;如果即期汇率为 112 日元,收到的支付额为 120 000 日元。由此可见,如果概率相等,在期权最后月份,即期汇率上下波动的幅度为 3 日元,这就是说,如果第 5 个月结束时,即期汇率为 115 日元,则那时的期权价值必定为 150 000 日元[(180 000 + 120 000)/2]。

同样,6 个月结束时若即期汇率为 112 日元,执行期权收到的支付额将为 120 000 日元;若即期汇率为 106 日元,则收到的支付额为 60 000 日元。因此,若第 5 个月结束时的即期汇率为 108 日元,期权价值必定为 90 000 日元。

通过二叉树进行倒算,可以得到期权费的未来值为¥2 812 500 = US$28 125。

反向二叉树法是十分有用的,用这种方法可以计算出二叉树每个节点上期权到期时的价值。例如,如果第 2 个月结束时的即期汇率为 100 日元,则期权费的(未来)价值为 2 250 000 日元。

美式期权与欧式期权

如果看涨期权的货币是高利率货币,美式看涨期权的期权费必然高于等值的欧式看涨期权的期权费。例如,在履约价格和到期日期都相同的条件下,如果美元利率高于日元利率,美式美元看涨期权/日元看跌期权的期权费就高于欧式美元看涨期权/日元看跌期权的期权费。其原因是,美式美元看涨期权的持有者可以在期权到期之前按即期汇率执行期权,因此,可以提前收到高利率的货币和支付低利率的货币。由于存在这种可能性,因此,期权写约人提高了美式期权的期权费。

美式期权的期权费从来不会比欧式期权便宜。如果看涨期权货币的利率低于看跌期权的货币,这将要求相同的期权费,因为美式期权的持有者在期权到期前需要更高利率的货币资金,因此,他们会提前按即期汇率执行期权。

几何二叉树模型

上述介绍的二叉树模型存在一个局限性,即如果波动率太大,可能产生负值的汇率。实际上,汇率不可能是负值,几何二叉树模型可以克服这个问题,这个模型不是用汇率上下波动的绝对数,而是用汇率上下波动的固定百分率来构建二叉树。用几何二叉树模型产生汇率时,汇率波动的下限为零,但向上波动是无限制的。汇率的分布状态不再是对称的。但是,汇率的相对变动的分布状态却是对称的。

【例 10-13】　考虑下列简单的几何二叉树。市场初始价格为 US$1 = ¥100。每个时期汇率的上下波动率为 20%。

	时期 1	时期 2
		144
	120	
100		96
	80	
		64

在第 1 个时期,即期汇率可能上升 20%,从 100 上升到 120,也可能下降 20%,从 100 下降到 80。在第 2 个时期的即期汇率可能为:

上升 20%,从 120 上升到 $120 \times 1.2 = 144$;

下降 20%,从 120 下降到 $120 \times 0.8 = 96$;

上升 20%,从 80 上升到 $80 \times 1.2 = 96$;

下降 20%,从 80 下降到 $80 \times 0.8 = 64$。

远期汇率可以以等式 $f = Se^{(r-y)t}$ 表示,其中:S——即期汇率;r——以连续复利表示的标价货币利率;y——以连续复利表示的被标价货币利率;t——以年为单位的时间。

若设 p = 汇率向上波动的概率，则 $1-p$ = 汇率向下波动的概率。在第 1 个时期，汇率既可能从 S 到 S_u 向上波动，也可能从 S 到 S_d 向下波动。若设 u 为上升的汇率与前期汇率的比率，设 d 为下降的汇率与前期汇率的比率，则一个时期后，即期汇率要么上升至远期汇率，要么下跌至远期汇率，计算公式如下：

$$S[pu+(1-p)d]=Se^{(r-y)t}$$

$$pu+d-pd=e^{(r-y)t}$$

$$\therefore p=\frac{e^{(r-y)t}-d}{u-d} \tag{10.8}$$

在上述例子中：

$u=120/100=144/120=96/80=1.2$

$d=80/100=64/80=96/120=0.8$

若 $r=0.05$，$y=0.03$，$t=1$，则：

$$p=\frac{e^{0.05-0.03}-(0.8)}{0.4}=0.5505$$

且 $1-p=1-0.5505=0.4495$

注意，上述例子中，即期汇率上升的概率要大于下降的概率。

总之，汇率上升波动率不必等于下降波动率。如果进行重新组合，就会简化二叉树的复杂程度。也就是说，汇率在向上波动后再向下波动与向下波动后再向上波动是相同的。

当二叉树为几何二叉树时，可以用反向二叉树法对期权定价。

用【例 10-13】中的几何二叉树可以计算履约价格为 100 日元的 2 年期欧式看跌期权的期权费。

在二叉树不同阶段，期权的内在价值如下：

	1 年	**2 年**
		0
	0	
0		4
	20	
		36

在第 1 年低节点上看跌期权的期权费，其内在价值 = 20，等同于：

$P_d=0.9512\times(4\times0.5505+36\times0.4495)=¥7.49$

同样，在第一年高节点上看跌期权的期权费等于：

$P_u=0.9512\times(0\times0.5505+4\times0.4495)=¥1.71$

因此，在零时点上的看跌期权期权费必定为：

$P=0.9512(1.71\times0.5505+17.49\times0.4495)=¥8.37$

总之,用两步骤的二叉树计算看跌期权价值的概率的计算方程式为:

$$P=e^{-2r\Delta t}[p^2P_{uu}+2p(1-p)P_{ud}+(1-p)^2P_{dd}] \tag{10.9}$$

在上述例子中:

Δt = 时间步 1 = 1 年

p = 上节点概率 = 0.5505

P_{uu} = 上 - 上节点到期价值 = 0

P_{ud} = 上 - 下节点到期价值 = 4

P_{dd} = 下 - 下节点到期价值 = 36

$$P=e^{-2\times1\times0.05}[0.5505^2\times0+2\times0.5505\times0.4495\times4+0.4495^2\times36]$$
$$=8.37\text{(日元)}$$

同样,用两步法二叉树计算看涨期权的方程式为:

$$C=e^{-2r\Delta t}[p^2C_{uu}+2p(1-p)C_{ud}+(1-p)^2C_{dd}] \tag{10.10}$$

对于看涨期权来说:

C_{uu} = 上 - 上节点到期价值 = 44

C_{ud} = 上 - 下节点到期价值 = 0

C_{dd} = 下 - 下节点到期价值 = 0

$$C=e^{-2\times1\times0.05}[0.5505^2\times44+2\times0.5505\times0.4495\times0+0.4495^2\times0]$$
$$=12.07$$

总之,如果二叉树存在 n 个时期数,则:

$$C=e^{-nr\Delta t}\sum_{j=0}^{n}\frac{n!}{j!(n-j)!}p^j(1-p)^{n-j}\max(u^jd^{n-j}S-K,0) \tag{10.11}$$

$$P=e^{-nr\Delta t}\sum_{j=0}^{n}\frac{n!}{j!(n-j)!}p^j(1-p)^{n-j}\max(K-u^jd^{n-j}S,0) \tag{10.12}$$

当 n 趋于无穷大时,概率分布成为连续的点,二叉树概率分布接近于一个正态分布。第 14 章将讨论正态分布的特性。

布莱克—斯科尔斯模型

当二叉树各个步骤之间时间间隔趋于缩小和到期时和可能结果的数量趋于扩大的时候,用二叉树模型可以计算出更加精确的期权费。1973 年,费希尔 · 布莱克(Fischer Black)、迈伦 · 斯科尔斯(Myron Scholes)和罗伯特 · 默顿(Robert Merton)研究提出了一种数学模型,用于基于不派发红利股票的期权的定价。

$$C=SN(d_1)-Ke^{-rt}N(d_2) \tag{10.13}$$

其中:C——看涨期权费;S——股票价格;K——期权履约价格;r——无风险利

率(表示为连续复利);t——距离到期的时间(年);$N(\ )$——标准正态分布的累积函数

$$d_1 = \frac{\log_e(S/K) + (r + 1/2\sigma^2)t}{\sigma\sqrt{t}}$$

$$d_2 = d_1 - \sigma\sqrt{t}$$

σ = 预计波动率/年

利用看跌期权与看涨期权平价关系可以计算出看跌期权的期权费:

$$p = C + e^{-rt}K - S \quad (10.14)$$

上述方程式可以改写为:

$$P = e^{-rt}KN(-d_2) - SN(-d_1) \quad (10.15)$$

尽管布莱克—斯科尔斯公式看起来可能难以理解,但可以简单地将其理解为看涨期权费取决于与有价证券价格、预期波动率、距到期时间和无风险利率相关的期权履约价格——这与用二叉树模型确定期权费时的因素相同。

实际上,布莱克—斯科尔斯模型是几何二叉树模型的延续。由于存在无穷大的路径数,概率密度函数变成了一种对数正态概率分布,如图 10-13 所示。

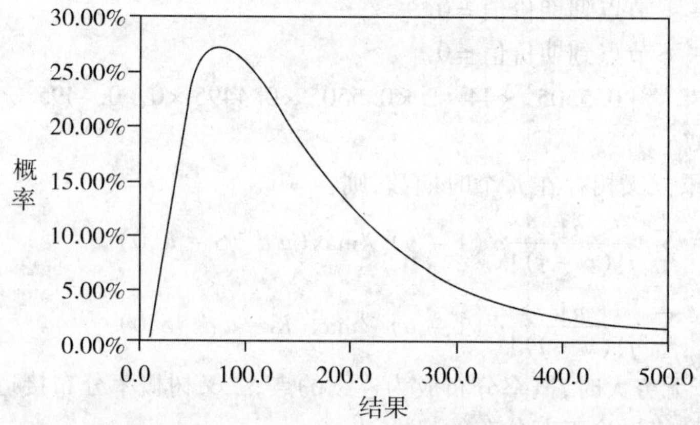

图 10-13 正态对数概率分布

利率差

货币期权的价格与两种货币的利率相关。

期权的卖出者持有潜在的外汇净头寸。例如,如果卖出美元看跌期权/日元看涨期权,卖出者将面临这样的风险:如果美元贬值,期权将被执行,卖出者将发生亏损。为了避免这种风险,卖出者可以选择的措施是,在汇率下跌之前卖出美元远期,以对潜在的外汇头寸进行全部或部分的套期保值。对潜在外汇头寸的可变部分进行套期保值是一种通用的惯例，这称为代尔他套期保值（delta hedging），这部分内容将在第 14 章进行讨论。

当利率差别变化时，代尔他套期保值或者不进行保值的收益或成本也将变化。因此，利率差别是期权价格的一个决定性因素。

货币期权

1983 年，加曼（Garmen）和科尔哈根（Kohlagen）将布莱克—斯科尔斯模型作了修改，以便用于对货币期权的定价，他们假定在被标价货币的利率不为零的条件下：

$$c = Se^{-yt}N(d_1) - Ke^{-rt}N(d_2) \tag{10.16}$$

$$p = Ke^{-rt}N(-d_2) - Se^{-yt}N(d_1) \tag{10.17}$$

其中：r——标价货币利率（连续复利）；y——被标价货币收益率（连续复利）。

即期汇率 S 是标价货币单位数量与一个单位被标价货币的比率。假定即期汇率服从"布朗运动"（Brownian motion）过程，也就是说，在任何（无穷小）时期，即期价格都是随机上下波动。假定价格变动的概率分布是正态的，因而，价格微小变动的概率大于大幅波动的概率。

看跌期权与看涨期权平价关系的证明

看跌期权与看涨期权的平价关系可以表示为：

看涨期权费 - 看跌期权费 = PV（远期价格 - 履约价格）

$$c - p = e^{-rt}(F - K)$$

$$= e^{-rt}(Se^{rt}/e^{yt} - K)$$

$$c - p = Se^{-yt} - Ke^{-rt} \tag{10.18}$$

其中：S——即期价格；K——履约价格；c——欧式看涨期权费；p——欧式看跌期权费；r——连续复利的利率；y——基于标的的连续复利的收益率；t——时间（年）；F——远期价格 $= Se^{(r-y)t}$。

假设某人同时做了以下四笔交易：

1. 买入美元看涨期权/日元看跌期权，面值为 1 美元；
2. 卖出美元看跌期权/日元看涨期权，面值为 1 美元；
3. 卖出 1 美元对日元的远期；
4. 以日元借入 $PV(F-K)$。

这四笔交易的现金流如下：

交易	当日	到期时 若 $S<K$		到期时 若 $S>K$	
	日元	美元	日元	美元	日元
买入美元看涨期权	$-c$			$+1$	$-K$
卖出美元看跌期权	$+p$	$+1$	$-K$		
卖出美元远期		-1	$+F$	-1	$+F$
借入 $PV(F-K)$	$+(F-K)e^{-rt}$	—	$-(F-K)$	—	$-(F-K)$
合计	$-c+p+(F-K)e^{-rt}$	0	0	0	0

到期时的净支付额等于零。除非当日净现金流也等于零,否则将出现套汇机会。因此:

$$-c+p+(F-K)e^{-rt}=0$$

整理后为:

$$c-p=(F-K)e^{-rt} \tag{10.19}$$

对于为欧式期权定价的模型来说,为了防止出现套汇,平价期权的履约价格必须等于远期汇率。这是根据看跌期权与看涨期权的平价关系式得出来的结论,平价关系式表明,对于平价期权来说,看涨期权的期权费等于看跌期权的期权费。

若 $K=F$,

$$c-p=e^{-rt}(F-K)$$

$$=e^{-rt}(0)$$

$$c=p$$

【例 10-14】 已知履约价格为 108.00,目前的即期汇率为 US\$1 =¥110.00,3 个月期美元和日元利率分别为 5.0%/年和 1.0%/年(单利)。假定预期年波动率为 10%,计算 3 个月期的美元看涨期权/日元看跌期权的期权费。

$S=110.00$

$K=108.00$

$t=3/12=0.25$

$\sigma=10\%/年=0.10$

$r_T=1.0\%/年$(单利)　　$r=0.00999$(连续复利)

$r_C=5.0\%/年$(单利)　　$y=0.0497$(连续复利)

$$d_1=\frac{\ln(110/108)+[0.00999-0.0497+1/2(0.10)^2]\times 0.25}{0.1\times 0.5}$$

$$=\frac{0.018349-0.008678}{0.05}$$

$$=0.191983$$

$d_2 = 0.191983 - 0.05 = 0.141983$

$N(d_1) = 0.576122$

$N(d_2) = 0.576453$

$\therefore c = 110/(1 + 0.05/4) \times 0.576122 - 108/(1 + 0.01/4) \times 0.556453$

$= 265$

关于布莱克—斯科尔斯变形公式的说明

$\sigma\sqrt{t} = 0.10\sqrt{0.25} = 0.05$

$\sigma\sqrt{t}$是期限中的波动率。年波动率 10% 等于 3 个月波动率 5.0%。

r 是等价于年利率 1.0%（单利）的连续复利：

$r = \ln(1 + r_T) = 0.00999 = 0.999\%$/年

y 是等价于年利率 5%（单利）的连续复利：

$y = \ln(1 + r_C) = 0.0497 = 4.97\%$/年

e^{-rt}和 e^{-yt}是相应的贴现系数。

远期汇率表示期权到期时预期的即期汇率。这个假设是必须的，以确保该模型是（看跌期权与看涨期权）无风险套利。$f = 108.91$，这就是假设，在期权整个有效期内，即期汇率将从初始水平向（当时）远期汇率水平漂移。

在期权有效期内，即期汇率将有许多可能的路径。假设即期汇率的实际路径是向远期汇率漂移和随机升降的布朗运动相结合的产物（见图 10-14）。

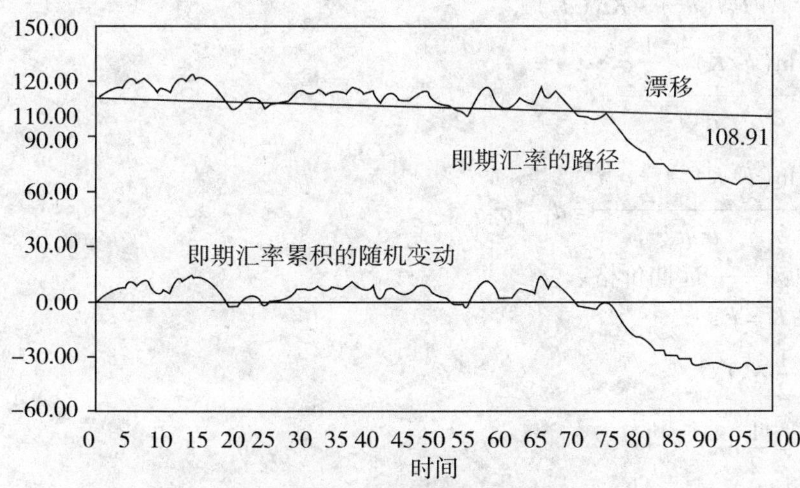

图 10-14　假设的即期汇率变动情况

价格随机变动的假定概率的分布标准差就是预期波动率。

d_2 是下述情况下的标准差的数值，即假设即期价格的变动率是在均值为 110.00 和标准差为 5.0% 条件下的正态分布，履约价格低于到期时的预期即期价格。

$$d_2 = 0.141983$$

$$N(d_2) = 0.556453$$

如果期权到期时即期汇率高于履约价格，将执行看涨期权；如果期权到期时即期汇率低于履约价格，将执行看跌期权。$N(d_2)$ 是执行看涨期权的概率；$1-N(d_2)$ 是执行看跌期权的概率。

$KN(d_2)$ 为期权履约价格乘以履约价格的概率，再乘以 e^{-rt}，就可以贴现为现值。

$N(d_1)$ 是当 $y=0$ 时的看涨期权的代尔他值。这里，$N(d_1)=0.576122$，再乘以 e^{-yt}，可求出当 y 不等于零时看涨期权的代尔他值。$N(d_1)\ e^{-yt}=0.576122\times 0.987654=0.569009$。这就是说，如果假设条件成立，通过按期权标的被标价货币金额面值的 56.9% 买入期权，卖出的看涨期权立即可以对即期汇率的变动进行套期保值。代尔他值将在第 14 章进行讨论。

布莱克模型

1976 年，费舍尔・布莱克（Fischer Black）研究提出了布莱克—斯科尔斯模型的变式，可以根据远期价格来为期权定价。

$$c = e^{-rt}[FN(d_1) - KN(d_2)]$$

$$d_1 = \frac{\ln(F/K) + \frac{1}{2}\sigma^2 t}{\sigma\sqrt{t}} \tag{10.20}$$

$$d_2 = \frac{\ln(F/K) - \frac{1}{2}\sigma^2 t}{\sigma\sqrt{t}} = d_1 - \sigma\sqrt{t}$$

其中：F——远期价格。

如果 $K=F$，

$$d_1 = \frac{1}{2}\sigma\sqrt{t}$$

$$d_2 = -\frac{1}{2}\sigma\sqrt{t}$$

布莱克模型的应用范围很广。例如，在外汇的远期汇率方面，下述等式成立：

$$f = \frac{s(1+r_{T}t)}{1+r_{C}t}$$

因此,看涨期权的期权费公式可以表述如下:

$$c = \frac{FN(d_1) - KN(d_2)}{(1 + r_T t)}$$

将【例 10-14】中的数据代入,可得到:

$$c = \frac{108.91 \times 0.576122 - 108 \times 0.556453}{1 + 0.01 \times 3/12} = 2.65$$

注意,布莱克模型只是计算同样东西的另一种方法,因此,其计算结果与布莱克—斯科尔斯变形公式的计算结果是一样的

练习题

10.1　卖出欧元看跌期权

某银行卖出欧元看跌期权/美元看涨期权,面值为 1 000 欧元,履约价格为€ 1 = US$0.9000,期限为 4 个月,期权费为面值的 2.00%。

(1)若现行的即期汇率为€ 1 = US$0.9100,计算以美元计价的期权费。

(2)若期权到期时的即期汇率变为€ 1 = US$0.8950,计算期权损益。

(3)已知美元 4 个月期的利率为 3.00%/年(120/360),在期权费未来值条件下,要使到期时实现损益平衡,到期时的即期汇率应该是多少?

10.2　二叉树模型

采用三步的二叉树模型,计算 3 个月期的美元看涨期权/新加坡元看跌期权的期权费,已知:

即期汇率	$s = 1.7000$
远期汇率	$f = 1.6940$
履约价格	$k = 1.7100$
面值(美元)	1 000 000
3 个月期美元利率(%/年)	3.0 (90/360)
3 个月期新加坡元利率(%/年)	1.6 (90/360)
波动率	每个月漂移 +/-0.0200 新加坡元

10.3　看跌期权与看涨期权套利

在下列价格条件下,确定是否存在套利机会。明确地说明,为了通过套利获得利润,需要采取什么措施。若面值为 10 000 000 欧元,计算可能获得的利润。

即期汇率	£1 =	US$1.7000
1 年期远期汇率	£1 =	US$1.6950
1 年期英镑看涨期权费($k = 1.7200$)		US$0.0230
1 年期英镑看跌期权费($k = 1.7200$)		US$0.0480

1 年期美元利率(%/年)　　4.0 (360/360)

10.4　布莱克—斯科尔斯模型

(1)用布莱克—斯科尔斯变形模型计算欧式美元看涨期权的期权费,履约价格为 105.00 日元,已知:

$$c = Se^{-yt}N(d_1) - Ke^{-rt}N(d_2)$$

$$d_1 = \frac{\ln(S/K) + \left(r - y + \frac{1}{2}\sigma^2\right)t}{\sigma\sqrt{t}}$$

$$d_2 = \frac{\ln(S/K) + \left(r - y - \frac{1}{2}\sigma^2\right)t}{\sigma\sqrt{t}} = d_1 - \sigma\sqrt{t}$$

即期汇率 US$/¥　110.00

预期波动率(%/年)　15

期限　3 个月 (90/360)

美元利率(%/年)　6.50 (90/360)

日元利率(%/年)　1.00 (90/360)

隐含远期汇率 US$/¥　108.55

可以使用附录中的累积标准正态分布表。

(2)使用布莱克模型:

$$c = e^{-rt}[FN(d_1) - KN(d_2)]$$

$$d_1 = \frac{\ln(F/K) + \frac{1}{2}\sigma^2 t}{\sigma\sqrt{t}}$$

$$d_2 = d_1 - \sigma\sqrt{t}$$

计算期权费,条件与(1)相同。

(3)用看跌期权与看涨期权平价关系式计算看跌期权的期权费,履约价格为 105.00,其他数据与(1)相同。

货币期权的应用
Applications of Currency Options

对出口商、进口商、借款者、投资者和交易者来说,期权具有很多实用性。本章涉及大量的标准期权应用的问题。通过变动期权的数量和类型、履约价格和期权的面值,可以为某一外币风险敞口的风险预测,定制产生各种结果的期权。

期权为一个具有外汇风险敞口的人提供了一种非常灵活的工具,以巧妙地管理可能的现金流和相关风险。

在存在标的风险敞口时利用期权

当存在标的外汇风险敞口时买卖的期权,可以称为自然期权(natural option)。

进口商

【例 11-1】 某个本国货币是美元的进口商,要在 3 个月的时间内支付 10 000 000 欧元,考虑以下三种情形:

1. 不进行套期保值,从现在起的 1 个月,按现行即期汇率买入欧元;
2. 通过买入欧元进行套期保值;
3. 通过买入欧元看涨期权/美元看跌期权进行套期保值。

市场现行汇率和利率:

即期汇率	€1 =	US$0.9000
3 个月远期汇率	€1 =	US$0.8975
3 个月期的美元利率(%/年)		3.00 (90/360)
3 个月期的欧元看涨期权(履约价格 0.8975)		1.97%

计算以美元支付的期权费。

期权费 = €10 000 000 × 0.0197

= €197 000

= US$177 300 (即期汇率 0.9000)

未来值(期权费) = US$177 300 × (1 + 0.03 × 90/360)

= US$178 629.75

计算买入远期的成本,面值 10 000 000 欧元,假设到期时可能有以下三种即期汇率：

（i）0.8800

（ii）0.9000

（iii）0.9200

1. 如果不进行套期保值值，进口的美元成本 = 10 000 000 × x，其中 x = 到期时的即期汇率。

（i）x = 0.8800，成本 = 10 000 000 × 0.8800 = US$8 800 000

（ii）x = 0.9000，成本 = 10 000 000 × 0.9000 = US$9 000 000

（iii）x = 0.9200，成本 = 10 000 000 × 0.9200 = US$9 200 000

2. 如果用远期进行套期保值，进口的美元成本为：

（i）x = 0.8800，成本 = 10 000 000 × 0.8975 = US$8 975 000

（ii）x = 0.9000，成本 = 10 000 000 × 0.8975 = US$8 975 000

（iii）x = 0.9200，成本 = 10 000 000 × 0.8975 = US$8 975 000

3. 如果通过买入欧元看涨期权进行套期保值，进口的美元成本为：

$x \geqslant 0.8975$，成本 = 10 000 000 × 0.8975 + 未来值（期权费）

$x < 0.8975$，成本 = 10 000 000 × x + 未来值（期权费）

（i）x = 0.8800，成本 = 8 800 000 + 178 629.75 = US$8 978 629.75

（ii）x = 0.9000，成本 = 8 975 000 + 178 629.75 = US$9 153 629.75

（iii）x = 0.9200，成本 = 8 975 000 + 178 629.75 = US$9 153 629.75

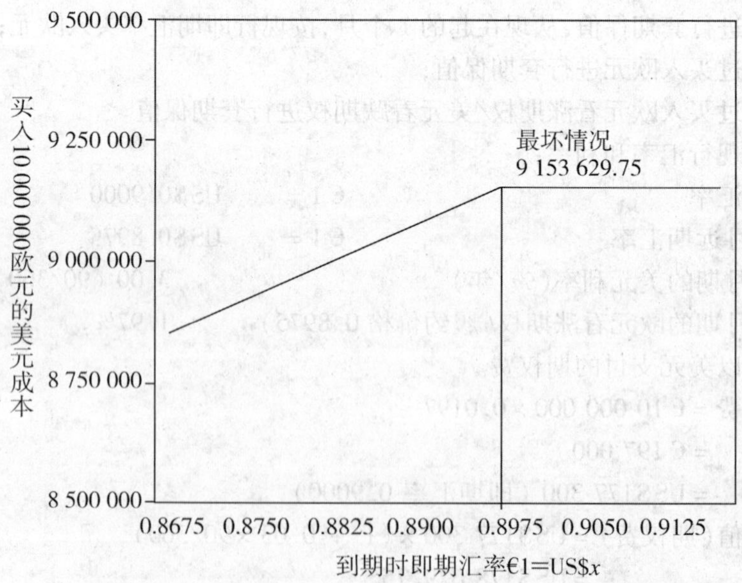

图 11-1　通过买入欧元看涨期权对进口付款进行套期保值

买入欧元看涨期权的作用是为进口商品的美元成本设定了一个上限，但并不限定即期汇率下跌可能获得的利润。进口商将美元成本最坏情况限定在9 153 629.75美元，但却没有设定最低限制。

出现在履约价格上的损益线拐点。

计算下述三种情形下的损益平衡汇率：

(i)不进行套期保值和用远期进行套期保值；

(ii)不进行套期保值和买入看涨期权进行套期保值；

(iii)用远期进行套期保值和用买入看涨期权进行套期保值。

(i)损益平衡汇率 b_1 的求解过程如下：

不套期保值的成本 = 用远期套期保值的成本

$$10\ 000\ 000 \times b_1 = 10\ 000\ 000 \times 0.8975$$

$$\therefore b_1 = 0.8975\ （远期汇率）$$

(ii)损益平衡汇率 b_2 的求解过程如下：

不套期保值的成本 = 用看涨期权套期保值的成本

$$10\ 000\ 000 \times b_2 = 10\ 000\ 000 \times 0.8975 + 178\ 629.75$$

$$\therefore b_2 = 9\ 153\ 629.75/10\ 000\ 000 = 0.9154$$

(iii)损益平衡汇率 b_3 的求解过程如下：

用远期套期保值的成本 = 用看涨期权套期保值的成本

$$10\ 000\ 000 \times 0.8975 = 10\ 000\ 000 \times b_3 + 178\ 629.75$$

$$\therefore b_3 = \frac{8\ 975\ 000 - 178\ 629.75}{10\ 000\ 000} = 0.8796$$

到期时即期汇率	最低成本策略	中等成本策略	最高成本策略
$x < b_3$	不套期保值	期权	远期
$b_3 < x < b_1$	不套期保值	远期	期权
$b_1 < x < b_2$	远期	不套期保值	期权
$x > b_2$	远期	期权	不套期保值

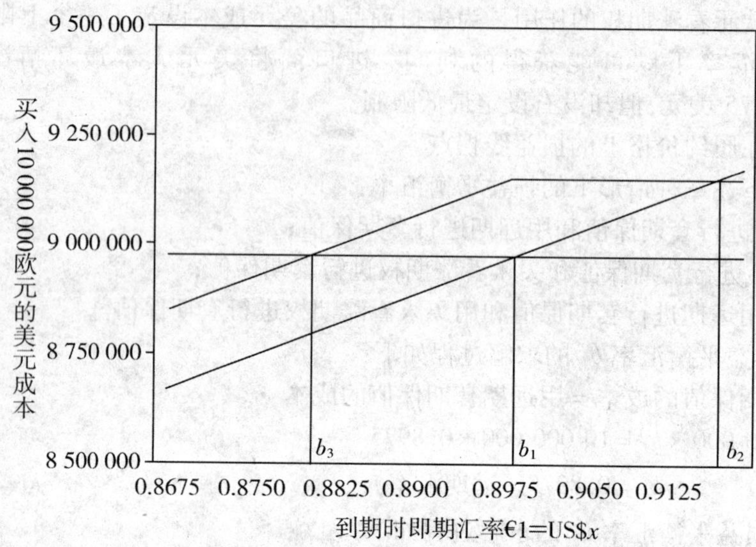

图 11-2 进口商的另一个选择

出口商

【例 11-2】 某本国货币为美元的出口商,在 3 个月内,将收到 1 000 000 欧元,考虑以下三种情形:

1. 不套期保值,从现在起的 3 个月中,按市场现行即期汇率卖出欧元;
2. 用卖出欧元远期进行套期保值;
3. 用买入欧元看跌期权与美元看涨期权进行套期保值。

市场现行汇率、利率如下:

即期汇率	€ 1 =	US$0.90000.9000
3 个月远期汇率	€ 1 =	US$0.8975
3 个月美元利率(%/年)		3.0 (90/360)
3 个月欧元看跌期权(履约价格 0.8975)(%)		1.97

计算用美元支付的期权费。

期权费 = € 10 000 000 × 0.0197

= € 197 000

= US$177 300(即期汇率 0.9000)

未来值(期权费) = US$177 300 × (1 + 0.03 × 90/360)

= US$178 629.75

计算在远期定价日期卖出欧元的收入,假设到期时可能出现以下三种即期汇率:

(i)0.8800

(ii)0.9000

(iii)0.9200

1. 如果不套期保值,来自于出口商品的美元收入 = 10 000 000 × x,其中,x = 到期时即期汇率。

(i)x = 0.8800,收入 = 10 000 000 × 0.8800 = US$8 800 000

(ii)x = 0.9000,收入 = 10 000 000 × 0.9000 = US$9 000 000

(iii)x = 0.9200,收入 = 10 000 000 × 0.9200 = US$9 200 000

2. 如果用远期套期保值,来自于出口商品的美元收入:

(i)x = 0.8800,成本 = 10 000 000 × 0.8975 = US$8 975 000

(ii)x = 0.9000,成本 = 10 000 000 × 0.8975 = US$8 975 000

(iii)x = 0.9200,成本 = 10 000 000 × 0.8975 = US$8 975 000

3. 如果用买入欧元看跌期权进行套期保值,来自于出口商品的美元收入(见图 11-3)。

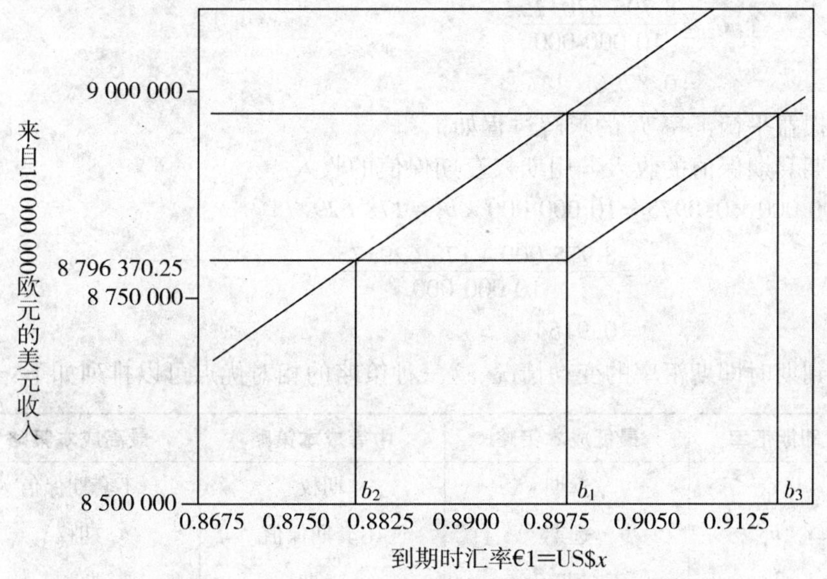

图 11-3　用买入欧元看跌期权对出口收入进行套期保值

10 000 000 × 0.8975 − 未来值(期权费)　　　　若 x < 0.8975(履约价格),或

10 000 000 × x − 未来值(期权费)　　　　　　x > 0.8975(履约价格)

(i)x = 0.8800,收入 = 8 975 000 − 178 629.75 = US$8 796 370.25

(ii)x = 0.9000,收入 = 9 000 000 − 178 629.75 = US$8 821 370.25

(iii) $x=0.9200$，收入 = 9 200 000 − 178 629.75 = US$9 021 370.25

买入欧元看跌期权可以限定美元收入的最坏情形，但会不限定即期汇率上升可能产生的收益。

计算以下三种情形下的损益平衡汇率：

(i)不套期保值与用远期套期保值；

(ii)不套期保值与用买入看跌期权套期保值；

(iii)用远期套期保值与用买入看跌期权套期保值。

(i)损益平衡汇率 b_1 的求解过程如下：

不套期保值的收入 = 用远期套期保值的收入

$$10\,000\,000\times 0.8975 = 10\,000\,000\times b_1$$

$$\therefore b_1 = 0.8975\text{（远期汇率）}$$

(ii)损益平衡汇率 b_2 的求解过程如下：

不套期保值的收入 = 用期权套期保值的收入

$$10\,000\,000\times b_2 = 10\,000\,000\times 0.8975 - 178\,629.75$$

$$\therefore b_2 = \frac{8\,796\,370.25}{10\,000\,000} = 0.8796$$

(iii)损益平衡汇率 b_3 的求解过程如下：

用远期套期保值的收入 = 用期权套期保值的收入

$$10\,000\,000\times 0.8975 = 10\,000\,000\times b_3 - 178\,629.75$$

$$\therefore b_3 = \frac{8\,975\,000 + 178\,629.75}{10\,000\,000} = 0.9154$$

根据到期时即期汇率的变动情况，这三种策略的相对优点可以排列如下：

到期时即期汇率	最低成本策略	中等成本策略	最高成本策略
$x < b_2$	远期	期权	不套期保值
$b_2 < x < b_1$	远期	不套期保值	期权
$b_1 < x < b_3$	不套期保值	远期	期权
$x > b_3$	不套期保值	期权	远期

实际汇率

有时候，人们喜欢查看以实际汇率形式而不是美元收入或成本的形式表现的不同交易策略下的可能结果。以图 11-3 的数据为例，可以将实际汇率作为纵轴重新画出曲线图，如图 11-4 所示。

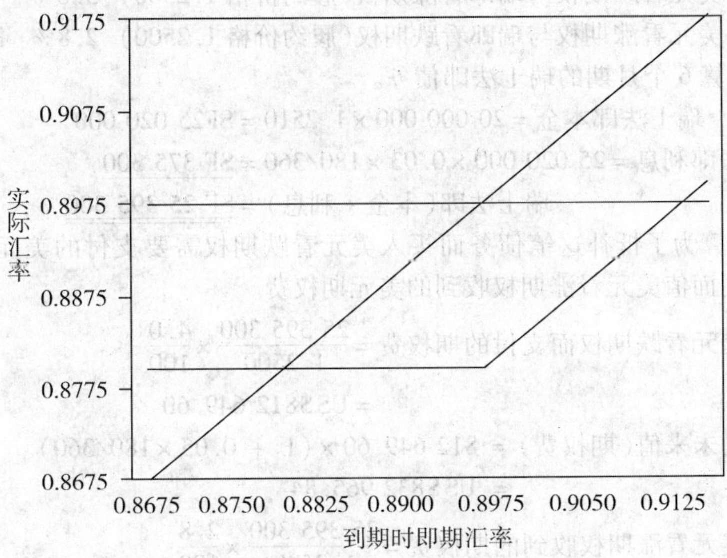

图 11-4　实际汇率

实际汇率是用标价货币收入（或成本）除以被标价货币收入（或成本）。例如，如果到期时即期汇率变为 0.9200，买入履约价格为 0.8975 的看跌期权套期保值的美元收入将为 9 021 370.25 美元，因此：

$$\text{实际汇率} = \frac{\text{标价货币收入}}{\text{被标价货币}} \tag{11.1}$$

$$= \frac{9\ 021\ 370.25}{10\ 000\ 000} = 0.9021$$

外币借款者

【例 11-3】　某房地产开发商需要 20 000 000 美元的资金，期限 6 个月。该开发商可以选择借入 6 个月期的瑞士法郎，利率为 3%/年。考虑以下四种情形：

1. 不套期保值，到期时按市场即期汇率买入需要的瑞士法郎（本金加利息）；
2. 用买入瑞士法郎远期进行套期保值（本金加利息）；
3. 用买入美元看跌期权/瑞士法郎看涨期权进行套期保值；

4. 不套期保值,但卖出美元看涨期权/瑞士法郎看跌期权。

现行市场汇率、利率为:

即期汇率	US$1 =	SF 1.2500 1.2510
6个月远期汇率	US$1 =	SF 1.2370 1.2390
6个月美元利率(%/年)	5.0	(180/360)
6个月美元看跌期权与瑞郎看涨期权(履约价格1.2500)	3.8%	4.0%
6个月美元看涨期权与瑞郎看跌期权(履约价格1.2500)	2.8%	3.0%

(1)计算6个月期的瑞士法郎债务。

瑞士法郎本金 = 20 000 000 × 1.2510 = SF25 020 000

瑞士法郎利息 = 25 020 000 × 0.03 × 180/360 = SF 375 300

瑞士法郎(本金 + 利息) = SF 25 395 300

(2)计算为了抵补这笔债务而买入美元看跌期权需要支付的美元期权费,以及卖出相同面值美元看涨期权收到的美元期权费。

$$买入美元看跌期权而支付的期权费 = \frac{25\ 395\ 300}{1.2500} \times \frac{4.0}{100}$$

$$= US\$812\ 649.60$$

支付的未来值(期权费) = 812 649.60 × (1 + 0.05 × 180/360)

= US$832 965.84

$$卖出美元看涨期权收到的期权费 = \frac{25\ 395\ 300}{1.2500} \times \frac{2.8}{100}$$

$$= US\$568\ 854.72$$

收到的未来值(期权费) = 568 854.72 × (1 + 0.05 × 180/360)

= US$583 076.09

(3)计算上述四种情形下偿还瑞士法郎债务的美元成本,若到期时即期汇率如下:

(i)1.1000

(ii)1.2500

(iii)1.4000

1. 不套期保值

$$成本 = \frac{25\ 395\ 300}{x}$$ 其中,x = 到期时即期买入汇率

2. 用远期进行套期保值

$$成本 = \frac{25\ 395\ 300}{f}$$ 其中,f = 远期买入汇率

3. 用买入美元看跌期权进行套期保值

$$成本 = \frac{25\ 395\ 300}{x} + 832\ 965.84 \quad 若\ x > 1.2500$$

$$成本 = \frac{25\ 395\ 300}{1.2500} + 832\ 965.84 \quad 若\ x < 1.2500$$

4. 用卖出美元看涨期权进行套期保值

$$成本 = \frac{25\ 395\ 300}{1.2500} - 583\ 076.09 \quad 若\ x > 1.2500$$

$$成本 = \frac{25\ 395\ 300}{x} - 583\ 076.09 \quad 若\ x \leqslant 1.2500$$

参见图 11-5。

买入 25 395 300 瑞士法郎的美元成本：

到期时即期汇率	1.1000	1.2500	1.400
1. 不套期保值	23 086 636.36	20 316 240.00	18 139 500.00
2. 用买入汇率为 1.2370 的远期进行套期保值	20 529 749.39	20 529 749.39	20 529 74.39
3. 用买入美元看跌期权进行套期保值(履约价格 1.2500)	21 149 205.84	21 149 205.84	18 972 465.84
4. 不套期保值，卖出美元看涨期权(履约价格 1.2500)	22 503 560.27	19 733 163.91	19 733 163.91

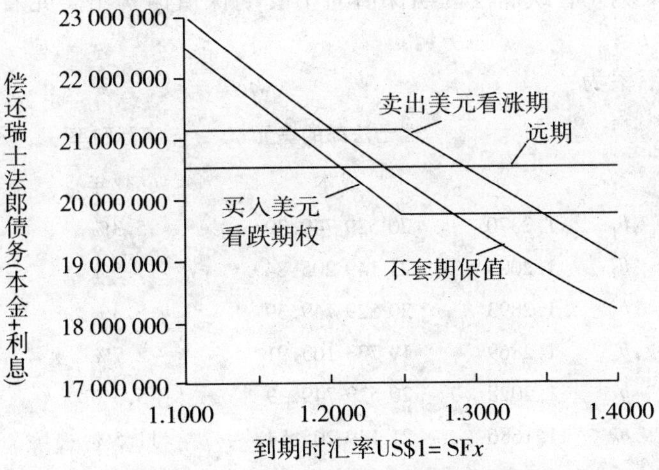

图 11-5　瑞士法郎借款者的各种选择

(4)计算在上述四种情形下的实际借款成本。

实际借款成本 =

$$\frac{\text{偿还瑞士法郎债务(本金+利息)的美元成本}-20\,000\,000}{20\,000\,000}\times 200$$

实际借款成本(%/年)(见图11-6):

即期汇率	1.1000	1.2500	1.4000
1. 不套期保值	30.9%	3.2%	-18.6%
2. 买入汇率为1.2370的远期进行套期保值	5.3%	5.3%	5.3%
3. 买入美元看跌期权进行套期保值(履约价格1.2500)	11.5%	11.5	-10.3%
4. 卖出美元看涨期权进行套期保值(履约价格1.2500)	25.0%	-2.7%	-2.7%

(5)确定下述情况下的损益平衡汇率:

(i)不套期保值和用远期进行套期保值,损益平衡汇率 b_1;

(ii)不套期保值与买入美元看跌期权进行套期保值,损益平衡汇率 b_2;

(iii)用远期套期保值与买入美元看跌期权进行套期保值,损益平衡汇率 b_3;

(iv)不套期保值与不套期保值但卖出美元看涨期权,损益平衡汇率 b_4;

(v)用远期套期保值与不套期保值但卖出美元看涨期权,损益平衡汇率 b_5;

(vi)用买入美元看跌期权套期保值与不套期保值但卖出美元看涨期权,损益平衡汇率为 b_6、b_7;

损益平衡汇率为:

	汇率	瑞士法郎的美元成本	实际利率(%/年)
b_1	1.2370	20 529 749.39	5.3%
b_2	1.2008	21 149 205.84	11.5%
b_3	1.2893	20 529 749.39	5.3%
b_4	1.2869	19 733 163.91	-2.7%
b_5	1.2028	20 529 749.39	5.3%
b_6	1.1686	21 149 205.84	11.5%
b_7	1.3437	19 733 163.91	-2.7%

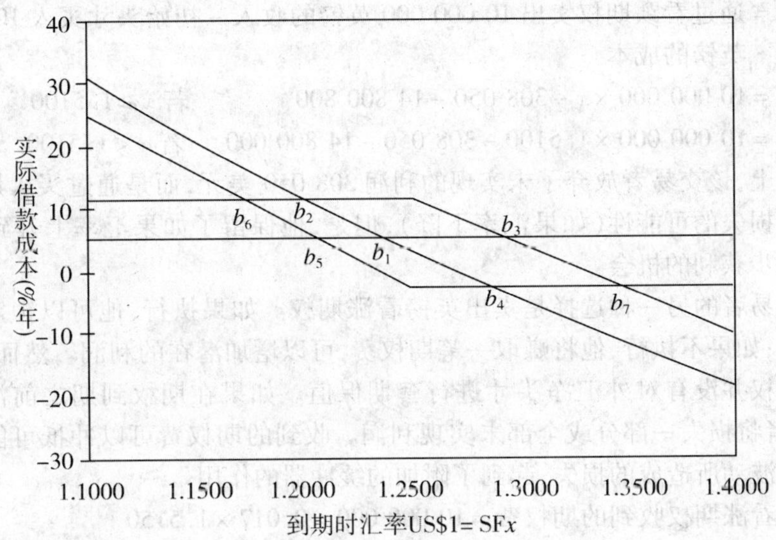

图 11-6　实际借款成本

外汇交易者

【例 11-4】　一个月前,某交易者进行了用美元买入英镑的远期交易,共买入 10 000 000 英镑,5 个月期的完全远期汇率为 1.4800。一个月以来,即期汇率上升到 1.5150,现在 2 个月期的远期汇率为 1.5100。4 个月期(120/360)的美元利率为 5%/年。为了获得利润,该交易者考虑以下三种交易策略:

1. 卖出 4 个月期的英镑远期;

2. 买入英镑看跌期权,期权费为 2.0%,履约价格为 1.5100;

3. 卖出英镑看涨期权,期权费为 1.7%,履约价格为 1.5150;

确定每种交易策略的获利情况。

1. 交易者的初始头寸为 10 000 000 英镑多头和 14 800 000 美元空头。为了用远期合约来轧平头寸,该交易者需要按 1.5100 的汇率卖出 10 000 000 英镑。

利润 = 通过反向远期卖出 10 000 000 英镑的美元收入 − 初始头寸买入 10 000 000 英镑的美元成本

= 15 100 000 − 14 800 000

= US$300 000

2. 用买入英镑看跌期权轧平头寸。

看跌期权的期权费 = 10 000 000 × 0.02 × 1.5150 = US$303 000

未来值(期权费) = 303 000 × (1 + 0.05 × 120/360) = US$308 050.00

利润 = 通过看跌期权卖出 10 000 000 英镑的收入 – 初始头寸买入 10 000 000 英镑的成本

$= 10\ 000\ 000 \times x - 308\ 050 - 14\ 800\ 800$　　若 $x \geqslant 1.5100$

或　$= 10\ 000\ 000 \times 1.5100 - 308\ 050 - 14\ 800\ 000$　　若 $x < 1.5100$

实际上,该交易者放弃了未实现的利润 308 050 美元,而是通过买入期权来消除进一步损失的可能性(如果汇率下降),但是,他保留了如果汇率上升到 1.5100 以上进一步获利的机会。

3. 交易者的另一种选择是卖出英镑看涨期权。如果执行,他可以锁定卖出英镑的利润;如果不执行,他将赚取一笔期权费,可以增加潜在的利润。然而,卖出英镑看涨期权并没有对外汇净头寸进行套期保值。如果在期权到期之前汇率下跌了,交易者将损失一部分或全部未实现利润。收到的期权费可以冲抵可能出现的汇率反向波动所造成的损失,起到了附加的缓冲器的作用。

卖出看涨期权收到的期权费 $= 10\ 000\ 000 \times 0.017 \times 1.5150$

$=$ US\$257 550.00

未来值(期权费) $= 257\ 550 \times (1 + 0.05 \times 120/360)$

$=$ US\$261 842.50

利润 = 通过看涨期权卖出 10 000 000 英镑的收入 – 通过初始头寸买入 10 000 000 英镑的成本

$= 10\ 000\ 000 \times 1.5100 + 261\ 842.50 - 14\ 800\ 000$　　若 $x \geqslant 1.5100$

或　$= 10\ 000\ 000 \times -261\ 842.50 - 14\ 800\ 000$　　若 $x < 1.5100$

如果汇率下跌到低于损益平衡汇率 x 的水平,交易者将发生损失。通过设利润等于零求解利润方程式,可以计算出损益平衡汇率 x。

利润 $= 10\ 000\ 000x + 261\ 842.50 - 14\ 800\ 000$

$\therefore 0 = 10\ 000\ 000x - 14\ 538\ 157.50$

$\therefore x = 1.4538$

外币投资者

【例 11-5】 某基金经理希望使 10 000 000 美元投资获得的收益最大化,投资期限为 360 天。如果在美元货币市场投资,可以获得的年收益率为 5%(360/360),该基金经理并没有这么操作,而是选择卖出美元、买入 1 100 000 000 日元,然后投资日元,年收益率为 1.0%(360/360)。基金经理考虑了以下两种选择:

1. 不套期保值,到期时按市场即期汇率卖出 1 111 152 778 日元(本金 + 利息);

2. 买入美元看涨期权/日元看跌期权，履约价格为 110.00，面值 1 111 152 778 日元，期权费为面值的 3.25%。

(1)计算每种选择的实际收益率(%/年)，天数惯例为 360/360，若到期时即期汇率为以下三种：

(i)100.00

(ii)110.00

(iii)120.00

不套期保值

$$\text{通过日元投资获得的美元收入} = \frac{1\ 111\ 152\ 778}{x}$$

其中，x 为到期时汇率

(i)$x = 100.00$，收入 =\$11 111 527.78

(ii)$x = 110.00$，收入 =\$10 101 388.89

(iii)$x = 120.00$，收入 =\$9 259 606.48

$$\text{收益率(\%/年)} = \frac{\text{美元收入} - 10\ 000\ 000}{10\ 000\ 000} \times \frac{360}{360} \times 100$$

$$\text{(i)}x = 100.00, \text{收益率} = \frac{1\ 111\ 527.78}{10\ 000\ 000} = 11.1\%$$

$$\text{(ii)}x = 110.00, \text{收益率} = \frac{101\ 388.89}{10\ 000\ 000} = 1.0\%$$

$$\text{(iii)}x = 120.00, \text{收益率} = \frac{-740\ 393.52}{10\ 000\ 000} = -7.4\%$$

买入美元看涨期权

$$\text{期权费} = \frac{1\ 111\ 152\ 778}{111.00} \times \frac{3.25}{100} = \text{US\$}328\ 295.14$$

$$\text{未来值(期权费)} = 328\ 295.14 \times \left(1 + 0.05 \times \frac{360}{360}\right) = \text{US\$}344\ 709.90$$

来自于日元投资的美元收入

$$= \frac{1\ 111\ 152\ 778}{x} - 344\ 709.90 \quad \text{若 } x < 110.00$$

$$\text{或} \frac{1\ 111\ 152\ 778}{110.00} - 344\ 709.90 \quad \text{若 } x \geqslant 110.00$$

(i)$x = 100.00$，收入 = US\$10 766 817.88

(ii)$x = 110.00$，收入 = US\$9 756 678.99

(iii)$x = 120.00$，收入 = US\$9 756 678.99

$$\text{(i)}x = 100.00, \text{收益率} = \frac{766\ 817.88}{10\ 000\ 000} = 7.66\%$$

(ii) $x=110.00$，收益率 $=\frac{-243\ 321.01}{10\ 000\ 000}=-2.43\%$

(iii) $x=120.00$，收益率 $=\frac{-243.321.01}{10\ 000\ 000}=-2.43\%$

(2)计算不套期保值与买入美元看涨期权之间的损益平衡汇率。

在下列情形下，可以求得损益平衡汇率 b：

不套期保值的收入 = 用买入美元看涨期权套期保值的收入

即

$$\frac{1\ 111\ 152\ 778}{b}=\frac{1\ 111\ 152\ 778}{110.00}-344\ 937.88$$

$\therefore b=113.89$

(3)如果用买入美元看涨期权进行套期保值，并要求实际收益率达到10%，计算到期时的即期汇率。

实际收益率 = 10%时：

用买入美元看涨期权进行套期保值 = 1.1 × US$10 000 000

即 $\frac{1\ 111\ 152\ 778}{x}-344\ 709.90=11\ 000\ 000$

$\therefore x=97.94$

改变履约价格

在【例 11-1】中，已经对以下三种情形进行过分析：

1. 不套期保值；
2. 用买入欧元远期进行套期保值；
3. 用买入欧元看涨期权/美元看跌期权(履约价格为 0.8975)进行套期保值。

通过改变买入看涨期权的履约价格，可以得出其他许多结果：

	履约价格	**期权费**	**未来值(期权费)**
选择3	0.8975	1.97%	178 629.75
选择3(1)	0.9075	1.48%	134 199.00
选择3(2)	0.8900	2.56%	232 128.00

设履约价格为 y，用买入欧元看涨期权对进口套期保值的美元成本为：

10 000 000y + 未来值(期权费)　　　若 $x \geq y$

10 000 000x + 未来值(期权费)　　　若 $x < y$

在各自的履约价格点上，损益曲线出现了转折，由向右上倾斜变成了一条直线(见图 11-7)。买入更加趋于价内状态的期权，如果到期时汇率超过较低的履约价格(如 0.8875)，进口商将花更多的欧元来买入美元，因为越是价内的期权，支付的期权费越多。另一方面,如果到期时汇率低于更高的履约价格(如 0.9075),进口商用更加价内的期权进行套期保值的结果更好,因为买入欧元时的履约价格将更加有利可图。在每一对看涨期权之间都存在损益平衡汇率,在这个损益平衡汇率点上,履约价格更低的好处正好被期权费更高的成本所抵销。损益平衡汇率就是损益曲线上的转折点。

不套期保值的曲线表示价外期权的限定情形,因为履约价格设定得越是趋于价外状态,期权就越接近不套期保值的曲线。

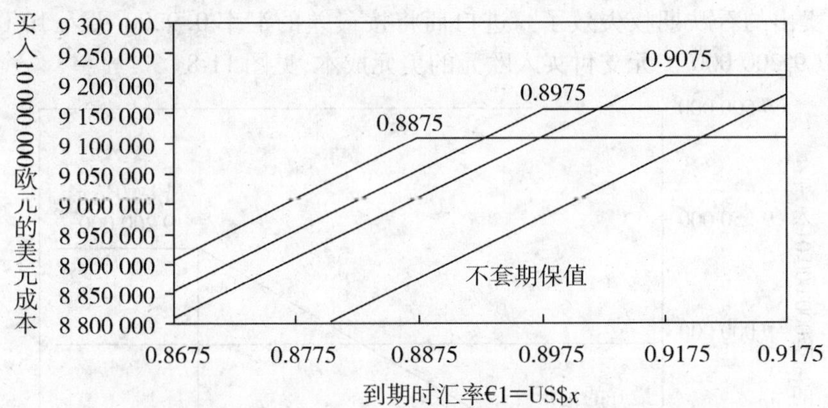

图 11-7 按不同履约价格的欧元看涨期权对进口收入进行套期保值

双限期权

可以考虑另一组选择,即除了买入看涨期权对风险敞口进行套期保值外,出口商还可以卖出看跌期权(以便赚取一笔期权费来支付买入期权的费用)。假设出口商决定按 1.00% 的期权费买入欧元看涨期权,履约价格为 0.9200,同时卖出欧元看跌期权,履约价格待定。适用于欧元看跌期权的期权费如下:

	履约价格	期权费	未来值(期权费)
选择 4	0.8590	0.50%	45 337.50
选择 4(1)	0.8760	1.00%	90 675.00
选择 4(2)	0.8980	2.00%	181 350.00

零期权费的双限期权

选择 4

如果进口商卖出欧元看跌期权,履约价格为 0.8760,期权费为 1.00%,那么,该出口商收到的期权费将刚好足够支付买入履约价格为 0.9200 的欧元看涨期权的期权费。

未来值(净期权费)=未来值(收到的期权费)-未来值(支付的期权费)

=90 675-90 675

=0

如果到期时即期汇率高于0.9200,欧元看涨期权(履约价格为0.9200)将处于价内状态,同时,欧元看跌期权(履约价格为0.8760)将处于价外状态。

进口商将执行欧元看涨期权,按0.9200的汇率买入10 000 000欧元,同时他会发现卖出的看跌期权失效了。进口商将按最差的汇率0.9200买入10 000 000欧元,以9 200 000美元支付买入欧元的美元成本,见图11-8。

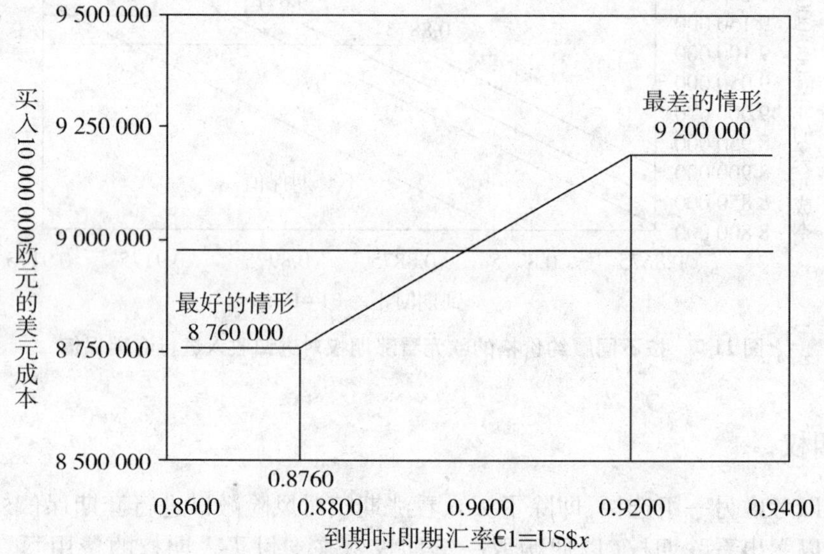

图11-8　用零期权费的双限期权对进口收入进行套期保值

如果到期时汇率低于0.8760,欧元看涨期权(履约价格0.9200)将处于价外状态,同时欧元看跌期权(履约价格0.8760)将处于价内状态。因此,进口商将执行看跌期权,同时允许看涨期权失效。执行欧元看跌期权的结果是,进口商按最好情形的汇率0.8760买入10 000 000欧元,以支付买入欧元的美元成本8 760 000美元。

如果到期时汇率在0.8760和0.9200之间,欧元看涨和看跌期权都将处于价外状态,两种期权都将失效。进口商将按市场即期汇率买入10 000 000欧元。例如,如果到期时即期汇率为0.9000,买入10 000 000欧元的成本将为9 000 000美元。

这种交易策略称为零期权费双限期权(zero premium collar)。这也可以称为圆柱式期权(cylinder),或称设定变动范围的远期(range forward),或称防护式期权(fence)。不同的银行可能会采用不同的名称,但实质都是一样的。进口商买入价外期权,如果执行,肯定是最差的情形。因为限定了汇率下跌的下限,进口商对应偿还的债务进行了套期保值。进口商同时还卖出欧元看跌期权,如果该期权执行,将提供偿还外币债务所需的货币。假设看涨期权的履约价格高于看跌期权的履约价格,那么,两种期权中最多只有一种到期时可以执行。

实际上,为避免支付买入看涨期权的期权费,进口商放弃了汇率下跌到低于0.8760 水平可能的收益。这可能是一种不那么痛苦的牺牲,因为这不需要初始现金支出,而且进口商知道自己将按 0.8760(有吸引力的)至 0.9200(非常没有吸引力的)之间的某个汇率买入欧元。就美元而言,进口商知道,买入 10 000 000 欧元的成本位于 8 760 000 美元到 9 200 000 美元的区间(见图 11-9)。

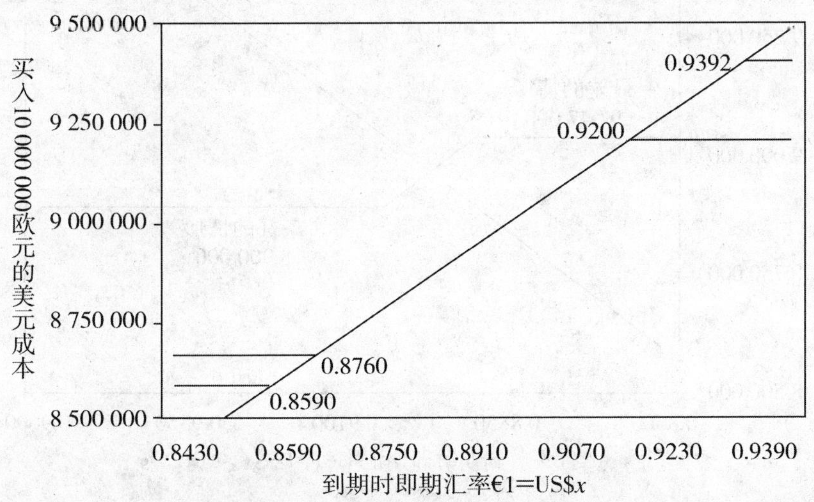

图 11-9　零期权费的双限期权

上述零期权费的双限期权策略是由两个期权交易构成的,一个是买入欧元看涨期权,另一个是卖出欧元看跌期权,期权费均为 1.0%。在另一个水平的抵销期权费的履约价格基础上,可以构建类似的零期权费的双限期权。期权费越低,双限期权的限定范围就越宽。例如,卖出履约价格为 0.8590 的看跌期权,将获得 0.5%的期权费,按此期权费可以买入履约价格为 0.9392 的看涨期权,以此类推。

零期权费的双限期权曲线介于不套期保值曲线与远期曲线之间。可以将远期汇率看做是双限期权的一种限定情形,即看跌期权的履约价格等于看涨期权的履约价格。将不套期保值曲线看做是另一种限定情形,即看跌期权和看涨期权都处于价外状态,期权费实际上都为零。

在实际中,双限期权的买卖差价是非对称的,对价格接受者稍稍不利,但对定价者是有利的。

反向双限期权

选择 4(1)

如果不是用价外期权,而是用买入和卖出价内期权来构建双限期权,就是反向双限期权(ill-fitting collar)。例如,进口商买入履约价格为 0.8900 的看涨期权,同时卖出履约价格为 0.9047 的看跌期权,净期权费为零,这种双限期权的情形如图 11-10 所示。

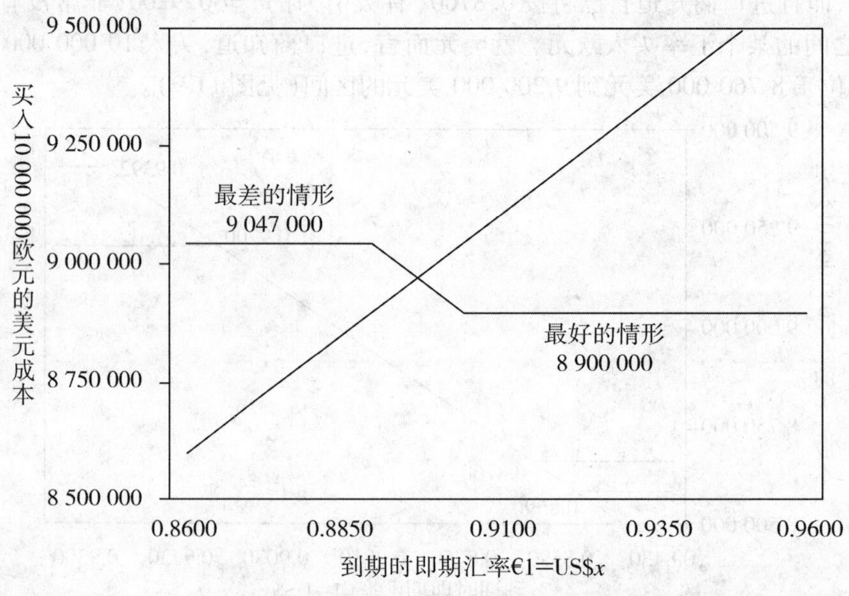

图 11-10　反向双限期权

借方双限期权

选择 4(2)

如果卖出期权收到的期权费小于买入期权支付的期权费,双限期权的购买者实际上净支出了一笔期权费,这称为借方双限期权(debit collar)(见图 11-11)。

例如,如果进口商买入看涨期权,履约价格为 0.9100,期权费为 1.37%;同时卖出看跌期权,履约价格为 0.8700,期权费为 0.79%。与进口商只是买入看涨期权相比,此种方法支付的净期权费要少一些。

未来值(净期权费)= 未来值(收到的期权)- 未来值(支付的期权费)

= 71 633.25 - 124 224.75 = - 52 591.50

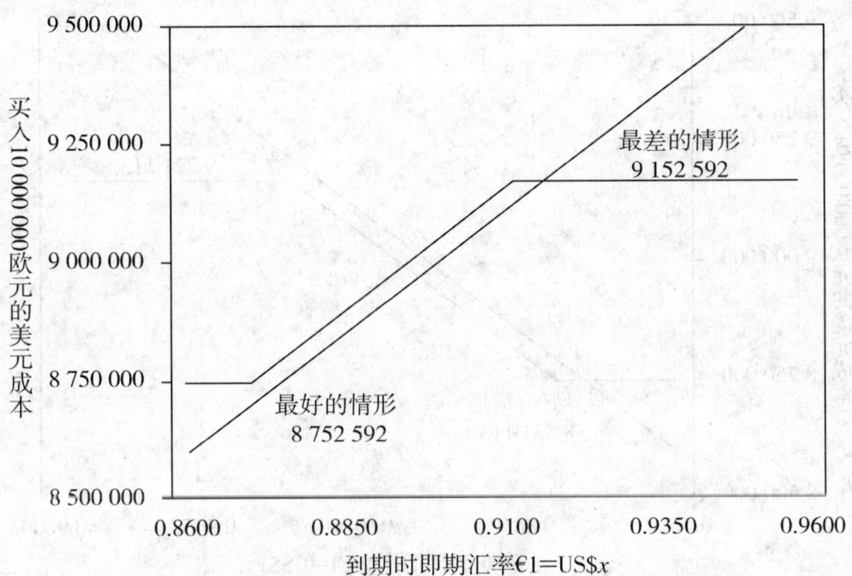

图 11-11　用借方双限期权对进口收入套期保值

从应付的净期权费金额来说，使用借方双限期权最差的情形比零期权费双限期权的最差情形还要差。使用借方双限期权最好的情形要比零期权费双限期权的最好情形还好，因为卖出的看跌期权的履约价格更高。

贷方双限期权

选择 4(3)

如果卖出期权收到的期权费大于买入期权支付的期权费，双限期权的购买者实际上收到了净的期权费，这种期权称为贷方双限期权(credit collar)(图 11-12)。

例如，如果进口商买入看涨期权，履约价格为 0.9300，期权费为 0.71%，同时卖出看跌期权，履约价格为 0.8900，期权费 1.58%，这样，进口商将净赚期权费 0.87%。

未来值(净期权费) = 未来值(收到的期权) - 未来值(支付的期权费)

= 143 266.50 - 64 633.25

= +78 887.25

从收到的净期权费金额的角度讲，贷方双限期权最差的情形比零期权费双限期权最差的情形还要好一些。贷方双限期权最好的情形却比零期权费双限期权最好情形要差一些，因为美元看涨期权是按更低的履约价格卖出的。

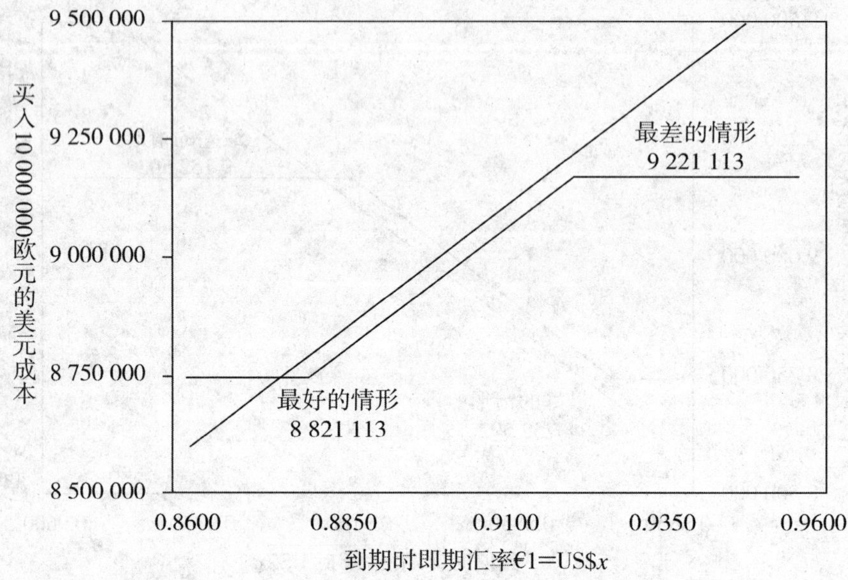

图 11-12　用贷方双限期权对进口收入套期保值

分享式期权

选择 5

通过买入看涨期权，同时卖出看跌期权，两种期权的履约价格相同，但面值不同，就可以产生分享式期权（Participating options），又称分享式远期、百分率远期或其他多种名称。

假定买入看涨期权，履约价格为 0.9100，期权费为 1.37%，卖出看跌期权，履约价格与看涨期权的履约价格相同，期权费为 2.74%。那么，进口商可以用零期权费的分享式期权来套期保值，即买入履约价格为 0.9100、面值为 10 000 000 欧元的欧元看涨期权，同时卖出履约价格为 0.9100、面值为 5 000 000 欧元的欧元看跌期权。

未来值（收到的期权费）

$=5\ 000\ 000 \times 0.9100 \times 0.0274 \times (1+0.03/4)$

$=$ US$124 224.75

未来值（支付的期权费）

$=10\ 000\ 000 \times 0.9100 \times 0.0137 \times (1+0.03/4)$

$=$ US$124 224.75

$\therefore$ 未来值（净期权费）$=0$

如果到期时的汇率高于履约价格 0.9100，看涨期权是价内期权，看跌期权则是价外期权。进口商将执行看涨期权，从而，按最差情形下的汇率 0.9100，用 9 100 000 美元买入 10 000 000 欧元（见图 11-13）。进口商将不执行看跌期权。

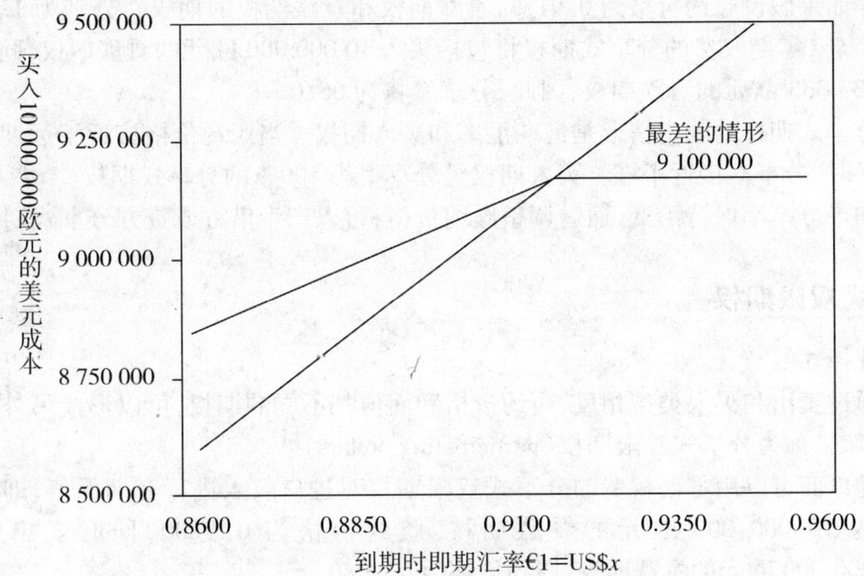

图 11-13　零期权费分享式期权对进口收入套期保值

如果到期时汇率低于履约价格（0.9100），看涨期权将是价外期权，但看跌期权是价内期权。进口商将不执行看涨期权。但其交易对手将执行看跌期权，因此，进口商将按 0.9100 的履约价格买入 5 000 000 欧元，同时按市场现行即期汇率买入另外的 5 000 000 欧元，市场汇率要低于履约价格，从而将使总的情形好于履约价格 0.9100。

通过买入分享式期权，进口商对汇率上升的风险进行套期保值，同时持有了可以分享汇率下降的部分好处。在这种情况下，如果汇率上升到高于 0.9100，进口商进行了 100% 的套期保值；但如果汇率下降到低于 0.9100，进口商实际上进行了 50% 的套期保值，分享率（participation rate）为 50%。

一般而言，分享率是两种期权数量的函数。

$$\text{分享率} = \frac{\text{买入期权数量} - \text{卖出期权数量}}{\text{买入期权数量}} \times 100 \qquad (11.1)$$

$$= \frac{10\ 000\ 000 - 5\ 000\ 000}{10\ 000\ 000} \times 100$$

$$= 50\%$$

进口商通过卖出价内期权获得的收入，支付了买入价外期权的费用，这两种期权的履约价格相同。

按不同的履约价格，也可以产生类似的零期权费分享式期权。履约价格的情形越差，分享率将更高。在上述的例子中，假设履约价格为0.9100时，分享率为50%。如果假设履约价格为0.9173，看涨期权和看跌期权的期权费分别为1.09%和3.27%，零期权费的分享式期权将包括买入10 000 000欧元的看涨期权，同时卖出3 333 333欧元的看跌期权，因此，分享率将为66.6%。

分享式期权的限定情形是远期汇率和买入期权。当履约价格接近于远期汇率的水平时，分享率接近于零。买入期权是分享率为100%的分享式期权。

如果分享率保持不变，通过调整履约价格，可以产生借方或贷方分享式期权。

分享式双限期权

选择6

通过卖出和买入类型相反、履约价格和面值都不同的期权，可以形成另外一组交易策略，称为分享式双限期权(participating collars)。

进口商可以用零期权费的分享式双限期权对进口收入进行套期保值，即买入面值为10 000 000欧元的看涨期权，履约价格为0.9200，同时卖出面值为10 000 000欧元的看跌期权，履约价格为0.8980。

未来值(支付的期权费)=未来值(收到的期权)=US$90 675.00

未来值(净期权费)=0

如果到期时汇率高于0.9200，进口商执行买入的看涨期权，同时让卖出的看跌期权失效。在最差的情形下，进口商将用9 200 000美元买入10 000 000欧元(见图11-14)。如果到期时的即期汇率在0.8980与0.9200之间，进口商将按市场即期汇率买入10 000 000欧元。如果汇率低于0.8980，进口商将执行卖出的看跌期权。通过执行看跌期权按0.8980的汇率买入5 000 000欧元，再按市场汇率买入另外的5 000 000欧元，只要汇率的上涨不超过0.8980的水平，进口商都可享受到分享率50%的好处。

通过选择不同的履约价格，进口商可以得到不同的套期保值结果。通过调整买入看涨期权的履约价格，进口商可提高或降低最差情形的汇率。但买入期权的履约价格不可能好于远期汇率(如果出现这种情形，分享式双限期权将变成一种远期)。进口商通过提高或降低卖出期权的履约价格，可以调整分享式期权汇率。对于分享式期权来说，在拐点与分享式期权汇率之间存在一个平衡点。通过提前降低100%的分享率，进口商可以享受到分享式期权更高汇率的好处。

进口商也可以构建借方或贷方分享圆柱式期权。

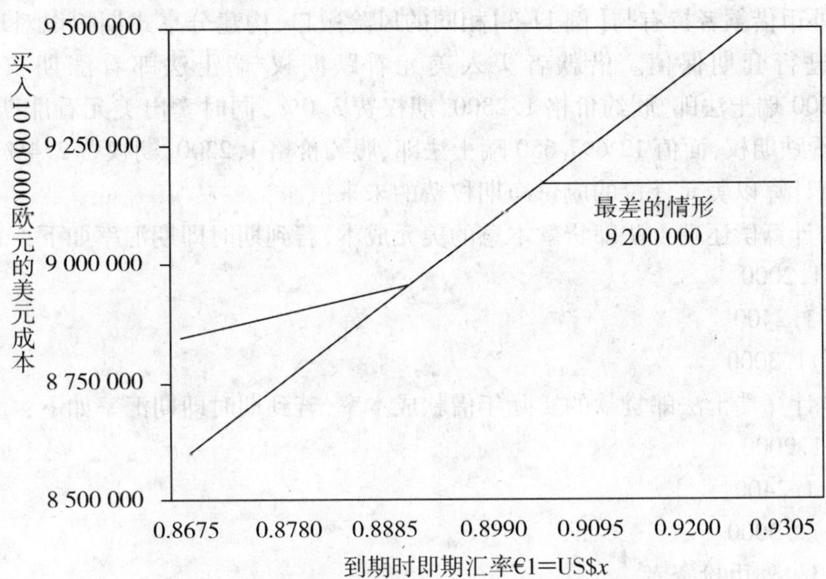

图 11-14　分享式双限期权对进口收入套期保值

用期权产品进行各种组合，可以构建大量可能的交易策略。这为持有外币风险敞口的人提供了相当大的选择余地，使他们可以按照自己的想法和需要定制风险防范措施。

练习题中包括了出口商、外币借者和投资者可以应用的期权组合。

练习题

11.1　分享式双限期权

某出口面临与【例 11-2】相同的风险敞口，持有分享式双限期权对应收欧元进行套期保值。出口商买入欧元看跌期权/美元看涨期权，履约价格为 0.8762，面值 1 000 000 欧元，期权费为 1.0%，同时卖出欧元看涨期权/美元看跌期权，履约价格为 0.9000 欧元，面值为 600 000，期权费 1.84%。

(1)计算以美元计价的应付净期权费的未来值。

(2)计算卖出 1 000 000 欧元的美元收入，若到期时的即期汇率如下：

(i)0.8662

(ii)0.8862

(iii)0.9062

11.2 分享式看跌期权

某外币借款者持有与【例 11-3】相同的风险敞口，构建分享式期权以对瑞士法郎债务进行套期保值。借款者买入美元看跌期权/瑞士法郎看涨期权，面值 25 395 300 瑞士法郎，履约价格 1.2300，期权费 3.0%，同时卖出美元看涨期权/瑞士法郎看跌期权，面值 12 697 650 瑞士法郎，履约价格 1.2300，期权费 2.4%。

(1)计算以美元计价的应付净期权费的未来值。

(2)计算偿还瑞士法郎贷款本息的美元成本，若到期时即期汇率如下：

(i)1.2000

(ii)1.2400

(iii)1.3000

(3)计算瑞士法郎贷款的实际年借款成本率，若到期时即期汇率如下：

(i)1.2000

(ii)1.2400

(iii)1.3000

11.3 外币投资者

某基金经理持有与【例 11-5】相同的风险敞口，采用双限期权交易策略，即买入美元看涨期权，面值 1 111 152 778 日元，履约价格 110.00，期权费 3.25%，同时卖出美元看跌期权，面值 777 806 945 日元，履约价格 109.00，期权费 2.00%。

(1)计算实际收益率，若到期时即期汇率如下：

(i)100.00

(ii)110.00

(iii)120.00

(2)若到期时即期汇率为 114.00，计算下述情形下的实际年收益率：

(i)不套期保值

(ii)投资于美元

(iii)买入美元看涨期权(履约价格为 110.00)进行套期保值

11.4 外汇交易者——加倍卖出交易策略

加倍卖出交易策略(2 for 1 strategy)是指，为了对标的风险套期保值，买入所需要的期权，同时卖出反向期权(看涨期权或看跌期权)，面值相当于买入期权的两倍，采用此种方法一般可以收到足够的期权费，使净期权费为零。

1 个月之前，某外汇交易者按 4 个月期的远期汇率 1.4800 用美元买入 10 000 000 英镑。从那时起，即期汇率上升到 1.5150，现在 3 个月期的远期汇率为 1.5100，3 个月期(90/360)的美元利率为 3.00%/年。

交易者考虑买入英镑看跌期权，面值 10 000 000 英镑，履约价格 1.5100，期权费 2.0%，同时卖出英镑看涨期权，面值为买入期权的两倍、20 000 000 英镑，履约价格 1.5200，期权费 1.0%。

(1)计算以美元计价的净期权费的未来值。

(2)计算所得利润，若到期时即期汇率如下：

(i)1.4500

(ii)1.5000

(iii)1.5500

(3)绘制利润曲线图，说明到期时各种可能的不同汇率下的利润情形。

12 期权衍生品 Option Derivatives

本章分析期权衍生品的定价与应用问题，如数值式期权、屏障式期权、若干其他类型的"奇异"期权，以及利用不同变量之间相关性的其他结构性衍生品。期权衍生品为人们进行风险管理提供了更大的灵活性。

数值式期权

数值式期权(digital option)是指无论离价内状态多远支付额均固定的一种期权，数值式期权又称为二元式期权。

数值式期权到期时，由到期时的市场价格决定期权的支付额。如果在期权有效期内，一旦市场价格达到履约价格水平，就可以触发(one-touch)数值式期权的支付。触发式期权的支付既可以在触发履约价格时进行，也可以在合约期限到期时进行。

抛硬币时，对正反面结果打赌，就是数值式期权一个日常的简单例子。如果抛硬币的结果是反面，赌正面的人同意支付一笔特定金额(期权费)，如 100 美元；如果是正面，赌正面的人将收到同样金额(100 美元)的支付额。

图 12-1 是赌 100 美元结果是正面的下注者的支付曲线图。垂直线是数值式期权支付曲线的一个典型因素。

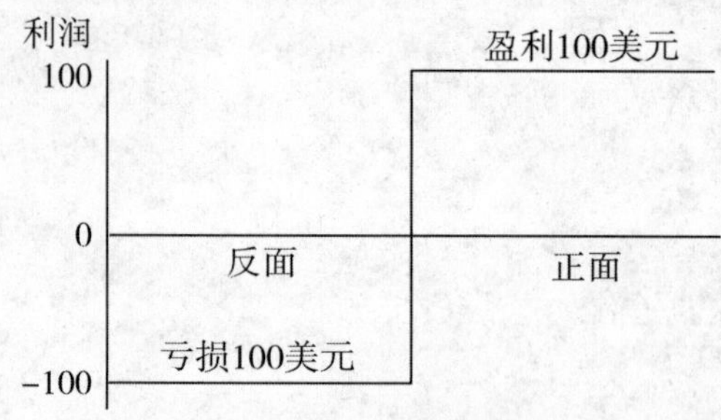

图 12-1　数值式期权：正面或反面

如果抛 2 个硬币，就有三种可能的结果：2 个硬币都是正面(概率为 1/4)；2 个硬币都是反面(概率为 1/4)；一枚硬币正面，另一枚为反面(概率为 2/4)。赌 2 枚硬币均为正面的 100 美元下注者,其支付情况如图 12-2 所示。

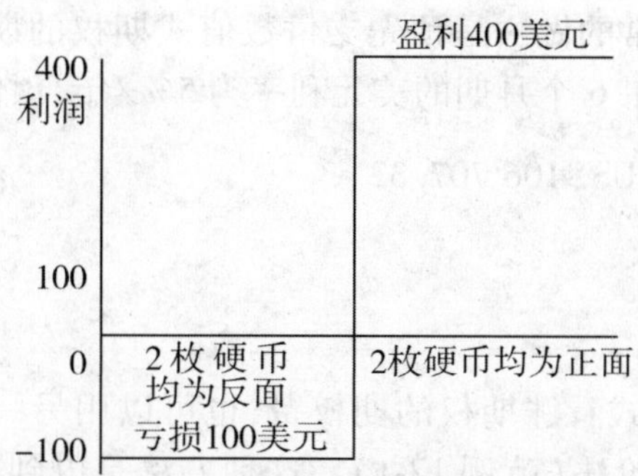

图 12-2　数值式期权:2 枚硬币均为正面

期权的支付反映事件发生的概率,期权费是预期支付额的现值。

结果	支付额	概率	预期值
2 枚均为正面	400	1/4	100
2 枚均为反面	0	1/4	0
1 枚正面,1 枚反面	0	1/2	0
合计			**100**

到期数值式期权的定价

对到期数值式期权可以用与标准看涨期权和看跌期权相同的方法进行定价。期权费是预期支付额的现值。

【例 12-1】　已知一笔美元看涨期权/日元看跌期权的交易,期限 6 个月,如果到期时的美元对日元的即期汇率为 110 或高于【例 10-6】中假设的情形,某人将支付 1 000 000 美元。该期权的二叉树和每种可能的结果的概率与【例 10-6】相同,但数值式期权的支付额不同。

可能的结果	概率	支付	预期值
118	1/64	1 000 000	15 625.00
112	6/64	1 000 000	93 750.00
106	15/64	0	0
100	20/64	0	0
94	15/64	0	0
88	6/64	0	0
82	1/64	0	0
合计			**109 375.00**

期权的预期支付额为 109 375.00 美元。如果在到期时支付期权费,这将是该期权的公允价值。通常的做法是预先支付数值式期权的期权费,包括标准的看涨期权和看跌期权。如果 6 个月期的美元利率为 5%/年,预付期权费为:

$$\frac{109\ 375.00}{1+0.05\times 6/12}=\text{US\$}106\ 707.32$$

反向二叉树定价法

【例 12-1】的数值式看涨期权的期权费,也可以用另一种方法进行定价,这种方法是反向二叉树定价法(范例 12-1)。这种方法是以到期时每种可能结果的支付额为起点,通过二叉树进行倒算,以确定初始期权的预期值。

如果 6 个月结束时即期汇率为 US$1 = ¥118 或¥112,支付额为 1 000 000 美元。假设在最后一个月,即期汇率上下波动为 3 日元的概率是相同的,若第 5 个月结束时的即期汇率为 115 日元,那么,那时的期权价值肯定为 1 000 000 美元。

同样,由于 6 个月结束时,若即期汇率为 112 日元,支付额为 1 000 000 美元;若即期汇率为 106 日元,支付额为零,因此,如果即期汇率为 108 日元时,第 5 个月结束时的期权价值一定是 500 000 美元。

通过反向二叉树,可以得到该期权的未来值为 109 375 美元,因此,期权费为 106 707.32 美元。

范例 12-1 反向二叉树定价法

月 0	1	2	3	4	5	6	结果
						1 000 000	118
					1 000 000		
				750 000		1 000 000	112
			500 000		500 000		
		312 5000		250 000		0	106
	187 500		125 000		0		
109 375		62 500		0		0	100
	31 250		0		0		
		0		0		0	94
			0		0		
				0		0	88
					0		
						0	82

因为反向二叉树定价法可以计算出在二叉树每个阶段的期权价值,因此,这是一种十分有用的定价法。例如,如果 2 个月结束时的即期汇率为 100 日元,那么,

期权的(未来)值将为 62 500 美元。这种方法还为路径依赖型期权(path dependent options)的定价提供了一种手段,如触发数值式期权(one-touch digitals)。

触发数值式期权的定价

【例 12-2】 6 个月期的美元看涨期权/日元看跌期权,在期权有效期内当即期汇率触及或超过 100 日元时,将支付 1 000 000 美元,假设其他参数与【例 12-1】相同,计算期权费。

如果第 4 个月结束时即期汇率为 112 日元(超过了 110 日元),触发数值式期权到期时将支付 1 000 000 美元。相应地,在反向二叉树(范例 12-2)第 4 个月的结点(4,112)上,汇率为 112 日元,期权价值肯定为 1 000 000 美元。依此类推,在(3,109)、(2,106)、(1,103)和(0,100)的节点上,期权价值分别为 625 000、375 000、218 750 和 125 000 美元,计算如下:

$$期权费 = 现值(125\ 000) = \frac{125\ 000.00}{(1 + 0.05 \times 6/12)} = \mathbf{US\$121\ 951.12}$$

由于预期支付额处于相当高的水平,因而在期权有效期内可能触及履约价格的汇率,但到期时却低于履约价格,因此,触发数值式期权的期权费高于到期时数值式期权的期权费。121 951.12 美元和 106 707.32 美元之间的差额就是触发特性的额外价值。

范例 12-2　反向二叉树定价法:为触发数值式期权定价

月 0	1	2	3	4	5	6	结果
						1 000 000	118
					1 000 000		
				1 000 000		1 000 000	112
			625 000		5000 000		
		375 000		250 000		0	106
	218 750		125 000		0		
125 000		62 500		0		0	100
	31 250		0		0		
		0		0		0	94
			0		0		
				0		0	88
					0		
						0	82

期权结束形态的定价公式

计算到期时数值式期权价值的方程式比布莱克—斯科尔斯方程式更加简单，因为这种期权的支付额是固定金额，并且其概率与标准看涨期权和看跌期权相同：

$$C = AN(d_2)e^{-rt} = \frac{AN(d_2)}{(1 + r_T t)} \tag{12.1}$$

其中，A 是数值式看涨期权的固定支付（金额），其他字母的定义与公式(10.16)相同。

随着期权接近到期日，支付函数接近履约价格的垂直线（见图 12-3）。

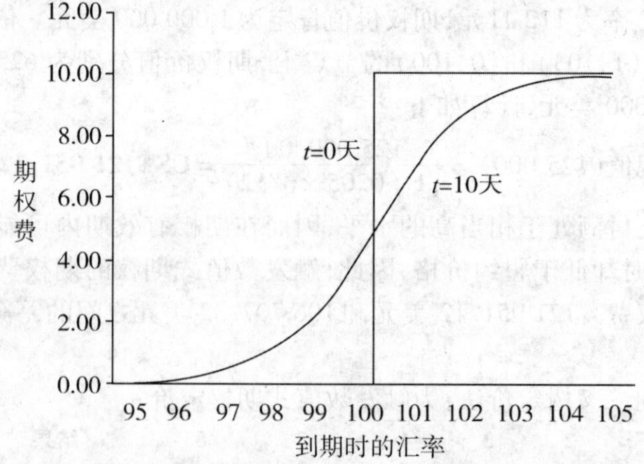

图 12-3　履约价格为 100 和支付额为 10 的到期数值式看涨期权

由于在计算执行期权的概率时必须考虑触发价格的概率，因此，触发数值式期权的定价要更复杂一些。

数值式期权的应用

数值式期权有多种强大的应用方法可以帮助人们管理货币风险敞口。

事后付费的期权

事后付费的期权（pay-later option）是指，只有当期权到期时处于价内状态才支付期权费的期权，也称为或有期权（contingent premium options）。如果支付期权费，支付的期权费肯定大于事先付费的相应的标准期权的期权费。

（卖出期权应该收到由交易对手支付期权费，卖出方为收到，下同）通过买卖数值式期权，【例 11-1】中的出口商可以调整风险敞口。例如，出口商可以买入履约价格为 0.9200 的看涨期权，期权费为 90 000 美元，而且，如果到期时即期汇率达到或低于 0.8910，出口商通过卖出到期数值式期权，将收到 200 000 美元的支付额，并以此来支付买入看涨期权的费用（见图 12-4）。

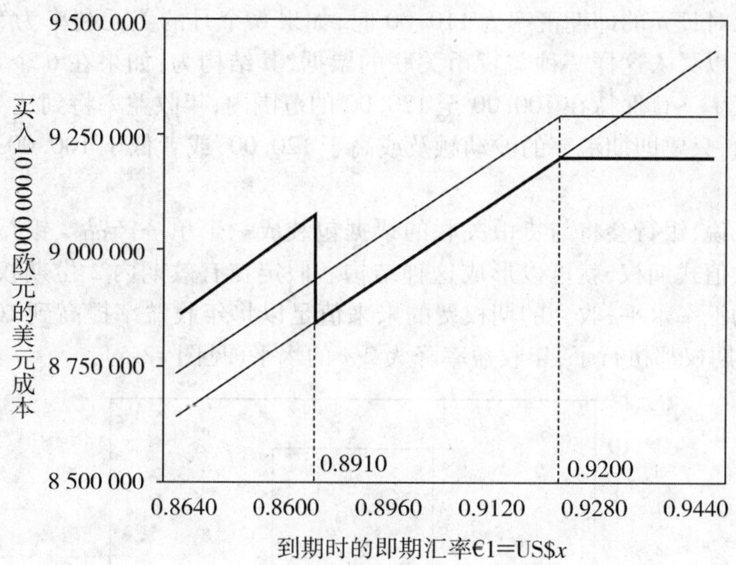

图 12-4　事后付费的看涨期权：保护进口商

如果到期时即期汇率达到或高于 0.9200，进口商买入 10 000 000 欧元的最大成本将是 9 200 000 美元。如果到期时即期汇率达到或高于 0.8910，因为节省了期权费的未来值，进口商的购汇成本将低于履约价格为 0.9200 的看涨期权的购买成本。

如果到期时即期汇率低于 0.8910，进口商的净购汇成本或者是 200 000 美元，这将大于未套期保值的情形；或者是 110 000 美元，这将大于买入履约价格为 0.9200 的看涨期权的情形。

进口商可能愿意选择事后付费的看涨期权，因为只有当汇率变动对进口商有利时才支付期权费，而且最坏的情形也不会像直接买入看涨期权的情形一样。

这种结构可以进行许多变形。进口商可以卖出履约价格不同的数值式期权。例如，为了对买入的履约价格为 0.9200 的看涨期权筹集资金，进口商可以选择不卖出履约价格为 0.8910 的数值式期权，而是选择卖出 2 份数值式期权——一份期权是，如果即期汇率低于 0.8850，将收到 150 000 美元的支付额；另一份期权是，如果即期汇率低于 0.8780，将收到 50 000 美元的支付额。此种方法在支付图中形成了两级台阶。

与货币关联的票据

与货币关联的票据（currency-linked note）是这样一种交易工具，其收益是汇率的函数。此种交易工具可以构建出许多种结构，最常用的一种结构是，如果汇率波动保持在特定范围之内,投资者的收益率将高于市场收益率;如果汇率波动超出特定范围,收益率将低于市场收益率。

当美元对日元的即期汇率为110.00时,如果6个月的美元利率为5%/年,投资者也许可以买入这样一种与货币关联的票据,其结构为:如果在6个月中,美元对日元的汇率一直保持在100.00至120.00的范围内,年收益率将到达10%;如果在有效期内,只要即期汇率的波动触及或高于120.00,或者低于100.00,则年收益率仅为2%。

一般来说,银行会将与货币关联的票据包装成一个单一产品。银行只要卖出两份触发数值式期权,就可以形成这种结构。假定在有效期内2份期权都没有触及到确定的汇率水平,收到的期权费的未来值足以将年收益率提高到10%。如果2份数值式期权都执行了,年收益率降为2%的水平(见图12-5)。

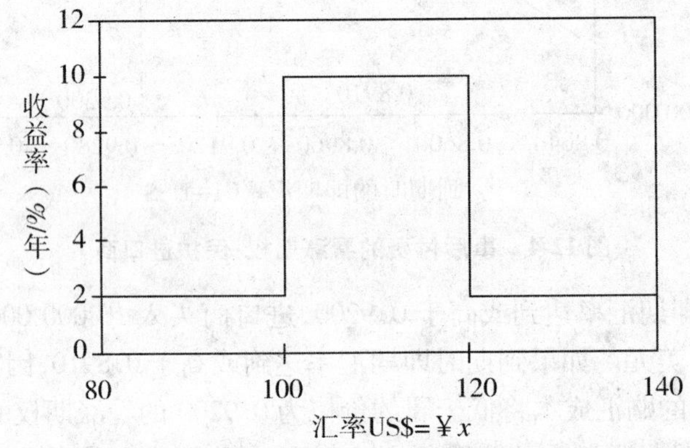

图12-5　与货币关联的票据

这种产品对许多投资者都有吸引力,因为投资者的本金是保证偿还的,而且,保证能得到最低的收益率,同时有可能得到远高于其他产品的收益率。投资者实际上在赌汇率的波动将低于期权定价时的波动幅度。

屏障式期权

路径依赖型期权(Path dependent options)是指,期权支付额依赖于期权有效期内市场价格所服从的路径。

标准看涨期权与看跌期权,包括到期数值式期权,都不是路径依赖型的,因为这些期权的支付额只取决于到期时的市场价格和履约价格。

触发数值式期权是路径依赖型期权的一个例子。最常用的路径依赖型期权组合是屏障式期权。路径依赖型期权的其他例子有平均利率期权(average rate options)或平均履约价格期权(average strike options),以及回望式期权(look-back options)。

屏障式期权(barrier options)是指,当市场价格达到某个特定水平时可能击空或击中的一种期权。

击出(或击空)式期权(knock-out or kick-out options)是指,当市场价格达到了屏障水平时,即使到期时市场价格好于履约价格,其支付额也为零的一种期权。击入(或击中)式期权(knock-in or kick-in options)是指,除非到期时期权处于价内状态(即到期时市场价格好于履约价格,而且在期权有效期内有时市场价格达到了屏障水平),否则支付额为零的一种期权。

图 12-6 描述的是 8 个月期的美元看涨期权与日元看跌期权,履约价格为 102.00日元,但市场汇率达到 108.00 日元时期权失效。实线表示在期权有效期内即期汇率可能服从的许多可能路径中的一条路径。初始即期汇率为 100.00 日元,到期时为 107.90 日元。在第四个月,当即期汇率高于 108.00 日元时,这个期权就失效了,因此,即使到期时即期汇率高于 102.00 日元的履约价格,但支付额将为零。

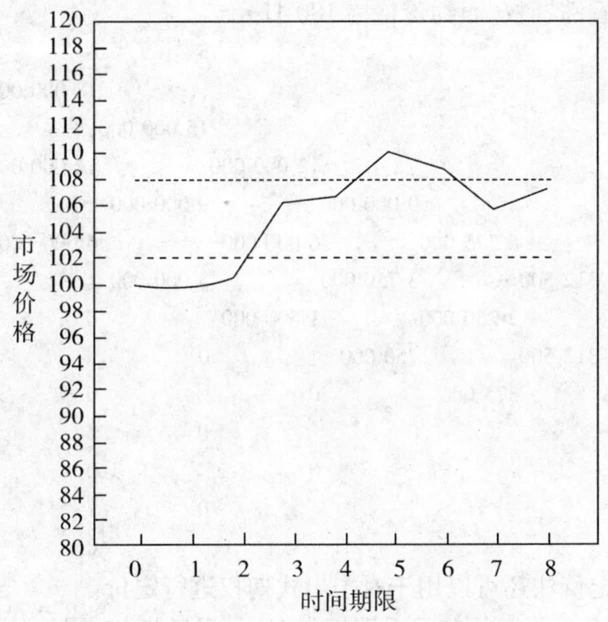

图 12-6 击出式美元看涨期权/日元看跌期权:履约价格 102 日元,击出价格 108 日元

如果是相反的情形,图 12-6 中的期权则在 108.00 日元的价位上被击中了,支付额为:

支付额 = 到期价格 - 履约价格

$= 107.90 - 102.00 = ¥5.90$

假定屏障式期权的屏障价格水平相同,击出式期权和击入式期权的支付额合计等于履约价格相同的标准期权的支付额。如果两份期权的屏障水平相同,在击出式期权和击入式期权中,只有一份期权可以执行。在上述情形中,击出式期权的支付额为零,击入式期权的支付额为 5.90 日元。这两份期权的支付额合计,等于标准看涨期权的支付额,即 5.90 日元。

由此可推定,假定屏障价格水平相同,履约价格也相同,击出式期权和击入式期权的期权费合计,必定等于标准看涨期权的期权费。

击出式期权的期权费 + 击入式期权的期权费 = 看涨期权的期权费　　(12.2)

击出式期权的定价

可以用反向二叉树定价法对【例 10-6】中的标准美元看涨期权/日元看跌期权进行定价。

范例 12-3　美元看涨期权,履约价格为 100 日元

月	0	1	2	3	4	5	6	结果
							18 000 000	118
						15 000 000		
					12 000 000		12 000 000	112
				9 000 000		9 000 000		
			6 375 000		6 000 000		6 000 000	106
		4 312 500		3 750 000		3 000 000		
	2 812 500		2 250 000		1 500 000		0	100
		1 312 500		750 000		0		
			375 000		0		0	94
				0		0		
					0		0	88
						0		
							0	82

反向二叉树定价法还可以用于对击出式期权进行定价。

【例 12-3】　一份 6 个月期的美元看涨期权/日元看跌期权,履约价格为 100.00 日元,击出价格为 112.00 日元,假定汇率的月度上下波动幅度为 3 日元,计算期权费。

这个期权的二叉树与范例 12-3 中的类似,但在 112 日元或高于 112 日元的所有节点上,期权价值均为零,因为这些价位都是击出价格。该期权的反向二叉树如下所示,从中可以求得击出式看涨期权的期权费为 1 280 488 日元。

月 0	1	2	3	4	5	6	结果
						0	118
					0		
				0		0	112
			1 500 000		3 000 000		
		1 875 000		3 000 000		6 000 000	106
	1 687 500		2 250 000		3 000 000		
1 312 500		1 500 000		1 500 000		0	100
	937 500		750 000		0		
		375 000		0		0	94
			0		0		
				0		0	88
					0		
						0	82

期权费 = 现值(¥1 312 500) = ¥1 280 488

履约价格 100 日元、击出价格 112 日元的看涨期权期权费小于履约价格为 100 日元的标准看涨期权期权费的一半。击出式期权的期权费更加便宜，但其提供的价值更少。二叉树中击出价格的分支都有相当大的价值。此外，不是击出价格的一些分支也损失价值，因为当即期汇率达到 112 日元击出水平时，击出的概率就上升了。

击入式期权的定价

可以利用公式(12.2)的关系式为击入式期权进行定价。如果履约价格为 110 日元的标准看涨期权的期权费为 2 743 902 日元，履约价格为 110 日元、击出价格为 112 日元的看涨期权的期权费为 1 280 488 日元，履约价格为 100 日元、击入价格为 112 日元的看涨期权的期权费必定为：

击入式期权的期权费 = 看涨期权的期权费 - 击出式期权的期权费 = 2 743 902 - 1 280 488 = ¥1 463 414

根据公式(12.2)可以得知，可能击出或击入的期权的期权费总是低于条件相同的标准期权的期权费。屏障式期权只是在有的时候具有与标准期权一样的价值，因此，这种期权的期权费要更低一些。

封闭式计算法

击出式和击入式期权还可以用方程式来进行定价。这些方程式看上去很复杂，因为除了涉及标准期权定价时的变量以外，还需要综合考虑屏障水平，以及是在汇率上升过程中还是在下降过程中触发屏障式期权。【例 12-3】中定价的期权是一份向上击出式美元看涨期权和一份向上击入式美元看涨期权，因为当即期汇率从现行水平向上波动时触发了屏障式期权。同样，如果即期汇率向下波动到屏障水平时触发屏障式期权，那就是向下击出式期权和向下击入式期权。

本节的计算公式均引自于《期权、期货与其他金融衍生品》（第 4 版，约翰 · C. 赫尔著，普兰蒂斯出版社，2000 年出版）。公式中所用的符号与赫尔采用的符号不同，但与本书中所用符号保持一致。

向下击出式看涨期权是这样一种标准的看涨期权，当汇率达到低于初始汇率的一定的屏障水平 B 时，期权失效。与之方向相反的是向上击入式看涨期权，此种期权只有当汇率达到特定的屏障水平时才能生效。

如果 $B \leqslant K$，当时间为零时向下击入式看涨期权的价值为：

$$c_{di} = Se^{-yt}(B/S)^{2\lambda}N(y) - Ke^{-yt}(B/S)^{2\lambda-2}N(y - \sigma\sqrt{t})$$

其中：

$$\lambda = \frac{r - y + \sigma^2/2}{\sigma^2} \qquad y = \frac{\ln[B^2/SK]}{\sigma\sqrt{t}} + \lambda\sigma\sqrt{t}$$

由于标准看涨期权的价值等于向下击入式看涨期权价值加上向下击出式看涨期权价值，因此，向下击出式看涨期权价值为：

$$c_{do} = c - c_{di}$$

如果 $B \geqslant K$，则：

$$c_{do} = SN(x_1)e^{-yt} - Ke^{-rt}N(x_1 - \sigma\sqrt{t}) - Se^{-yt}(B/S)^{2\lambda}N(y_1) + Ke^{-rt}(B/S)^{2\lambda-2}N(y_1 - \sigma\sqrt{t})$$

且 $c_{di} = c - c_{do}$

其中：

$$x_1 = \frac{\ln(S/B)}{\sigma\sqrt{t}} + \lambda\sigma\sqrt{t} \qquad y_1 = \frac{\ln(B/S)}{\sigma\sqrt{t}} + \lambda\sigma\sqrt{t}$$

向上击出式看涨期权是这样一种标准看涨期权，当价格达到高于现行价格的屏障水平 B 时，期权失效；而向上击入式看涨期权，只有当价格达到屏障水平时，期权才生效。

当 $B < K$ 时，显然，向上击出式看涨期权的价值 c_{uo} 为零（大概从来没有人卖出过这种期权）。向上击入式看涨期权的价值 c_{ui} 为 c。

当 $B \geqslant K$ 时，

$$c_{ui} = SN(x_1)e^{-yt} - Ke^{-yt}N(x_1 - \sigma\sqrt{t}) - Se^{-yt}(B/S)^{2\lambda}[N(-y) - N(-y_1)] + Ke^{-rt}(B/S)^{2\lambda-2}[N(-y + \sigma\sqrt{t}) - N(-y_1 + \sigma\sqrt{t})]$$

且 $c_{uo} = c - c_{ui}$

屏障式看跌期权也有类似的特性。对于向上击出式看跌期权，当汇率达到大于现行价格的屏障水平 B 时，期权失效；只有达到屏障水平时向上击入式看跌期权才能生效。当屏障水平 B 大于或等于履约价格 K 时，期权价格为：

$$p_{ui} = -Se^{-yt}(B/S)^{2\lambda}N(-y) + Ke^{-rt}(B/S)^{2\lambda-2}N(-y+\sigma\sqrt{t})$$

且 $p_{uo} = p - p_{ui}$

当 $B < K$ 时，

$$p_{uo} = -SN(-x_1)e^{-yt} + Ke^{-rt}N(-x_1+\sigma\sqrt{t}) + Se^{-yt}(B/S)^{2\lambda}N(-y_1) - Ke^{-rt}(B/S)^{2\lambda-2}N(-y_1+\sigma\sqrt{t})$$

且 $p_{ui} = p - p_{uo}$

向下击出式看跌期权是这样一种看跌期权，当汇率达到低于现行价格的屏障水平时，期权失效；当达到屏障水平时向下击入式看跌期权才能生效。

当屏障水平大于履约价格时，$p_{do} = 0$ 且 $p_{di} = p$；当屏障水平小于履约价格时，则

$$p_{di} = -SN(-x_1)e^{-yt} + Ke^{-rt}N(-x_1+\sigma\sqrt{t}) + Se^{-yt}(B/S)^{2\lambda}[N(y) - N(y_1)] - Ke^{-rt}(B/S)^{2\lambda-2}[N(y-\sigma\sqrt{t}) - N(y_1-\sigma\sqrt{t})]$$

且 $p_{do} = p - p_{di}$

对上述所有期权进行定价时，都假设在未来汇率变动的概率是对数正态分布。屏障式期权的价格对于这种对数正态分布的假设是相当敏感的。图 12-7 是向上击出式看涨期权和向上击入式看涨期权的例子。

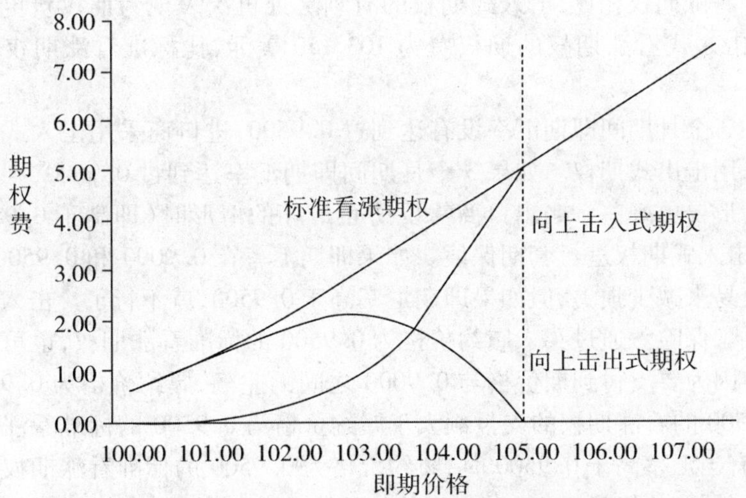

图 12-7　履约价格为 100、屏障水平为 105 的向上击出式看涨期权和向上击入式看涨期权

屏障式期权的一个重要问题是观察即期价格的频率以决定其是否已经达到屏障水平。上述解析方程式都是假定对即期汇率进行连续观察。实际上,即期汇率观察的频率可能没有这么频繁,比如,工作日结束后无法观察。

屏障式期权的应用

【例 12-4】　【例 11-1】中的进口商可以买入 3 个月的向上击出式欧元看涨期权/美元看跌期权,履约价格为 0. 9000,击出价格为 0. 9500,期权费为 0. 69%,相同履约价格的标准看涨期权的期权费为 1. 84%。

与标准美元看涨期权相比,击出式期权的有利之处在于其期权费更低,应付期权费只有 61 850 美元,而标准看涨期权的期权费则为 165 600 美元。

击出式期权的不利之处在于,如果在 3 个月中的任何时间即期汇率上升到 0. 9500 或高于 0. 9500,进口商的套期保值就失效了。当汇率上升时进口商可以终止没有套期保值的状态,因此,不要在没有吸引力的汇率水平上进行套期保值。

进口商准备应对用履约价格为 0. 9500 的击出式期权进行套期保值可能产生风险,这只是因为进口商觉得在期权有效期内,即期汇率不可能突破 0. 9500,为了节省一些期权费而进行的套期保值。

另一种选择是,进口商可以买入 3 个月的向上击入式看涨期权,履约价格 0. 9000,击入价格 0. 9500,期权费为 1. 15%。

与标准看涨期权相比,击入式期权的有利之处再次表现为期权费更低。在这个案例中,击入式看涨期权的期权费为 103 150 美元,比标准看涨期权少 62 450 美元。

如果在 3 个月期间即期汇率没有达到过 0. 9500,进口商采用击入式期权的情形将好于采用击出式期权。如果 3 个月期间即期汇率达到过 0. 9500,则采用击出式期权的情形要更好些。当出口商需要防止最坏的情形时(即高于 0. 9500)发生时,可以用击入式期权进行套期保值。如果即期汇率在 0. 9000 和 0. 9500 之间,可以用这种交易来减少损失,但如果即期汇率高于 0. 9500,就不行了。击入式期权为进口商提供了保险。通过买入履约价格为 0. 9500 的标准看涨期权,也可以达到类似的效果。因为要支付到期价格与 0. 9000 之间的差额,履约价格为 0. 9000、击入价格为 0. 9500 的看涨期权的支付额大于履约价格为 0. 9500 的标准看涨期权的支付额,而只有当汇率高于 0. 9500 时,履约价格为 0. 9500 的标准看涨期权才发生支付。相应地,履约价格为 0. 9000、击入价格为 0. 9500 的看涨期权的期权费高于履约价格为 0. 9500 的标准看涨期权的期权费。

在实际结果揭晓之前,不存在最佳的交易策略。关键的问题很简单,就是套期保值者要有更多的选择。屏障式期权为套期保值者提供了可利用策略的灵活性。

通过改变履约价格和/或屏障水平，套期保值者可以支付自己希望付出的价格，而不需支付任何款项。

击出式远期

看跌期权与看涨期权平价关系式［公式(10.4)］也适用于屏障式期权。

击出式看涨期权－击出式看跌期权＝击出式远期　(12.3)

这两种期权的履约价格和击出水平必须相等。

这就使得构建击出式远期这类结构成为了可能。交易者可持有好于市场远期汇率的头寸，即当即期汇率达到屏障水平时，期权失效。例如，如果履约价格为 0.8825、击出价格为 0.9500 的看涨期权的期权费等于履约价格为 0.8825、击出价格为 0.9500 的看跌期权的期权费，就可以构建一种击出式远期（零期权费），只要在 3 个月期间即期汇率达不到 0.9500，进口商就可以按 0.8825 的汇率卖出欧元应收款。如果即期汇率稳定在 0.9500 以下，进口商兑换欧元的远期汇率将比市场远期汇率 0.8975 好 150 个基点，而且还不用支付期权费。

采用击出式远期的风险是，进口商可能发现当汇率高于 0.9500 时（最应该进行套期保值时），自己并没有处于套期保值状态。但是，在许多情形下，进口商在汇率上升的环境中可能采取的措施是不进行套期保值，他们希望汇率下跌到更有吸引力的水平。如果出现这种情形，进口商采用击出式远期交易的情形将更好一些。

汇率调节式期权（reset options）是指，在期权有效期内履约价格可能变动的一种期权。阶梯式期权（ladder options）是指，汇率可以重新设定的一种期权。它具有多种触发价格，每次达到触发价格，都会击中一个新的最低利润额。这些期权也称为棘轮期权（ratchet）、集团期权（clique）或击入式期权。这类期权受到了一些交易者的追捧，他们既希望持有有利可图的头寸，又希望在汇率变动对他们不利时，避免未实现的利润消失或变成亏损。

调节式期权和棘轮式期权是买入一组越来越好的击入式期权，当市场波动有利于交易者时就击入，同时，卖出一组击出式期权，当新的期权击中时就击出。

例如，有一个交易者预计欧元对美元的汇率将上升，买入履约价格为 0.9000 的欧元看涨期权。为了将这个看涨期权转变为调节式期权，交易者还必须买入履约价格更好一些（如 0.8800）的看涨期权，假定击入价格为 0.9500，同时卖出履约价格为 0.9000 的看涨期权，击出价格为 0.9500。在这种情形下，一旦即期汇率达到 0.9500，最初履约价格为 0.9000 的看涨期权实际上就被履约价格为 0.8800 的看涨期权所替代。

不断重复这个过程，就可以构建阶梯式期权。通过买入另一个击入式看涨期权，假定履约价格为 0.8600，击入价格为 0.9600，同时卖出击出式看涨期权，履约价格为 0. 8600,击出价格为 0. 9600,就可以构建阶梯式期权的第二个步骤。

如果击入水平与起始汇率之间的差足够大,将标准期权转变为调节式期权或阶梯式期权时,一般不需要花费太多的期权费,因为用卖出击出式期权收到的期权费就可以支付一部分买入击入式期权需要的期权费。

组合式期权策略

标准看涨期权和看跌期权可以有无数种可能的组合,击出式期权、击入式期权和数值式期权都可以用来组成最符合个人想法的交易策略。在任何情形下,都没有最佳的结构,任何事物都有利有弊。寻求"最佳"交易策略,实际上就是确定最符合个人想法的结构。有得必有失。接受不理想的履约价格,确定的击出水平更接近于现行汇率或卖出某种期权,就可以降低期权费。套期保值者可以将数值式期权和屏障式期权置入可利用的锦囊妙计中。这些期权不一定都要使用,但在必要时如何利用这些期权还是值得了解的。

其他路径依赖型期权

路径依赖型期权包括平均汇率期权、平均履约价格期权和回望式期权。

平均汇率期权(average rate option)是支付额为平均汇率与履约价格之间的差额或为零时,两者取其高的一种期权,也称为亚洲式期权(Asian options)。

平均汇率是期权有效期内汇率发生变动路径的函数。一般可以计算在一段特定时间内每日汇率的算术平均值。如果即期汇率亦服从图 12-8 的路径,平均汇率将为 104.00 日元。履约价格为 102.00 美元的美元看涨期权的支付额将为 2.00 日元。

支付额 = 平均汇率 - 履约价格 = 104.00 - 102.00 = ¥2.00

平均履约价格期权(average strike option),是指履约价格为平均汇率的期权。如果即期汇率服从图 12-8 的路径,平均汇率为 104.00 日元,到期时的即期汇率为 107.00 日元,那么,平均履约价格的看涨期权的支付额将为 3.00 日元。

支付额 = 到期汇率 - 平均汇率 = 107.00 - 104.00 = ¥3.00

平均汇率看涨期权和条件相同的平均履约价格看涨期权的支付额之和,等于履约价格相同的标准看涨期权的支付额。同样,平均汇率期权和条件相同的平均履约价格看涨期权的期权费之和,等于标准看涨期权的期权费。因此,平均汇率期权和平均履约价格期权的期权费均低于条件相同的标准期权的期权费。显然,这是因为平均汇率的波动率一定低于标的即期汇率的波动率。

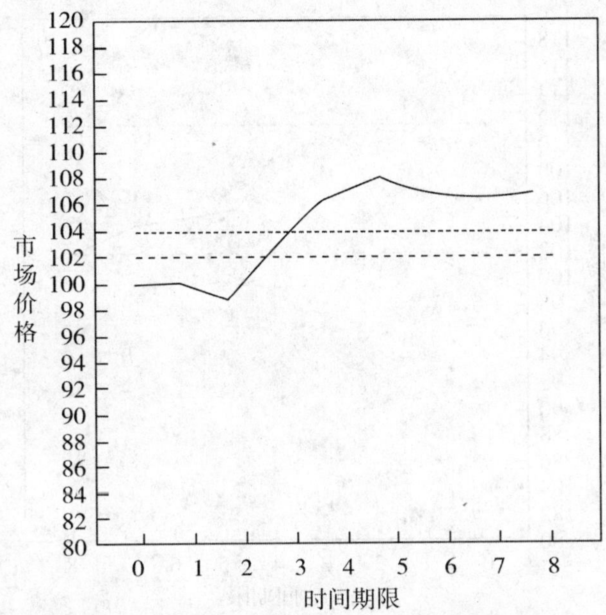

图 12-8　履约价格为 102.00 日元的平均汇率美元看涨期权

因此,公司可以利用平均汇率期权和平均履约价格期权进行更加经济的套期保值,这些公司可以在平均汇率基础上进行收入或支付的合约安排。例如,一家报社从一家纸厂购买新闻纸,像大多数商品一样,纸张是用美元定价的。报社(进口商)和纸厂(出口商)具有金额相等但方向相反的汇率风险敞口。双方可能同意购买纸张的价格将体现货运期间的平均汇率因素。如果确实如此,双方都持有平均汇率的风险敞口,其波动率低于即期汇率的波动率。双方可以采用平均汇率期权和平均履约价格期权,经济而有效地对自己的风险敞口进行套期保值。

回望式期权(look-back option)是指,支付额为期权有效期中履约价格与市场最高价格之间差额的期权。

如果即期汇率服从图 12-9 的路径,履约价格为 102.00 美元的回望式美元看涨期权的支付额将为 10.00 日元。

支付额 = 市场最高价格 - 履约价格 = 112.00 - 102.00 = ¥10.00

即使本例中到期时的即期汇率为 101.70 日元,低于履约价格,但回望式看涨期权的支付额也将为 10.00 日元。

回望式期权使交易者具有后见之明。交易者可以拿到有效期中可能出现的最佳汇率,因此,回望式期权非常具有吸引力。但是,实际上交易者不可能过多地使用这类期权,因为购买回望式期权时需要支付的期权费相当多。谨记,期权费是预计支付额的现值。由于预计支付额很高,期权费就会很高。

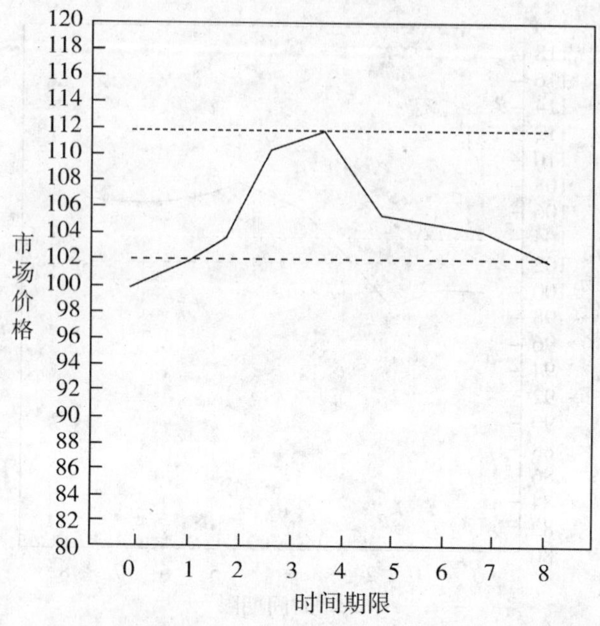

图 12-9　履约价格为 102.00 日元的回望式美元看涨期权

呼喊式期权(shout option)是指,持有者有权将最低支付额锁定为等于"呼喊"时(即宣布期权交易目的时)的期权内在价值的期权。某日本出口商买入履约价格为 102.00 日元的美元看涨期权以对 8 个月后到期的美元应收款进行套期保值。如果即期汇率的波动情况如图 12-10 所示,出口商可以在前 4 个月分享到美元对日元汇率上升的好处。在第 5 个月时,美元对日元汇率开始大幅下跌。那时,美元对日元汇率下跌到 107.50 日元时,出口商呼喊。如果即期汇率继续下跌,如图 12-10所示,那么,这种期权的支付额将为 5.50 日元。另一方面,如果美元对日元汇率大于 107.50 日元,这种期权的支付额将同标准看涨期权的一样。

支付额 = 最大值(呼喊水平 - 履约价格,到期汇率 - 履约价格)

= 107.50 - 102.00 = ¥5.50

由于预计支付额比较低,因此,呼喊式期权的期权费大大低于回望式看涨期权。只有当呼喊式期权的持有者恰恰在处于最高价位时进行呼喊,支付额才与回望式期权的相同。如果提前呼喊,持有者有可能失去以后在更高价格水平呼喊的机会。另一方面,如果期权持有者以后呼喊,有可能失去将汇率锁定在比已经呼喊时得到的汇率更好的机会。

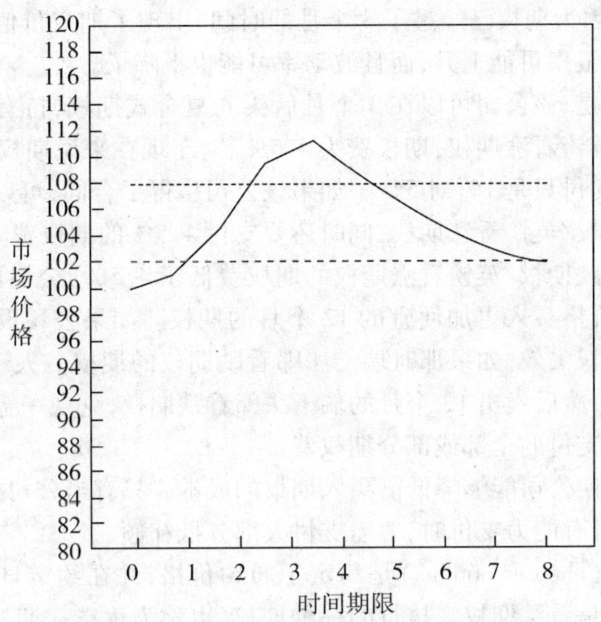

图 12-10　呼喊式期权:履约价格为 102.00 日元、呼喊水平为 108.00 的美元看涨期权

其他非路径依赖型期权

还有许多其他种类的期权,但大部分在实际中很少使用。

复合期权(compound option),是指以期权为标的的期权。复合期权的购买者有权利但没有义务在未来约定日期以约定履约价格执行某个期权,以得到约定的期权费。复合期权适用于对外汇合同进行投标的公司,如果投标获胜,将产生外币风险敞口。

一家英国公司正在参与瑞士一份合同的招标,但它不清楚 3 个月之后在合同中标之前是否会出现瑞士法郎的风险敞口。如果该公司投标成功,在今后 1 年将得到瑞士法郎收入。招投标按市场汇率进行计价。如果 3 个月后中标了,但因那时英镑对瑞士法郎升值了,这个项目的盈利情况将与预算的不一样。汇率甚至可能发生大幅波动,因而可能导致赢得招标就意味着锁定了损失。

该公司可以购买 15 个月的瑞士法郎看跌期权/英镑看涨期权,假设期权费均为 5%。这将涉及大量的现金支付,如果竞标后没有拿到合同,这种现金支付就不必要了。如果没有拿到合同,该公司当时就可以卖出 12 个月的瑞士法郎看跌期权/买入英镑看涨期权,以弥补 5% 的期权费。但是,在当时期权费可能大幅度下降，如降到3%，因为期权已经过了3个月的时间，出现了期权价值的时间衰减，英镑对瑞士法郎的汇率可能上升，而且波动率可能也下降了。

另一种做法是，该公司可以在3个月后买入复合式期权，持有12个月的瑞士法郎看跌期权/英镑看涨期权，期权费为4.5%，对于现在来说期权费只有1%。因此，初始的现金支付只是1%对5%。如果该公司赢得了合同，可以买入12个月的瑞士法郎看跌期权/英镑看涨期权，同时还要支付4.5%的期权费。如果那时的12个月瑞士法郎看跌期权/英镑看涨期权的期权费低于4.5%，公司可以使复合式期权失效，按市场价格买入更加便宜的12个月的期权。如果公司没有拿到合同，也可以使复合式期权失效，如果那时瑞士法郎看跌期权的期权费大于4.5%，就可以执行复合式期权，然后卖出12个月的瑞士法郎看跌期权，兑现一笔利润，以冲抵买入复合式期权时支付的全部或部分期权费。

复合式期权使公司能够降低已买入期权的成本。只有当公司搞清楚其确实需要这种期权，而且有能力支付时，才需支付大部分抵补额。

选择式期权（chooser options）是约定了履约价格，并在约定日期，买入者可以选择作为看涨还是看跌期权来执行的一种期权，也称为优选式期权（preference options）或双重选择式期权（double options）。

通过买入选择式期权，可以对剧烈波动的行情进行套期保值。如果某个人担心汇率可能发生剧烈的上升或下降，而究竟是上升还是下降，也搞不清楚，他就可以买入选择式期权。如果汇率上升，他可以选择将其作为看涨期权；如果汇率下跌，则可以选择将其作为看跌期权。

分期付款式期权（instalment option）是指期权费分期支付的期权。期权持有者通常可以每隔一定时间分期支付期权费，而且可以选择在任何时候终止期权。一旦终止，则没有义务支付剩下的分期付款。

对于一份预付500点的6个月期的期权，可以通过每月支付100点分期付款的方式来购买。如果期权持有者一直持有该期权，到期时他将支付所有600点的期权费。但是，如果（假设）2个月后汇率发生了波动，使期权处于价外状态，他可以选择使期权失效，那么，他只需要支付200点的期权费。

分期付款式期权也称为租赁式期权（rental options），或按需付款式期权（pay-as-you-go options）。

幂期权（power options）的支付额是履约价格与到期时汇率之间差额（数值大的减去数值小的）乘方的函数。对于履约价格为100.00日元的标准美元看涨期权来说，如果到期时的即期汇率为102.00日元，支付额将为2.00日元。当到期汇率X大于100日元时，幂期权的支付额等于$(X-100)^2$，那么，如果到期汇率为102.00日元，幂期权的支付额将为4.00日元。

到期汇率	标准看涨期权支付额	幂期权支付额
95	0	0
100	0	0
102	2	4
104	4	16
110	10	100

幂期权包含杠杆率因素。幂期权卖出者承担的风险远远大于标准期权的风险。

或有期权(contingent options)是指如果发生某个特定(可能无关联的)事件就使期权击入(生效)的一种期权。例如,如果利率达到某个特定水平就可能使货币期权击入(生效)。

宽特期权(quanto options)是指面值数额随着其他变量的变动而变化的一种期权。如果基金经理将美元投资于日本的股票,就会面临外汇风险敞口,其规模随着股票投资组合的日元价值的变动而变化。

【例 12-5】 一个美国基金经理花费 10 000 000 美元购买了日本的股票,当时的即期汇率为 US$1 = ¥100.00,日经 225 指数为 15 000 点。该股票投资组合的初始日元价值为 1 000 000 000 日元(10 000 000 × 100.00),并且今后将随着股票价格的上涨或下跌而发生变动。假设这组股票基本上随着日经指数的波动而变动,当日经 225 指数上升到 16 000 点时,股票组合的价值大约为 1 066 666 667 日元;另一方面,当日经 225 指数下跌到 14 000 点时,股票组合的价值大约为 933 333 333 日元。通过买入面值为 1 000 000 000 日元的标准日元看跌期权/美元看涨期权,可以为货币风险提供不完美的套期保值。如果日经 225 指数上升到 16 000 点,将使投资者套期保值不足;如果日经 225 指数下跌到 14 000 点,将使投资者套期保值过度。在这种情况下,日元面值随着日经 225 指数变动的宽特期权可以为该基金经理提供更好的套期保值。从证券投资组合的价格表现比市场指数好或差的意义上讲,宽特期权不一定是尽善尽美的,但很可能比标准(即数量不变的)期权好。

相关性

或有期权和宽特期权的价格受汇率与相关变量之间相关关系的影响。

相关性(correlation)是指两个变量之间关系的密切程度。可以用以下公式计算相关系数:

$$\rho = \frac{n\sum xy - \sum x \sum y}{\left[n\sum x^2 - \left(\sum x\right)^2\right]\left[n\sum y^2 - \left(\sum y\right)^2\right]} \tag{12.4}$$

微软制表软件提供了 CORREL(X_1. X_n, Y_1. Y_n) 函数表,可以用于计算相关系数。

如果相关系数ρ为正值，那么，当变量x上升时，变量y也趋于上升。如果系数是负值，那么，当变量x上升时，变量y则趋于下跌。如果相关系数等于+1，这说明x与y是完全的正相关，也就是说，y总是随着x的上下变动而发生相应的变动。如果相关系数为-1，说明x与y是完全的负相关，也就是说，当x上升时y则下跌，反之亦然。如果$\rho=0$，说明x与y是互不相关的。

【例 12-6】 已知在过去 10 个月中美元对日元、美元对瑞士法郎的汇率波动情况如范例 12-4 所示，计算这段时期这两种汇率之间的相关系数。

范例 12-4 计算相关系数

月	美元对日元汇率	美元对瑞士法郎汇率
1	105.60	1.7150
2	106.00	1.7230
3	107.25	1.7360
4	104.40	1.7570
5	106.20	1.7540
6	108.40	1.7680
7	107.75	1.7790
8	108.25	1.7660
9	109.00	1.7890
10	109.10	1.7995

用公式(12.4)计算得出$\rho=+0.72$。

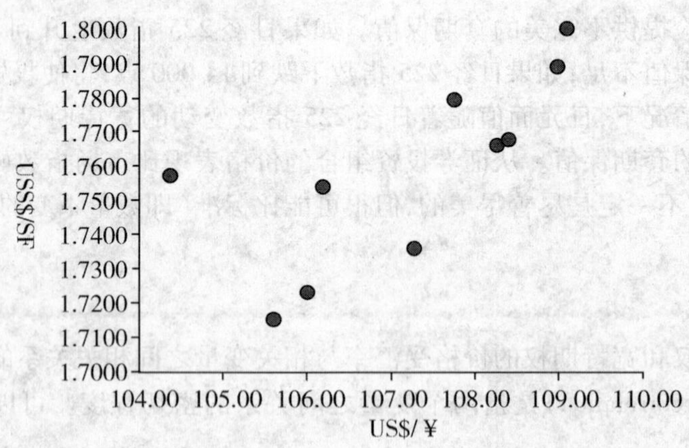

图 12-11 美元对日元汇率与美元对瑞士法郎汇率之间的相关性

相关系数越高，说明两种汇率之间的相关关系越紧密。相关系数为 0.72，说明这两种汇率之间的相关性是很高的。在过去 10 个月中，美元对日元、瑞士法郎的汇率基本上是上升的。在某些月份，美元对日元的升值幅度大于美元对瑞士法郎的升值幅度；在某些月份，美元对瑞士法郎的升值幅度大一些。在第 4 个月，美元对日元的汇率下降，但美元对瑞士法郎则继续升值，但在第 8 个月，美元对瑞士法郎的汇率下降，美元对日元却是升值的。

考虑到日本经济会影响日元的汇率，但不会影响瑞士法郎的汇率，同时，瑞士的一些因素会影响瑞士法郎的汇率，但不会影响日元的汇率。其他国家的因素也会影响这两种货币的汇率，如美国经济的发展状况。

两种货币的汇率之间的相关性会随着时间而变化。但是，只要在足够长的时期进行足够大量的观察，就可以发现两种货币的汇率之间的相关性是前后一致的。

交叉汇率的波动率

两种货币汇率的波动率及其相关性可以派生出交叉汇率的波动率。

如果交叉汇率是两种货币汇率之间的比率，则：

$$\sigma_{12}^2=\sigma_1^2+\sigma_2^2-2\rho\sigma_1\sigma_2 \tag{12.5a}$$

如果交叉汇率是两种货币汇率的乘积，则：

$$\sigma_{12}^2=\sigma_1^2+\sigma_2^2+2\rho\sigma_1\sigma_2 \tag{12.5b}$$

其中：σ_{12}——交叉汇率波动率；σ_1——汇率 1 的波动率；σ_2——汇率 2 的波动率；ρ——货币 1 与货币 2 之间的相关性。

【例 12-7】

若

$\sigma_{\$/¥}=12.5\%$

$\sigma_{\$/SF}=10.0\%$

$\rho=0.72$

则

$$\begin{aligned}\sigma_{¥SF}^2&=\sigma_{\$/¥}^2+\sigma_{\$/SF}^2-2\rho\sigma_{\$/¥}\sigma_{\$/SF}\\&=(0.125)^2+(0.1)^2-2\times(0.72)\times(0.125)\times(0.1)\\&=0.15625+0.01-0.18\\&=0.007625\end{aligned}$$

$\therefore\ \sigma_{\$/SF}=\sqrt{0.007625}=0.087=8.7\%$

如果用公式(12.5)无法表示交叉汇率的波动率，说明存在套汇的机会。在交叉汇率关系恢复之前，通过买入低于平衡波动率的期权和卖出高于平衡波动率的期权，就可以进行套汇。

篮子式期权

篮子式期权(basket option),是指标的货币为一篮子货币的期权。

假定篮子中的所有货币不是完全相关的,篮子式期权的波动率和期权费将小于相应货币的加权平均波动率和期权费。

【例12-8】 某个基金经理将30 000 000美元投资于日本的资产,并将70 000 000美元投资于欧洲的资产,当时的汇率分别为1美元兑120.00日元和1欧元兑0.8500美元。基金经理通过买入美元看涨期权/日元看跌期权、美元看涨期权/欧元看跌期权,对货币风险进行套期保值。另一种可行的方法是,基金经理可以买入美元看涨期权/篮子式看跌期权。

篮子式期权是由3 600 000 000日元和82 352 941.18欧元构成的,如范例12-5所示。

范例12-5 一篮子货币

货币	金额(美元)	权重	汇率	货币金额
日元	US$30 000 000	0.3	120.00	¥3 600 000 000
欧元	US$70 000 000	0.7	0.8500	€82 352 041.18
合计	US$100 000 000	1.0		

注:权重合计=1

篮子式期权的支付额是某个指数的函数。指数是反映一篮子货币价值的一个数值。在期权有效期开始时,指数的基本数值通常是100。指数的价值可以用任何一组汇率来计算。例如,如果美元对日元和美元对欧元两种汇率分别变动到125.00和0.8000,指数将从100下降到94.68,那么,一篮子货币的价值只有94.68%,价值美元投资初始价值的94.68%。

范例12-6 篮子式期权到期时的指数值

货币金额	汇率	美元值	指数值
¥3 600 000 000	125.00	28 800 000	28.80
€82 352 941.18	0.8000	65 882 353	65.88
合计		94 682 353	**94.68**

可以用指数值来计算篮子式期权中一组汇率的履约价格。例如,如果篮子式期权两种货币的履约价格为120.00日元和0.8500欧元,履约指数则为100.00。

如果到期时篮子式期权指数低于履约指数,篮子式看跌期权将发生支付额。例如,如果到期时美元对有关货币的即期汇率分别为125.00日元和0.8000欧元,指数值下跌到94.68,因此,篮子式看跌期权得支付5 320 000美元。

支付额=本金×(履约指数-到期时指数)

$=100\ 000\ 000 \times (100.00-94.68)/100$

$=\text{US}\$5\ 320\ 000$

篮子式期权的支付额不会大于单个期权支付额的合计数。例如,如果到期时美元对有关货币的汇率分别为 125.00 日元和 0.9000 欧元,篮子式期权指数值将为 102.92,因此,篮子式看跌期权不发生支付额。但是,如果只是美元看涨期权/日元看跌期权,则要支付 1 200 000 美元。由于欧元对美元升值,欧元看跌期权将失效(范例 12-7)。

范例 12-7　到期时指数

货币金额	汇率	美元值	指数值
¥3 600 000 000	125.00	28 800 000	28.80
€82 352 941.18	0.9000	74 117 647	74.12
合计		102 917 647	**102.92**

篮子式期权支付额 =0

$$\text{日元看跌期权支付额} = \frac{3\ 600\ 000\ 000}{120.00} - \frac{3\ 600\ 000\ 000}{125.00}$$

$$= \text{US}\$2\ 400\ 000$$

投资者可能不必特别在意,支付额没有被最大化。需要支付额的目的是限定由于投资的外币出现普遍疲软而发生的损失额。篮子式期权可以实现这个目标。即使可能的支付额更少,基金经理也可能更愿意支付低于其分别买入日元看跌期权和欧元看跌期权而必须支付的期权费。

篮子式期权的期权费小于单个期权期权费的合计数,因为篮子式期权指数的波动率小于两种汇率加权平均的波动率。

篮子式期权的波动率可以用公式(12.6)来计算。

$$\sigma_{\text{篮子式期权}} = \sum \omega_i \omega_j \sigma_i \sigma_j \rho_{ij} \tag{12.6}$$

若美元对日元汇率的年波动率为 13.5%,欧元对美元的年波动率为 9.7%,这两种汇率的相关系数为 0.33,则:

$$\sigma_{\text{篮子式期权}} = (0.3\times0.3\times0.135\times0.135) + (0.3\times0.7\times0.135\times0.097\times0.33) + (0.7\times0.3\times0.097\times0.135\times0.33) + (0.7\times0.7\times0.097\times0.097) = 0.0898 = 9.98\%/\text{年}$$

日元看跌期权和欧元看跌期权的加权平均波动率为:

$(0.3\times0.135) + (0.7\times0.097) = 0.1084 = 10.84\%/\text{年}$

需注意的是,篮子式期权的期权费将小于分别买入日元看跌期权和欧元看跌期权的期权费合计数。

应当指出的是,如果已知市场价格(指数的现值)、履约价格(履约指数)和波动率,就可以计算出篮子式看跌期权的期权费。

实际上,篮子式期权一般都是建立在3至5对货币的基础上。一般来说,这将大幅度减少期权费,同时又不会那么难以操作。持有多种货币风险敞口的基金经理,更愿意将这些货币风险组成合意的组合。例如,他们可能用新加坡元作为南亚货币的代表货币。

用篮子式期权可以构建双限期权、击出式期权、数值式期权等。

混合交易

混合交易(hybrids)是指,在一般情况下互不相关的两个变量的关系的基础上构建一种价格的金融衍生品。

【例12-9】 某个澳大利亚镍生产商面临镍价和澳大利亚元对美元汇率两种风险敞口。如果镍价上涨,利润将增加;如果汇率上升,则利润将减少。

该公司每个季度生产8 000吨镍。像所有商品一样,镍也是用美元定价的。因此,该公司的年度收入为32 000 × P,其中P为镍价。

收入 = US\$32 000 × P

该公司每年的成本为25 000 000美元。预计每年还有额外的费用支出100 000 000澳大利亚元。

该公司愿意对其货币风险而不对其面临的镍价风险进行套期保值。该公司面临汇率风险为如果汇率上升以澳大利亚元计价的收入将减少。为消除其汇率风险,该公司应当卖出多少美元的远期?

美元风险敞口 = 32 000 × P − 25 000 000

由于镍价的波动率非常大,因此,美元风险敞口的规模会随着镍价的波动而出现大幅度的变动。镍价的年平均波动率一直超过30%。目前,镍价为每吨6 430美元。过去10年,镍价在3 610美元至16 350美元之间波动。范例12-9说明该公司的外汇风险是如何随着镍价的波动而变动的。

范例12-9 在不同镍价水平下的货币风险

镍价(美元)	美元汇率风险
2 000	39 000 000
4 000	103 000 000
6 000	167 000 000
8 000	231 000 000
10 000	295 000 000

如果该公司卖出的美元多于年末的美元收入,将出现套期保值过度的问题。例如,如果该公司卖出180 760 000美元,假设镍的平均价格为6 430美元,而且镍价下跌到4 000美元,该公司将比必需的收入多卖出了77 760 000美元。如果汇率

下跌,该公司将面临损失的风险。

该公司需要具有宽特性质的的远期汇率合约。也就是说,通过卖出美元远期的数量将随着镍价的波动而变动。从交易历史上看,镍价与汇率之间存在高度正相关的关系,这在某种程度上提供了一种自然的套期保值——如果镍价下跌,很可能汇率也下跌,这意味着,生产商应当不采取任何措施。但是,相关系数远非理想的状况,镍价下跌的损失远大于与汇率下跌可能有关情形造成的损失。

图 12-12 说明了假设的概率曲面,假设条件为:美元/镍价的年波动率为 33%,澳大利亚元对美元汇率的年波动率 12%,美元/镍价与澳大利亚元对美元汇率的相关系数为 40%。该图还说明了 12 个月中假设概率向上波动的标准差,标准差一个单位的变动将导致镍价上涨到 8 552 美元,或下跌到 4 308 美元。同样,标准差一个单位的变动将导致汇率上升到 0.6048,或下跌到 0.4752。

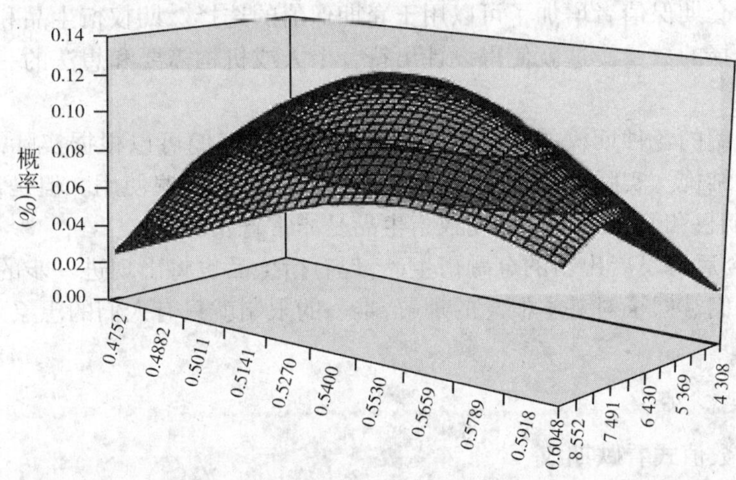

图 12-12　假设相关系数 = +0.40 的镍价与汇率组合的概率

镍价与汇率之间的正相关系数说明,高镍价与高汇率(如 8 552 美元/吨和 1 美元兑 0.6048 澳大利亚元),或低镍价与低汇率组合(如 4 308 美元和 1 美元兑 0.4752 澳大利亚元)的可能性远远大于低镍价和高汇率或高镍价与低汇率组合的可能性。图 12-12 的曲面表明,镍价与汇率的相关系数是如何使可能发生的不同的概率曲面的变化情况。

可以采用三维概率密度函数来构建混合交易(hybrid transaction)。生产商可以通过在今后 3 年每个季度卖出美元数量变动的远期,其远期汇率为随着每个季度平均镍价的变动而变动的汇率,按以下关系式可以计算出季度平均镍价:

汇率 = 0.3100 + 0.00003 × 镍价

范例 12-10 说明了通过计算各种可能镍价的这个方程式来产生的汇率。

范例 12-10 对镍价进行与货币相关的套期保值

镍价	卖出的美元	汇率
2 000	39 000 000	0.3700
4 000	140 000 000	0.4300
6 000	167 000 000	0.4900
8 000	231 000 000	0.5500
10 000	295 000 000	0.6100

除了可以避免过度套期保值的可能性，混合结构还能使镍的生产商完全消除汇率风险，同时可以继续从镍价的上涨中得到好处。

小结

期权为套期保值者增加了可以用于套期保值的选择。期权衍生品和混合交易也扩大了选择的数量。这就使得设计出符合个人或机构需要和想法的一种结构成为了可能。

以上介绍的各种期权并不是正式的期权名录。我们可以根据实际需要，构建各种可能的结构。实际上，一些更加奇异的期权并没有普遍使用。但是，数值式期权、屏障式期权和篮子式期权等期权衍生品是非常普及的。

无疑，今后将发展出新的金融衍生品，现有衍生品也将出现进一步的组合和应用。一旦我们掌握了对基本概念的理解，唯一的限制就只有人们的想象力了。

练习题

12.1 数值式看跌期权

某个期权的约定是，如果在 90 天内澳大利亚元对美元的即期汇率低于 0.5300，将支付 1 000 000 美元。请计算该期权的期权费，已知条件如下：

现行即期汇率 A$/US$	0.5540
3 个月 LIBOR(%/年)	3.25 (90/360)
即期汇率低于 0.5300 的预计概率(%)	24

12.2 幂期权

假设某个看涨期权的二叉树如范例 10-3 所示，其支付额等于$(X-105.00)^3$，计算该期权的期权费。6 个月期的日元利率为 0.50%/年，现行美元对日元的即期汇率为 US$1 =¥100.00。

12.3 改进型远期

某日本进口商需要在未来的某个日期买入美元。目前美元对日元的即期汇率为 US$1 =¥122.00，市场远期汇率为 120.30 日元。某银行向该进口商推荐了一笔交易，在远期到期日期，进口商将买入美元的条件是：在远期到期日期之前，如果即期汇率保持在 115.00 日元以上，买入美元的汇率为 115.00；如果即期汇率低于 115.00 的水平，买入美元的汇率为 118.00 日元。

该银行的金融工程师如何设计这个改进型远期？

12.4　与货币挂钩的票据

某投资者存入 1 000 000 美元的存款，年固定利率为 3.5%，期限 6 个月（180/360），同时买入了双限触发数值式期权，如果在 6 个月期间美元对日元的即期汇率保持在 120.00 至 130.00 日元的范围之内，支付额将为 10 000 美元。该期权的期权费为 2 948.40 美元。计算实际收益率，如果：

（1）即期汇率保持在约定的范围之内；

（2）即期汇率没有保持在约定的范围之内。

13 影响汇率的因素 Factors Affecting Exchange Rates

影响汇率的因素有很多,而且在不同的时间,不同的因素有不同的意义。本章将构建一种框架,它可以用来对导致汇率变动的主要因素进行分析,而且为人们管理货币风险敞口提供指导性意见。

汇率决定理论

汇率决定理论有许多种,在使用这些理论说明汇率变动时,没有一种理论是十分全面和动态的,可以单独、准确地预计未来汇率变动的方向和水平。尽管如此,大部分理论中还是有一些重要的原理,可以作为决定汇率的理论基础。分析一些最常用的理论是构建汇率变动的分析框架的良好的开端。只有了解了某种理论不成立的原因,才能进一步洞察汇率决定理论中复杂的问题。

经常项目收支差额

国际收支差额是关于一个国家与世界其他国家进行交易的记录。经常项目收支记录商品和劳务的进出口情况。如果通过出口销售收到的货币大于为进口而支付的货币,就会出现经常项目收支结余(current account surpluses)。另一方面,如果为进口而支付的货币大于通过出口销售收到的货币,则会出现经常项目收支赤字(current account deficits)。古典经济学理论认为,如果一国或地区经常项目收支结余增加或经常项目收支赤字减少,该国或地区的货币对经常项目收支结余减少或经常项目收支赤字增加的国家或地区的货币的汇率就会上升。

资本项目收支记录着跨境借贷和投资情况。作为一个普遍法则,经常项目收支赤字的国家需要向经常项目收支结余的国家借入资金(或者获得投资)

与经常项目收支赤字国家的货币相比,经常项目收支结余国家的货币将趋于升值。如果 A 国出现经常项目收支结余,B 国出现经常项目收支赤字,那么,A 国货币对 B 国货币的比价将趋于升值。为了购买 A 国的出口商品和劳务,外国人需要先买入 A 国货币。A 国的居民需要卖出 A 国货币,以便买入外国货币,购买进口商品和劳务。如果出口额超过进口额,买入 A 国货币的需求将大于卖出 A 国货币的需求。A 国货币的汇率,也就是 A 国货币的价格将升值,以反映对 A 国货币相对多的需求。

相反,与出现经常项目收支结余国家的货币相比,出现经常项目收支赤字国家的货币将趋于贬值。如果 B 国的进口超过出口,那么,人们卖出 B 国货币的意愿将大于买入 B 国货币的需求,因此,B 国货币的价格将趋于下跌。

应当强调的是,经常项目收支赤字的变动也是一个相关因素。如果某个国家经常项目收支结余减少,其货币将趋于贬值,但是,如果某国经常项目收支赤字减少,其货币将趋于升值。与前期相比,如果一国出口减少或进口增加,那么,对该国货币的需求将趋于下降,从而,导致该国货币的汇率下跌。

实际上,汇率的波动并不总是相应地反映经常项目收支数据的变化。一般来说,汇率与国际收支之间的关系随着时间的变化而变化也是成立的,但是,在国际收支数据持续不变的时期,汇率可能出现相反方向的波动。

不管怎么说,经常项目收支状况是影响汇率波动的一个决定性因素。

购买力平价理论

购买力平价理论认为,从长期来讲,汇率趋于反映相关的通货膨胀率。

购买力是指商品和服务的货币购买能力。从时间上看,价格将趋于上升,而通货膨胀率是表示在过去某个时期价格的变动比率。购买力因通货膨胀而下降,用同样数额的货币,在价格上涨之后购买的商品量会比价格上涨之前所购买的商品量少。

购买力平价理论认为,汇率应当变动,以便反映两种货币的相对购买力。如果 A 国的通货膨胀率高于 B 国,那么,在 A 国的出口竞争力变得越来越强的同时,B 国的出口竞争力则变得越来越弱,因此,汇率必须进行调整,以便使汇率总是保持在真实(即扣除通货膨胀调整因素后的)汇率水平上。

《经济学家》发表过一篇文章,以麦当劳巨无霸汉堡包为例说明购买力平价理论。麦当劳巨无霸汉堡包是一种同质的产品——无论你在纽约、伦敦,还是在法兰克福或东京买汉堡包,质量和分量都是一样的,因此,可以测算出无论在什么地方销售,价格应该是相同的。

根据购买力平价理论,汇率是指反映麦当劳巨无霸汉堡包的相对价格。例如,买一份麦当劳巨无霸汉堡包的费用在纽约是 2.19 美元,在伦敦是 1.74 英镑,美元兑英镑的隐含汇率 = 1.74/1.29 = 1.2586。

实际上,即使实际汇率达到购买力平价隐含的水平,麦当劳巨无霸汉堡包的价格也不会完全一致。范例 13-1 说明,1992 年 4 月 7 日,实际汇率与按购买力平价计算的汇率水平是如何出现差异的。事实上,从 1992 年以来的 10 年间,这些国家没有一个国家的汇率达到过购买力平价水平,反而在大部分时间里,实际汇率的波动偏离了购买力平价水平。

范例 13-1 麦当劳巨无霸汉堡包平价

国家	本币价格	隐含汇率（购买力平价）	汇率（1992 年 4 月 7 日）
美国	2.19 美元	1.00	1.00
英国	1.74 英镑	1.2586	1.7500
德国	4.50 德国马克	2.0500	1.6400
日本	380.00 日元	174.00	133.00

购买力平价理论行不通的一个原因是，地理上的分隔使人们无法采取对价格差异进行套利的方法。假定当美元兑日元的汇率为 US$1 = ¥133.00 时，某个横跨太平洋的人有机会可以按 2.19 美元或 380 日元的价格购买汉堡包，购买者宁愿选择用美元付款，而不选择用日元付款，因为汇率从 133.00 向 174.00 日元变动时，按这个区间的汇率，套汇机会将消失，人们更愿意用美元付款。

一个在东京的人不会考虑到纽约去按更便宜的价格买麦当劳巨无霸汉堡包，这样做花费的时间太多，费用太大。麦当劳巨无霸汉堡包的相对价格可以根据汇率的不确定性保持充分的差异。自由贸易壁垒是导致相对价格充分差异的另一个原因，如进口关税等。

购买力平价的另一个问题是，当任何时点两种货币存在单一汇率时，相对价格的变动在很大程度上取决于所选择的商品和服务。例如，一辆同样的小汽车，在美国的价格是 21 900 美元（即在美国麦当劳巨无霸汉堡包价格的 10 000 倍），可能在日本的价格是 4 560 000 日元（即在东京麦当劳巨无霸汉堡包价格的 12 000 倍），小汽车的这种相对货币隐含着按购买力平价计算的美元对日元的隐含汇率为 208.22 日元，麦当劳巨无霸汉堡包的相对价格则为 174.00 日元。

这个问题一般通过假设汇率平价反映相关国家的通货膨胀率来阐述，这里的通货膨胀是作为价格的普遍变动情况来计算的。可以用 CPI（Consumer Price Index，消费者价格指数）等价格指数来测算价格的普遍变动情况。计算像 CPI 这样的变量是极其困难的，而且受到汇总数的实质性误差和计算方法的影响。当年通货膨胀率只保留 1% 的个位数时，无论采用什么方法计算都是不精确的，而认识到这一点是十分重要的。

除非进行比较的国家出现了非常高的通货膨胀率，关于购买力平价的经验证据是无法令人信服的。在拉美的一些国家中，由于通货膨胀率相当高，货币出现了急剧的贬值。尽管在某些时期有相当充分的证据表明汇率与通货膨胀率之间存在相关性，但是，一般来讲，汇率不反映通货膨胀率。

关于购买力平价理论需要谨记的是，相对的通货膨胀率是影响汇率的另一个重要因素。

利率平价理论

利率平价理论(Interest rate parity theory)认为,从长期来讲,汇率趋于反映相对利率。

随着时间的推移,一些国家的高利率货币对低利率货币发生贬值,资本正是趋于在这样的国家之间流动。例如,过去15年中,美国的利率基本远远高于日本的利率,这与美元对日木汇率总体上疲软的情况是一致的。

由于远期汇率反映的是两种货币的利率,利率平价理论认为,从时间上讲,远期利率将是未来即期利率的最佳预报值。实证研究表明,远期利率并不是即期利率走势的良好预报值。有些时候,即期汇率的变动远远超过远期利率的变动;有时即期利率也会出现同远期利率方向相反的变动。

实际上,相对利率与汇率之间的关系比利率平价理论隐含的关系复杂得多。从短期来讲,资本趋于从低利率货币中流出,流入高利率货币,从而导致低利率货币对高利率货币的汇率下跌。这与利率平价理论的假说是相反的。

【例13-1】

	利率
A国货币	6%/年
B国货币	3%/年

从短期来讲,人们愿意按年利率3%借入B国货币,然后卖出B国货币、买入A国货币,再用A国货币按年利率6%进行投资。由于人们卖出B国货币,买入A国货币,因此,B国货币对A国货币的汇率将趋于下跌。

这种交易策略是否有利可图,将取决于汇率的变动情况。如果汇率保持不变,或者如果B国货币的贬值幅度小于利差,那么,这种交易策略将是有利可图的。另一方面,如果B国货币的贬值幅度大于利差,这种交易策略将导致亏损(即汇率损失将大于在利率市场上获得的收益)。

利率平价理论认为,相对利率反映市场的汇率预期。如果A国货币的利率高于B国货币,这就是说,A国货币必然采用更高的利率以引导投资者承担货币风险,投资于A国货币,而不投资于B国货币。

我们必须认识到,根据利率平价理论,相对利率的变动是至关重要的。例如,如果A国货币的利率下跌到5%/年,同时B国货币的利率上升到4%/年,这意味着相对于B国货币的利率而言,A国货币的利率下降了。因此,A国货币对B国货币的汇率趋于下跌。

上述论点看起来是有道理的,而且一般来讲,实证论据只是在方向上而不是在程度上支持利率平价理论,但是,它是高度时期依赖的。存在相当长的时期,在这个时期中,利率向利率平价理论隐含的相反方向变动。

一般来讲,利率平价理论的不足之处在于利率不是由投资者市场决定的。中央银行积极地调控利率,其首要目标通常不是调控汇率。各国中央银行的目标不一样,而且它们可以根据不同的时期改变目标。从最近的历史来看(即自从20世纪70年代初布雷顿森林协议中止执行以来),中央银行通常管理利率以控制通货膨胀和促进经济增长,一般不干预汇率。

从利率平价理论中需要掌握的两点是,相对利率和汇率预期是影响汇率的重要因素。

影响利率的因素

关于利率影响汇率的论点引起了这样一个问题:影响利率的因素是什么?

利率由供求关系所决定。但是,在大多数国家,中央银行在管理利率时都进行了积极的干预。

各国中央银行都试图用利率来调节经济活动的水平。如果经济景气,商品和服务需求乃至货币需求将扩大,经济将快速增长,但通货膨胀率可能会上升。如果经济不景气,商品和服务需求乃至货币需求将缩小,经济将缓慢增长。经济可能出现衰退(即负增长),失业率可能会上升。

商业周期(见图13-1)描述了经济高、低或负增长周期性交替发生的模式。

在经济衰退时期,货币管理当局可能下调利率,以刺激经济活动。在经济高增长时期,货币管理当局趋于提高利率,以遏制通货膨胀。

实际上,经济活动水平的计算不是一件容易的事情。可以用许多经济指标来说明经济活动的水平。有一些指标是特殊指标,用于计算经济活动的某个方面;有一些指标是一般指标,用于计算经济活动的总体水平。

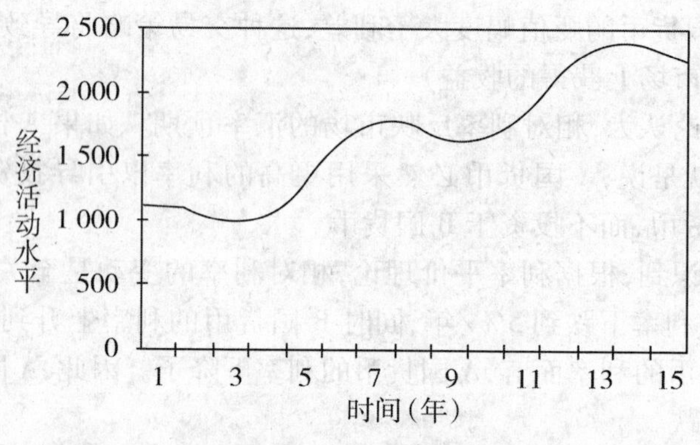

图13-1 商业周期

特殊指标的举例：

零售额

住房开工数

汽车订单量

耐用品定货量

工业生产量

个人收入

失业率

一般经济指标的举例：

GDP(国内生产总值)

国民收入

经济增长率(实际人均 GDP)

没有一种指标本身可以说明关于经济活动的全面情况。但是,通过全面地分析一系列的一般和特殊指标,有可能获得对经济活动适当的全面了解。决策者在做出收紧(即提高)或放松(即降低)利率的决策之前,一般都会认真分析所能利用的所有经济数据。

一些经济学家计算出由一系列特殊指标构成的指数。最流行的是先行指标指数(index of leading indicators),这个指数主要是说明未来的经济发展趋势,而不仅仅是说明经济已经发展到了什么水平。

关于经济的统计数据会不断地公布出来,这将有助于预测利率可能的变动。

在第 4 章曾指出,收益率曲线的形状反映了关于利率未来走势的市场普遍预期。

利率与汇率之间的相互关系

利率变动将影响汇率,而汇率变动也会影响利率。当某种货币贬值时,进口成本将上升。如果进口占经济的比例很大,这可能反过来影响通货膨胀率。货币管理当局会收紧利率,以防止因币值疲软而引起通货膨胀。

有些时候,中央银行将汇率稳定作为一个重要的经济目标。如果这么做,中央银行会用货币政策来帮助自己实现汇率稳定的目标。提高利率有助于吸引资本,从而有利于支持汇率的稳定。

时间范围

公司一般希望用长期的眼光来管理与自己的生意有关的汇率风险。公司的商业活动天生就有长期的外汇净头寸，他们能否盈利取决于今后时期（按月或按年计）的汇率的变动情况。相应地，他们的时间范围（time horizon）是中期或长期的。

对于进行做市的外汇交易者来说，时间范围非常短。他们通过持有外汇头寸来赚钱，但其持有时间非常短——以小时、分钟计，甚至按秒计。

与在较长期的时间范围影响汇率的因素相比，影响汇率的短期因素是不同的。

可以将上述的较长期的相关影响因素归纳为一个构架，以便于我们进行汇率长期预测的分析。

长期预测

因素	考虑	含义
经常项目	结余扩大或赤字缩小	货币升值
	结余缩小或赤字扩大	货币贬值
通货膨胀率	相对来说低通货膨胀	货币升值
	相对来说高通货膨胀	货币贬值
利率	相对来说低利率	货币升值
	相对来说高利率	货币贬值

上述因素可以称为经济基本面因素（fundamental factors）。

从长期来看，汇率变动的方向（direction）可能主要取决于经济基本面因素。如果 3 个因素全都指向相同的方向，说明汇率向这个方向变动的概率高。例如，如果一个国家的经常项目赤字扩大，通货膨胀率比较高，利率也比较高，那么，该国的货币极有可能发生贬值。

要预测汇率可能变动的幅度（extent）是比较困难的。经常项目越是不平衡，相关的通货膨胀率和利率发生变动，汇率越可能发生进一步的变动。

在这里推荐的方法是，系统地分析基本面因素，了解每个因素将发生怎样的变化，以及大体上将对汇率产生什么影响。与其预测汇率波动的点，不如预测汇率的波动范围，而这常常是更有效的方法。一旦收到新的信息，应当定期进行这方面的分析。

值得记住的是，收益率曲线的形状和远期汇率包含了利率的市场预期。期权定价时采用的市场波动率也包含了利率波动的市场预期。如果你的预测结果与市场远期汇率相差甚远，必须分析造成你的预测结果与市场不同的原因。

短期因素

一般来说，基本面因素不能作为短期汇率波动的指标。从短期来看，汇率受到一些不同因素的影响。

从短期来看,各种因素主要通过影响市场预期(expectations)来影响即期汇率的。

市场交易量

交易员关注为其客户所做交易的交易量,以及要求他们关注的交易指令。如果在某天,交易员观察到其客户大量买入某种货币,他就有理由预计这种货币将升值。合乎逻辑的做法是持有这种货币的多头头寸。在客户和银行都希望买入这种货币的共同作用下,至少在短期将很可能推动汇率上升。

外汇交易量每天都达到几十亿美元。实际交易量并不像按面值统计的交易量那么大。每个买入者都对应一个卖出者。有些交易日,交易量巨大,但价格波动非常小;有些交易日,交易量比较小,但汇率波动很大。市场参与者关于今后汇率波动方向的看法越是趋于一致,汇率越是可能发生波动。主力交易者(如全球基金经理)完成的大量交易,将对按面值统计的交易量产生最大的影响。

中央银行干预

外汇市场最重要的一类参与者是各国的中央银行。中央银行带着使汇率向特定方向波动的目的在特定的时间入市。中央银行依靠商业银行将跟进的预期进行干预,也就是说,如果中央银行买入本国货币,是希望商业银行也买入,从而导致本国货币坚挺。有时候中央银行采用"劝说"的方式,也就是用发表谈话的方式使汇率上升(或下跌)。通过公开发表谈话,说明中央银行买入本国货币的目的,希望引导市场也跟进买入。

中央银行干预可能会产生反作用。有些时候市场将干预解读为经济出现问题的迹象。在 20 世纪 80 年代初,当法国法郎汇率跌至欧洲货币系统(EMS)运行的下限时,法国中央银行通过买入法国法郎进行市场干预。各商业银行将这项干预理解为卖出法郎的信号,因此,造成法郎大幅贬值。法国中央银行试图将法郎保持在欧洲货币系统规定的下限之内,在 4 至 5 次干预失败后,法国央行调整了干预方法,从原先干预外汇市场改为干预货币市场。法国央行收紧了利差的基点,法国法郎隔夜拆借利率高达 500%/年。这使持有法国法郎空头头寸的成本极高,从而成功地使法国法郎的汇率保持在欧洲货币系统规定的下限之内。

现在,当中央银行在协商基础上进行干预或劝说时,央行的干预是最为成功的。如果市场上出现美联储、欧洲中央银行、日本央行和英格兰银行都在买入某种货币,根本不可能将其"解读"为卖出这种货币的信号。

经济统计数据的公布

外汇市场会提前预感各种统计数据即将公布。经济学家花费大量精力对统计数据进行预测。在重要数据公布之前,市场大多数人的看法常常已经形成了。当统计数据公布的时候,交易员已经为突发事件作好了准备。如果公布的统计数据与交易员预计的有重大的差异,他们已经制订好根据汇率变动的预测情况买卖货币的计划。这种行为往往在短期是自我完成的。

市场情绪

市场情绪会发生演变。如果市场评论家都在谈论某个问题,新闻报道也集中在这个问题上,汇率因而可能发生剧烈波动。当市场情绪发生变化时,汇率通常会进行出乎意料的调整或修正。如果出现令人意外的信息,或者出现某种"潮流"效应,市场情绪都可能发生变化。

对市场情绪的变化进行预计是非常困难的。但有效的做法是,对预期的信息将在多大程度上影响汇率进行预测。

技术面分析

技术面分析(Technical analysis),是指利用实证信息对未来价格的波动进行预测。尽管作者本人更愿意进行基本面分析,而不是技术面分析,但是,必须了解汇率走势图的核心要点。由于许多交易者都采用技术面分析,当汇率突破市场支撑位或阻力位时,可能产生巨大的市场影响。

通过所有短期因素分析获得的共同认识是,短期因素是通过感性认识的预期和变化而起作用的。短期因素都是"软"变量。短期因素的计算是很困难的,而且变化极快。另外,因为篇幅有限没有时间将有关长期因素的全面分析推荐给读者,不过即使有这种分析方法也可能不起作用。因此,即期交易者主要依靠他们"解读"市场的能力,以及相应的反应能力,以获取利润。

小结

影响汇率的短期因素与长期因素是不同的。因此,需要采用不同的分析方法。本章重点是要了解,什么时候、哪些因素是相关的。这里的建议是,对于长期的汇率走势分析来说,基本面因素的分析架构是很有用的。

14 风险价值 Value at Risk

从数学的意义上来说，只要存在不确定性，就存在风险(risk)。一个变量值的变动可能引起另一个变量值的增加或减少。从金融学角度来说，金融风险是指一种资产的货币价值随着某个因素的变动而下降的风险。测算资产货币价值增加的风险时，要考虑概率因素。

在现实世界中，永远存在着不确定性。金融风险与机遇总是并存的。在本章中，将分析三类主要的金融风险，即市场价格风险、信用风险和流动性风险。这三类风险是不同的，但又是相互依存的。本章还将讨论风险价值的计算方法，以及每类风险管理方面的技术手段。

市场价格风险

市场价格风险(market price risk)，是指一种资产或某个资产组合可能由于某个市场因素导致价格的变动而出现价值损失的风险。如利率的上升会使债券价值下降，汇率变动可能导致外汇头寸损失，波动率的上升可能导致某个空头期权策略的价值下跌等。

利率、汇率、波动率和时间都属于市场因素(market factors)。市场因素的其他例子包括股票和商品价格、利差或不同因素之间的相关系数。

因素灵敏度

因素灵敏度(factor sensitivities)，是指通过计算得出某个市场因素的具体变动幅度可能引起损益的程度。

【例 14-1】 一家以美元作为核算货币的公司有一个将 10 000 000 英镑兑换为美元的外汇空头净头寸。如果英镑兑美元的比价上升 1%，即从 1 英镑兑 1.5000 美元上升到 1.5150 美元，将导致 150 000 美元的损失。

$$\text{因素灵敏度} = \frac{\text{价值变动额}}{\text{市场因素变动值}} \tag{14.1}$$

$$= 10\,000\,000 \times (1.5000 - 1.5150) = -\text{US\$}150\,000$$

市场因素变动值多大是适当的呢？计算因素灵敏度时应该考虑1%的变动，还是5%的变动？或者是其他比例？答案取决于外汇头寸的预计有效期（也称为失效期）、消化损失的限度和市场因素的预期波动率。

对于不断在市场上进行交易的即期交易者来说，外汇头寸失效期可能只有几分钟。另一种极端的情况是，公司的汇率或利率头寸持有期可能是若干年。在计算因素灵敏度时，应当使失效期与实际情形保持一致。

久期

久期（duration）是指距到期时间的加权平均有效期，它反映的是现金流组合对利率变动的灵敏度。

考虑一只5年期的债券，年利率为5%，其现金流的现值如下所示：

年末(t)	现金流	现值	$PV \times t$
1	5 000 000	4 761 905	4 761 905
2	5 000 000	4 535 147	9 070 295
3	5 000 000	4 319 188	12 957 564
4	5 000 000	4 113 512	16 454 050
5	5 000 000	3 917 631	19 588 154
	100 000 000	78 352 617	391 763 083
		100 000 000	454 595 051

$$久期 = \frac{\sum PV \times t}{P} = \frac{454\ 595\ 051}{100\ 000\ 000} = 4.546\ 年$$

$$修正久期 = \frac{久期}{(1 + r/m)} \tag{14.2}$$

在给定收益率变动幅度的情况下，用修正久期的计算公式可以求出债券价格变动幅度的线性近似值。如果利率提高一个百分点（从年利率5%提高到6%），将使债券的价值从100 000 000美元减少到95 750 000美元左右，大约减值4 250 000美元。如果利率下降一个百分点（从5%下降到4%），将使现金流组合的价值从4 250 000美元左右增加到104 250 000美元左右。

风险价值（Value at Risk，VaR），是指用与修正久期约等于收益率变动1个百分点的内在风险相同的方法，计算与约定价格反向波动相关的风险值。

概率分布理论应用

可以用概率分布理论来开发市场价格风险的计算方法。通常可以合理地作出这样的假设:如果价格变动值是正态分布,那么,价格就是对数正态分布。

概率分布理论使人们可以在已知市场现价和关于预期波动率分布的假设条件下,计算未来特定时间市场价格处于、低于或高于特定水平的概率。

如果可以合理地假设概率分布服从某个已知的方程式,如正态分布方程式,计算起来就非常方便,因为这可以对特定结果的概率作出有力的说明。

正态分布

正态分布是指著名的钟形分布曲线,如图 14-1 所示。

在均值 - 密集数 = 中值的条件下,正态分布是对称的。正态分布的方程式如下:

$$p(x)=\frac{1}{\sigma\sqrt{2\pi}}e^{-(x-\bar{x})^2/2\sigma^2} \tag{14.3}$$

其中,

$\bar{x}$ = 均值

σ^2 = 方差

换句话说,如果均值和标准方差都是已知的,就可以用公式(14.3)计算某个结果发生的概率 x。

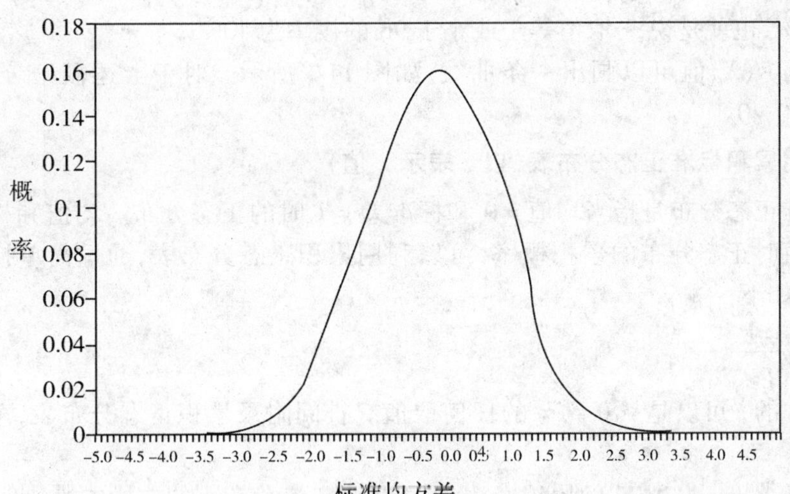

图 14-1　正态分布

累积标准正态分布

结果小于 x 的概率是每个结果小于或等于 x 的概率之和，可以用下列方程式求得：

$$N(x) = \frac{1}{\sigma\sqrt{2\pi}} \int_{-\infty}^{(x-\bar{x})/\sigma} e^{-(1/2)t^2} \tag{14.4}$$

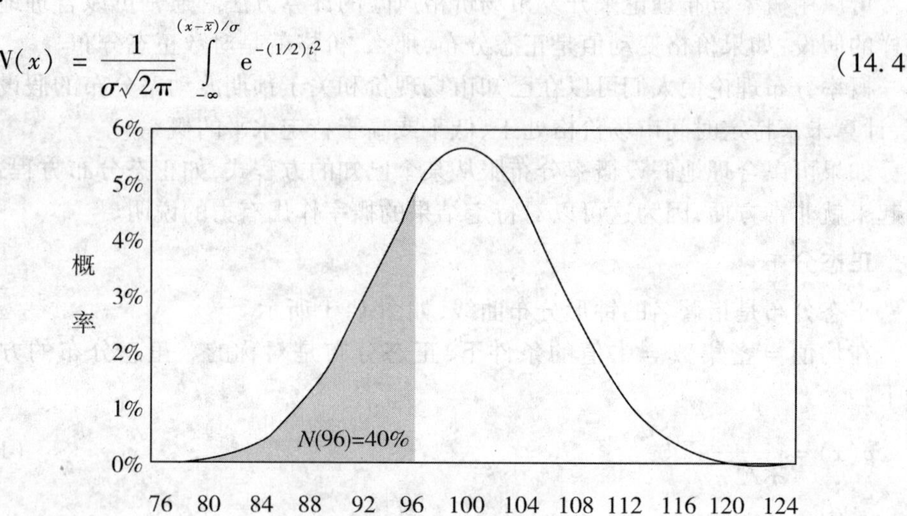

图 14-2 累积正态分布

$N(x)$ = 正态分布曲线中 x 左边的阴影区。也就是说，阴影区的概率从 $-\infty$ 到 $x = N(x)$，如图 14-2 所示。

概率分布曲线中整个区域的概率等于 1% 或 100%。$x = 96$ 的左边区域的概率等于 40%，也就是说，x 取值等于或小于 96 的概率为 40%。

根据 $N(X)$ 值可以画出一条曲线，如图 14-3 所示。对于上述概率分布来说，$N(96) = 0.40$。

使用累积标准正态分布表(以 z 表示 x 值)

标准正态分布是指当均值 = 0 和标准差 = 1 时的正态分布。均值和标准差为其他数值时正态分布的累积概率，可以利用累积正态分布表，通过简单换算来求得，公式如下：

$$z = \frac{x - \bar{x}}{\sigma} \tag{14.5}$$

式中的 z 可以是从 0 到 ∞ 的任何取值。查阅附录累积正态分布表，可以得到样本值。

为了求出 z 为 0.27 的累积概率，沿着累积正态分布表的左栏先找到 0.20 这一行，然后找到右边 0.07 这一栏，查到 $N(z)$ 值为 0.6064。这就是说，该值标准方差小于或等于 0.27 概率的为 0.6064(或大约为 60.64%)，高于平均值。

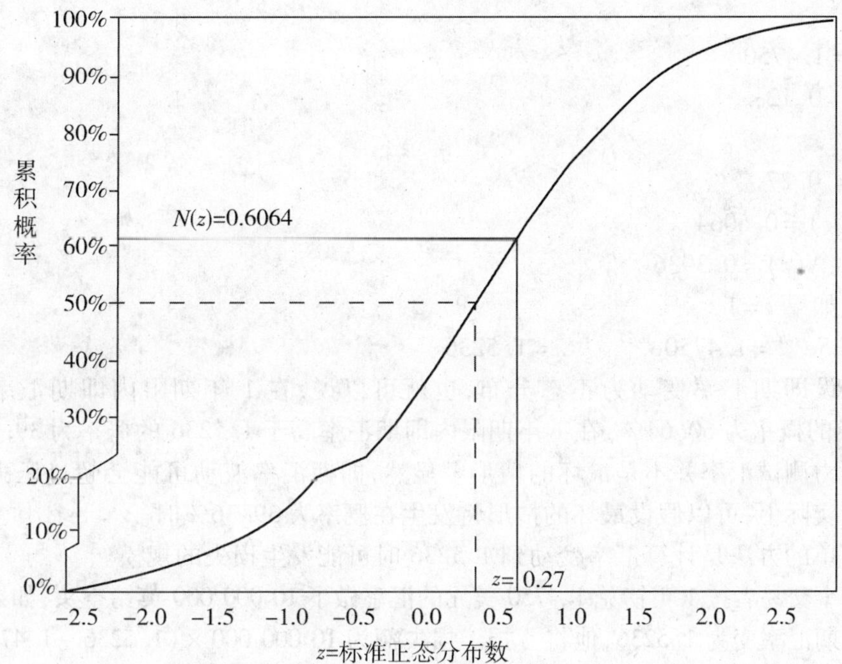

图 14-3　累积标准正态分布

若 $z=1.93$，则 $N(1.93)=0.9732$。这就是说，该值标准方差小于或等于 1.93 的概率为 97.32%，高于平均值。若 $z=0$，则 $N(0)=0.5$。由于正态分布曲线是对称的，此数字就是预期值，该曲线所有区域的 50% 取决于两边的平均值。

如果 z 为负值，从表中可以查到，该值标准方差小于或等于 z 的概率低于平均值。由于正态分布是对称的，因此，$N(-z)=1-N(z)$。通过用 1 减去 $N(-z)$，可以求得 $N(-z)$ 值。因此，该值标准方差大于 1.93 的概率高于平均值，必定为 $1-0.9732=0.0268=2.68\%$。

对数正态分布

如果一个变量的自然对数是正态分布，那么，这个变量是对数正态分布。也就是说，若 $X=\ln Y$ 和 X 是正态分布，那么，Y 是对数正态分布。

一般来说，可以合理地假设汇率是对数正态分布。汇率不可能出现负值，而且也不可能无限上升。因此，价格波动的连续汇率(S_j/S_{j-1})也是正态分布。

可以利用 z 数值表查找标准方差为特定数值时即期汇率变动的概率。

t 年之后即期汇率的期望值为 $Se^{z\sigma\sqrt{t}}$，有时称为压力测试汇率(stressed rate)。

$$压力测试汇率 = Se^{z\sigma\sqrt{t}} \tag{14.6}$$

例如，若现行即期汇率£1 = US$1.4750，且预计即期汇率的年波动率为 12%，

那么:

$S=1.4750$

$\sigma=0.12$

若

$z=0.27$

$N(z)=0.6064$

$1-N(z)=0.3936$

且如果 $t=1$

则 $Se^{z\sigma\sqrt{t}}=1.4750e^{0.27(0.12)1}=1.5236$

若设即期汇率变动为正态分布,也就可以说,在1年期限内即期汇率低于1.5236的概率为60.64%,在1年期限内即期汇率高于1.5236的概率为39.36%。

压力测试汇率并不是最坏的情形。显然,即期汇率波动可能会超过压力测试汇率。实际上,可以假设最坏的情形将发生在概率为39.36%时。

简单的方法是计算汇率变动到1.5236时可能发生损失的规模。

一个交易者按1英镑兑1.4750美元的汇率做了10 000 000英镑空头,如果到年底时即期汇率变为1.5236,他将亏损。损失额为10 000 000×(1.5236－1.4750)=486 000美元。

可以说,损失486 000美元以上的概率为39.36%。

如果 $z=1$,$N(z)=0.8413$,$1-N(z)=0.1587$,压力测试汇率=1.6631。这意味着,损额为10 000 000×(1.6631－1.4750)=1 881 000美元以上的概率为15.87%。

如果 $z=2$,$N(z)=0.9772$,$1-N(z)=0.0228$,压力测试汇率=1.8751。这意味着,损失额为10 000 000×(1.8751－1.4750)=4 001 000美元以上的概率为2.28%。

z 值越大,意味着预期汇率波动将进一步不利于外汇净头寸,从而导致更大的损失。

风险价值(value at risk)相当于,在假设已知汇率波动率和汇率波动服从一种已知概率分布(通常假设是正态分布)的基础上,在特定时期汇率出现特定的反向波动而可能发生的损失金额。

范例14-1 风险价值

z =压力测试偏差数	容许水平(%)	压力测试汇率(1英镑=美元)	1千万英镑头寸的损失额(美元)
0.27	39.36	1.5236	486 000
1	15.87	1.6631	1 881 000
2	2.28	1.8751	4 001 000

$$风险价值=金额\times(Se^{z\sigma\sqrt{t}}-S)=金额\times S(e^{z\sigma\sqrt{t}}-1) \tag{14.7}$$

风险价值随着外汇风险敞口规模、假设的汇率变动规模、预期波动率和时间范围的增加而增加，如图 14-4 所示。

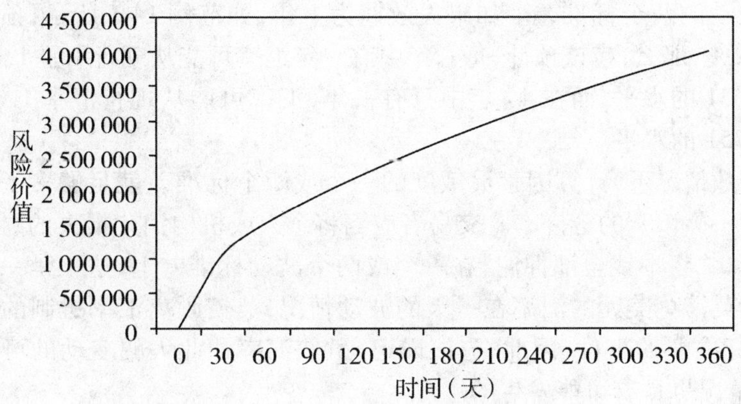

图 14-4　风险价值随着时间的增加而增加

从更长期的角度看，即期汇率的变动可能更加不利于交易者所持外汇头寸，因此，潜在的损失可能更大。对于交易者来说，时间范围通常是很短，如 1 天。许多银行计算风险价值时，假设每年有 252 个工作日，1 个工作日时间范围的取值为1/252 年。

如果 z = 2 且 σ = 12%/年，压力测试率 $= 1.4750e^{2\cdot 0.12/\sqrt{1.252}} = 1.4975$

这就是说，已知现行即期汇率为 1.4750，按百分比换算的工作日大约为 2.28 天，预计即期汇率可能上升到 1.4975 或更高。

风险价值 $= 10\,000\,000 \times 1.4750(e^{2(0.12)\sqrt{1/252}} - 1) = US\$224\,693.28$

这就是说，在今后每 5 个月中，大约有 2 天时间，外汇风险敞口出现的损失会大于 225 000 美元左右。

必须认识到，风险价值的计算有一些重要的假设条件。关于汇率变动呈正态分布的假设也许是合理的，但远未达到完善的程度。实际波动率可能与根据假设条件计算的概率相去甚远。若 $\sigma = 13\%$，而不是 12%，压力测试汇率将为 1.4994，而不是 1.4975，由此计算出的风险价值将为 243 571.51 美元。所以，应当将风险价值金额看作为一个近似值，而不能作为一个精确的数据。数量级是十分重要的。交易者清楚，损失 250 000 美元量级的概率很小。交易者应该充分认识这个量级损失的影响。因为公司的盈利能力还能承受数万美元的损失。但是，如果可能的损失是 200 000 000 美元的量级，情况可能就完全不同了。

容许水平（tolerance level）是指发生损失超过风险价值金额以上的概率。若 $z = 2$，则容许水平为 2.28%。换句话说，预计即期汇率上升到超过压力测试汇率水平的概率（仅）为 2.28%，此时的实际损失将大于风险价值。

究竟需要计算多少个标准差才够呢?

可以预计,每6个时期将发生价格反向波动的一个标准差,每44个时期产生价格反向波动的两个标准差。如果失效期为1年,如范例14-1所示,预计汇率年波动率为12%,那么,应该预计,每六年中有一年汇率可能从现行水平1.4750上升到高于1.6631的水平,而在44年中只有一年,汇率可能从现行汇率1.4750上升到高于1.8751的水平。

在大多数情况下,计算因素灵敏度的一个或两个标准差就足够多了。许多机构满足于5%或10%的容许率。交易者应当将个人或机构消化损失的财务能力纳入考虑范围。“将本钱全部押注”在一个或两个波动标准差上,这不是一种谨慎的做法。关于英镑兑美元的汇率在一天的波动情况,英镑脱离汇率机制的概率是一个有12个标准差的事件,因此,应该谨记,虽然汇率如此大幅变动的可能性非常低,但这种情况也是有可能发生的。

持有被标价货币长期外汇净头寸的交易者,将面临汇率下跌的风险。在这种情况下,z是一个负数。压力测试汇率将低于即期汇率,风险价值将反映即期汇率与压力测试汇率之间的差额。

多种因素

许多交易受不止一种市场价格波动的影响。例如,远期外汇合约的价值既随利率变动而变动,也随即期汇率的变动而变动。可以根据多种市场因素来计算风险价值。

若英镑兑美元的即期汇率为1.4750,而且1年期英镑和美元的年利率分别为3.5%和2.5%,相应地,1年期的远期汇率为1.4612。1年期10 000 000英镑头寸具有汇率波动两个标准差的风险价值为:

因素	波动率	风险价值
英镑兑美元汇率	12%	10 000 000 × (1.6651 - 1.4750) = US$4 001 000
美元利率	18%	10 000 000 × (0.0358 - 0.025) × 1.4750 = US$159 790
英镑利率	15%	10 000 000 × (0.0472 - 0.035) × 1.4750 = US$180 615

正如上述例子那样,常见的情形是某一个市场的因素是主要因素。在这个例子中,主要因素是即期汇率。一条普遍的规律是,交易期限越长,对利率变动灵敏度就越大。

需要注意的是,不同市场因素的波动率是不同的。

当未来将产生现金流时,最好根据未来现金流的净现值(NPV of the future cash flows)计算风险价值。对于期限更长的交易来说,更要如此。

【例 14-2】 利用净现值法，计算有 2 个标准差的英镑对美元即期汇率上升的风险价值，面值为 1 000 000 英镑的多头头寸，期限 5 年，市场汇率、利率如下：

即期汇率　　£1 = US$1.5000

5 年期美元利率(%/年)　5.5(每半年一次复利)

5 年期英镑利率(%/年)　6.0(每半年一次复利)

汇率波动率(%/年)　10

当 $s=1.5000$ 时，

$$f=1.5000\frac{(1.0275)^{10}}{(1.03)^{10}}=1.4640$$

5 年到期日的现金流：	−£1 000 000	= +US$1 464 000
现值(英镑现金流)	−£744 983.91	= −US$1 116 140.87
现值(美元现金流)		+US$1 116 150 54
净现值		9.67

注意：$1\ 000\ 000\div(1.03)^{10}=744\ 093.91$

$744\ 093.91\times1.5000=1\ 116\ 140.87$

$1\ 464\ 000\div(1.0275)^{10}=1\ 116\ 150.54$

9.67 美元是由四舍五入引起的差异，可以忽略不计。

英镑多头头寸面临的风险是即期汇率可能下跌。因此，可以在 $z=-2$ 的条件下计算有 2 个标准差的压力测试汇率为：

压力测试汇率 $=1.5000e^{-2(0.1)\sqrt{5}}=0.9591$

如果 5 年结束时即期汇率下跌到£1 = US$0.9591，则：

−£1 000 000 = +US$959 100

现值(英镑现金流)	−£744 093.91	= −US$1 116 140.87
现值(美元现金流)		+US$ 731 215.83
净现值		−US$ 384 925.04

注意：$959\ 100\div(1.0275)^{10}=731\ 215.83$

有 2 个标准差的即期汇率下降，可能导致 5 年期头寸的净现值的金额为 0 减少到 384 925.04 美元。风险价值的金额为：如果在 5 年期内即期汇率有 2 个标准差的下跌，而导致的外汇风险净现值的减少额。

风险价值 = US$384 925.04

如果假设即期汇率变动将呈正态分布，有 1 个标准差，预期汇率的年波动率为 10%，那么，外汇风险敞口可能发生的损失金额超过 384 925.04 美元的概率为 28%，也就是说，发生 400 000 美元左右数量级损失的概率是一个可以容许的低概率。

西他(THETA)

距到期日期的时间价值变动的灵敏度称为西他(theta)

$$西他 = \frac{价格变动值}{距到期日期时间的价值的变动值} \tag{14.8}$$

$$= \frac{V_2 - V_1}{t_2 - t_1}$$

【例 14-3】 计算距到日期为 1 天,期限为 3 个月,面值为 10 000 000 美元的净外汇远期多头头寸的价格变动的西他值,市场汇率、利率如下:

即期汇率　　US$1 =　¥100.00

3 个月期美元利率(%/年)　5(90/360)

3 个月期日元利率(%/年)　1(90/360)

当 $t=90$ 天时:

$$f_{90} = 100 \times \frac{(1+0.01 \times 90/360)}{(1+0.05 \times 90/360)} = 99.01$$

当 $t=89$ 天时:

$$f_{89} = 100 \times \frac{(1+0.01 \times 89/360)}{(1+0.05 \times 89/360)} = 99.02$$

$$西他(\theta) = \frac{99.01 - 99.02}{90 - 89} = -0.01$$

这个外汇头寸的时间价值每天将增加 1 个点(即按面值 10 000 000 美元计算为 100 000 日元或 1 000 美元。

对于某个期权来说,

$$西他 = \frac{期权费的变动值}{距到期的时间价值的变动值} = \frac{P_2 - P_1}{t_2 - t_1} \tag{14.9}$$

美元看涨期权/日元看跌期权的平价($f = k = 100.00$)期权费随着距到期日期的天数而变动,具体如下:

距到期日期的天数	期权费
64	1.62
16	0.81
4	0.40

图 14-5 列示了平价期权的时间价值衰减的典型曲线。随着期权到期日期的临近,其价值的减少速度越来越快,直到到期时期权价值减少到零。距到期日期的时间缩短 4 倍,期权费减少一半。

对于价外期权和价内期权(图 14-6 和图 14-7)来说,时间价值衰减发生得比平价期权早。举例来说,如果市场价格可能高于或低于履约价格的时间为 20 天,结果是显而易见的,时间价值将接近于零。价内期权将向其内在价值衰减。

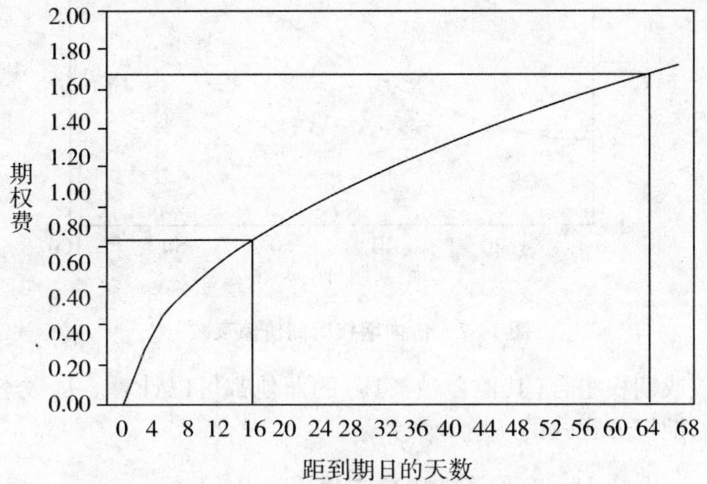

图 14-5　平价期权的时间价值衰减

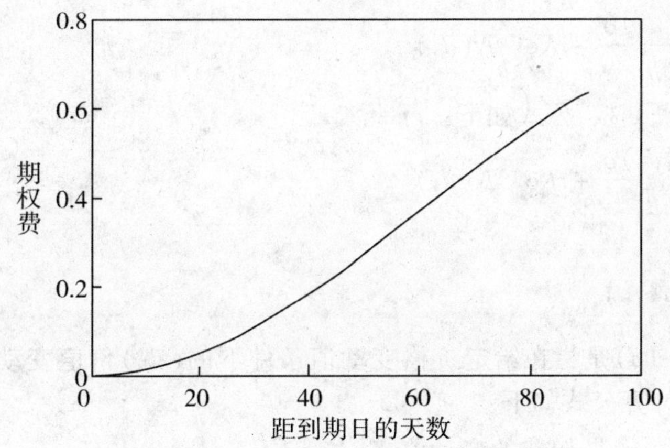

图 14-6　价外期权时间价值衰减

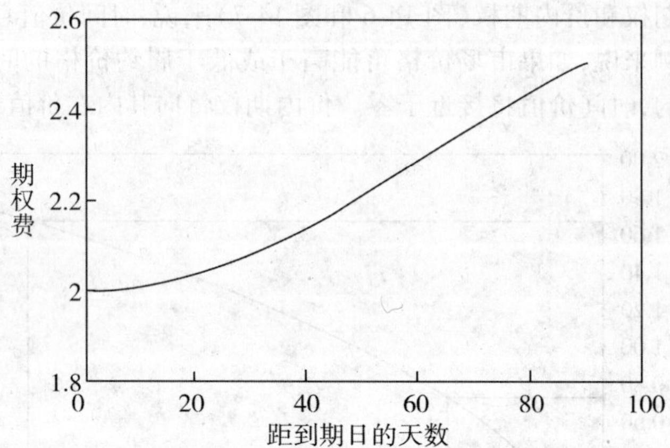

图 14-7　价内期权时间价值衰减

单只期权或期权组合(其他金融工具)的西他都可以计算。从数学上讲,西他是有关时间的期权方程式的一阶导数:

$$\theta = \frac{\partial \Pi}{\partial T} \quad \text{其中}, \Pi = \text{有价证券组合的价值}$$

如果是看涨期权,公式如下:

$$\theta = -\frac{SN'(d_1)\sigma}{2\sqrt{t}} - rKe^{-rt}N(d_2) \tag{14.10}$$

如果是看跌期权,公式如下:

$$\theta = -\frac{SN'(d_1)\sigma}{2\sqrt{t}} + rKe^{-rt}N(d_2) \tag{14.11}$$

代尔他(DELTA)

代尔他(Delta)是指在给定价格变动值条件下的(现)价值变动情况。期权最常用的代尔他计算公式如下:

$$\text{代尔他}(\Delta) = \frac{\text{期权费的变动值}}{\text{市场价格的变动值}} = \frac{P_2 - P_1}{M_2 - M_1} \tag{14.12}$$

履约价格 k = 100.00,距到期日期的时间为 90 天,美元看涨平价期权与日元看跌平价期权期权费如下:

市场价格	期权费
95.00	0.09
96.00	0.18
97.00	0.33
98.00	0.56
99.00	0.89
100.00	1.33
101.00	1.89
102.00	2.55
103.00	3.31
104.00	4.14
105.00	5.03

市场价格在 96 至 97 之间，$\Delta = \dfrac{0.33 - 0.18}{97 - 96} = 0.15$

市场价格在 104 至 105 之间（见图 14-8），$\Delta = \dfrac{5.03 - 4.14}{105 - 104} = 0.89$

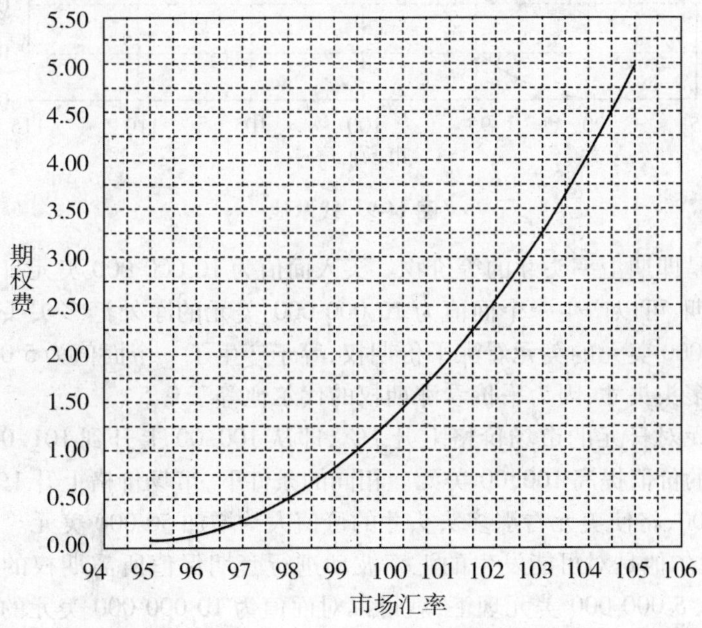

图 14-8　代尔他

平价期权,举例来说,市场价格在 99 至 101 之间,

$$\Delta = \frac{1.89 - 0.89}{101 - 99} = \frac{1.00}{2} = 0.5$$

从几何学上讲,代尔他是支付曲线的斜率。从图 14-9 中可以看到,代尔他从接近于 0 的价外状态向接近于 1 的价内状态变动,平价状态为 0.5。

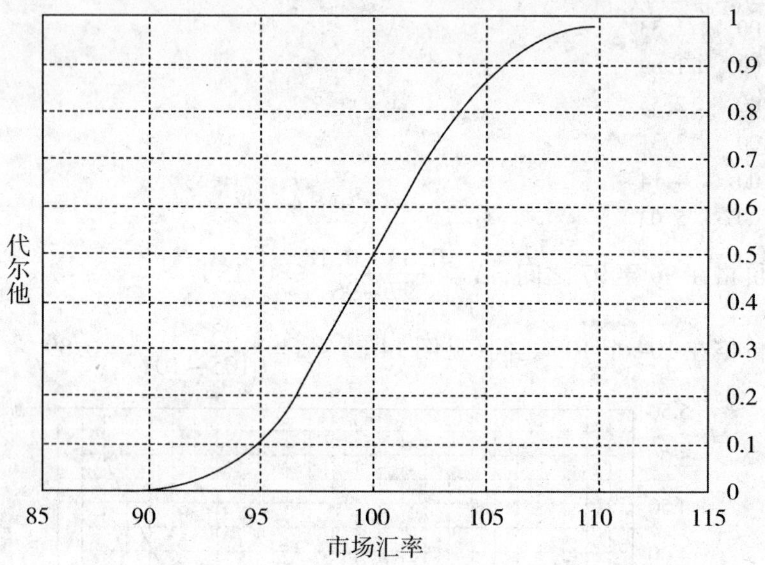

图 14-9 代尔他

代尔他是即期汇率头寸的等价物。买入面值为 10 000 000 美元日元对美元即期汇率的远期,可以产生一个面值为 10 000 000 美元的净外汇多头头寸。买入面值为 10 000 000 美元的美元看涨平价期权,等于产生了一个面值为 5 000 000 美元的即期汇率多头头寸,因为平价看涨期权的代尔他等于 0.5。

如果美元对日元的市场价格上升 1%,即从 100.00 上升到 101.00,这将使美元多头头寸的价值提高 100.00 美元。相同的条件下,市场价格上升 1%,从100.00 上升到 101.00,将使美元看涨多头头寸的价值大约增加 50 000 美元。

所以,代尔他是对可能发生的汇率波动进行套期保值所需期权的百分比。若 Δ=0.5,买入 5 000 000 美元现汇,就可以对面值为 10 000 000 美元的卖出看涨期权进行套期保值,以应对即期汇率的变动。

若美元对日元的即期汇率从 100 上升到 101,则:

面值为 10 000 000 美元的卖出看涨期权损失 = US$50 000

面值为 5 000 000 美元的套期保值多头盈利 = US$50 000

净损益 = US$ 0

这个过程称为代尔他套期保值(delta hedging),这也是期权交易者共同的做法,这些交易者一般都希望对即期汇率潜在的变动本身进行套期保值。

由于代尔他是随着市场基础汇率的变动而变动的,因此,期权交易者需要不断地重新调整套期保值比率,以保持代尔他中性(delta neutral)。如果美元对日元的即期汇率继续上升到 102,那么代尔他将为 0.61,即:

$$\Delta=\frac{2.55-1.33}{102-100}=\frac{1.22}{2}=0.61$$

如果套期保值比率不变,则:

面值为 10 000 000 美元的卖出看涨期权损失

=10 000 000 ×(2.55 -1.33) = US$122 000

面值为 5 000 000 美元的卖出看涨期权

=5 000 000 ×(102 -100)/102 = US$ 98 039

净损益 = US$ 23 961

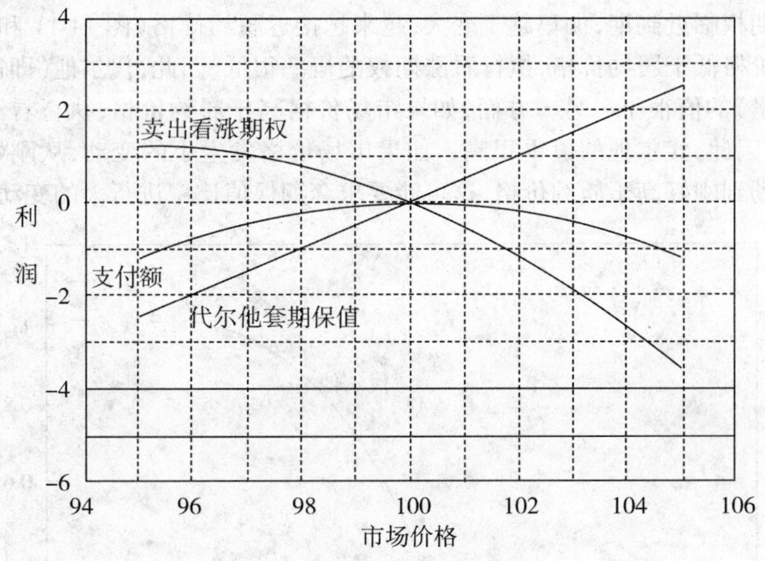

图 14-10　代尔他套期保值

由于现在的 Δ 为 0.61,对于面值为 5 000 000 的套期保值来说,按 Δ = 0.5 时的汇率 102 就不够了,应当按 100 的汇率进行套期保值才合适。卖出美元看涨期权是不充分的套期保值,它也称为代尔他沽空(delta short)。为了恢复代尔他中性套期保值,交易者需要通过另外买入 1 100 000 美元现汇来调整代尔他套期保值比率,这样才能使套期保值的比率再次等于代尔他。

从数学上讲,代尔他是即期汇率变动的期权方程式的一阶导数:

$$\Delta = \frac{\partial \Pi}{\partial s}$$

对于欧式看涨期权来说：

$$\Delta = e^{-yt} N(d_1) \tag{14.13}$$

对于欧式看跌期权来说：

$$\Delta = e^{-yt} [N(d_1) - 1] \tag{14.14}$$

其中，y = 连续复利计算的被标价货币利率

伽玛(GAMMA)

伽玛(gamma)是代尔他变动的速度，也就是说，套期保值需要重新平衡的频率。

$$\text{伽玛}(\Gamma) = \frac{\text{代尔他的变动值}}{\text{市场汇率的变动值}} = \frac{\Delta_2 - \Delta_1}{P_2 - P_1} \tag{14.15}$$

随着期权临近到期，伽玛趋于变大，越来越接近履约价格(图 14-11 和 14-12)。如果市场价格低于履约价格，执行看涨期权的概率很低，因此，代尔他(即需要套期保值的数量)的值很小。另一方面，如果市场价格高于履约价格，执行看涨期权的概率很高，因此，代尔他的值也很高。如果市场价格发生小的变动，从刚好低于履约价格变动到刚好高于履约价格，这可能要求套期保值比率进行大的变动。

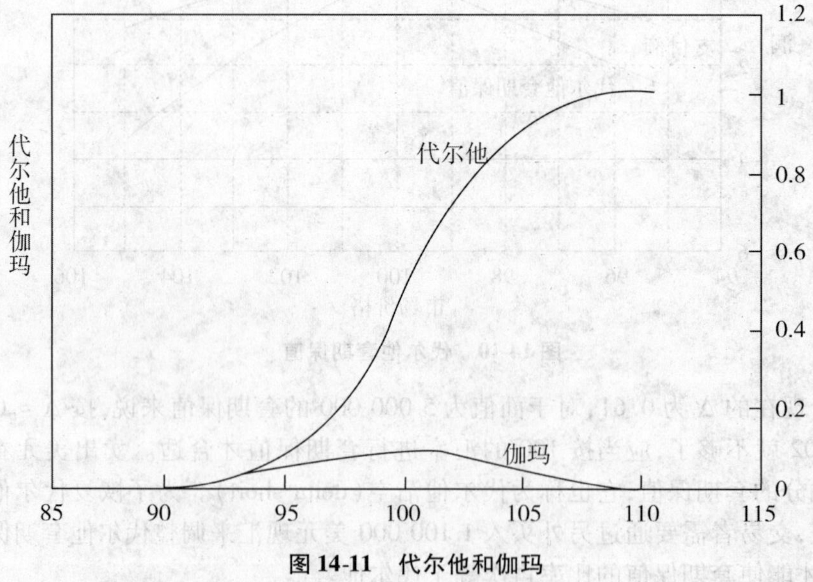

图 14-11　代尔他和伽玛

买入期权的交易者持有伽玛多头头寸(long gamma positions)，市场价格变动将

使他们获利。卖出期权的交易者持有伽玛空头头寸(short gamma positions),市场价格变动将使他们发生损失。期权交易者会设法避免持有大额伽玛负头寸,因为如果标的市场价格变动,会使交易者暴露在很大的风险下。通过买入期权有可能缩小伽玛负头寸的规模。买入有期限的空头期权,就会降低伽玛对交易者大部分的影响。

另一种方法是避免履约价格过于集中。交易者通过构建交易协议,使已经卖出的期权有一个范围宽的履约价格,这样,期权交易者即使面临一定汇率的伽玛高风险,他都可以对自己卖出期权的组合非常自信,因为从总体上讲只存在一个相对较小的伽玛风险。

期权卖出者在每次调整代尔他套期保值率都会发生损失。在上述例子中,当美元兑日元的汇率达到 102 时,期权卖出者将套期保值率从 0.5 提高到 0.61,他将发生 23 961 美元的损失。如果波动率等于期权定价时采用的波动率,那么,在连续进行代尔他套期保值的整个过程中,卖出期权时因调整代尔他套期保值率所产生的累计损失,将恰好等于卖出期权所收到的期权费。

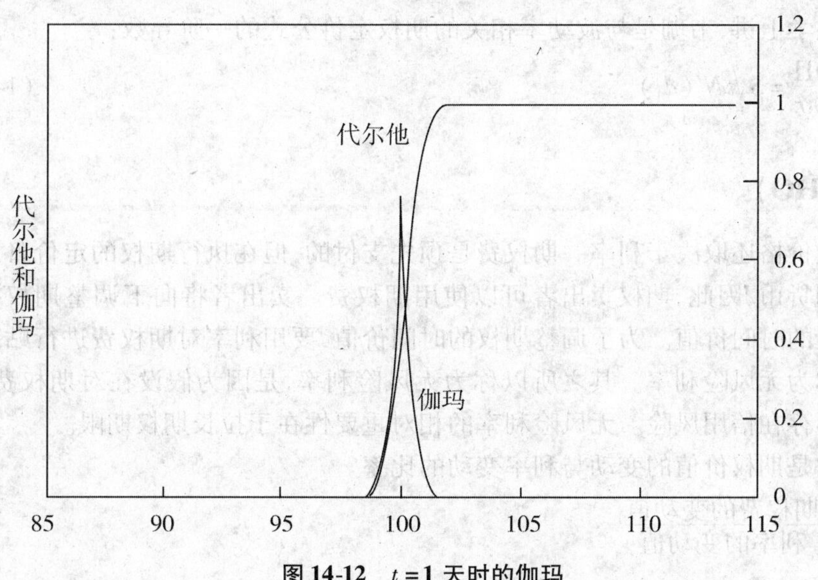

图 14-12　$t=1$ 天时的伽玛

在有利于期权卖出者的时间价值衰减与实施代尔他中性策略的预期套期保值成本之间,存在一个平衡点。如果实际波动率高于期权定价时采用的波动率,期权卖出者进行代尔他套期保值的损失将大于卖出期权所收到的期权费。另一方面,如果实际波动小于期权定价时采用的波动率,代尔他套期保值的成本将小于卖出期权所收到的期权费。

因此,从事期权组合交易的交易者对波动率风险的管理最为重视。

从数学上讲，伽玛是与即期汇率变动相关的期权定价方程式的二阶导数，或者说是与即期汇率相关的代尔他一阶导数。

$$\Gamma = \frac{\partial^2 \Pi}{\partial S^2} = \frac{\partial \Delta}{\partial S}$$

$$\Gamma = \frac{N'(d_1)\mathrm{e}^{-yt}}{S\sigma\sqrt{t}} \qquad (14.16)$$

韦珈(VEGA)

期权价格变动对波动率变动的灵敏度称为韦珈(vega)。

$$韦珈 = \frac{期权费的变动值}{波动率的变动值} = \frac{P_2 - P_1}{\sigma_2 - \sigma_1} \qquad (14.17)$$

如果波动率上升，交易者一定能获利；如果波动率下降，将一定发生损失。持有净卖出头寸的交易者将是韦珈空头(short vega)，如果波动率下降，一定能获利；如果波动率上升，一定发生损失。

从数学上讲，韦珈是与波动率相关的期权定价公式的一阶导数：

$$\nu = \frac{\partial \Pi}{\partial \sigma} = S\sqrt{t}N'(d_1) \qquad (14.18)$$

日欧(RHO)

期权价格还取决于利率。期权费是预先支付的，但在执行期权的定价日之前，并不交割货币，因此，期权卖出者可以使用期权费。卖出者将向下调整期权费，以反映期权的时间价值。为了调整期权的时间价值，要用利率对期权费进行贴现，这种利率称为无风险利率。其之所以称为无风险利率，是因为假设在对期权费进行贴现时不存在信用风险。无风险利率的相对重要性在于拉长期权期限。

日欧是期权价值的变动与利率变动的比率。

$$\rho = \frac{期权费的变动值}{利率的变动值}$$

$$= \frac{P_2 - P_1}{r_2 - r_1} \qquad (14.19)$$

对于货币期权来说，两种货币有两个利率，因此，也就有两个日欧，数学公式如下：

$$\rho = \frac{\partial \Pi}{\partial r} \quad 和 \quad \rho = \frac{\partial \Pi}{\partial y}$$

看涨期权：$\rho = t\mathrm{e}^{-rt}KN(d_2)$ 和 $\rho = -t\mathrm{e}^{-yt}SN(d_1)$ (14.20)

看跌期权：$\rho = -te^{-rt}KN(-d_2)$ 和 $\rho = te^{-yt}SN(d_1)$ (14.21)

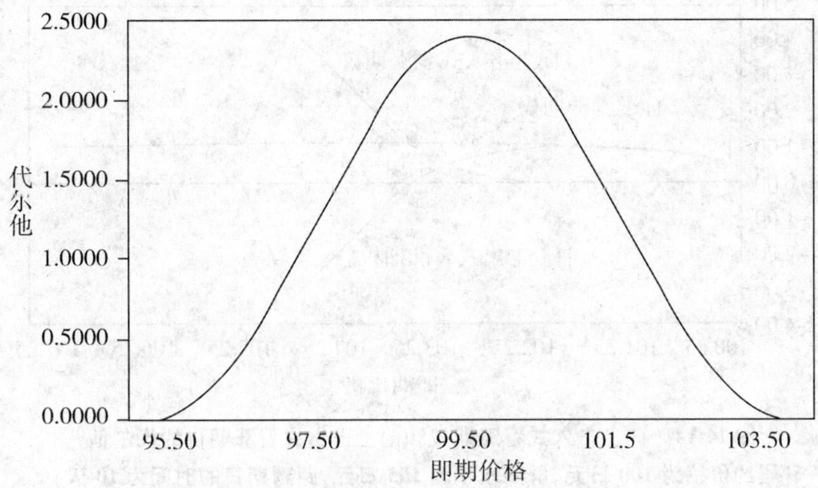

图 14-13 履约价格为 100、距到期日还有 10 天时间的到期数值式看涨期权的代尔他

数值式期权、击出式平均利率期权和回望式期权等期权衍生品与标准看涨期权和看跌期权的代尔他、西他等的取值范围是不同。

标准看涨期权与看跌期权的代尔他数值限定在 0 至 1（看跌期权为 -1）之间，但是，期权衍生品的代尔他却没有这种限定的数值（见图 14-13）。

当即期汇率达到美元对日元的履约价格为 1 美元兑 100 日元时，由于数值式期权零支付额的概率变得小于数值式期权完整支付额的概率，数值式看涨期权的期权费将迅速增加。代尔他的取值很可能大于 1（通常确实如此）。

当即期价格达到 105 日元的屏障水平时，图 14-14 中的向上击入式期权的代尔他值将超过 4.0，向上击出式看涨期权的代尔他却低于 -3.0。一旦即期价格触及 105 日元的屏障水平，向上击出式看涨期权失效，因此，其代尔他将下降到零，而向上击入式看涨期权生效，其代尔他的取值为 1（因为此时的期权成为了一个标准看涨期权）。

混合交易的支付额是市场不同因素的函数，也有两个市场因素之间相关关系变动的灵敏度。

风险价值限额

各种机构通过批准，确定允许最大风险敞口的限额（limits）来控制风险价值。应当根据所能考虑到的、尽可能多的相关市场因素来设定风险价值限额。风险价值限额既可以为机构或个人交易员设立,也可以两者共同而设立。

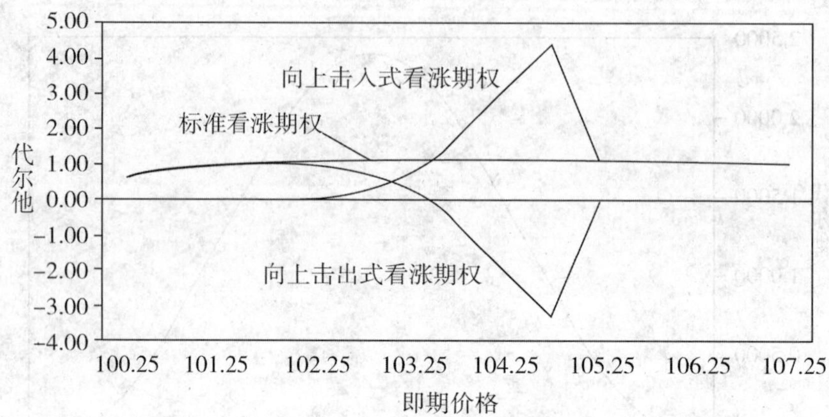

图 14-14　向上击入式看涨期权和向上击出式看涨期权的代尔他

(履约价格为 100 日元,屏障水平为 105 日元,距到期日的时间为 10 天)

进行美元对日元交易的外汇交易者,可以采用各种金融产品来建立头寸和持有套期保值头寸,如即期汇率远期、掉期、债券、期货、远期利率协议等。交易者将面临两种货币的汇率和利率风险。管理层也许希望远期交易者只持有主要由利差引起的小额汇率风险头寸。因此,为了限制交易员可能发生的风险,可能设定下列限额结构:

即期汇率 US$/¥	100 000 美元	即期汇率变动每 2 个标准差
美元利率	1 000 000 美元	美元利率变动每 2 个标准差
日元利率	1 000 000 美元	日元利率变动每 2 个标准差

上述限额可以根据期限长短作进一步的分解。例如,如果流动性良好,1 000 000 美元的利率限额可以全部用于 1 年期的外汇交易,但可用于 1 年以上交易的限额只有 100 000 美元。

我们可以确定一套完整的风险价值限额,以抵补与交易相关的所有市场价格风险。这可以根据单个交易员或交易作出具体规定,以适应交易的结构。

止损限额的问题

止损指令(stop-losses)是指,如果市场价格达到某个特定水平就对已建立头寸进行平仓的交易指令。止损指令常常用于限定头寸可能发生损失的金额。

对于纯交易头寸来说,止损指令是相当有效的,通常可以在达到或接近止损价位进行平仓。但是,对于从事做市交易的银行和不断面临外汇风险的公司来说,止损指令并不能起到限定潜在损失的作用。

这就要求管理层随时关注累计损失是否达到预先设定的水平。一旦触及到这个水平,管理层应当分析价格出现不利波动的原因,确定进一步发生这种变动的可能性,衡量风险偏好,决定下一步的措施——或平仓,或减少头寸,或设定一个新的更高的损失触发水平。相对于止损指令来说,触发式管理措施提供了一种更加动态的风险管理方法。

组合式风险价值

我们可以很方便地计算一个完整组合或业务的所有市场价格风险。

组合式风险价值(portfolio value at risk),是指如果所有市场因素都发生不利的波动,通常在1个交易日的时间范围内达到预先设定的容许水平(如10%或2个标准差),可能发生多少损失的一种计算方法。

由于许多市场因素都是密切相关联的,因此,应当采用相关法计算组合式风险价值。

【例14-4】 在欧元兑美元与美元兑瑞士法郎的汇率之间存在高度的相关性。当美元兑欧元的汇率上升时,美元兑瑞士法郎的汇率也会上升。某交易员持有面值为美元的美元兑欧元汇率的多头头寸和美元兑瑞士法郎汇率的空头头寸。预计这两个头寸的风险基本上可以相互抵销。

假设,若欧元兑美元即期汇率上升2个标准差,美元多头头寸与欧元空头头寸的风险价值为2 600 000美元;若美元兑瑞士法郎即期汇率上升2个标准差,美元空头头寸与瑞士法郎多头头寸的风险价值为2 920 000美元。美元兑瑞士法郎汇率风险敞口的风险价值更高,这说明美元兑瑞士法郎的汇率预计波动率高于欧元兑美元汇率的波动率。如果当美元兑欧元的汇率上升时,美元兑瑞士法郎的汇率也上升,那么,当欧元兑美元汇率下跌时,美元兑瑞士法郎汇率预计将上升。这两种汇率之间的预期相关系数是负的。如果美元兑瑞士法郎汇率与欧元兑美元汇率之间的预期相关系数为-0.95,那么,其相关的风险价值将远远小于两个独立的外汇净头寸风险价值之和。

可以用矩阵代数来计算相关的风险价值。

$$\text{相关的风险价值} = \sqrt{\sum_{i,j} \rho_{ij} \mathrm{Va}R_i \times \mathrm{Va}R_j} \tag{14.22}$$

当 $i=j$,$\rho_{ij}=1$ 时

$$\begin{aligned}\text{相关的风险价值} &= \sqrt{(2\,600\,000)^2 - 0.95(2\,600\,000)(2\,920\,000) - 0.95(2\,920\,000)(2\,600\,000) + (2\,920\,000)^2} \\ &= \text{US\$928 224}\end{aligned}$$

由于这两种汇率之间存在高度的(负)预期相关系数,相关的风险价价值远远

小于两个独立的汇率头寸的风险价值之和(2 600 000 + 2 920 000 = 5 520 000)。

在一个大型交易室中,很可能需要分析多种不同的市场因素。然而,如果采用合理的方法,计算整个交易室的风险敞口就变得非常简单。

风险价值限额(value at risk limit)是由管理层(或可能由监管者)设定的一个限额,它可以限制风险敞口允许值的大小。

压力测试

有时候,即期汇率的波动幅度会大于价格变动正态分布所隐含的幅度。如在1992 年 9 月英镑脱离汇率机制的那个交易日,英镑兑美元汇率的变动形成了 12 个标准差的变动,在正常情况下,英镑汇率的年波动率最多也就是 10% 左右。定期进行压力测试是明智的做法,这可以计算出由于价格极度震荡导致的潜在损失,如波动率达到 4 个标准差的事件。一般来说,风险管理要对组合每年进行几次压力测试, 以便评估交易能否承受这类价格震荡。

信用风险

信用风险(credit risk)是指交易对手不愿意或无力支付的风险。信用风险分为结算风险和提前结算风险。

结算风险

结算风险(settlement risk)是指交易对手在交割时不进行支付的风险。如果没有交易对手之间进行同时等价交换的条款,就会发生结算风险。如果一家公司的客户对价值 10 000 000 美元的商品进行交割,并且,不是立即或预先进行支付,那么,这家公司就面临着 10 000 000 美元的结算风险(或交割风险)。如果客户不支付,该公司将损失 10 000 000 美元。如果客户晚支付(如先收到商品,1 年后才支付 10 000 000 美元),那么,该公司将损失 10 000 000 美元 1 年的利息,若年利率为 5%,由于晚结算造成的损失为 500 000 美元。

对于外汇交易来说,如果在从交易对手收到另一种货币的支付资金之前,已经向交易对手支付了一种货币,就会产生结算风险。由于支付款是以另一种货币支付给交易对手的银行账户,而该账户可能还是在不同的时区,因此,常常会出现不同时支付的情况。举例来说,如果一家日本公司与英国的交易对手进行用新西兰元换美元的交易,在新西兰结束交易之前,日本公司将新西兰元支付到英国公司在新西兰开户银行的账户,但是,在纽约交易时间开始之前,日本公司在美国的银行账户是无法收到买入的美元,实际收到时间至少要晚 8 个小时。此外,当美元打入日本公司在纽约的银行账户时,日本已经是子夜时分。日本公司的人员可能还没意识到,到日本时间的第二天上午他们才能收到支付资金。如果收到资金的时间与确认收到资金的时间(如日本公司也许没有收到银行对账单,这说明第二天才收到美元)之间存在时差,那么,存在结算风险的时间将更长。

结算风险主要是操作风险。完善的结算制度可以使一家机构在尽可能早的时间了解是否已经收到交易对手的付款。

使用结算风险限额可以限定特定交易对手的结算风险。举例来说,公司的信用部门可以对特定的交易对手确定结算风险的限额,如任何一个交易日的限额为 5 000 000 美元。这样,就只允许交易员在结算风险限额之内与该交易对手进行交易,即在任何一个结算日,交易对手的结算风险不得超过 5 000 000 美元。如果结算时确认收到付款的过程超过一天,将更加严格地限定其允许的交易额。

可以采用各种方法来降低结算风险。

可以要求客户预先支付。例如,如果一笔外汇交易要到 5 月 17 日进行交割,银行可以要求客户在 5 月 16 日银行向客户付款之前,支付客户方应支付的交易额。一般来说,银行将向对方付钱,也就是说,向客户支付一天的利息。但要求客户事后支付差额。

减少结算风险的另一种方法是,将一笔大额交易的结算日分散在许多天当中。例如,对于每个交易日结算风险限额只有 5 000 000 美元的客户,如果要做一笔 20 000 000 美元的交易,可以同意将结算时间分 4 天进行。这可以使交易双方都在知道前一天结算情况之后才向对方付款。

另一种方法是采用信用等级高的机构作为中介。如果一家银行对某客户的结算风险限额已经用完了,但希望再做一笔 10 000 000 美元的交易,这家银行可以找另一家有结算风险限额的银行,作为该银行与客户之间的中介银行。中介银行通常要根据对客户的结算风险情况向交易银行收取一些费用。这种费用将体现在中介银行与客户、中介银行与交易银行之间进行交易时,增加的微小的汇差。

提前结算风险

提前结算风险(pre-settlement risk)是指交易方在结算之前不履行合同的义务。由提前结算风险引起的信用损失的必要条件是交易对手违约,而且,在与交易对手的交易组合中,有重置正值。

提前结算风险由重置成本与潜在风险期望值构成。

提前结算风签 = 重置成本 + 潜在风险敞口 (14.23)

重置成本(replacement cost),是指合约规定的交易价值与按现行市场汇率计算的原定价日期的交易价值之间的差额。重置成本,也称为逐日盯市价值(mark-to-market value)。可以通过重置成本计算交易对手当前的风险敞口。

【例 14-5】 3 个月之前,一个客户按当时的远期汇率 US$1 = ¥100.00,做了一笔向银行卖出10 000 000美元、买入1 000 000 000日元的1年期远期。今天,9个月期的远期汇率为US$1 = ¥105.00。如果该客户违约,银行为了平仓,不得不按105.00的汇率卖出1 000 000 000日元。银行只能收到9 523 809.52美元的重置价值,这比应从客户收取的10 000 000美元少了476 190.48美元。

就市场价格风险而言,银行持有的头寸处于476 190.48美元的价内状态,客户持有的头寸处于476 190.48美元的价外状态。就信用风险而言,如果客户违约,银行将损失476 190.48美元。银行之所以存在信用风险,是因为其头寸的市场价值处于价内状态,而客户头寸的市场价值处于价外状态。

从银行的角度看,与客户签订的合约的逐日盯市价值为:

$$\begin{aligned}\text{逐日盯市价格} &= \frac{1\ 000\ 000\ 000}{100.00} - \frac{1\ 000\ 000\ 000}{105.00} \\ &= 10\ 000\ 000.00 - 9\ 523\ 809.52 \\ &= \text{US\$}476\ 190.48\end{aligned}$$

注:逐日盯价值为正值,说明头寸的市场价值处于价内状态,重置成本也是正值,因此,信用风险在交易对手。

从客户的角度看,如果出于某种原因(这是难以想象的)银行违约,银行并不存在信用风险,毫无疑问,客户现在可以按更便宜的价格买入1 000 000 000日元。客户头寸的逐日盯市价值为负值,客户将得到重置收益,因此,银行没有信用风险。①

净现值法

计算重置成本更高级的方法是逐日盯市金额的现值法(present value)。这个方法是将重置成本的价值换算为现在的价值,这比采用未来价值更有实际意义,尤其是在期限长或利率高的情况下。如果9个月期的美元年利率为5%,那么,逐日盯市价值的现值则为458 978 78美元。

$$\text{现值}(476\ 190.48) = \frac{476\ 190.48}{(1 + 0.05 \times 270/360)} = 458\ 978.78$$

对于买入期权来说,重置成本为期权的逐日盯市价值,也就是当前的期权费。卖出期权不存在提前结算风险,除非期权费是延期支付,在这种情况下,重置成本等于延期支付期权费的现值。

①实际上,客户持有潜在的风险敞口,并不是持有即期风险敞口。

潜在风险敞口

继续以【例 14-5】为例，由于在合约结算之前还有 9 个月的时间，银行就存在客户的信用风险，因此，也就存在重置成本进一步上升的可能性。当汇率上升到 105.00 以上，就可能发生信用风险。

潜在风险敞口(potential exposure)是指预防重置成本可能上升的准备金。

可以采用分布理论来测算潜在风险敞口。如果美元对日元汇率的预期波动率为 12%/年，那么，在 9 个月中，汇率发生不利波动的标准差为 1.2825，汇率将从 105.00 上升到 119.00。如果银行愿意接受低估信用损失的概率低于 10%，用 1 000 000 000 日元乘以 105.00 与 1 000 000 000 日元乘以 119.00 之间的差额，可以计算出客户的潜在风险敞口。

$$\text{未来值(潜在风险敞口)} = \frac{1\ 000\ 000\ 000}{105.00} - \frac{1\ 000\ 000\ 000}{119.00}$$
$$= 9\ 523\ 809.52 - 8\ 403\ 361.35$$
$$= \text{US\$}1\ 120\ 448.17$$

$$\text{潜在风险敞口} = \frac{1\ 120\ 448.17}{(1 + 0.05 \times 270/360)} = \text{US\$}1\ 079\ 950.04$$

$$\text{提前结算风险} = \text{重置成本} + \text{潜在风险敞口}$$
$$= 458\ 978.78 + 1\ 079\ 950.04$$
$$= \text{US\$}1\ 538\ 928.82$$

银行认为自己面临 1 538 928.82 美元的客户信用风险，因为银行在 3 个月之前按 100.00 的汇率向客户卖出 1 000 000 000 日元的 1 年期远期。

如果逐日盯市价值为负值(即如果客户的头寸是价内状态，银行的头寸是价外状态)，显然，银行没有客户提前结算的风险。

例如，如果 3 个月后的 9 个月期远期汇率为 95.00。

$$\text{未来值(逐日盯市价值)} = \frac{1\ 000\ 000\ 000}{100.00} - \frac{1\ 000\ 000\ 000}{95.00}$$
$$= 10\ 000\ 000.00 - 10\ 526\ 315.79$$
$$= -\text{US\$}526\ 315.79$$

$$\text{逐日盯市价值} = \frac{-526\ 315.79}{10\ 000\ 000} = -\text{US\$}507\ 292.33$$

因此：

$$\text{提前结算风险} = -508\ 292.33 + 1\ 079\ 950.04$$
$$= \text{US\$}572\ 657.71$$

信用风险系数

信用风险系数(credit risk factor)是指可以用于乘以交易本金以求得潜在风险敞口确切金额的一个系数。

潜在风险敞口 = 信用风险系数 × 本金 (14.24)

仍然以【例 14-5】为例,

$$信用风险系数 = \frac{1\ 079\ 950.04}{10\ 000\ 000.00} = 10.8\%$$

根据汇率的不同预期波动率与期限,可以生成信用风险系数表。对于交易员来说,利用这个表可以方便地计算出相应交易的提前结算风险金额。信用风险系数是预期波动率和距到期时间平方根的函数。

信用风险系数随着交易期限和预期波动率的扩大而增大。距到期的时间越长,潜在风险越大。在图 14-15 中,上面的曲线说明两种货币汇率的预期年波动率为 10% 的信用风险系数;下面的曲线则说明两种货币汇率的预期年波动率为 5% 信用风险系数。

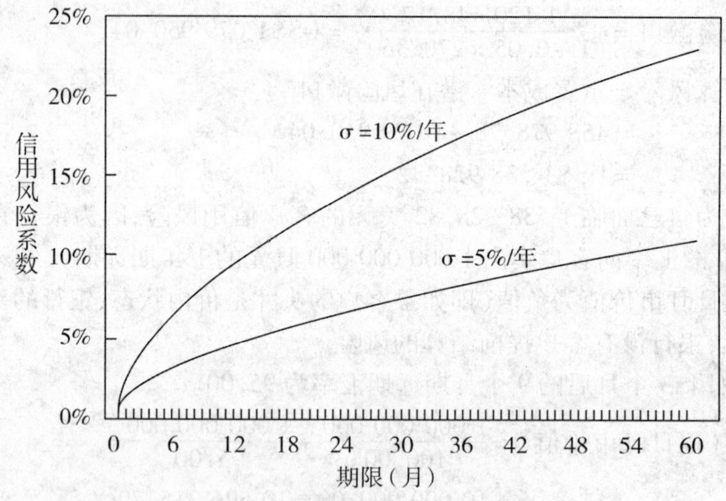

图 14-15 信用风险系数

波动率为 10% 曲线的信用风险系数如下:

期限	信用风险系数
1 个月	2.9%
3 个月	5.0%
6 个月	7.1%
1 年	10.1%
2 年	14.2%
5 年	22.5%

如果假设美元对日元汇率的预期年波动率为 10%，距到期还有 6 个月的合约的信用风险系数为 7.1%。10 000 000 美元交易的潜在风险敞口预计值计算如下：

潜在风险敞口预计值 = 信用风险系数 × 本金

$= 0.71 \times 10\,000\,000$

= US$710 000

【例 14-6】　某一个交易员做了一笔用日元买入 5 000 000 美元的 1 年期远期，完全汇率为 US$1 = ¥106.75。

(1) 如果 1 年期美元对日元的信用风险系数为 10.1%，若交易时美元的年利率为 6%，交易的潜在风险是多少？

提前结算风险 = 逐日盯市价值 + 潜在风险敞口

逐日盯市价值 = 0(因为交易是按市场汇率)

未来值(潜在风险敞口) = 信用风险系数 × 本金

$= 0.101 \times 5\,000\,000$

= US$505 000

潜在风险敞口 $= \dfrac{505\,000}{(1+0.06)}$ = US$476 415.09

提前结束风险 = US$476 415.09

(2) 1 个月以后，11 个月的汇率为 US$1 = ¥107.50，美元的年利率仍然为 6.0%，若 11 个月的信用风险系数为 9.2%，计算提前结算风险。

未来值(逐日盯市价值) $= 5\,000\,000 \times (106.75 - 107.50)$

$= \dfrac{-3.750\,000}{107.50}$

= − US$34 883.72

逐日盯市价值 $= \dfrac{-34.883.72}{(1+0.06\times 11/12)} = -33\,065.14$

潜在风险敞口 $= \dfrac{5\,000\,000}{(1+0.06\times 11/12)} \times 0.092$

= US$436 018.96

提前结算风险 $= -33\,065.14 + 436\,018.96$

= US$402 953.82

提前结算风险限额

可以用提前结算风险限额(pre-settlement risk limits)来限定特定交易对手的提前结算风险。例如,信用部门可以将特定交易对手的提前结算风险限定在50 000 000 美元。只允许交易员在规定的提前结算风险限额范围内与交易对手进行外汇交易,即不得超过50 000 000 美元。一般来说,根据交易对手的信用评级水平来确定这个限额的大小。不同的期限,可以确定不同的限额。例如,某个特定的交易对手今后 2 年的交易限期可能分配了 50 000 000 美元的交易限额,但是,超过 2 年期限的交易限额只有 20 000 000 美元。期限越长限额越小的原因是交易对手是否有信誉,甚至原有的信用评级是否存在,期限越长,这方面的不确定性越大。

降低提前结算风险的方法

信用是一种稀缺资源。可以采用各种方法,尽量减少使用提前结算风险的信用额度。

净抵提前结算风险

常见的情况是,一家机构与同样的交易对手做若干笔交易。通过对所有单笔交易的提前结算风险进行简单的相加,就可以计算出信用总风险。但是,如果法律规定必须进行净抵,净抵后的总风险可能会大大小于单个提前结算风险的总和。

与同样的交易对手签订三份外汇远期合约,但到期的时间不同,这个组合的风险将小于三份合约提前结算风险的总和。

【例 14-7】 某公司与特定的交易对手做了以下三笔外汇交易:

交易	金额(美元)	期限	提前结算风险
A	+4 000 000	6 个月	244 949
B	-3 000 000	1 年	259 808
C	+1 000 000	2 年	122 474
未净抵合计			627 231
净抵后合计			107 616

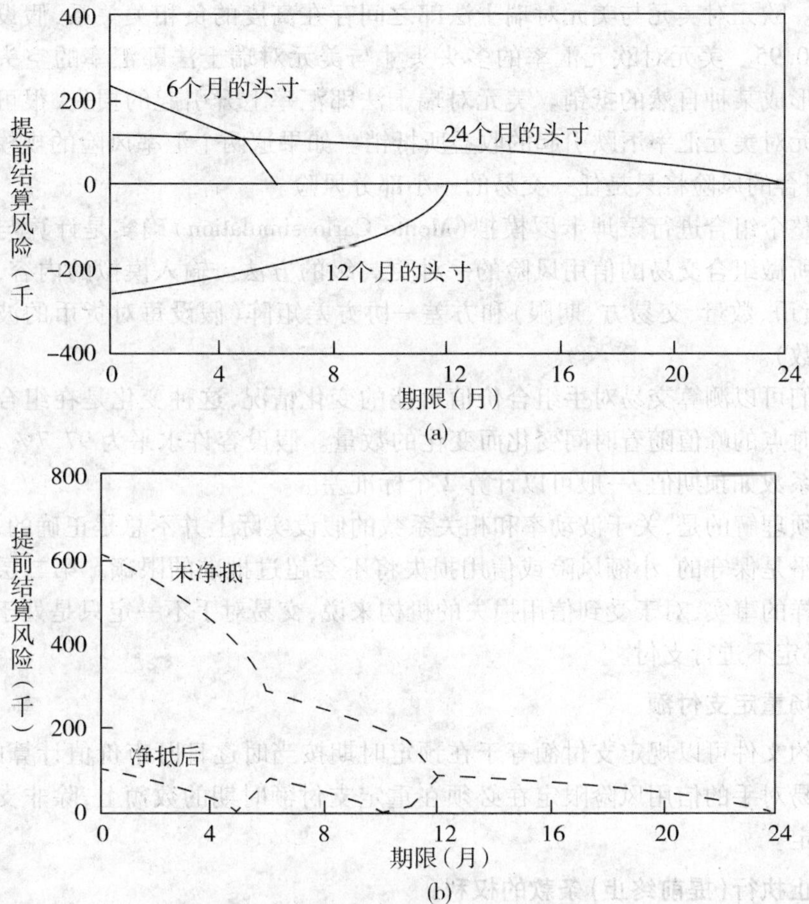

图 14-16 3 笔独立交易的提前结算风险

净抵后和未净抵的提前结算风险

随着合约临近到期日，这三笔交易的提前结算风险都趋于下降。由于 1 年期交易的曲线与另外两笔交易的曲线是反向的，因此，净抵后的总风险远远小于未净抵的总风险。在这种情况下，与未净抵的总风险相比，净抵后的总风险减少了六分之一。

在某些权限下，允许清算人“摘樱桃”（cherry-pick），也就是说，可以选择处于价内状态的交易，不必对处于价外状态的交易进行支付。当出现这种情况时，净抵就没有好处。显然，根据减少信用风险的观点，即使是强制实施，净抵也是更好的选择。

考虑相关性

即使是与特定交易对手的交易不是以一对相同的货币进行的，也可以减少信用风险。欧元对美元与美元对瑞士法郎之间存在高度的负相关关系,假设其相关系数为0.95。美元对欧元汇率的多头头寸与美元对瑞士法郎汇率的空头头寸的组合将形成某种自然的抵销。美元对瑞士法郎汇率上升引起的损失,很可能大部分被欧元对美元汇率下跌引起的收益所抵销。如果这两个汇率风险的规模大体上相等,组合的风险将只是任一交易的一小部分风险。

对整个组合进行蒙地卡罗模拟(Monte Carlo simulation)确实是计算与单一交易对手所做组合交易的信用风险的一种更高级的方法。输入模拟的内容,包括交易集(货币、数量、交易方、期限)和方差—协方差矩阵(假设每对货币的波动率和相关系数)。

我们可以测算交易对手组合价值可能的变化情况,这种变化是在组合有效期的某个时点的峰值随着时间变化而变化的数量。假设容许水平为97.7%,波动率和相关系数如预期值,一般可以计算2个标准差。

必须理解的是,关于波动率和相关系数的假设实际上并不总是正确的,但如果容许水平是保守的,小额风险或信用损失将不会超过批准的限额。第二层保护是基于这样的事实,对于受到信用损失的机构来说,交易对手不一定只是处于价外状态,但必定不进行支付。

市场重定支付额

合约文件可以规定支付额等于在预定时期按当时逐日盯市价值计算的数额。这将交易对手的信用风险限定在必须在重定支付额时期的数额上,除非支付额不及时确定。

停止执行(提前终止)条款的权利

信用部门一般会为特定的交易对手设定最长的交易期限,以反映超过这个期限交易对手在信用等级方面可能出现的不确定性。

任何一方或双方都有权在特定时间终止合约。这就使与交易对手所做的交易在期限上比为这些交易对手限定的期限更长。

例如,如果与特定客户交易的最长期限限定为2年,就可以持有5年期的远期,但具有2年后停止执行的权利。如果在第一个2年之后,客户仍然保持原来的信用等级,这笔交易可以继续下去,但具有在4年停止执行合约的权利。另一方面,如果在有权停止执行合约的时候,客户的信用等级下降了,那么,这笔交易可以进行平盘。停止执行合约的权利,不一定是违约事件。

保证金

可以要求交易对手存放保证金,以预防可能发生的信用损失。这个机制在外汇交易类产品中广泛使用,场外交易一般也采用保证金制度。

一般来说，要求客户存放一笔初始保证金（如面值的 5%），只要逐日盯市风险值达到或超过预定的水平，还需要追加保证金。如果交易对手不及时支付保证金，剩下的合约将被平仓。

保证金使信用风险限定在触发水平，一旦达到这个水平，将发出保证金追缴通知。实际上，存在有关风险的递增数量，因为市场的变化情况可能使触及的触发水平与收到的保证金之间的差额会进一步不利于交易对手。如果这个机制是有效的，这个递增数量就比较小，因此，通常会规定最低保证金水平。

抵押担保

交易中可以允许交易对手存放某种资产，而不是存放现金，作为防止潜在信用风险的抵押担保品。一般来说，抵押担保品是股票或债券都可以用作抵押品，但面临信用风险的机构愿意接受的任何资产。由于抵押品的价值可能随着时间而发生变化，因此，需要有一个程序每隔一段时间对抵押品进行重新估价，在这种情况下，需要追加抵押品，以便使抵押品足以抵补逐日盯市风险。

流动性风险

流动性风险有两种形式。

融资流动性（funding liquidity）是指按时支付的能力。融资流动性风险（funding liquidity risk）是指没有足够的现金能够按时支付的风险。不仅是因为很可能发生严厉的利息处罚，而且是因为交易对手拒绝与无法满足其债务现金流的机构做交易，因此，最重要的是限制融资流动性风险。如果机构没有管理好其现金流，以至于无力支付，即使该机构持有大量未变现的资产，与其进行交易的信心也会受到破坏。

市场流动性（market liquidity）是指在市场上容易成交的数量。市场流动性风险（market liquidity risk）是指也许不可能完成的全部交易数量，而这种交易数量又不会严重影响市场价格的风险。主要货币的即期外汇是世界上最有深度的交易品种（即最有流动性的市场）。欧元对美元、美元对日元等汇率的交易量每天都有几十亿美元。但是，外汇市场上交易很少的货币非常稀少，或者没有流动性。南美洲、非洲或东欧一些国家的货币，即使是 10 000 000 美元的报盘，可能都很难找到交易对手。即使是主要货币，有时候也可能出现流动性不足的问题。纽约时间的晚上 6 点钟，正是纽约银行间市场闭市后的 3 个小时，但是亚洲市场开市之前的 2 个或 3 个小时，这时很难得到在欧洲交易时间具有流动性的某些货币的报盘。

一般来说，市场流动性反映了买卖差价。如果许多银行准备在交易时间中对某种货币报出双向价格，该货币的买卖差价将收窄。但是，如果只有两家银行对该货币报价，或者如果交易数量比较大，该货币的买卖差价将拉宽。如果马上将要发布可能对市场价格产生重大影响的一条消息，流动性可能会临时枯竭。

与融资流动性风险一样,重要的是交易者要了解和管理市场流动性风险。一个交易员整月的交易都是盈利的,但却可能因缺乏市场流动性,其持有的头寸无法进行平仓,使得他在该月的盈利受到损害。

融资的流动性风险管理

有时会发生流动性挤出现象。有时中央银行故意设计流动性挤出情况。甚至当市场通常具有流动性的时候,某个交易方可能会发现自己面临着流动性问题,这可能是其信用头寸恶化的结果,或者仅仅是因其信用头寸管理不善。

管理融资流动性风险可以确保交易者总是有充足的现金或可以利用的信用工具来满足支付债务的需要。

最大累积流出(maximum cumulative outflow)是指根据现有约定累积的最大的负现金流出头寸。

如果一家机构在本周开始时其银行账户中美元现金余额为零,但根据现有约定,本周将发生现金流的流出,星期二将发生的最大累积流出为30。

	流入	流出	余额
星期一开始			0
星期一	+10	-20	-10
星期三	+30	-50	**-30**
星期三	+50	-20	0
星期四	+40	-10	+30
星期五	+20	-30	+20

最大累积流出限额(maximum cumulative outflow limit)是指最大累积流出允许值的限额。机构根据经验知道,在任何一天,通过向具有备用信用工具的银行借款,或者通过卖出其他货币或流动性有价证券,可以方便地筹集一笔资金,如100 000 000美元。如果情况属实,该机构管理层或许可以批准最大累积流出的上限为100 000 000美元。

常见的情况是,交易者可能可以筹集到期限更长、金额更大的资金。因此,第一个月设定的最大累积流出限额可以大于第一周的限额,以此类推。

机构应该对具有现金流的每一种货币设定最大累积流出限额,除非这些货币执行总是用货币对冲现金流的政策,在这种情况下,这些货币的最大累积流出限额实际上为零。

最大累积流出限额应当定期审核(如在月度会议上),当流动性紧张时,可以下调该限额,或者更频繁地进行审核(如每天)。

准备一个应急融资计划也是一个好方法,该计划可以提出出现流动性问题时应当采取的措施(如出售特定资产和安排其他资金来源)。

另一个可行的做法是融资来源多样化，这样，一旦特定的资金供应者或某类资金供应者无法提供资金时，仍然可以获得足够的现金流，保证经营活动正常进行下去。管理层和中央银行通常要求获得大额资金供应者的信息。例如，中央银行可以要求某家银行报告该行从单一实体得到的融资占该行融资总额的比例超过 10%（比如）的所有情况，或者，管理层可以设定限度或触发点，规定通过特定计划（如发行商业票据）或通过特定客户资金（如消费者存款）筹集资金占融资总的百分比。这种限定或触发水平将取决于交易的性质。

管理市场流动性风险时，要依靠经验丰富的领导人，他们可以指导年轻的交易员如何进行报价（即买卖差价应当多大），在特定时间应当持有多大规模的特定货币头寸。由于市场流动性会随着时间而发生相当大的变化，通常更好的做法是在管理上保持灵活性，允许中层管理人员可以根据情况作出采取措施的判断，而不单单是制定公司规定或限额。最重要的是要认识到，了解市场流动性的人总会提出和重视市场流动性风险问题。

市场、信用和流动性风险之间的相互依赖关系

尽管对不同类型的风险分别进行测算和管理是十分重要的，但更重要的是要认识到，不同的风险是密切相关的。流动性下降，几乎肯定意味着价格风险增大。如果波动率上升，说明价格风险和信用风险都将增大。降低特定交易对手的信用限额，可以减少流动性，但会增加价格风险。还有其他情形，此处不再一一列举。对于所有风险，既要从总体上考虑，又要分别考虑。

其他类型的金融风险

外汇交易和其他金融交易中还存在其他类型的风险，下面进行分析。

法律或文件风险

交易双方应当签订双方接受和法律上可执行的文件，而且，需要建立有效的程序，以便确认双方交易的细节。

操作风险

在对交易进行确认、记录和结算时，必须进行一丝不苟和高效的后台工作，还要追踪解决任何突出的问题。

税务和会计风险

必须充分认识到税务和会计在交易中的重要意义。一般来说，各国的税务和会计处理办法是不尽相同的。即使在一个国家之内，税务处理可能不同于会计处理。如果不了解税务或会计在交易中的重要意义，或者关于错误报告的处罚办法，代价可能非常高昂。

出售风险

提供市场金融产品的机构有责任确保自己的产品能够符合客户的需要,同时,客户也要了解参与交易的风险。交易越复杂,客户越不老练,出售产品机构的责任就越大。如果银行没有完全识别其参与交易的风险,会面临客户起诉银行的风险。

如同市场风险、信用风险和流动性风险一样,对于法律、操作、会计和出售风险等其他风险,最好的防范办法是了解交易中涉及的风险,并且学习如何有效地管理这类风险。

练习题

14.1 风险价值

市场数据:

即期汇率 €1 = US$0.9250

6 个月欧元利率(%/年) 3.50(180/360)

6 个月美元利率(%/年) 2.75(180/360)

$$f = 0.9250 \times \frac{(1 + 0.0275/2)}{(1 + 0.035/2)} = 0.9216$$

某交易员按6个月的欧元完全远期汇率0.9216买入10 000 000欧元的远期,而且没有抵补该头寸。

(1)假设即期汇率变动是正态分布,欧元汇率的预计年波动率为9.2%,计算2个标准差的压力测试汇率。

(2)计算该交易的风险价值。

14.2 代尔他套期保值

某日美元对日元的即期汇率为US$1 =¥123.50,某银行卖出美元看涨期权与日元看跌期权,面值为10 000 000美元,履约价格为122.50。根据定价模型计算,卖出看涨期权的期权费如下:

即期汇率	期权费
122.50	¥2.08
123.00	¥2.31
123.50	¥2.57
124.00	¥2.84

(1)计算汇率在123.00与124.00之间的代尔他平均值。该银行应按代尔他套期保值比率做什么样的交易?

一周之后,即期汇率跌至123.00,根据定价模型计算,期权费如下:

即期汇率	期权费
122.50	¥2.08
123.00	¥2.31
123.50	¥2.57

(2)计算代尔他修正平均值。该银行应该做什么交易来调整其代尔他套期保值比率?

14.3　信用风险

2 个月前,某银行从 XYZ 股份有限公司买入 10 000 000 澳大利亚元的远期,期限为 5 个月,远期汇率为 A$1 = US$0.5230。今天的现行汇率、利率如下:

即期汇率	A$/US$0.5620
3 个月期的掉期汇率	−0.0010
3 个月期的美元利率(%年)	3.20 (90/360)
3 个月期的信用风险系数(%)	5.0

按美元净现值法计算:

(1)该银行在 XYZ 股份有限公司上的逐日盯市风险敞口值。

(2)该银行在 XYZ 股份有限公司上的预期潜在风险敞口值。

(3)该银行在 XYZ 股份有限公司上的提前结算风险。

XYZ 股份有限公司希望在同样的交割日向该银行出售更多的美元。

(4)如果该银行对 XYZ 股份有限公司确定的提前结算风险限额为 2 000 000 美元,该银行可以做多大规模的交易?

练习题答案

第1章

1.1 原汇率　相互汇率　答案

原汇率	相互汇率	答案
(1)€1 = US$0.8420	US$1 = €?	**1.1876**
(2)£1 = US$1.4565	US$1 = £?	**0.6866**
(3)NZ$1 = US$0.4250	US$1 = NZ$?	**2.3529**

1.2 已知:

US$1 = ¥123.25

£1 = US$1.4560

A$ = US$0.5420

(1)计算用日元标价的英镑交叉汇率

¥? = £1

£1 = US$1.4560

US$1 = ¥123.25

£1 = 1.4560 × 123.25 = ¥179.45

(2)计算用日元标价的澳大利亚元交叉汇率

¥? = A$1

A$1 = US$0.5420

US$1 = ¥123.25

A$1 = 0.5420 × 123.25 = ¥66.80

(3)计算用澳大利亚元标价的英镑交叉汇率

A$? = £1

£1 = US$1.4560

US$0.5420 = A$1

A$1 = 1.4560/0.5420 = £2.6863

1.3 (1)先以 C1 = US$1.4870 的汇率买入 8 540 000 克朗,然后按 C1 = US$1.4675 的汇率卖出,计算以美元表示的实现损益金额。

实现利润 = 卖出克朗的收入 - 买入克朗的成本

= 8 540 000 × 1.4675 - 8 540 000 × 1.4870

$= US\$166\ 530$

(2)以 Rial1 = P 0.5080(Rial,里亚尔,伊朗货币;P,比索,古巴货币——译者注)的汇率买入 17 283 945 比索,现在能够以 R1 = P 0.5072 的汇率卖出,计算以比索表示的未实现损益金额。

未实现利润 = 可能卖出比索的收入 - 买入比索的成本

$$= \frac{17\ 283\ 945}{0.5072} - \frac{17\ 283\ 945}{0.5080}$$

$= 34\ 077\ 178.63 - 34\ 023\ 513.78$

$= R53\ 664.85$

$= 53\ 664.85 \times 0.5072$

$= 27\ 218.81$

1.4 先以 C\$1 = US\$1.4510 的汇率买入 9 360 000 克朗,然后以 C\$1 = US\$ 1.4620 的汇率卖出,计算该笔交易的损益。

实现利润 = 卖出克朗的收入 - 买入克朗的成本

$= 9\ 360\ 000 \times 1.4620 - 9\ 360\ 000 \times 1.4510$

$= 9\ 360\ 000 \times (1.4620 - 1.4510)$

$= 9\ 360\ 000 \times 0.0110$

$= US\$102\ 960$

1.5 按 US\$1 = PHP47.2000 的汇率买入 20 000 000 菲律宾比索(Philippine pesos),现在能够以 US\$1 = PHP50.6000 的汇率卖出,计算未实现损益。

未实现利润 = 可能卖出比索的收入 - 买入比索的成本

$$= \frac{20\ 000\ 000}{50.6000} - \frac{20\ 000\ 000}{47.2000}$$

$= 395\ 256.92 - 423\ 728.81$

$= -US\$28\ 471.90$

第 2 章

2.1 (1)已知投资额为 2 000 澳大利亚元,年单利利率 6.75%,期限 3 个月(92/365),计算利息收入。

$I = P \times r \times t$

$$= 2\ 000 \times \frac{6.75}{100} \times \frac{92}{365}$$

$= US\$34.03$

(2)计算 2.1(1)中投资额的未来值。

$FV = P + I$

$= 2\ 000 + 34.03$

$= US\$2\ 034.03$

另一种算法：

$FV = P(1 + rt)$

$= 2\ 000 \times \left(1 + \frac{6.75}{100} \times \frac{92}{365}\right)$

$= 2\ 000 \times 1.017014$

$= US\$2\ 034.03$

2.2 若投资 1 000 美元，年利率为 10%，半年复利计息，期限 100 年，计算该投资的未来值。

$FV = P(1 + i)^n$

$P = 1\ 000$

$i = 0.10/2 = 0.05$

$n = 100 \times 2 = 200$

$\therefore FV = 1\ 000 \times (1 + 0.05)^{200}$

$= 100\ 000 \times (1.06125)^4$

$= US\$17\ 292\ 580.82$

2.3 年利率为 4.80%，半年复利，计算按月复利计算的等值利率。

$\left(1 + \frac{r}{12}\right)^{12} = \left(1 + \frac{0.048}{2}\right)^2 = 1.048576$

$1 + r/12 = 1.048576^{1/12} = 1.003961$

$r = 0.0475 = 4.75\%$/年

2.4 若 6 个月期的年利率为 4.50%，9 个月期的年利率为 4.25%，期限从 6 个月(180/ 360)转变为 9 个月(270/360)，计算远期利率。

$FV_6 = (1 + 0.045 \times 180/360) = 1.025$

$FV_9 = (1 + 0.0425 \times 270/360) = 1.0525$

$r_{6,9} = \frac{360}{90} \times \frac{1.03188}{1.02250} - 1$

$= 0.0367 = 3.67\%$/年

2.5 假定按季复利的年利率为 5.25%，本金为 10 000 000 美元，期限 3 年，计算该投资现金流的现值。

$$PV = \frac{10\ 000\ 000}{(1 + 0.0525/4)^{12}} = 8\ 551\ 525.87$$

2.6 若某债券的到期年收益率为 5.75%，面值为 100 美元，每半年按年利率 5.5% 支付一次息票，期限 5 年，计算该债券的价格。

息票时间	5.50%的半年连续复利率	到期收益率贴现系数	5.75%的现值
0.5	2.75	0.970874	2.67
1.0	2.75	0.942596	2.59
1.5	2.75	0.915142	2.52
2.0	2.75	0.888487	2.44
2.5	2.75	0.862609	2.37
3.0	2.75	0.837484	2.30
3.5	2.75	0.813092	2.24
4.0	2.75	0.789409	2.17
4.5	2.75	0.766417	2.11
5.0	102.75	0.744094	74.46
			97.87

2.7 若4年期的利率为5.50%/年,4年6个月期的利率为5.60%/年,远期利率的计算期限从现在起4年变为从现在起4年6个月。若这两种利率都是每半年复利一次,用连续复利的概念表示该远期利率。

$$\left(1+\frac{0.055}{2}\right)^{8} e^{0.5r}=\left(1+\frac{0.056}{2}\right)^{9}$$

$$e^{0.5r}=\frac{1.282148}{1.242381}=1.032009$$

$r=2\times\ln(1.032009)=0.063014=6.3\%$/年

第3章

3.1 若借入2 000 000美元,期限从1个月到6个月,远期利率 $r_{1,6}$ 为年利率5%,用现金流表示法表示这笔交易的现金流。

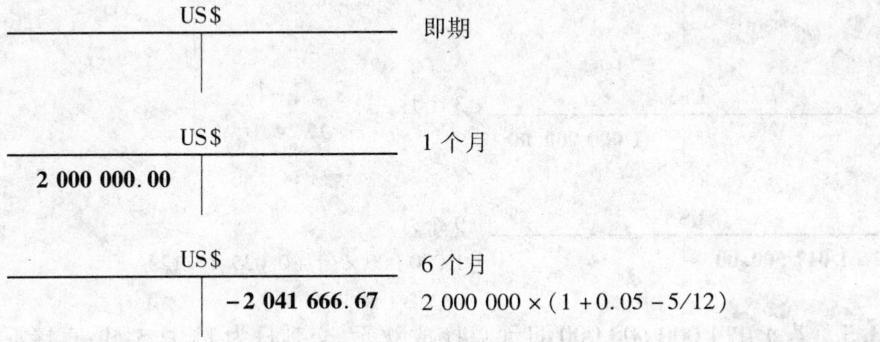

3.2 若以美元买入2 000 000欧元,远期汇率为€1 = US$0.8560。用远期汇率交易的现金流表示法表示这笔交易的现金流。

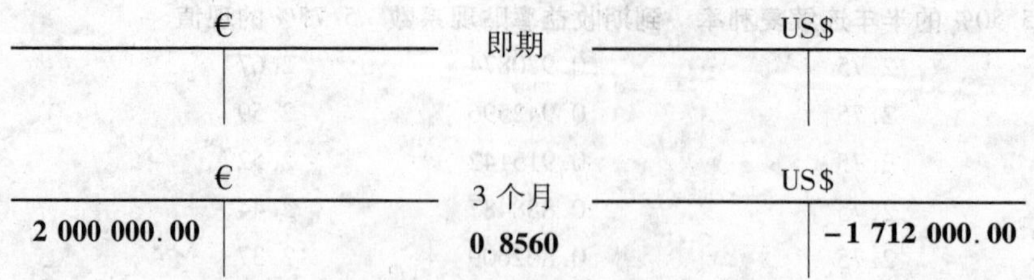

3.3 编制外汇净头寸表。假定首笔交易之前的头寸已被轧平,某交易员完成以下 5 笔交易,本币为美元:

1. 借入 7 000 000 欧元,4 个月期,年利率 4.00%;
2. 卖出 7 000 000 欧元现汇,汇率为€1 = US$0.8500;
3. 买入 500 000 000 日元现汇,汇率为 US$1 = ¥123.00;
4. 将 200 000 000 日元兑换成欧元,汇率为€1 = ¥104.50;
5. 买入 4 000 000 欧元 1 个月期的远期外汇,汇率为€1 = US$0.8470。

		外汇净头寸		外汇净头寸
交易 1	-€93 333.33	€93 333.33		
交易 2	-€7 000 000.00	€7 093 333.33		
交易 3		€7 093 333.33	500 000 000	500 000 000
交易 4	€1 913 875.60	€5 179 457.74	-200 000 000	300 000 000
交易 5	€4 000 000.00	€1 179 457.74		**300 000 000**

该交易员的外汇净头寸是 300 000 000 日元多头和 1 479 457.74 欧元空头。

3.4 若投资 1 000 000 美元,期限为 3 个月到 9 个月,远期利率 $r_{3,9}$ 为年利率 3.5%,用现金流表示法表示这笔交易的现金流。

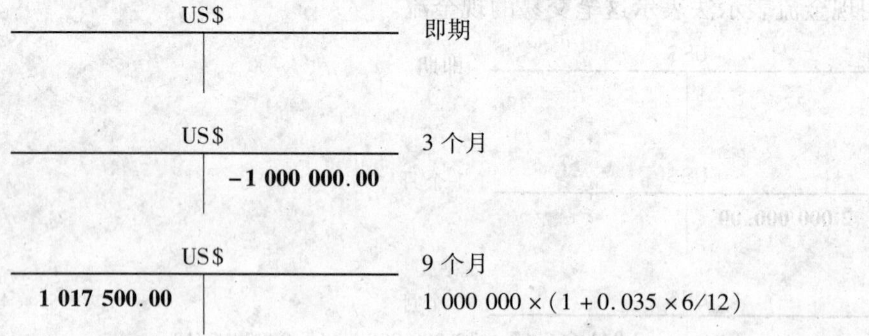

3.5 若卖出 4 000 000 000 日元兑换成欧元,交割日为 11 月 3 日,直接汇率为€1 = ¥103.60,用现金流表示法表示这笔交易的现金流。

€		11月3日	¥	
38 610 038.61		**103.60**	**-4 000 000 000**	

第4章

4.1 目前,美元收益率曲线如下:

1个月　5.00%

2个月　5.25%

3个月　5.50%

预计利率将上升。

(1)如何在货币市场上进行2笔交易,以开始一个3个月期对1个月期的正错开配置?

借入美元,期限3个月,利率5.50%;拆出美元,期限1个月,利率5.00%。

$FV_3 = (1 + 0.055 \times 3/12) = 1.013750$

$FV_1 = (1 + 0.050 \times 1/12) = 1.004167$

(2)假定这个错开配置开始时的本金为1 000 000美元,1个月后利率上升了,收益率曲线如下:

1个月　6.00%

2个月　6.25%

3个月　6.50%

为了结束这个错开配置,应当如何在货币市场上进行交易?

借入美元,期限2个月,利率6.25%。

(3)通过开始和结束这个错开配置,将产生多少损益?

US$		
1 004 166.67	**-1 004 166.67**	今天
1 004 166.67	**1 004 166.67**	

US$		
		2个月
1 014 626.74	-1 013 750.00	1 004 166.67 × (1 + 0.0625 × 2/12)
	876.74	利润
1 014 626.74	**1 014 626.74**	

利润 = 1 014 626.74 - 1 013 750.00 = US$876.74

4.2 错开配置:在反向收益率曲线下,预期收益率曲线向下移动。目前,美元收益率曲线是反向的,预期从现在起的1个月,收益率曲线将比目前水平低50个基点，具体数据如下：

期限（月）	目前利率（%/年）	预期利率（%/年）
1	4.0	3.5
2	3.5	3.0
3	3.0	2.5

为了开始一个负错开配置的头寸，某公司借入 10 000 000 美元，期限 1 个月，同时贷出 10 000 000 美元，期限 3 个月。

（1）已知 1 个月后，需要借入 2 个月期的 10 000 000 美元，才能做到损益平衡，求损益平衡利率。

$$(1+0.04\times 1/12)(1+b\times 2/12)=(1+0.03\times 3/12)$$

$$(1+b/6)=1.0075/1.003333=1.004153$$

$$b=0.004153\times 6=0.024917$$

$$=2.49\%/\text{年}$$

（2）假定收益率曲线按预期进行移动，求结束错开配置时实现的损益。

US$		
10 000 000.00	**-10 000 000.00**	今天

US$		
	-10 033 333.33	1 个月 1 000 000 × (1 +0.04 ×1/12)

US$		
10 075 000.00		3 个月 1 000 000 × (1 +0.03 ×3/12)

结束负错开配置

US$		
10 033 333.33	-10 033 333.33	今天
10 033 333.33	**10 033 333.33**	

US$		
10 075 000.00	**-10 083 500.00**	2 个月 10 033 333.33 × (1 +0.03 ×2/12)
	-8 500.00	利润
10 075 000.00	**10 075 000.00**	

利润 = 10 083 500 - 10 075 000 = - US$8 500

注：由于公司预计按 2 个月期的年利率 3.00% 借入美元，这个利率大于损益平衡的年利率 2.49%，因此，这个错开配置将发生损失。

4.3 目前,克朗的收益率曲线是标准的,预期该曲线将变得更加陡峭,拐点在6个月,具体数据如下:

月数	当前利率	从现在起3个月后的预期利率
3	5.0%	4.5%
6	5.5%	5.5%
9	6.0%	6.5%
12	6.5%	7.5%

预计可能采取以下两种错开配置的策略:

(1)借入1 000 000克朗,期限3个月,同时贷出1 000 000克朗,期限6个月。

第一种策略将产生利润3 609.38克朗。

开始负错开配置

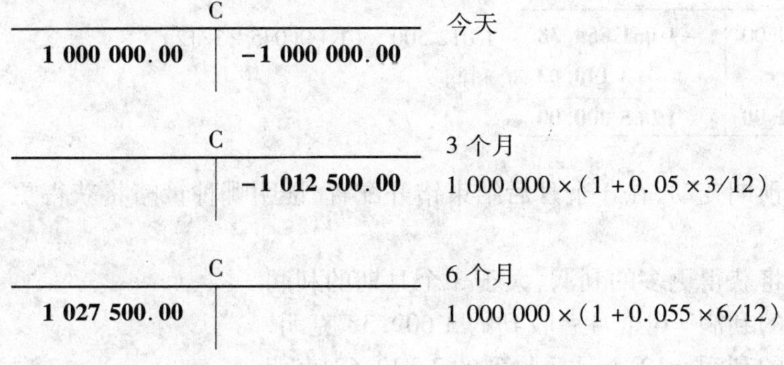

结束负错开配置

C		
1 012 500.00	-1 012 500.00	今天
1 012 500.00	**1 012 500.00**	

C		
1 027 500.00	**-1 023 890.63**	3个月 1 012 500 × (1 + 0.045 × 3/12)
	3 609.38	利润
1 027 500.00	**1 027 500.00**	

(2)借入1 000 000克朗,期限3个月,同时贷出1 000 000克朗,期限12个月。

第二种策略将产生利润3 140.63克朗。

开始负错开配置

C		
1 000 000.00	**-1 000 000.00**	今天

C		3 个月
	-1 012 500.00	1 000 000 ×(1 +0.05 ×3/12)

C		6 个月
1 027 500.00		1 000 000 ×(1 +0.055 ×6/12)

结束负错开配置

C		今天
1 012 500.00	-1 012 500.00	
1 012 500.00	**1 012 500.00**	

C		3 个月
1 065 000.00	**-1 061 859.38**	1 012 500 ×(1 +0.045 ×3/12)
	3 140.63	利润
1 065 000.00	**1 065 000.00**	

假定利率按预期变动,在 3 个月后结束错开配置,证明哪种策略将获得更多的盈利。

第一种策略将获得更多的利润,大于 3 个月期的利润。

第一种策略的利润 =6 个月后收到的 3 609.38 克朗

第二种策略的利润 =12 个月后收到的 3 140.63 克朗

在两种情况下,利润现值的精确比较。

第一种策略的利润现值 =3 609.38 ÷(1 +0.055 ×6/12) = C3 512.78

第二种策略的利润现值 =3 140.63 ÷(1 +0.065 ×12/12) = C2 948.95

4.4 某公司于 7 月 1 日借入 10 000 000 美元,期限 3 个月,浮动年利率为 3.75%(按每年 360 天计算);该笔债务将在 10 月 1 日(92 天)到期。公司还有一笔 10 000 000 美元的存款,将在 1 月 3 日到期(186 天),年利率也是 3.75%。

(1)该公司开始的错开配置是正的还是负的?

该公司开始了一个负的错开配置,因为借款的期限比存款的期限更短。

(2)公司希望 10 月 1 日时,3 个月期的利率比现在高还是低?

该公司需要在 10 月 1 日进行借款,期限 3 个月,这能使利率下降。损益平衡点利率为:

$$r_{10月1日,1月3日} = \left[\frac{(1+0.0375\times186/360)}{(1+0.0375\times92/360)}-1\right]\times\frac{360}{186-92}$$

$$=3.71\%/年$$

(3)如果从 10 月 1 日起,公司将浮动利率借款按固定年利率 3.75% 展期 94

天,请计算损益。

US$		
10 095 833.33	−10 095 833.33	10 月 1 日
10 095 833.33	**10 095 833.33**	

US$		
10 193 750.00	**−10 194 688.37**	1 月 3 日 10 095 833.33 × (1 + 0.0375 × 94/360)
	−938.37	利润
10 193 750.00	**10 193 750.00**	

该公司将损失 938.37 美元,因为它必须按年利率 3.75% 借款 10 095 833.33 美元,该利率高于 3.71% 的损益平衡点年利率。

4.5 目前,美元收益率曲线的数据如下:

1 个月　5.00%

2 个月　5.25%

3 个月　5.50%

预期利率将下降。

(1)为开始一个 3 个月对 1 个月的错开配置,应该在货币市场上进行两笔怎样的交易?

按 5.00% 的利率借入 1 个月期的美元;按 5.50% 的利率拆出 3 个月期的美元。

(2)假定开始错开配置的本金是 10 000 000 美元,1 个月后,利率下降,收益率曲线的数据如下:

1 个月　4.75%

2 个月　5.00%

3 个月　5.25%

应在货币市场进行怎样的交易才能结束这个错开配置?

按 5.00% 的利率借入 2 个月期的美元

(3)通过开始和结束这个错开配置,将产生多少损益?

US$		
	−1 004 166.67	1 个月 FV = 1 000 000 × (1 + 0.05 × 1/12)
+1 004 166.67		5.00%

US$		
		3 个月
+1 013 750.00		FV = 1 000 000 × (1 + 0.055 × 3/12)
	−1 012 534.73	**FV = 1 004 166.67 × (1 + 0.05 × 2/12)**
	1 215.27	利润
1 013 750.00	1 013 750.00	

第 5 章

5.1 某银行报价£1 = US$1.4020/1.4025。

(1)该银行将以什么汇率买入美元?

该银行将以 1.4025 的汇率买入美元。

(2)客户能够以什么汇率卖出英镑?

客户能够以 1.4020 的汇率卖出英镑。

(3)客户能够以什么汇率卖出美元?

客户能够以 1.4025 的汇率卖出美元。

5.2 A 银行向 B 银行询问买入美元和卖出日元的汇率。B 银行报价 US$1 = ¥125.40/125.50。A 银行能够以什么汇率卖出日元?

A 银行可以按 B 银行的报价汇率 125.50 卖出日元、买入美元。

5.3 某客户持有克朗,询问银行克朗兑换美元的汇率。银行报价 C1 =$1.4935/1.4945。

(1) 1 000 000 × 1.4945 = US$1 494 500

(2) 1 000 000 × 1.4935 = US$1 493 500

(3) 1 494 500 − 1 493 500 = US$1 000

(4) 1 000 000 ÷ 1.4935 = C669 568.13

(5) 1 000 000 ÷ 1.4945 = C669 120.11

(6) C669 568.13 − 669 120.11 = C448.02

5.4 某银行报价,美元的隔夜拆借利率为 4.25/4.50%/年。

(1)客户可以按年利率 4.50% 借入美元。

(2)客户可以按年利率 4.25% 进行美元投资。

5.5 某银行报价,法郎 7 天期的拆借利率为 4.50/4.75%/年。每年按 365 天计算。

(1)利息 = 1 000 000 × 0.0475 × 7/365 = F910.96

(2)利息 = 1 000 000 × 0.0450 × 7/365 = F863.01

(3)910.96 − 863.01 = F47.95

5.6 经纪人分别从 3 家银行查询的美元/日元汇率如下:

A 银行　US$1 =¥125.60　　**125.65**
B 银行　US$1 =¥125.62　　125.67
C 银行　US$1 =**¥125.63**　　125.68
经纪人的报价是:**125.63**　　**125.65**

5.7　某银行的汇率报价 F1 = US$1.2130/1.2140。客户询价后,以该银行的买入汇率 1.2130 美元卖出 10 000 000 法郎。银行愿意轧平头寸(如有可能获取一定收益)。1 分钟后,如果另一家银行询问汇率,在下列汇率中,哪个汇率应该是第一家银行的报价?

汇率 1　F1 = US$1.2125　1.2135
汇率 2　F1 = US$1.2130　1.2140
汇率 3　F1 = US$1.2135　1.2145

5.8　A 银行报价　NZ$1 = US$0.4220　**0.4225**
　　B 银行报价　NZ$1 = **US$0.4226**　0.4231

是否存在套利机会?以本金 10 000 000 新西兰元进行套利,能获取多少收益?

从 A 银行按 0.4225 的汇率买入 10 000 000 新西兰元,然后按 0.4226 的汇率将 10 000 000 新西兰元卖给 B 银行。

利润 = US$4 226 000 - 4 225 000 = US$1 000

5.9　已知:

US$1 = S$1.7050　1.7060
€1 = US$0.8490　0.8500

新加坡某出口商想要卖出欧元、买入新加坡元,根据上述资料,以新加坡元标价的欧元损益平衡汇率是多少?

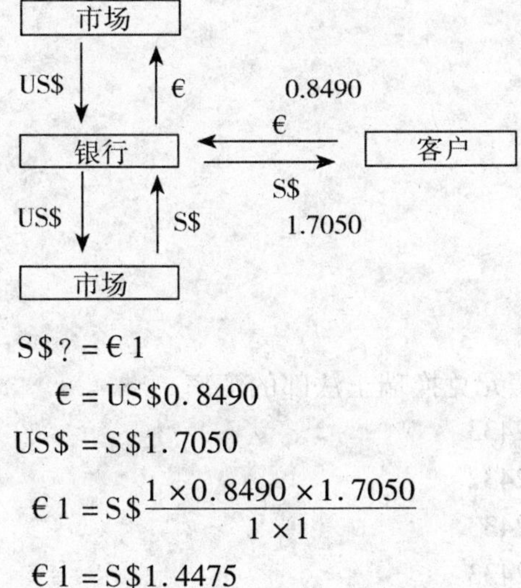

S$? = €1

€ = US$0.8490

US$ = S$1.7050

$$€1 = S\$\frac{1 \times 0.8490 \times 1.7050}{1 \times 1}$$

€1 = S$1.4475

5.10 已知:

US$1 = M$ 3.8010　3.8030

€1 = US$1.4470　1.4480

为了在损益平衡汇率的两个方面产生10个基点的汇差,以马来西亚货币林吉特为标价货币,某银行以英镑兑换林吉特应报出的买入汇率和卖出汇率是多少?

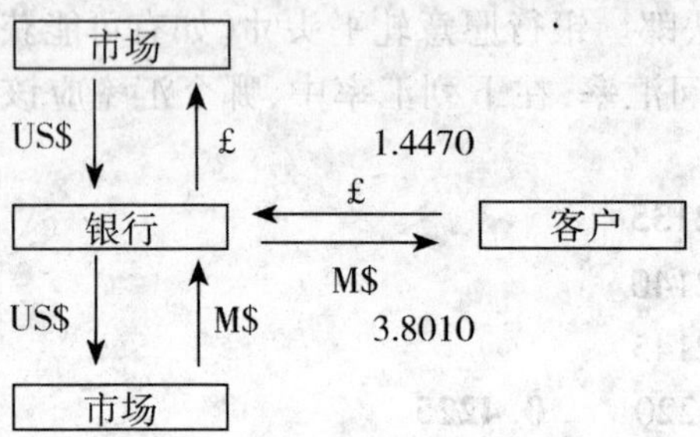

买入价

M$? = £1

£1 = US$1.4470

US$1 = M$3.8010

$$£1 = M\$\frac{1.4470 \times 3.8010}{1 \times 1}$$

£ = M$5.5000

减买卖价差　-0.0010

£1 = M$5.5000

买出价

M$? = £1

£1 = US$1.4480

US$1 = M$3.8010

$$£ = M\$\frac{1.4480 \times 3.8010}{1 \times 1}$$

£ = M$5.5067

减买卖价差　-0.0010

£1 = M$5.5077

5.11 某银行向其他4家银行询问美元兑换瑞士法郎的汇率。

A银行	US$1 = SF1.2430	1.2433
B银行	US$1 = SF1.2430	1.2432
C银行	US$1 = SF1.2431	1.2433
D银行	US$1 = SF1.2430	1.2433

若该银行希望卖出瑞士法郎,应与哪一家银行按什么汇率进行交易?

该银行应该按最低的卖出价,即 1.2432 从 B 银行买入美元。

5.12 已知:

US\$1 = ¥104.50　　104.60

€1 = US\$0.8550　0.8555

日本某进口商想要买入欧元、卖出日元,以日元标价的欧元的损益平衡汇率是多少?

¥? = €1

€1 = US\$0.8555

US\$1 = ¥104.60

$$€1 = ¥\frac{1 \times 0.8555 \times 104.60}{1 \times 1}$$

€1 = ¥89.49

5.13 某客户询价,想卖出澳大利亚元、买入港元,若要保证 1 个点的收益,银行应将澳大利亚元对港元汇率的报价定在多少?

US\$1 = HK\$7.7360　　7.7370

A\$1 = US\$0.5240　　0.5245

A\$? = HK\$1

HK\$7.7360 = US\$1

US\$0.5420 = A\$1

$$HK\$1 = \frac{A\$1 \times 1 \times 1}{7.7360 \times 0.5420}$$

HK\$1 = A\$0.2467

减买卖价差　A\$0.2465

第 6 章

6.1 即期汇率　　£1 = US\$1.5000

3 个月期美元利率(%/年)　2.50(93/360)

3 个月期英镑利率(%/年)　3.00(91/365)

(a)3 个月远期利率

$$f = 1.5000 \times \frac{(1 + 0.025 \times 91/360)}{(1 + 0.03 \times 91/365)}$$

(b)3 个月远期利差

$f - s = 1.4983 - 1.5000 = -0.0017$

6.2 即期汇率　　€1 = ¥107.00

7 个月期欧元利率(%/年) 3.50 (212/360)

7 个月期日元利率(%/年) 0.35 (212/360)

(a)7 个月远期利率

$$f = 107.00 \times \frac{(1 + 0.0035 \times 212/360)}{(1 + 0.0350 \times 212/360)} = 105.06$$

(b)3 个月远期利率

$f - s = 105.06 - 107.00 = -1.94$

6.3 即期汇率 €1 = US$10.8490 0.8500

5 个月期欧元利率(%/年) 3.00 3.10 (152/360)

5 个月期美元利率(%/年) 1.90 1.95 (152/360)

客户希望买入 5 个月的远期美元。为了获得 2 个基点收益,银行的报价应是多少?

客户想要买入美元、卖出欧元。报价银行将买入欧元远期。报价银行按 0.8490 的汇率卖出欧元现货。

报价银行必须按年利率 3.14% 借入欧元,然后,按以下利率贷出美元:

$$f = 0.8490 \times \frac{(1 + 0.019 \times 152/360)}{(1 + 0.031 \times 152/360)} = 0.8448$$

为了获得 2 个点的利润,银行将使其买入汇率减少 2 个点。

汇率报价 = 0.8448 - 0.0002 = 0.8446

6.4 即期汇率 €1 = US$10.8490 0.8500

5 个月期欧元利率(%/年) 3.00 3.10 (152/360)

5 个月期美元利率(%/年) 1.90 1.95 (152/360)

客户想要卖出 5 个月的远期美元,银行希望从中获得 2 个基点收益,则银行向客户的报价应是多少?

客户想要卖出美元和买入欧元。报价银行将卖出欧元远期。

$$f = 0.8500 \times \frac{(1 + 0.0195 \times 152/360)}{(1 + 0.0300 \times 152/360)} = 0.8463$$

为了获得 2 个基点的收益,银行将使其卖出汇率增加 2 个基点。

汇率报价 = 0.8463 + 0.0002 = 0.8465

6.5

即期汇率 A$1 = US$0.5100 0.5105

2 年期澳大利亚元利率(%/年) 5.00 5.20 (每半年计息)

2 年期美元利率(%/年) 4.50 4.70 (每半年计息)

2 年期损益平衡远期买卖汇率:

买入汇率

$$f(1+0.052/2)^{2\times2}=0.5100\times(1+0.045/2)^{2\times2}$$

$$f=0.5031$$

卖出汇率

$$f(1+0.05/2)^{2\times2}=0.5105\times(1+0.047/2)^{2\times2}$$

$$f=0.5075$$

2 年期远期汇率：A$/US$0.5031/0.5075

6.6

即期汇率	€1 =	US$0.8780	0.8785
美元隔夜利率(%/年)		2.25	2.375(3/360)
欧元隔夜利率(%/年)		0.25	3.375(3/360)

求次日价格的损益平衡买入和卖出汇率，小数点后保留 5 位数字。

买入汇率

次日交割汇率$(1+0.02375\times3/360)=0.8780(1+0.0325\times3/360)$

次日交割的汇率 = 0.87806

卖出汇率

次日交割汇率$(1+0.0225\times3/360)=0.8785(1+0.03375\times3/360)$

次日交割的汇率 = 0.87858

次日交割的完全汇率€1 = US$0.87806/0.87858

6.7 某交易者完成了以下三笔交易：

美元金额	日元金额	汇率	期限
+10 000 000	−1 075 000 000	107.50	即期
−2 000 000	+210 610 000	105.30	6 个月
−5 000 000	+512 000 000	102.40	1 年

按净现值法计算交易者日元外汇净头寸和逐日盯市的汇差损益，已知市价如下：

1 年期美元利率	4.10%/年
1 年期日元利率	0.45%/年
即期汇率 US$1/¥	110.30
6 个月期美元利率(%/年)	4.20
6 个月期日元利率(%/年)	0.30
1 年期美元利率(%/年)	4.10
1 年期日元利率(%/年)	0.45

日元金额　　　　　　现值

$-1\ 075\ 000\ 000 \qquad \dfrac{-1\ 075\ 000\ 000}{1} = -1\ 075\ 000\ 000$

$+210\ 610\ 000 \qquad \dfrac{210\ 610\ 000}{1+0.003/2} = +210\ 284\ 573$

$+512\ 000\ 000 \qquad \dfrac{512\ 000\ 000}{1+0.0045} = +509\ 706\ 322$

外汇净头寸 = -355 009 105

平仓值 = 355 009 105/110.30 = US$3 218 577.56

美元金额　　　现值

$+10\ 000\ 000 \qquad +10\ 000\ 000 = +10\ 000\ 000.00$

$-2\ 000\ 000 \qquad \dfrac{-2\ 000\ 000}{1+0.042/2} = -1\ 958\ 863.86$

$-5\ 000\ 000 \qquad \dfrac{-5\ 000\ 000}{1+0.041} = -4\ 803\ 073.97$

买入值 = US$3 238 062.17

逐日盯市利润 = 买入值 - 平仓值

= 3 238 062.17 - 3 218 577.56

= US$19 484.61

6.8　求1年、2年和3年期零息票贴现系数,已知平价收益率如下:

1年　2.50%/年

2年　2.40%/年

3年　2.60%/年

$$1\text{年期贴现系数} = \frac{1.00}{1.025} = 0.975610$$

$$2\text{年期贴现系数} = \frac{1-0.024\times 0.975610}{1.024} = 0.953697$$

$$3\text{年期贴现系数} = \frac{1-0.026\times(0.975610+0.953697)}{1.026} = 0.925768$$

6.9

即期汇率	NZ$1 =	US$0.3940	0.3950
新西兰元隔夜拆借利率		4.00%	4.15%(1/365)
美元隔夜拆借利率		2.00%	2.15%(1/360)

到期次日交割的买入完全汇率和卖出完全汇率的报价。

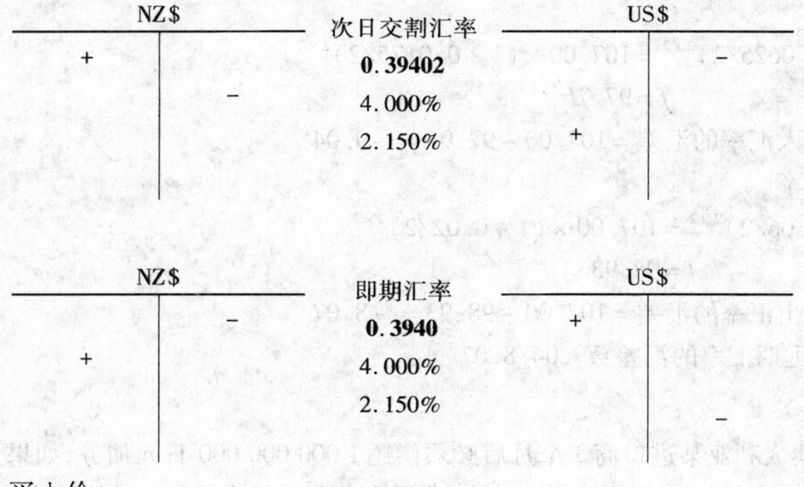

买入价

$$t(1+0.040\times 1/365)=0.3940\times(1+0.020\times 1/360)$$

$$t=0.39402$$

卖出价

$$t(1+0.0415\times 1/365)=0.3950\times(1+0.0215\times 1/360)$$

$$t=0.39502$$

次日交割完全汇率 = US$0.39402/0.39502

6.10

即期汇率　　US$1 =　¥127.00

2 年期美元拆借利率　　6.00%　　6.25%

2 年期日元拆借利率　　1.75%　　2.00%

每半年支付一次利息。

求 2 年期远期汇差损益平衡买入汇率和卖出汇率。

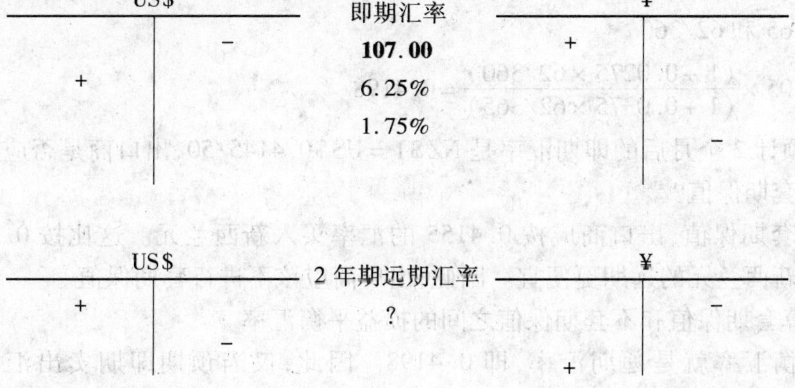

买入价

$f(1+0.0625/2)^{2\times2}=107.00\times(1+0.0175/2)^{2\times2}$

$f=97.76$

远期买入汇率的汇差 $=107.00-97.96=-9.04$

卖出汇率

$f(1+0.06/2)^{2\times2}=107.00\times(1+0.02/2)^{2\times2}$

$f=98.93$

远期卖出汇率的汇差 $=107.00-98.93=-8.07$

2 年期远期汇率的汇差:¥9.04/8.07

第 7 章

7.1 澳大利亚某进口商 3 个月后必须偿还 1 000 000 000 日元债务,如果预计到期时即期汇率是 A$1 =¥65.20/65.30,求用澳大利亚元购买日元的换汇成本。

澳大利亚元的成本 $=\dfrac{1\ 000\ 000\ 000}{65.20}=$ A$15 337 423.31

7.2 新西兰某出口商 2 个月后应收到 4 560 000 美元。该出口商考虑,一种做法是不对剩余的时间进行套期保值,而在收到货款后按即期汇率卖出美元;另一种做法是通过卖出美元收入远期来套期保值。

即期汇率	NZ$1 =	US$0.4200	0.4205
2 个月期新西兰元利率		3.75	3.85%/年(62/365)
2 个月期美元利率		2.65	2.75%/年(62/360)

(1)计算出口商套期保值采用的远期汇率。

远期卖出汇率

$s=0.4205$ 银行买入新西兰元即期,以抵补其对出口商的远期卖出

$r_C=3.75\%$ 银行按市场拆入利率贷出新西兰元

$r_T=2.75\%$ 银行按市场拆出利率借入美元

$t=62/365$ 和 $62/360$

$$f=0.4205\times\frac{(1+0.0275\times62/360)}{(1+0.0375\times62/365)}=0.4198$$

(2)若预计 2 个月后的即期汇率是 NZ$1 = US$0.4145/50,出口商是否应该对剩余的时间套期保值?

如果不套期保值,出口商应按 0.4155 的汇率买入新西兰元。这比按 0.4198 的汇率买入新西兰元的远期更便宜。因此,出口商应该不进行套期保值。

(3)计算套期保值和不套期保值之间的损益平衡汇率。

损益平衡汇率就是远期汇率,即 0.4198。因此,仅当预期即期卖出汇率在

0.4198 以上时,出口商应该按 0.4198 的汇率买入新西兰元的远期。

7.3 印度尼西亚某出口商预计 5 个月后收到 4 000 000 美元货款。

即期汇率 USD/IDR	10 200	10 400
5 个月期美元利率(%/年)	2.50	2.60 (150/360)
5 个月期印尼卢比利率(%/年)	25.00	26.00 (150/360)

(1)出口商可按什么汇率对美元应收款进行套期保值?

出口商应按远期买入汇率卖出美元

$$f = 10\ 200 \times \frac{(1 + 0.025 \times 150/360)}{(1 + 0.26 \times 150/360)}$$

$$= 11\ 141.80$$

(2)如果进行套期保值,出口商将兑换到多少卢比?

套期保值后的卢比收入 = 4 000 000 × 11 141.80

= 44 567 200 000

(3)如果出口商选择不套期保值,且 5 个月结束时的即期汇率是 10 600/10 700,出口商将收到多少卢比?

不套期保值的卢比收入 = 4 000 000 × 10 600

= 42 400 000 000

7.4 澳大利亚某出口商 1 年后将收到 5 000 000 美元。

即期汇率　　A$1 = US$0.5720/0.5725

1 年期远期汇差　　50/45

(1)如果进行套期保值,澳大利亚元收入是多少?

出口商按完全卖出汇率卖出美元与买入澳大利亚元:

$$\begin{array}{r} 0.5725 \\ -0.0045 \\ \hline 0.5680 \end{array}$$

澳大利亚元收入 $= \dfrac{5\ 000\ 000}{0.5680}$ = A$8 802 816.90

(2)如果 1 年后的即期汇率是 A$1 = US$0.5625/30,且进行套期保值,澳大利亚元收入将是多少?

不套期保值的澳大利亚元收入 $= \dfrac{5\ 000\ 000}{0.5630}$ = A$8 880 994.67

(3)对于出口商来说,是采取套期保值还是不套期保值,哪种方式更为有利?

在这种情况下,如果出口商不进行套期保值,澳大利亚元的收入反而更多。

7.5 某公司今后 9 个月需要 8 000 000 美元,考虑以下两种选择:

1. 在国内市场上借入美元,利率为 3.50%/年(272/360)。

2. 借入欧元，利息成本为4.00%/年(272/360)。

(1)若借款时的即期汇率是€ 1 = US $0.8650，偿还本金和利息时是€ 1 = US $ 0.8540，求借款的实际成本。

$$0.8540 = 0.8650 \times \frac{(1 + r \times 272/36)}{(1 + 0.04 \times 272/360)}$$

$r = 2.27\%$/年

(2)哪种选择的成本更低？

不进行套期保值，按年利率2.27%借入欧元比按年利率3.50%借入美元的成本更低。

7.6 泰国某借款人必须在借入泰铢或美元之间做出选择，条件如下：.

即期汇率	US $1 =	THB 35.7020	35.7030
3个月期美元利率(%/年)		3.10	3.20 (90/360)
3个月期泰铢利率(%/年)		15.50	15.75 (90/360)

计算直接借入泰铢与借入美元并不进行套期保值之间的损益平衡汇率。

借款者可以先按年利率15.75%借入泰铢，或按年利率3.20%借入美元，然后按35.7020的汇率卖出美元现货，获得泰铢。

$$\text{损益平衡汇率 } 35.7020 \times \frac{(1 + 0.1575 \times 90/360)}{(1 + 0.0320 \times 90/360)} = 36.8133$$

若即期汇率保持在36.8133以下，对借款者来说，借入美元的成本更低；若到期时即期汇率高于36.8133，对借款者来说，借入美元的成本则更高。

7.7 不套期保值的外币投资

某基金经理持有6个月期的美元投资。

即期汇率

US $1 = ¥120.00

£1 = US $1.5000

基金经理考虑如下三种选择：

1. 按年利率2.50%直接投资美元。

2. 卖出美元买入日元，不套期保值，按日元年利率0.50%进行投资。

3. 卖出美元买入英镑，不套期保值，按英镑年利率3.20%进行投资。

(1)若到期时即期汇率为US $1 = ¥120.00和£1 = US $1.4850，计算在不套期保值情况下的日元和英镑投资的实际收益率。

1. 投资美元 y_1 =	2.50%
2. 卖出美元(买入日元)的汇率	120.00
投资日元的收益率	0.50%
6个月后买入美元的汇率	120.00

$$120\times\frac{(1+0.005\times6/12)}{(1+y/100\times6/12)}=120$$

$$y_2=0.50\%/年$$

3. 买入英镑(卖出美元)的汇率　1.500

投资英镑收益率　3.20%

6个月后卖出英镑的汇率　1.4850

$$1.5000\times\frac{(1+y/100\times6/12)}{(1+0.032\times6/12)}=1.4850$$

$$y_3=1.17\%/年$$

(2)哪种选择的投资收益率更高?

投资美元的收益率更高,年收益率为2.50%。

7.8　不套期保值投资的损益平衡汇率

即期汇率　US$1 = ¥116.50　116.60

6个月期美元利率(%/年)　2.00　2.25 (181/360)

6个月期日元利率(%/年)　0.10　0.20 (181/360)

某基金经理持有6个月期美元投资

(1)如果基金经理选择用美元购买日元,进行离岸投资,未来损益平衡的即期汇率是多少?

卖出美元现货、买入日元的汇率　116.50

6个月期日元投资的收益率　0.10%

可选择的美元收益率　2.00%

$$损益平衡汇率=116.50\times\frac{(1+0.001\times181/360)}{(1+0.02\times181/360)}$$

$$=115.39$$

(2)若日元投资到期时的即期汇率为US$1 = ¥113.30/113.40,求实际收益率。

到期时投资者需要按113.40的汇率买入美元和卖出日元。设y = 实际收益率,则:

$$116.50\times\frac{(1+0.001\times181/360)}{(1+y\times181/360)}=113.40$$

$$y=5.54\%/年$$

7.9　某货币市场经理考虑用马来西亚林吉特进行投资,以获得更高的收益率。目前,林吉特实行固定汇率制,即期汇率为US$/M$3.8000。如果货币市场经理可以做一笔3个月期的林吉特存款,固定存款利率为8.50%/年。假定存款到期时已停止实行盯住汇率制,即期汇率为4.0000/4.0100,以美元计价的实际收益率是多少?

$$3.8000 \times \frac{(1+0.085 \times 3/12)}{(1+r \times 3/12)} = 4.0100$$

$$r = -12.89\%/\text{年}$$

林吉特对美元汇率的下跌，大大抵销了林吉特投资利率高于美元利率的收益。

7.10 澳大利亚某出口商在今后3年中每季度将收到3 000 000美元的收入，他可以分别进行12次远期外汇交易，按不同的远期汇率卖出5 000 000美元、买入澳大利亚元，以对外汇风险进行套期保值。

根据即期汇率A$1 = US$0.5205和相应利率，适用的远期汇率和零息票贴现系数如下：

年	远期汇率	美元现金流	澳大利亚元现金流	零息票贴现系数
0.25	0.5177	5 000 000.00	9 658 103.15	0.9895
0.50	0.5151	5 000 000.00	9 706 853.04	0.9792
0.70	0.5128	5 000 000.00	9 750 390.02	0.9688
1.00	0.5108	5 000 000.00	9 788 566.95	0.9586
1.25	0.5099	5 000 000.00	9 806 805.22	0.9476
1.50	0.5089	5 000 000.00	9 825 112.99	0.9370
1.75	0.5080	5 000 000.00	9 843 488.53	0.9266
2.00	0.5070	5 000 000.00	9 861 932.94	0.9163
2.25	0.5057	5 000 000.00	9 886 796.18	0.9051
2.50	0.5045	5 000 000.00	9 911 785.11	0.8918
2.75	0.5032	5 000 000.00	9 936 900.68	0.8806
3.00	0.5019	5 000 000.00	9 962 143.85	0.8673

平价远期汇率是澳大利亚元现金流的净现值与12笔独立的远期交易的净现值相同的汇率。

如果平价远期汇率的第一个预计值是0.5088，远期汇率的平均值为：

年	美元	按远期汇率计算的澳大利亚元	现值（远期）	按平价远期汇率计算的澳大利亚元	现值（平价远期）
0.25	5 000 000.00	9 658 103.15	9 556 693.07	9 827 044.03	9 723 860.06
0.50	5 000 000.00	9 706 853.04	9 504 950.50	9 827 044.03	9 622 641.51
0.75	5 000 000.00	9 750 390.02	9 446 177.85	9 827 044.03	9 520 440.25
1.00	5 000 000.00	9 788 566.95	9 383 320.28	9 827 044.03	9 420 204 40
1.25	5 000 000.00	9 806 805.92	9 292 929.29	9 827 044.03	9 312 106.92
1.50	5 000 000.00	9 825 112.99	9 206 130.87	9 827 044.03	9 207 940 25
1.75	5 000 000.00	9 843 488.53	9 120 976.47	9 827 044.03	9 105 738 99
2.00	5 000 000.00	9 861 932.94	9 036 489.15	9 827 044.03	9 004 520 44
2.25	5 000 000.00	9 886 796.18	8 948 539.23	9 827 044.03	8 894 457 55
2.50	5 000 000.00	9 911 785.11	8 839 329.96	9 827 044.03	8 763 757 86
2.75	5 000 000.00	9 936 900.68	8 750 434.74	9 827 044.03	8 653 694.97
3.00	5 000 000.00	9 962 143.85	8 640 167.36	9 827 044.03	8 522 995.28
合计			109 726 138.77		109 752 358.49

若平均远期汇率为0.5088，平均远期的净现值将大于12笔独立远期交易的净现值，这就是说，损益平衡的平价远期汇率比0.5088更糟糕(即更高)。

$$损益平衡的平价远期汇率 = 0.5088 \times \frac{109\ 752\ 358.49}{109\ 726\ 138.77} = 0.5089$$

第8章

8.1

即期汇率　　US$1 = 　¥121.30　　121.35

1年期掉期利率　　　　5.17　　　5.01

(1)客户能够买入日元的1年期远期完全汇率是多少？

客户可以按买入汇率卖出美元。

完全买入汇率 = 121.30 - 5.17 = 116.13

(2)在纯互换交易中，客户买入美元1年远期和卖出美元现汇的收益或成本是多少？

客户卖出美元现货的汇率　　　121.32

客户买入1年期美元的汇率　　　116.31

客户的互换收益 = 银行的互换成本 = 5.01

(3)如果进行工程式互换，客户买入美元1年远期和卖出美元现汇，互换汇率应是多少？

客户卖出美元现货的汇率　　　121.30

客户买入1年期美元的汇率　　　116.34

客户的互换收益 = 银行的互换成本 = 4.96

8.2

即期汇率　US$1 = 　SF 1.2735　　1.274

1个月互换汇率　　　0.0030　0.0025

(1)1个月期完全买入汇率是多少？

完全买入汇率 = 1.2735 - 0.0030 = 1.2705

(2)1个月期完全卖出汇率是多少？

完全卖出汇率 = 1.2740 - 0.0025 = 1.2715

客户希望买入美元现货和卖出1个月期的美元远期。

(3)客户进行工程式互换交易的收益或成本是多少？

客户将按1.2740的汇率买入美元，按1.2705的汇率卖出美元远期。

客户的工程式互换成本 = 1.2740 - 1.2705 = 0.0035。

(4)如果基于即期汇率1.2740进行纯互换交易，其收益或成本是多少？

客户的纯互换成本 = 1.2740 - 1.2710 = 0.0030

8.3 某公司需要借入新加坡元,期限1年。

即期汇率	US$1 =	S$1.7500
1年期远期汇率	US$1 =	S$1.7320
1年期美元利率(%/年)		3.25

计算该公司通过互换获得1年期新加坡元贷款的实际成本。

$$1.7500 \times \frac{(1+r)}{(1+0.0325)} = 1.7320$$

$$r = 2.19\%/年$$

8.4 某美国公司要借入加拿大元,期限6个月。

即期汇率	US$1 =	C$1.3540	1.3550
6个月期美元利率(%)		5.50	5.75(180/360)
6个月期加拿大元利率(%)		8.00	8.50(180/360)
6个月期互换汇率		148	168

直接借入加拿大元,或者借入美元再互换成加拿大元,哪种借款方式的成本更低?

直接借入加拿大元的成本(%/年) 8.50

借入美元的成本(%/年) 5.75

将美元与加拿大元进行互换:

卖出美元现货的汇率 1.3545

买入6个月期美元的汇率为1.3545 + 0.0168 = 1.3713

设 c = 实际成本,则:

$$1.3545 \times \frac{(1 + c \times 6/12)}{(1 + 0.0575 \times 6/12)} = 1.3713$$

$$c = 8.30\%/年$$

通过互换筹集加拿大元的成本将更低。

8.5 某基金经理持有欧元,要进行3个月的投资,经考虑可以作出以下两种选择:

1. 按年利率3.5%直接投资欧元;
2. 通过掉期将欧元换成美元,然后投资美元。

假定市场现行汇率、利率如下,该基金经理哪种选择的实际收益率更高?

即期汇率	€1 =	US$0.8860	
3个月期美元利率(%/年)		3.00	3.25×(90/360)
3个月期掉期汇率		11	10

用欧元直接投资获得的利息要缴纳10%的预扣所得税。

欧元直接投资的税后收益率 = 3.50 × (1 − 0.1) = 3.15%/年

可以选择的做法是，将欧元与美元进行掉期(按0.8860的汇率卖出欧元现货，按0.8850的汇率买入欧元远期)，同时按年利率3.00%贷出美元。设 y = 掉期的实际收益率，则：

$$0.8850 = 0.8860 \times \frac{(1 + 0.03 \times 90/360)}{(1 + y \times 90/360)}$$

$$y = 3.46\%/\text{年}$$

通过掉期的投资将获得更高的收益率，因为可以避免缴纳预扣所得税。

8.6 市场汇率、利率如下：

5个月期美元利率(%/年)	3.25	3.35	(153/360)
5个月期日元利率(%/年)	0.20	0.30	(153/360)
即期汇率　　US$1 =	¥ 123.40	123.50	
5个月期掉期汇率	-1.63	-1.53	
5个月期完全远期汇率 US$1 =	¥ **121.77**	121.97	

某客户下午给银行打电话，询问卖出5个月美元远期的汇率。银行希望获得2个基点的收益，因此，报出的远期买入汇率为US$1 = ¥121.75。客户同意交易，卖给了银行10 000 000美元。于是，银行持有10 000 000美元的多头与1 217 500 000日元的空头，而且，在5个月后的到期日，现金流不匹配。

请用T型账户表示银行如何进行现汇交易和掉期才能对其外汇头寸进行套期保值。银行获得的收益是多少？

US$		即期	¥	
	-10 000 000.00	**123.40**	**1 234 000 000**	
10 000 000.00		**123.40**		**-1 234 000 000**
10 000 000.00	-10 000 000.00		1 234 000 000	1 234 000 000

US$		5个月期	¥	
10 000 000.00		**121.75**		**-1 217 500 00**
	-10 000 000.00	**121.77**	**1 217 700 000**	
		利润		**200 000**
10 000 000.00	10 000 000.00		1 217 700 000	1 217 700 000

2个点的利润等于5个月后应收200 000日元。

8.7 为了对预计的美元利息支付额进行套期保值，3个月前，某日本进口商买入3个月10 000 000美元远期，完全汇率为130.00日元。初始远期合约到期日为2天，也就是即期交割日。由于货船延期，进口商不必在下一个月支付美元利息。假定目前银行间市场的利率、汇率如下：

即期汇率　　US$1 =　　¥125.00 125.05

1 个月期美元利率(%)　　3.15　3.25(30/360)

1 个月期日元利率(%)　　0.20　0.25(30/360)

1 个月期掉期汇率　　29　31

计算采用历史汇率进行展期的损益平衡的远期汇率。

进口商需要卖出 10 000 000 美元现货,买入 1 个月期的 10 000 000 美元远期。如果采用市场汇率进行交易,远期交易的汇率为 125.00 - 0.31 = 124.69。进口商需要借入 50 000 000 日元,期限 1 年,年利率 0.25%,以抵补即期到期日出现的现金短缺。因此,展期的历史汇率为:

$$\frac{1\ 296\ 910\ 417}{10\ 000\ 000} = 129.69$$

如现金流图中进口商部分所示。

按市场汇率计算的银行现金流

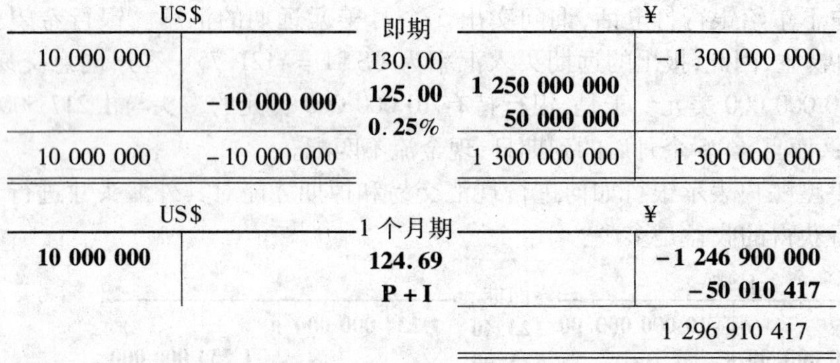

进口商的银行现金流

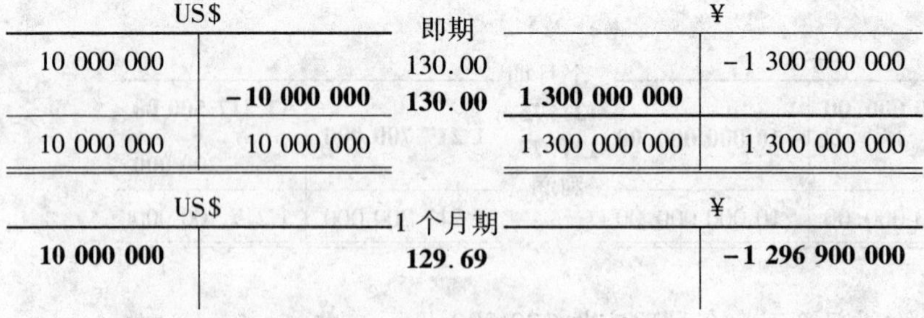

8.8　已知即期汇率 US$1 = ¥123.56/123.61

今天是 5 月 24 日,星期五。即期交割日是 5 月 28 日,星期二。

掉期汇率

O/N 隔夜掉期汇率	2.0/1.9
T/N 次日掉期汇率	0.4/0.3
S/W 周掉期汇率	7.0/6.0

24 25 26 27 28 29 30 31 1 2 3 4

当日 次日 即期 1周

(1)客户在交割当日(5 月 24 日)能够买入美元的完全汇率是多少?

交割当日的完全卖出汇率 = 123.61 + 0.02 + 0.004 = 123.634

(2)采用纯掉期时,交割当日买入美元和卖出 6 月 4 日交割的美元,客户能采用的掉期汇率是多少?

从今天至 1 周的掉期买入汇率 = 2.0 + 0.4 + 7.0 = 9.4 点

例如,如果客户可以按 123.60 的汇率买入美元现货,那么,在 6 月 4 日交割的美元卖出汇率为:123.60 - 0.094 = 123.506。

第 9 章

9.1 美元利率高于日元利率,因此,互换汇率曲线是负的。下个月之后,预计美元利率将上升,日元利率不变,预计美元对日元的汇率将升值。

	现行汇率		**预计汇率(从现在起的 1 个月)**	
期限(月)	掉期汇率	汇率	掉期汇率	汇率
即期		123.00		125.00
1	-0.20	**122.80**	-0.25	124.75
2	-0.40	122.60	-0.50	**124.50**
3	-0.60	**122.40**	-0.75	124.25

(1)为了利用利率的预期波动,应当开始怎样的错开配置(3 个月对 1 个月)?

买入 1 个月期的美元汇率	122.80	20 个点的利润
卖出 3 个月期的美元汇率	122.40	60 个点的成本
开始错配的成本	0.40	40 个点的净成本

(2)假设错开配置结束时,2 个月期的日元利率为 0.30%/年,如果利率发生了预计的波动,本金为 1 000 000 美元的错开配置将产生多少利润?

一个月后

US$		即期	¥	
1 000 000		122.80		122 800 000
	-1 000 000	**125.00** **0.30%**	**+125 000 000**	**-2 200 000**
1 000 000	1 000 000		125 000 000	125 000 000

US$		2 个月期	¥	
	1 000 000	122.40	122 400 000	
+1 000 000		**124.50**		**−124 500 000**
		利润	**+2 201 100**	
				101 100
1 000 000	1 000 000		125 400 000	124 500 000

利润 = ¥101 100 = US$812.05(汇率 124.50)

利润计算如下:

结束错配的收益 − 开始错配的成本 + 放贷 2 个月的利息 = ¥500 000 − 400 000 + ¥1 100 = ¥101 100

第 10 章

10.1 某银行卖出欧元看跌期权/美元看涨期权,面值为 1 000 欧元,履约价格为€1 = US$0.9000,期限为 4 个月,期权费为面值的 2.00%。

(1)若现行的即期汇率为€1 = US$0.9100,计算以美元计价的期权费。

期权费 = 10 000 000 × 0.02 × 0.9100 = US$182 000

(2)若期权到期时的即期汇率变为€1 = US$0.8950,计算期权支付额。

支付额 = 10 000 000 × (0.9100 − 0.8950) = US$150 000

(3)已知美元 4 个月期的利率为 3.00%/年(120/360),在期权费未来值条件下,要使到期时实现损益平衡,到期时的即期汇率应该是多少?

未来值(期权费) = 182 000 × (1 + 0.03 × 120/360) = US$183 820

$b = 0.8916$

若 b = 损益平衡汇率,则

$10\ 000\ 000 \times (0.9100 - b) = 183\ 820$

$b = 0.8916$

10.2 采用三步的二叉树模型,计算 3 个月期的美元看涨期权/新加坡元看跌期权的期权费,已知:

即期汇率	s = 1.7000
远期汇率	f = 1.6940
履约价格	k = 1.7100
面值(美元)	1 000 000
3 个月期美元利率(%/年)	3.0% (90/360)
3 个月期新加坡元利率(%/年)	1.6% (90/360)
波动率	每个月漂移 +/− 0.0200 新加坡元

漂移值 = (1.6940 − 1.7000)/3 = −0.0020

今天	1个月期	2个月期	3个月期	支付额	概率	支付额的期望值
			1.7540	0.0400	1/8	0.0055
		1.7360				
	1.7180		1.7140	0.0040	3/8	0.0015
1.7000		1.6960				
	1.6780		1.6740	0	3/8	0.0000
		1.6560				
			1.6340	0	1/8	0.0000
						0.0070

期权费 = 0.0070/(1 + 0.016 × 90/360) = S$0.006972/美元

= S$6 972/US$1 000 000

10.3 在下列价格条件下,确定是否存在套利机会。明确地说明,为了通过套利获得利润,需要采取什么措施。若面值为 10 000 000 欧元,计算可能获得的利润。

即期汇率	£1 =	US$1.7000
1 年期远期汇率	£1 =	US$1.6950
1 年期英镑看涨期权费(k = 1.7200)		US$0.0230
1 年期英镑看跌期权费(k = 1.7200)		US$0.0480
1 年期美元利率(%/年)		4.0 (360/360)

$PV(F-K) = (1.6950 - 1.7200)/(1 + 0.04) = -US0.0240

$c - p = 0.0230 - 0.0480 = -US0.0250

为了获得利润:支付 240 个点,收到 250 个点。

卖出履约价格为 1.72 的看跌期权和买入履约价格为 1.72 的看涨期权

= 买入英镑远期,汇率为	1.7200
卖出英镑远期,汇率为	1.6950
损失	0.0250
损失的未来值 =	0.0240
净期权费	0.0250
利润	0.0010 欧元/英镑

10.4 (1)用布莱克—斯科尔斯变形模型计算欧式美元看涨期权的期权费,履约价格为 105.00 日元,已知:

即期汇率	US$/¥110.00
预期波动率(%/年)	15
期限	3 个月 (90/360)
美元利率(%/年)	6.50(90/360)

日元利率(%/年)　　　1.00 (90/360)

隐含远期汇率　　　US$/¥108.55

$$c = Se^{-yt}N(d_1) - Ke^{-rt}N(d_2)$$

$$d_1 = \frac{\ln(S/K) + \left(r - y + \frac{1}{2}\sigma^2\right)t}{\sigma\sqrt{t}}$$

$$d_2 = \frac{\ln(S/K) + \left(r - y - \frac{1}{2}\sigma^2\right)t}{\sigma\sqrt{t}} = d_1 - \sigma\sqrt{t}$$

从附录的累积标准正态分布表中查知:

$$\sigma\sqrt{t} = 0.15 \times \sqrt{1/4} = 0.075$$

$$r = \ln(1 + 0.01) \times 1 = 0.00995$$

$$y = \ln(1 + 0.065) \times 1 = 0.062975$$

$$e^{-rt} = 0.997516$$

$$e^{-yt} = 0.984380$$

$$\ln(S/K) = \ln(110/105) = 0.046520$$

$$(r - y + 1/2\sigma^2)t = (0.00995 - 0.062975 + 0.5(0.15)^2 \times 0.25 = -0.010444$$

$$d_1 = (0.046520 - 0.010444)/0.075 = 0.4810$$

$$d_2 = 0.481017 - 0.075 = 0.4060$$

$$N(d_1) = 0.6844 + 0.1 \times (0.6879 - 0.6844) = 0.68475$$

$$N(d_2) = 0.6554 + 0.6 \times (0.6591 - 0.6554) = 0.65762$$

$$c = 110 \times 0.984380 \times 0.68475 - 105 \times 0.997516 \times 0.65762$$

$$= 74.15 - 68.88$$

$$= 5.27$$

(2)使用布莱克模型:

$$c = e^{-rt}[FN(d_1) - KN(d_2)]$$

$$d_1 = \frac{\ln(F/K) + 1/2\sigma^2 t}{\sigma\sqrt{t}}$$

$$d_2 = d_1 - \sigma\sqrt{t}$$

计算期权费,条件与(1)相同:

$\sigma\sqrt{t} = 0.15 \times \sqrt{1/4} = 0.075$

$r = \ln(1+0.01) \times 1 = 0.00995$

$e^{-rt} = 0.997516$

$\ln(F/K) = \ln(108.55/105) = 0.033251$

$1/2\sigma^2 t = 0.5(0.15)^2 \times 0.25 = 0.002813$

$d_1 = (0.033251 + 0.002813)/0.075 = 0.4810$

$d_2 = 0.481017 - 0.075 = 0.4060$

$N(d_1) = 0.6844 + 0.1 \times (0.6879 - 0.6844) = 0.68475$

$N(d_2) = 0.6554 + 0.6 \times (0.6591 - 0.6554) = 0.65762$

$c = 0.997156 \times (108.55 \times 0.68475 - 105 \times 0.65762)$

$= 5.27$　与(1)相同

(3)用看跌期权与看涨期权平价关系式计算看跌期权的期权费,履约价格为105.00。其他数据与(1)相同。

$p = c - (F - K)e^{-rt}$

$= 5.27 - (108.55 - 105.00) \times 0.997516 = 1.73$

第11章

11.1　某出口面临与【例11-2】相同的风险敞口,持有分享式双限期权,以对应收欧元进行套期保值。出口商买入欧元看跌期权/美元看涨期权,履约价格均为0.8762,面值1 000 000欧元,期权费为1.0%,同时卖出欧元看涨期权/美元看跌期权,履约价格为0.9000欧元,面值为600 000,期权费1.84%。

(1)计算以美元计价的应付净期权费的未来值。

应付净期权费 = 1 000 000 × 0.01 − 600 000 × 0.0184 = € 1 040

注:已收期权费 > 已付期权费

应收净期权费 = € 1 040 = US$936

未来值(应收净期权费) = 936 × (1 + 0.03 × 90/360) = US$943.02

(2)计算卖出1 000 000欧元的美元收入,若到期时的即期汇率如下:

(i) 0.8662

收入 = 1 000 000 × 0.8762 + 943.62 = US$877 143.62

(ii) 0.8862

收入 = 1 000 000 × 0.8862 + 943.62 = US$887 143.62

(iii) 0.9062

收入 = 600 000 × 0.9000 + 400 000 × 0.9062 + 943.62 = US$903 423.62

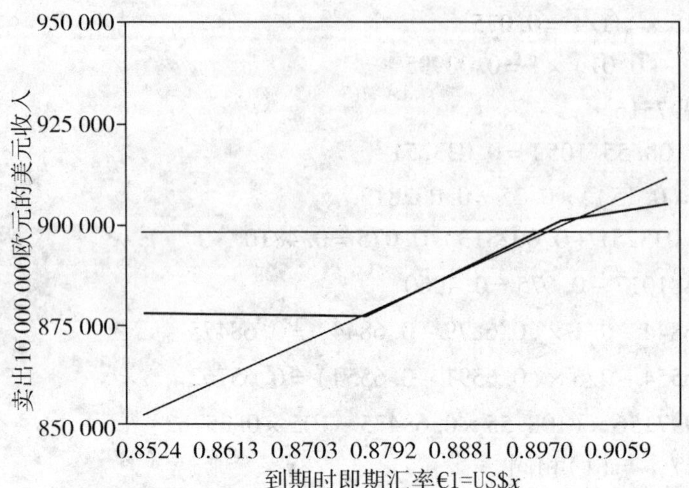

11.2 某外币借款者持有与【例 11-3】相同的风险敞口,构建了个分享式期权,以对瑞士法郎债务进行套期保值。借款者买入美元看跌期权/瑞士法郎看涨期权,面值 25 395 300 瑞士法郎,履约价格 1.2300,期权费 3.0%,同时卖出美元看涨期权/瑞士法郎看跌期权,面值 12 697 650 瑞士法郎,履约价格 1.2300,期权费 2.4%。

(1)计算以美元计价的应付净期权费的未来值。

$$看跌期权的期权费 = \frac{25\ 395\ 300}{1.2500} \times 0.03 = US\$609\ 487.20$$

$$看涨期权的期权费 = \frac{12\ 679\ 650}{1.2500} \times 0.024 = \underline{US\$243\ 794.88}$$

$$应付净期权 = \underline{\underline{US\$365\ 692.32}}$$

未来值(净期权费)= 365 692.32 ×(1 + 0.05/2)= US$374 834.63

(2)计算偿还瑞士法郎贷款本息的美元成本,若到期时即期汇率如下:

(i) 1.2000

执行看跌期权,看涨期权失效。

$$成本 = \frac{25\ 395\ 300}{1.2300} + 374\ 834.63 = US\$21\ 021\ 420.00$$

(ii) 1.2400

看跌期权失效,执行看涨期权。

$$成本 = \frac{12\ 697\ 650}{1.2300} + \frac{12\ 697\ 650}{1.2400} + 374\ 834.63 = US\$20\ 938\ 167.63$$

(iii) 1.3000

看跌期权失效,执行看涨期权。

$$成本=\frac{12\ 697\ 650}{1.2300}+\frac{12\ 697\ 650}{1.3000}+374\ 834.63=US\$20\ 465\ 550.39$$

(3)计算瑞士法郎贷款的实际年借款成本率,若到期时即期汇率如下:

$$实际借款成本=\frac{美元成本-20\ 000\ 000}{20\ 000\ 000}\times 200$$

(i)1.2000: $=\frac{21\ 021\ 420-20\ 000\ 000}{20\ 000\ 000}\times 200=10.21\%/年$

(ii)1.2400: $=\frac{20\ 938\ 167.63-20\ 000\ 000}{20\ 000\ 000}\times 200=9.38\%/年$

(iii)1.300: $=\frac{20\ 465\ 550.39-20\ 000\ 000}{20\ 000\ 000}\times 200=4.66\%/年$

11.3 某基金经理持有与【例11-5】相同的风险敞口,采用双限期权交易策略,即买入美元看涨期权,面值1 111 152 778日元,履约价格110.00,期权费3.25%,同时卖出美元看跌期权,面值为777 806 945日元,履约价格109.00,期权费2.00%。

$$\begin{aligned}净期权费&=777\ 806\ 945\times 0.02-1\ 111\ 152\ 778\times 0.0325\\&=¥20\ 556\ 326\\&=US\$186\ 875.69\end{aligned}$$

$$未来值(净期权费)=186\ 875.69\times\left(1+0.05\times\frac{365}{360}\right)=US\$196\ 349.26$$

(1)计算实际收益率,若到期时即期汇率如下:

$$实际收益率=\frac{美元收入-10\ 000\ 000}{10\ 000\ 000}\times\frac{365}{360}$$

(i)100.00,看涨期权失效,执行看跌期权。

$$\begin{aligned}美元收入&=\frac{777\ 806\ 945}{109.00}+\frac{333\ 345\ 833}{100}-196\ 349.26\\&=US\$10\ 272\ 952.60\end{aligned}$$

实际收益率=2.77%/年

(ii)110.00,看涨期权和看跌期权都失效。

$$美元收入=\frac{1\ 111\ 152\ 778}{110.00}-196\ 349.26=US\$9\ 905\ 039.63$$

实际收益率=-0.95%/年

(iii)120.00,执行看涨期权,看跌期权失效。

$$美元收入=\frac{1\ 111\ 152\ 778}{110.00}-196\ 349.26=US\$9\ 905\ 039.63$$

实际收益率=-0.95%/年

(2)若到期时即期汇率为 114.00,计算下述情形下的实际年收益率:

实际收益率 = -0.95%/年(再次出现)

(i)不套期保值

美元收入 $= \frac{1\ 111\ 152.778}{114.00} =$ US$9 746 954.19

实际收益率 = -2.53%/年

(ii)投资于美元

实际收益率 $= 0.05 \times 365/360 = 5.07\%$/年

(iii)用买入美元看涨期权(履约价格 110.00)进行套期保值

美元收入 $= \frac{1\ 111\ 152\ 778}{110.00} - 344\ 937.88 =$ US$9 756 451.01

实际收益率 = -2.40%/年

如果投资者投资于美元,当到期时即期汇率为 114.00 时,将会得到最佳投资效益。

11.4 加倍卖出交易策略(2 for 1 strategy),是指为了对标的风险套期保值,买入所需要的期权,同时卖出反向期权(看涨期权或看跌期权),面值相当于买入期权的两倍,采用此种方法一般可以收到足够的期权费,使净期权费为零。

1 个月之前,某外汇交易者按 4 个月期的远期汇率 1.4800 用美元买入 10 000 000 英镑。自从那时起,即期汇率上升到 1.5150,现在,3 个月期的远期汇率为1.5100,3 个月期 (90/360) 的美元利率为 3.00%/年。

交易者考虑买入英镑看跌期权,面值 10 000 000 英镑,履约价格 1.5100,期权费 2.0%,同时卖出英镑看涨期权,面值为买入期权的两倍,20 000 000 英镑,履约价格 1.5200, 期权费 1.0%。

(1)计算以美元计价的净期权费的未来值。

净期权费 $= 10\ 000\ 000 \times 0.02 - 20\ 000\ 000 \times 0.01 = 0$

(2)计算所得利润,若到期时即期汇率如下:

按 1.4800 汇率买入 10 000 000 英镑的美元成本 = US$14 800 000

未来值(14 800 000 美元) $= 14\ 800\ 000 \times (1 + 0.03 \times 3/12) =$ US$14 911 000

这假设英镑的短期利率大约为 3.00%/年。

利润 = 按加倍策略卖出 10 000 000 英镑的收入 = 14 911 000

(i)1.4500:执行看跌期权,看涨期权失效。

收入 $= 10\ 000\ 000 \times 1.5100 =$ US$15 100 000

利润 $= 15\ 400\ 000 - 14\ 911\ 000 =$ US$189 000

(ii)1.5000:执行看跌期权,看涨期权失效。

收入 $= 10\ 000\ 000 \times 1.5100 =$ US$15 100 000

利润 = 15 100 000 − 14 911 000 = US$189 000

(iii)1.5500:看跌期权失效,执行看涨期权。

交易者按 1.5200 的汇率卖出 20 000 000 英镑:

美元收入 = US$30 400 000

交易者需要按 1.5500 的汇率买入 10 000 000 英镑:

美元成本 = US$15 500 000

利润 = 30 400 000 − 15 500 000 − 14 911 000 = US$11 000

(3)绘制利润曲线图,以说明到期时各种可能的不同汇率下的利润情形。

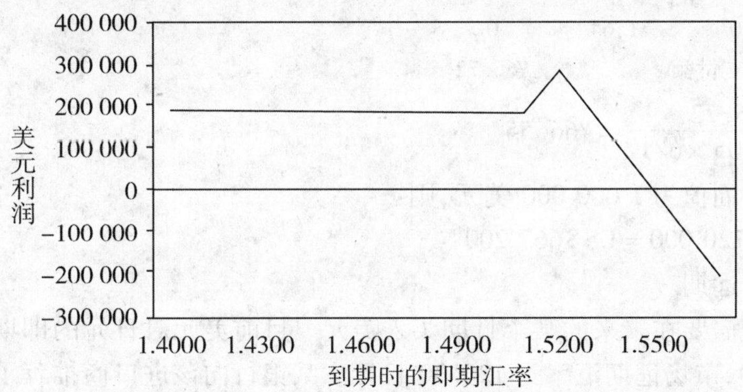

第 12 章

12.1 某个期权的约定是,如果在 90 天内澳大利亚元对美元的即期汇率低于 0.5300,将支付 1 000 000 美元,请计算该期权的期权费,已知条件如下:

现行即期汇率 A$/US$	0.5540
3 个月 LIBOR(%/年)	3.25 (90/360)
即期汇率低于 0.5300 的预计概率(%)	24

数值式期权的期权费 $= \dfrac{A[1 - N(d_2)]}{1 + rt}$

这里:

$A = \text{US\$}1\,000\,000$

$1 - N(d_2) = 0.24$

$r = 0.0325$

$t = 90/360$

$$\text{期权费} = \frac{1\,000\,000 \times 0.24}{1 + 0.0325 \times 90/360} = \text{US\$}236\,162.36$$

12.2 幂期权

假设某个看涨期权的二叉树如范例 10-3 所示,其支付额等于$(X - 105.00)^3$,

计算该期权的期权费。6 个月期的日元利率为 0.50%/年,现行美元对日元的即期汇率为 US$1 =¥100.00。

即期汇率	支付额	概率	预计支付额
118	13^3 =1 197	1/64	¥34.33
112	7^3 =343	6/64	¥32.16
106	1^3 =1	15/64	¥0.23
100	0	20/64	0
94	0	15/64	0
88	0	6/64	0
82	0	1/64	0
	预计支付额		¥66.72

期权费$\frac{66.72}{1+0.005\times6/12}$=¥66.55

如果幂期权的面值为 1 000 000 美元,则:

期权费 =¥66 720 000 = US$667 200

12.3 改进型远期

某日本进口商需要在未来的某个日期买入美元。目前美元对日元的即期汇率为 US$1 =¥122.00,市场远期汇率为 120.30 日元。某银行向该进口商推荐了一笔交易,在远期到期日期,进口商将买入美元的条件是:在远期到期日期之前,如果即期汇率保持在 115.00 日元以上,买入美元的汇率为 115.00;如果即期汇率下跌至低于 115.00 的水平,买入美元的汇率为 118.00 日元。

该银行的金融工程师如何设计这个改进型远期?

方法一:

买入履约汇率为 121.00、击出汇率为 115.00 的看涨期权,同时卖出履约汇率为 121.00、击出汇率为 115.00 的看跌期权。

买入履约汇率为 118.00、击入汇率为 115.00 的看涨期权,同时卖出履约汇率为 118.00、击入汇率为 115.00 的看跌期权。

如果即期汇率从未达到 115.00,进口商已经买入了履约汇率为 121.00 和卖出了履约汇率为 121.00 的看跌期权,这等于履约汇率为 121.00 的远期。

如果即期汇率达到 115.00,进口商已经买入了履约汇率为 118.00 的看涨期权,同时卖出了履约汇率为 118.00 的看跌期权,这等于履约汇率为 118.00 的远期,以及击出汇率为 121.00 的远期。

方法二:

买入履约汇率为 120.30 的美元远期,同时买入数值式看跌期权,其条件是当即期汇率跌破 115.00 时美元的支付额为 3.00 日元。数值式看跌期权的期权费必须等于 0.70 日元的现值。

如果即期汇率从未达到 115.00，进口商实际上已经买入了美元，汇率为：120.30 + 0.70 = 121.00。如果即期汇率达到 115.00，进口商从数值式看跌期权上收到 3.00 日元的支付额，因此，买入美元的实际汇率 = 120.30 + 0.70 − 3.00 = 118.00。

注意：用 1 个远期和由 4 个屏障式期权构成的数值式期权，也可以产生同样的支付额。

12.4 与货币挂钩的票据

某投资者存入 1 000 000 美元的存款，年固定利率为 3.5%，期限 6 个月（180/360），同时买入了双限触发数值式期权，如果在 6 个月期间美元对日元的即期汇率保持在 120.00 至 130.00 日元的范围之内，支付额将为 10 000 美元。该期权的期权费为 2 948.40 美元。计算实际收益率，如果：

存款利润 = 1 000 000 × 0.035 × 180/360 = US$17 500

数值式期权支付额 = US$10 000 = $3.5\% \times \frac{10\ 000}{17\ 500} = 2.00\%$/年

未来值（期权费）= 2 948.40 × (1 + 0.035 × 180/360) = US$3 000

$= 3.50\% \times \frac{3\ 000}{17\ 500} = 0.60\%$/年

(1) 即期汇率保持在约定的范围之内。

执行数值式期权：

实际收益率 = 3.50% + 2.00% − 0.60% = 4.90%/年

(2) 即期汇率没有保持在约定的范围之内。

不执行数值式期权：

实际收益率 = 3.50% − 0.60% = 2.90%/年

第 14 章

14.1 市场数据：

即期汇率　　€1 =　　US$0.9250

6 个月欧元利率（%/年）　　3.50（180/360）

6 个月美元利率（%/年）　　2.75（180/360）

$$f = 0.9250 \times \frac{(1 + 0.0275/2)}{(1 + 0.035/2)} = 0.9216$$

某交易员按 6 个月的欧元完全远期汇率 0.9216 买入 10 000 000 欧元的远期，而且没有抵补该头寸。

(1) 假设即期汇率变动是正态分布，欧元汇率的预计年波动率为 9.2%，计算2 个标准差的压力测试汇率。

压力测试汇率 $= 0.9250e^{-2(0.092)\times 90/360} = 0.8834$

(2)计算该交易的风险价值。

风险价值 = 10 000 000 × (0.9250 − 0.8834) = US$416 000

14.2 代尔他套期保值

某日美元对日元的即期汇率为 US$1 = ¥123.50,某银行卖出美元看涨期权与日元看跌期权,面值为 10 000 000 美元,履约价格为 122.50。根据定价模型计算,卖出看涨期权的期权费如下:

即期汇率	期权费
122.50	¥2.08
123.00	¥2.31
123.50	¥2.57
124.00	¥2.84

(1)计算汇率在 123.00 与 124.00 之间的代尔他平均值。该银行应按代尔他套期保值比率做什么样的交易?

$$代尔他平均值 = \frac{2.84 - 2.31}{124 - 123} = 0.53$$

由于即期汇率上升,该银行卖出看涨期权将出现亏损,因此,银行需要做代尔他套期保值,即用日元买入 5 300 000 美元。

一周之后,即期汇率跌至 123.00,根据定价模型计算,期权费如下:

即期汇率	期权费
122.50	¥2.08
123.00	¥231
123.50	¥2.57

(2)计算代尔他修正平均值。该银行应该做什么交易来调整其代尔他套期保值比率?

$$代尔他平均值 = \frac{2.57 - 2.08}{123.5 - 122.5} = 0.49$$

为了保持代尔他中性,银行需要持有 4 900 00 美元。因此,为了调整代尔他套期保值比率,银行需要卖出 200 000 美元。

注:由于银行调整了代尔他套期保值比率,这将导致损失。银行按 123.50 的汇率买入 200 000 美元,然后按 123.00 的汇率卖出,因此,损失为¥100 000 = US$813。这抵销了银行卖出期权后收到的一部分期权费,即 10 000 000 ×2.57 = ¥25 700 000 = US$208 097。

14.3 信用风险

2 个月前,某银行从 XYZ 股份有限公司买入 10 000 000 澳大利亚元的远期,期

限为5个月,远期汇率为 A$1 = US$0.5230。今天的市场汇率、利率如下:

即期汇率 A$/US$ 0.5620

3个月期的掉期汇率 -0.0010

3个月期的美元利率(%年) 3.20 (90/360)

3个月期的信用风险系数(%) 5.0

按美元净现值法计算:

(1)该银行在 XYZ 股份有限公司上的逐日盯市风险敞口值

平仓汇率 =0.5610

未来值(逐日盯市值) =10 000 000 ×(0.5610 -0.5230) = US$380 000

逐日盯市值 =380 000/(1+0.032 ×90/360) = US$376 984

(2)该银行在 XYZ 股份有限公司上的预期潜在风险敞口值

预期潜在风险敞口值 =5 230 000 ×0.05 = US$261 500.00

(3)该银行在 XYZ 股份有限公司上的提前结算风险

提前结算风险 = 逐日盯市价值 + 预期潜在风险敞口值

=376 984 +261 500

= US$638 484

XYZ 股份有限公司希望在同样的交割日向该银行出售更多的美元。

(4)如果该银行对 XYZ 股份有限公司确定的提前结算风险限额为 2 000 000 美元,该银行可以做多大规模的交易?

可用信用限额 =2 000 000 -638 484 = US$1 361 516

信用风险系数 =5.0%

最大交易规模 =1 361 516 ×100/5 = US$27 230 320

附录

累积标准正态分布表($\mu = 0, \sigma = 1$)

$N(z) = P(Z<z) N(-z) = 1 - N(z)$

z	0.00	0.01	0.02	0.03	0.04	0.05	0.06	0.07	0.08	0.09
0.0	0.5000	0.5040	0.5030	0.5120	0.5160	0.5199	0.5239	0.5279	0.5319	0.5359
0.1	0.5398	0.5438	0.5478	0.5517	0.5557	0.5596	0.5636	0.5675	0.5714	0.5753
0.2	0.5793	0.5832	0.5871	0.5910	0.5948	0.5987	0.6026	0.6064	0.6103	0.6141
0.3	0.6179	0.6217	0.6255	0.6293	0.6331	0.6368	0.6406	0.6443	0.6480	0.6517
0.4	0.6554	0.6591	0.6628	0.6664	0.6700	0.6736	0.6772	0.6808	0.6844	0.6879
0.5	0.6915	0.6950	0.6985	0.7019	0.7054	0.7088	0.7123	0.7157	0.7190	0.7224
0.6	0.7257	0.7291	0.7324	0.7357	0.7389	0.7422	0.7454	0.7486	0.7517	0.7549
0.7	0.7580	0.7611	0.7642	0.7673	0.7704	0.7734	0.7764	0.7794	0.7823	0.7852
0.8	0.7881	0.7910	0.7939	0.7967	0.7995	0.8023	0.8051	0.8078	0.8106	0.8133
0.9	0.8159	0.8186	0.8212	0.8238	0.8264	0.8289	0.8315	0.8340	0.8365	0.8389
1.0	0.8413	0.8438	0.8461	0.8485	0.8508	0.8531	0.8554	0.8577	0.8599	0.8621
1.1	0.8643	0.8665	0.8686	0.8708	0.8729	0.8749	0.8770	0.8790	0.8810	0.8830
1.2	0.8849	0.8869	0.8888	0.8907	0.8925	0.8944	0.8962	0.8980	0.8997	0.9015
1.3	0.9032	0.9049	0.9066	0.9082	0.9099	0.9115	0.9131	0.9147	0.9162	0.9177
1.4	0.9192	0.9207	0.9222	0.9236	0.9251	0.9265	0.9279	0.9292	0.9306	0.9319
1.5	0.9332	0.9345	0.9357	0.9370	0.9382	0.9394	0.9406	0.9418	0.9429	0.9441
1.6	0.9452	0.9463	0.9474	0.9484	0.9495	0.9505	0.9515	0.9525	0.9535	0.9545
1.7	0.9554	0.9564	0.9573	0.9582	0.9591	0.9599	0.9608	0.9616	0.9625	0.9633
1.8	0.9641	0.9649	0.9656	0.9664	0.9671	0.9678	0.9686	0.9693	0.9699	0.9706
1.9	0.9713	0.9719	0.9726	0.9732	0.9738	0.9744	0.9750	0.9756	0.9761	0.9767

续表

z	0.00	0.01	0.02	0.03	0.04	0.05	0.06	0.07	0.08	0.09
2.0	0.9772	0.9778	0.9783	0.9788	0.9793	0.9798	0.9803	0.9808	0.9812	0.9817
2.1	0.9821	0.9826	0.9330	0.9834	0.9838	0.9842	0.9846	0.9850	0.9854	0.9857
2.2	0.9861	0.9864	0.9868	0.9871	0.9875	0.9878	0.9881	0.9884	0.9887	0.9890
2.3	0.9893	0.9896	0.9898	0.9901	0.9904	0.9906	0.9909	0.9911	0.9913	0.9916
2.4	0.9918	0.9920	0.9922	0.9925	0.9927	0.9929	0.9931	0.9932	0.9934	0.9936
2.5	0.9938	0.9940	0.9941	0.9943	0.9945	0.9946	0.9948	0.9949	0.9951	0.9952
2.6	0.9953	0.9955	0.9956	0.9957	0.9959	0.9960	0.9961	0.9962	0.9963	0.9964
2.7	0.9965	0.9966	0.9967	0.9968	0.9969	0.9970	0.9971	0.9972	0.9973	0.9974
2.8	0.9974	0.9975	0.9976	0.9977	0.9977	0.9978	0.9979	0.9979	0.9980	0.9981
2.9	0.9981	0.9982	0.9982	0.9983	0.9984	0.9984	0.9985	0.9985	0.9986	0.9936
3.0	0.9987	0.9987	0.9987	0.9988	0.9988	0.9989	0.9989	0.9989	0.9990	0.9990
3.1	0.9990	0.9991	0.9991	0.9991	0.9993	0.9992	0.9992	0.9993	0.9993	0.9993
3.2	0.9993	0.9993	0.9994	0.9994	0.9994	0.9994	0.9994	0.9995	0.9995	0.9995
3.3	0.9995	0.9995	0.9995	0.9996	0.9996	0.9996	0.9996	0.9996	0.9996	0.9997
3.4	0.9997	0.9997	0.9997	0.9997	0.9997	0.9997	0.9997	0.9997	0.9997	0.9998
3.5	0.9998	0.9993	0.9998	0.9998	0.9998	0.9998	0.9998	0.9998	0.9998	0.9998
3.6	0.9998	0.9998	0.9999	0.9999	0.9999	0.9999	0.9999	0.9999	0.9999	0.9999
3.7	0.9999	0.9999	0.9999	0.9999	0.9999	0.9999	0.9999	0.9999	0.9999	0.9999
3.8	0.9999	0.9999	0.9999	0.9999	0.9999	0.9999	0.9999	0.9999	0.9999	0.9999
3.9	0.99995	0.99995	0.99996	0.99996	0.99996	0.99996	0.99996	0.99996	0.99997	0.99997
4.0	0.99997	0.99997	0.99997	0.99997	0.99997	0.99997	0.99993	0.99998	0.99993	0.99998
5.0	0.9999997	0.9999997	0.9999997	0.9999993	0.9999998	0.9999998	0.9999998	0.9999998	0.9999998	0.9999998
6.0	0.9999999990	0.9999999991	0.9999999991	0.9999999992	0.9999999992	0.9999999993	0.9999999993	0.9999999994	0.9999999994	0.9999999995

术语

Glossany of Terms

会计风险(accounting risk)由于错误的会计处理导致损失的风险。

增值式掉期(accreting swap)名义本金随着掉期临近到期而增加的利率掉期。

美式期权(American option)可以在合约日至合约到期日之间任何日期按即期价格履约的期权。

摊销掉期(amortizing swap)名义本金随着掉期临近到期而减少的利率掉期。

套利(Arbitrage)利用不同价格进行交易,以锁定无价格风险的利润的行为。

套利者(Arbitrageur)从事套利交易的人。

亚洲式期权(Asian option)参阅平均利率期权(average rate option)。

到期数值式期权(at-expiry digital)如果到期时即期利率优于履约价格,按固定金额支付利息的一种期权。

平价期权(at-the-money ,ATM)履约价格等于现行市价的一种期权。

平价现汇期权(at-the-money spot)履约价格等于即期汇率的一种货币期权。

平均利率期权(average rate option)按履约价格与平均利率之间的差额进行支付的一种期权。

平均履约价格期权(average strike option)履约价格为期权有效期内平均利率的一种期权。

现货溢价(Backwardation)远期商品价格低于现货价格。

国际收支差额(balance of payments)一个国家与世界其他国家之间进行贸易的外汇收支记录。

屏障式期权(barrier option)在特定屏障价位击入或击出的一种期权。

标的货币(base currency)参阅被标价货币(commodity currency)。

基点(basis point)利率牌价中小数点后第2位数字的1个单位。

篮子期权(basket option)由一组货币构成的期权。

买卖汇差(bid offer spread)买入汇率与卖出汇率之间的差额。

买入汇率(外汇)bid rate (foreign exchange)报价银行愿意买入被标价货币的汇率。

买方报价(货币市场)bid rate (money market)报价银行愿意借入被标价货币

的价格。二元期权(binary option)参阅数值式期权(digital option)。

二叉树定价模型(binomial model)可以用于期权定价的一种数学模型。

布莱克—斯科尔斯定价模型(Black-Scholes model)用于欧式期权定价的一种数学模型。

流水账(blotter)外汇买卖日记账的草稿。

长期国债(Bond)期限长的国债。

损益平衡利率(break-even rate)在两种或两种以上不同情形下交易结果均相同的利率。

布雷顿森林体系(Bretton Woods system)1945年至1971年实行的一种固定汇率制度。

经纪人佣金(Brokerage)经纪人因其提供的服务而收取的费用。

布朗运动(Brownian motion)由独立的价格随机变动决定的一种路径。

商业周期(business cycle)指繁荣与衰退交替发生的情形。

看涨期权(call)具有买入(某种货币)的权利但没有必须买入义务的期权。

买入银行(calling bank)向卖出银行询价准备买入的银行。

资本市场(capital market)债券和其他有价证券的发行人向投资者借入资金的市场。

持仓状况 (carry)持有头寸的现金流成本或收益。

中央银行掉期(central bank swaps)中央银行采用货币掉期的交易,在不创造外汇净头寸的条件下,向本国货币市场注入或减少流动性。

链式法则(chain rule)计算交叉汇率的一种方法。

随意选取(cherry picking)交易到期时清算人可以要求支付货币,但不是必须支付应付未付货币。

选择式期权(chooser option)持有者可以在履约时选择作为买入期权还是卖出期权的期权。

平仓值(close out value)按现行汇率对合约进行平仓时实现的利润或亏损。

封闭式计算法(closed form solution)为期权价格提供单一值的数学方程式。

双限期权(Collar)一种期权交易策略,即按同样的面值和同样的到期日卖出相反头寸的期权(买入或卖出),但履约价格不同。

被标价货币(commodity currency)在外汇牌价中被标定兑换价的货币。

复利(compound interest)本金加上利息在以后时期进行再投资所获得的利息。

复合期权(compound option)以另一个期权为标的的期权。

期货溢价(Contango)远期商品价格高于现货价格。

或有期权费的期权(contingent premium option)参阅延后支付式期权(pay later option)。

或有风险(contingent risk)指可能发生或可能不发生的风险。

连续复利(continuously compounding rate)连续进行复利计算的利率。

合约日期(contract date)签订交易合约的日期。

相关性风险价值(correlated VaR)用于计算预期相关系数的风险价值。

相关性(Correlation)指两个变量之间的关系。

对手方(counter-party)交易的另一方。

反向价值(counter value)指以另一种货币计价的外汇交易的价值。

息票(Coupons)指债券定期支付的利息。

抵补套利(covered interest arbitrage)一种货币掉期的交易策略,即利用市场利率不一致的情况在两个货币市场上同时进行交易,以获得无风险利率的利润。

贷方双限期权(credit collar)一种净期权费为正值的双限期权。

信用风险(credit risk)由于交易对手不愿或无法偿付而出现的损失风险。

信用风险因子(Credit Risk Factor)本金交易中可能出现信用风险的比率。

交叉汇率,套汇汇率(cross rate)由两种其他外汇汇率产生的汇率。

货币挂钩票据(currency linked note)收益随着汇率波动而变化的投资品。

货币期权(currency option)在约定时期以约定价格用一种货币与另一种货币进行买卖的权利,但没有义务必须买卖。

货币掉期(currency swap)将一种货币与另一种货币同时进行金额相同但期限不同的买入与卖出。

经常项目差额(current account balance)商品和劳务出口与进口的收支净额。

经常项目赤字(current account deficit)反映进口支出大于出口收入的外汇收支的负值差额。

经常项目结余(current account surplus)反映出口收入大于进口支出的外汇收支的正值差额。

圆柱式期权(cylinder)参阅双限期权(collar)。

借方双限期权(debit collar)净期权费为负值的双限期权。

废止合约期(defeasance period)计算风险价值的时期。

外汇交割风险(delivery risk)合约到期时交易对方无法或不愿意交割标价货币的风险。

代尔他值(Delta)期权费与市场价格变动的比率。

代尔他对冲(delta hedging)对期权头寸变动额进行对冲的交易策略。

德文模型(Devon model)一种对期权进行定价和估值的软件包。

数值式期权(digital option)支付额固定的一种期权。

直接关系(direct relationship)指被标价货币价值随着汇率的上升而增加。

贴现系数、贴水系数(discount factor)现值占未来值的比率,该比率小于1。

向下击入式期权(down and in)当即期汇率下跌至约定屏障水平时合约生效的期权。

向下击出式期权(down and out)当即期汇率下跌至约定屏障水平时合约失效的期权。

漂移(Drift)对即期汇率向远期汇率理论变动值的调整。

久期、持续期(Duration)加权平均时间的现值。

提前缩短期限的外汇掉期(early take-up)在现金流交换的初始到期日之前缩短远期外汇交易期限的一种掉期。

实际利率(effective interest rate)以不同惯例表示的利率。

工程式掉期(engineered swap)与不同的交易对手所做的即期和远期外汇交易的一种掉期。

欧洲货币存款(eurocurrency deposits)在欧洲政府和欧洲中央银行货币管辖区之外拥有的一种欧洲货币存款。

欧洲美元(Eurodollar)在美国之外(初始于欧洲)拥有的美元存款。

欧式期权(European option)只能在到期日按即期价格执行的一种期权。

汇率(exchange rate)以另一种货币标价的一种货币的价格。

外汇交易期权(exchange-traded options)通过某个股票/期货或商品交易所交易的某种合约。

预期波动率(expected volatility)在期权有效期中,预计汇率变动的范围。

失效日期或到期日期(expiration date or expiry date)指期权买入者在期权到期时执行期权的日期。

固定汇率制度(fixed exchange rate system)将外汇汇率保持在固定水平上的制度。

单一收益率曲线(flat yield curve)反映不同时间期限下利率均相同的收益率水平曲线。

浮动汇率制度(floating exchange rate system)由供求关系决定外汇汇率的制度。

远期买入汇率(forward bid rate)报价银行报出的买入远期被标价货币的汇率。

远期贴现、远期贴水(forward discount)指即期汇率高于远期汇率的部分。

远期交易协议(forward exchange agreement,FXA)无交割的货币掉期。

远期汇率(forward exchange rate)当日卖出一种货币、买入另一种货币,但在未来特定日期进行交割的约定汇率。

远期利率(forward interest rate)交易当日确定的从某个未来日期至另一个未来日期的利率。

远期卖出汇率(forward offer rate)报价银行卖出远期被标价货币的汇率。

远期溢价(forward premium)指外汇的远期汇率高于即期汇率。

远期外汇定价日期(forward value date)在即期定价日期之后交易双方相互支付货币的某个日期。

未来支付利息的义务(FOTPI)未来支付利息义务的缩写。

未来收取利息的义务(FOTRI)未来收取利息义务的缩写。

远期利率协议(FRA)远期利率协议的缩写,指固定远期利率的一种交易合约。

基本面(fundamental factors)指影响汇率长期走势的经济因素。

融资的流动性风险(funding liquidity risk)由现金不足无法及时支付引起损失的风险。

期货合约(futures contract)通过期货交易所进行交易的远期合约。

未来价值(future value)在投资有效期内的约定时间的投资价值(包括本金和利息)。

伽玛值(Gamma)代尔他值(delta)的变动率。

错开(gapping)经过精确计算使资产和负债的到期日期不匹配。

套期保值、对冲(hedging)消除风险或设置最坏情况。

历史汇率展期(historical rate rollover)基于将即期汇率设定为等于历史汇率的一种掉期,以避免在即期定价日期发生现金流。

混合交易(hybrid)指交易价格为通常不相关的两个变量的函数的衍生交易。

间接关系(indirect relationship)当汇率下降时被标价货币价值上升。

分期付款式期权(instalment option)以分期付款方式支付期权费的一种期权。

银行同业间(Interbank)指银行之间的交易。

利息(Interest)为使用货币而支付的价格。

利率(interest rate)利息金额占本金金额的比率。

利率平价理论(interest rate parity theory)该理论认为,从长期来看,汇率的调整必然反映两种货币的利率关系。

外汇干预(Intervention)中央银行参与外汇交易,以影响汇率。

价内期权(in-the-money,ITM)履约价格优于现行市场价格的一种期权。

内在价值(intrinsic value)处于价内状态的期权的价值。

反向关系(inverse relationship)参阅间接关系(indirect relationship)。

反向收益率曲线(inverse yield curve)一种随着向右延伸而向下倾斜的收益率曲线,它反映了市场普遍预计利率将下降的情况。

ISO 4217 货币表(ISO 4217 Currency List)以三个标准的字母表示货币。

发行人(issuer)货币发行人通过发行债券进行融资。

J 形曲线效应(J curve effect)指经常项目赤字随着货币的贬值而扩大的现象。

订单交易(jobbing)指交易者设法将价格引导到希望轧平头寸的交易方的惯例。

击出式远期(knock-out forward)一旦达到屏障价格就失效的的远期合约,该种期权要优于市场远期。

击出式期权(knock-out option)一旦即期价格达到屏障水平就失去价值的一种期权。

伦敦银行间同业买方利率(LIBID)伦敦银行间同业买方利率(London Inter-Bank Bid Rate)的缩写(适用于欧洲美元存款)。

伦敦银行间同业拆借利率(LIBOR)伦敦银行间同业拆借利率(London Inter-Bank Offer Rate)的缩写(适用于欧洲美元存款)。

流动性(Liquidity)获得现金的能力。

流动性状况(liquidity position)指出现了一种风险,即无法获得足够的资金以满足负的现金流承诺。

流动性风险(liquidity risk)资金不足或市场流动性不足而引起的损失风险。

对数正态分布(log-normal distribution)变量的自然对数呈正态分布,即净正值外汇头寸多头的一种分布。

回望式期权(look-back)在期权有效期中,支付额取决于履约价格是否达到最大或最小汇率的一种期权。

长期外汇(long-term foreign exchange,LTFX),一般指期限超过 1 年的外汇。

触发式操作措施(management action trigger)一旦达到损失价位即进行操作决策的一种体系。

市场流动性风险(market liquidity risk)由于交易的规模或性质引起价格变动的损失风险。

做市(market making)一些银行既是买入方又是卖出方,通过大量交易使买卖差价收窄的交易策略。

逐日盯市(mark-to-market)计算未实现损益的均值,这是一种集中趋势值(也称为平均值)的计算方法。

未抵补期权、裸期权(naked option)在没有任何标的风险敞口的条件下进行买卖的期权。

自然期权(natural option)在有标的风险敞口的条件下进行买卖的期权。

负的持仓状况(negative carry)持有头寸的现金流成本。

负现金流(negative cash flow)向交易对方支付现金。

负错开(negative gapping)借入短期资金、贷出长期资金的策略。

现金流净头寸(net cash flow position)在特定定价日期正现金流与负现金流之间的差额。

外汇净头寸(net exchange position)在特定时点外汇买卖金额的差额,或外汇买卖差额的净现值。

外汇净头寸日记账(net exchange position sheet)由某种外汇交易引起的外汇净头寸的连续记录。

净抵(Netting)为抵御相同交易对手的信用风险而抵销价内期权的定价。

名义利率(nominal interest rate)指按特定惯例对利率牌价进计量的一个数值。

正态分布(normal distribution)服从某个特定方程式的钟形分布。

正态分布收益率曲线(normal yield curve)随着向右延伸而略微向上倾斜的一种收益率曲线,反映利率的长期走势比短期走势更加趋于"正态分布"。

净现值(NPV),净现值(net present value)的缩写。

卖方汇率(外汇)[offer rate (foreign exchange)]报价银行愿意卖出被标价货币的汇率。

卖方利率(货币市场)[offer rate (money market)]报价银行愿意贷出资金的利率。

触发数值式期权(one-touch digital)在期权有效期内,任何时间触及某个屏障价位支付固定金额的期权。

操作风险(operational risk)操作过程不当引起的损失风险。

期权费(option premium)指期权的价格。

价外期权(out-of-the-money, OTM)履约价格比市场现价更差的期权。

完全汇率[outright exchange rate]指远期汇率(以区别于掉期汇率)。

场外期权,柜台期权[over-the-counter (OTC) option]由银行与其他机构在交易所之外进行交易的期权。

分享式双限期权(participating collar)以不同履约价格和不同面值进行相反类型的期权(看涨/看跌期权)买卖的期权交易策略。

分享式期权(participating option)以相同履约价格但不同面值进行相反类型

的期权(看涨/看跌期权)买卖的期权交易策略。

路径依赖式期权(path-dependent option)根据期权有效期内价格的变动情况进行支付的一种期权。

分期付款式期权(pay-as-you-go option)参阅分期付款式期权(instalment option)。

延期付款式期权(pay later option)只有在到期时为价内状态才支付期权费的一种期权。

支付(pay-off)在不同情景下可能收到期权的支付额。

期权支付额(pay-out)执行期权时收到的金额。

点(Pip)参阅点(point)。

基点(Point)外汇牌价中常用的1个价格单位,即小数点之后最后一位数的1个单位。

头寸(Position)价格变动将导致盈利或亏损的正现金流——从另一方收到现金的情形。

正持仓状况(positive carry)从持有头寸中获得的现金流收益。

正错开(positive gapping)指借入长期资金、贷出短期资金的策略。

正收益率曲线(positive yield curve)与正态分布收益率曲线相比,随着向右移动更加陡峭地向上倾斜的收益率曲线,其反映市场普遍预期利率将上升。

幂期权(power option)支付额为更大一个自乘函数的期权。

提前交割风险(pre-delivery risk)参阅提前清算风险。

现值(present value)指货币金额,即如果现在投资的货币,可以累计计算未来约定时间未来值的货币价值。

提前清算风险(pre-settlement risk,PSR)在清算日之前价格变动导致信贷损失的风险。

外汇汇率标价法(price quotation)在外汇汇率标价时,外币作为被标价货币,本币作为标价货币(译者注:又称外汇汇率的直接标价法)。

定价商(price-maker)参阅汇率挂牌银行(quoting bank)。

价格接受者(price-taker)指可能选择以牌价进行交易的交易方(客户或买入银行)。

本金(principal)在货币市场交易中借入或进行投资的资金量。

概率密度函数(probability density function)参阅概率分布(probability distribution)。

概率分布(probability distribution)各种不同可能结果的概率。

购买力平价理论(purchasing power parity theory)该理论认为,从长期来看,

汇率调整将反映两种货币的相对通货膨胀率。

纯掉期(pure swap)指同时与相同的交易对手进行即期和远期交易的一种掉期。

看跌期权(Put)指没有义务必须卖出(货币)的权利。

看跌期权与看涨期权的平价关系(put-call parity)指在履约价格相同条件下看跌期权费与看涨期权费之间的关系。

宽特(Quanto)面值随着另一个变量的变动而变动的一种期权。

汇率挂牌银行(quoting bank)挂出外汇牌价的银行。

实际汇率(real exchange rate)指根据相关通货膨胀率变动进行调整的汇率。

实际利率(real interest rate)指根据通货膨胀影响进行调整的利率。

实现损益(realised profit or loss)买卖双方完成交易后的外汇损益。

互反关系(reciprocal relationship)参阅间接关系(indirect relationship)。

法定存款准备金制度(reserve requirements)指中央银行要求商业银行必须按最低比率计算,将其商业存款的一部分存入中央银行的专户,一般按低于市场利率的水平向商业银行支付存款利息。

日欧(Rho)指期权费的变动与利率变动的比率。

利用掉期曲线(riding the swaps curve)开始利用掉期曲线非线性形状的一个错开配置,利用收益率曲线,在货币市场进行利用收益率曲线形状的错开配置。

无风险利率(risk-free interest rate)指用于确定预计期权费的利率。

滚动延伸头寸(rolling a position)将掉期曲线的到期日期按掉期曲线变动的循环周期向前延伸,以反映由于掉期曲线斜率变化引起的掉期利率按比例上升或下降的情况。

收益率曲线的循环周期(rotation of the yield curve)由于收益率曲线斜率的变化引起利率按比例上升或下降的情况。

空头(Short)指负的外汇净头寸。

最短定价日期(short dates)指比即期定价时间更短的定价日期。

呼喊式期权(shout option)期权持有者有权将最低支付额锁定在内在时间价值的期权。

新加坡银行间同业买入利率(SIBID)新加坡银行间同业买入利率(Singapore Interbank Bid Rate)的缩写。

新加坡银行间同业卖出利率(SIBOR)新加坡银行间同业卖出利率(Singapore Interbank Offer Rate)的缩写。

单利(simple interest)货币市场交易到期时支付的利息金额。

模拟性投资(simulated investment)通过进行某种货币掉期和对另一种货币的

直接投资而对某种货币进行间接投资。

模拟性贷款(simulated loan)通过借入一种货币和进行货币掉期而产生流动性。

即期定价(spot value)在合约日期的两个工作日内进行的支付。

差额轧平(square position)汇率变动不会引起损益的状况。

标准差(standard deviation)概率分布展开范围的标准测度。

止损指令(stop-loss order)当损失达到约定规模时对未结清头寸进行平仓的交易指令。

压力测试汇率(stressed rate)假设价格变动条件下计算风险价值时的汇率。

压力测试(stressed rate)在价格变动大于通常幅度的条件下计算风险价值。

履约价格或履约汇率(strike price or strike rate)执行期权时的价格。

掉期买入汇率(swap bid rate)在掉期交易中汇率挂牌银行愿意买入远期被标价货币的差价。

掉期卖出汇率(swap offer rate)在掉期交易中汇率挂牌银行愿意卖出远期被标价货币的差价。

掉期汇率(swap rate)远期汇率与即期汇率之间的差价。

掉期曲线(swaps curve)反映随着期限而变化的掉期汇率的曲线。

T 型账户(T-accounts)反映金融交易现金流的简单会计记录。

标价货币(terms currency)对汇率进行标价的货币。

西他(Theta)指价值变动与时间变动的比率。

时间衰减(time decay)随着期权临近到期日,其时间价值趋于下降。

时间期权(time option)指具有在约定时期的任何时间执行外汇合约的权利。

时间价值(time value)没有到期的期权所具有的价值。

交易风险(transaction risk)指由于汇率变动导致收入值下降或支付值增加的风险。

外汇折算风险(translation risk)由于汇率变动导致资产价值下降或负债规模增加的风险。

引导汇率走势(trending rates)为了促使市场汇率出现预期的波动,提高或降低外汇牌价的做法。

未实现损益(unrealised profit or loss)当只有一方完成交易时的(外汇)损益。

向上击入式期权(up and in)当即期汇率上升到屏障水平时生效的期权。

向上击出式期权(up and out)当即期汇率上升到屏障水平时失效的期权。

风险价值(value at risk ,VAR)在给定价格反向波动条件下的风险。

定价日期(value date)发生现金流的日期。

当日定价(value today)当日发生的现金流。

次日定价(value tomorrow)次日发生的现金流。

韦珈(Vega)指期权费变动与波动率变动的比率。

波动率(Volatility)衡量给定时期(外汇)汇率变动范围的指标。

外汇汇率数量标价法(volume quotation)在外汇汇率标价时将本币作为被标价货币(译者注:又称外汇汇率的间接标价法)。

收益率曲线(yield curve)竖轴为收益率(利率)、横轴为期限的曲线。

零息票债券(zero coupon bond)息票为零的债券。

零费用双限期权(zero premium collar)净期权费为零的双限期权。

图书推荐

ETF 基金——我为什么总能跑赢大盘

[美] 劳伦斯·卡罗尔 著

王振山等 译

这是一本关于 ETF 发展简史及投资指南的手册。然而，和一般的专业书籍不同，作者以诙谐幽默和通俗易懂的语言，把专业的投资知识向我们娓娓道来。这又不仅是一本向我们灌输知识的书，因为书中为我们提供了很多专业的投资意见和评估自己风险喜好的办法，同时，它还为我们提供了大量的网站和现有品种介绍。这样，你就可以一边阅读，一边为自己拟订一个最好的赚钱计划了。这更是一本应运而生的书。中国证监会对新交易品种，尤其是 ETF 的重视也日益彰显，众多新型 ETF 通过审核并被推出。它的曝光率越来越高，吸引了越来越多投资者的眼球。

舞弊秘档之知人知面不知心

[美] 约瑟夫·T. 威尔斯 主编

孙 坤 郑艳茹 译

您最信任的人正在干什么？

您银行账户中的钱为什么突然消失了？

是什么让舞弊者一步步走进犯罪的深渊？

……

让我们一起走进舞弊秘档！一个个活生生的舞弊实例，人性的贪婪、面对诱惑时的懦弱、舞弊曝光后的悔恨和泪水……似乎充满了无奈而又是那样的现实。

所幸的是，我们也发现，每一个舞弊者在实施舞弊时并没有什么周密的计划，只是在一个错误的决定之后无法自拔；舞弊就像水流一样，总是沿着阻力最小的方向流动；舞弊总是具有一定的模式。有鉴于此，在每个实例的最后，作者给出了应对的策略和措施，为我们防患于未然提供了指引！

企业风险管理——管理者之旅

[英]K. H. 斯宾塞·皮克特 著
孙 坤 陈玉媛 译

比尔接受了一项新的任务——在公司内推进企业风险管理，但他对此却知之甚少。幸运的是，他有机会参加伦敦的企业风险管理研讨会，在本次伦敦之旅、参会之旅中，比尔结识了风险管理领域的专家学者，使他深刻地领会了：

什么是企业风险管理
风险管理的发展与沿革
风险管理记录簿的应用
什么是风险偏好与容忍度
风险管理与内部控制的关系
……

没有生硬呆板的理论与概念，跟随比尔一起轻松的学习和体验吧！

结构性产品——应对金融市场变化的整套工具

[英]罗伯特·诺普 著
余 方译

本书在简明扼要地阐述基本概念和主要原理的基础上，介绍了20种不同的固定收益类和浮动收益类的结构性产品及机构投资者在主要结构性产品投资方面的实用方法。作者对每一种结构性产品的风险、定价和主要因素分别进行了详细的研究。为了便于投资者搞懂每一种产品，作者还阐述了其基本原理和基础原理。本书主要涵盖了结构性产品的基础知识，估价和风险计量主要方法，股指结构，固定收益结构以及结构性产品的十大原则。